Wingolf Scherer (Hrsg.):

Die letzte Schlacht – Eifelfront und Ardennenoffensive 1944/45

Rückzug an und hinter den Rhein

Zeitzeugen berichten

Helios

Impressum
2. Auflage 2005
3. Auflage 2006
4. erweiterte Auflage 2007

Helios Verlags- und Buchvertriebsgesellschaft
Postfach 39 01 12, 52039 Aachen
Tel.: (02 41) 55 54 26; Fax: (02 41) 55 84 93
eMail: Helios-Verlag@t-online.de
www.helios-verlag.de
Bitte fordern Sie beim Verlag aktuelle Informationen zu lieferbaren Titeln an.

Printed in Serbia

ISBN 978-3-933608-95-6

Inhaltsverzeichnis

Vorwort

Wer sich mit der Darstellung von Vorgängen der Gewaltanwendung in der nationalsozialistischen Zeit befaßt, sei es auch mit Kriegsereignissen, wie hier beabsichtigt, setzt sich dem Verdacht aus, Krieg und Gewalt zu verharmlosen oder gar zu entschuldigen, wenn nicht von vornherein solchen Verdächtigungen eine vorgreifende Verteidigung entgegengestellt wird. Betroffenheitsrhetorik und moralische Pflichtübung sind die Folge. Wenn wir ohne solche Attitude Zeitzeugen von Ereignissen an der Eifelfront 1944/45 das Wort geben, geschieht dies, um der Forderung des Historikers Leopold von Ranke zu entsprechen, ans Licht zu bringen, „wie es gewesen". Dabei bleibt zu beachten, daß Erinnerungen von Zeitzeugen sehr wohl beeinflußt sind von auch politisch geprägten Interpretationen, die sich um nachträgliche Sinndeutung bemühen. Wenn schon zudem subjektive Sichtweisen auf erlebte Ereignisse unvermeidlich das eigene Wissen mitbestimmen, war doch darauf zu achten, daß die hier veröffentlichten Berichte sich als zeitgerecht und erlebnisnah erweisen können. Diese Forderung bezieht sich auf die zeitliche Entstehung der Darstellung und ihre Einpassung in das tatsächliche Geschehen.

In die vorliegenden Niederschriften sind Erinnerungen eingegangen, die in Tagebüchern und Briefen oder auch Notizen ihren Niederschlag gefunden haben, die kurze Zeit nach den geschilderten Vorgängen, z. B. nach der Entlassung aus der Kriegsgefangenschaft, zu Papier gebracht wurden. Sie waren daraufhin zu überprüfen, ob sie, insbes. wenn unbekannte Gegebenheiten zu Tage traten, mit anderen glaubhaften Quellen übereinstimmten bzw. dazu nicht in klar erkennbarem Widerspruch standen.

Der Herausgeber sah sich vor das Problem gestellt, wie er mit dem Darstellungsstil und seinen Fehlern sowie mit Irrtümern und erkennbaren Falschaussagen verfahren solle. Er hat sich dazu entschlossen, die Texte nach Möglichkeit in ihrer ursprünglichen Form zu belassen, d. h. Eigenarten des Stils und des Ausdrucks – selbst wenn sie fremd und unüblich anmuten – nicht zu verändern. Die Bemühungen um Lesbarkeit und Sachrichtigkeit bezogen sich auf die Vermeidung von Wiederholungen, die Zusammenfassung von umfangreichen Schilderungen, ggf. kurze Erläuterungen und die Korrektur erkannter Fehler, ohne die inhaltliche Aussage zu verschieben. Dazu wurde das Einverständnis der Autoren erbeten.

Daß es möglich ist, anläßlich des Gedenkens an die sog. „Ardennenoffensive", die letzte und gescheiterte Angriffsschlacht der deutschen Wehrmacht im Westen des Reiches, die vor nunmehr 60 Jahren stattgefunden hat, Berichte über die Nordfront in der Eifel 1944/45 vorzulegen, die bisher weithin unbekannt waren, erklärt sich aus Reaktionen auf das 2002 im Helios-Verlag Aachen erschienene Buch „Gefallen und vergessen?"

Schon bei der Vorstellung des Buches in Schleiden konnten Gesprächsteilnehmer ergänzende Mitteilungen machen. Presseberichte über das Buch führten zu weiteren Rückmeldungen. Schließlich gingen ergänzende Darstellungen von ehemaligen Soldaten und von Zivilpersonen ein, die aufschlußreiche (neue) Einzelheiten enthalten. So rundete sich das Bild von der Nordfront der Ardennenoffensive nach fast 60 Jahren in wahrhaft erstaunlicher Weise ab.

Im übrigen erwiesen diese Reaktionen von Leserinnen und Lesern des Buches, wie lebendig die Erinnerungen an das dramatische Kriegsgeschehen des Winters 1944/45 geblieben sind.

Dafür, daß der Herausgeber daran teilnehmen durfte, gilt allen Autoren Dank.

Da die Aufnahme eines Kapitels „Das Mädchen von Rohr“ in das Buch „Gefallen und vergessen?“ zur Folge hatte, daß nun hier das bis dahin unbekannte Mädchen (Frau Erna Thar geb. Müller) mit einem Bericht über die Verwundung bei einem amerikanischen Bombenangriff vertreten ist, mag die Hoffnung nicht unberechtigt sein, die Einbeziehung von Tagebuchnotizen eines unbekannten Soldaten der 277. Volksgrenadierdivision könne zu dessen Identifizierung führen.

Zur Veranschaulichung bestimmter Vorgänge (Einsatz von V-Waffen, Panzerkampf der 12. SS-Panzerdivision) sind Zeitzeugenberichte aufgenommen worden, die in anderem Zusammenhang schon früher veröffentlicht worden sind.

Karl Josef Lüttgens, Schleiden, hat die von ihm ins Deutsche übertragenen Berichte amerikanischer Soldaten zur Verfügung gestellt. Oberstleutnant d. R. Ernst Detlef Broch, Köln, fand die von Ernst Karl Pfleger für dessen Kameradenkreis in Wien publizierten „Steffelnachrichten“ auf, aus denen einige Beiträge in überarbeiteter Form den Zeitzeugenberichten beigestellt werden. Joachim Fischer, Kaarst, nahm lebhaften Anteil durch die Diskussion der Organisations- und Personalstruktur von Heeresverbänden an der Westfront 1944/45. Ihnen sei verbindlichst gedankt.

Zu danken ist auch für hilfreiche Hinweise und weiterführende Informationen Prof. Dr. med. Gottfried Machata, Wien, Karl-Heinz Pröhuber, Helios-Verlag Aachen, Hauptförster Erich Hönen, Rocherath, und last but not least meiner Frau Dr. Hildegard Scherer-Hendriks, die 1945 als Luftwaffenhelferin dem Jagdgeschwader des Oberst Josef Priller angehörte, das im Zuge der Operation „Bodenplatte“ ab 1. Januar hinter der Ardennenfront amerikanische Flugzeuge in Belgien angriff.

Abschließend sei auf eine fünfteilige Dokumentationsreihe des ZDF hingewiesen, die unter dem Titel „Die Befreiung“ im Mai und Juni 2004 ausgestrahlt wurde. Die Teile 4 („Die letzte Schlacht“) und 5 („Der letzte Akt“) beschäftigen sich auch mit Vorgängen und Verläufen, die Gegenstand unseres Buches sind. Dabei wurde die Problematik der Auswahl von Zeitzeugenberichten, insbsondere des Wirklichkeitsgehalts von Aussagen deutlich, die aus einem unklar bleibenden Kontext gewählt werden. Jeder, der sich mit Erinnerung von Zeitzeugen nach fast 60 Jahren befaßt, sollte wissen, daß bei diesen Aussagen die Forderung nach überprüfbarer Übereinstimmung mit der historischen Wahrheit unabdingbar gestellt ist. Es erweist sich, welch große Bedeutung den Ursachen für bewußte und unbewußte Verschiebungen von Erinnerungsbildern der Zeitzeugen bis hin zur Uminterpretation unter den Einflüssen retrospektiver Wertungen zukommt. Ideologische Überformungen und Verdrängungsmechanismen manipulativen Charakters wie sozialethisch, gelegentlich psychopathologisch bedingte Veränderungen der ursprünglichen Wahrnehmung der erlebten Wirklichkeit müssen berücksichtigt werden, wenn es um die Auswahlkriterien bei Zeitzeugenberichten geht, falls kein authentisches Material zu den erinnerten Vorgängen vorliegt.

Im Juni 2004

Dr. Wingolf Scherer

Vorwort zur 3. Auflage

Das große Interesse im In- und Ausland an dem Buch „Die letzte Schlacht", auch angeregt durch ein vielfältiges Presseecho, macht schon nach kurzer Zeit eine dritte Auflage erforderlich. Sie bleibt bis auf wenige Korrekturen unverändert. Es ist zu hoffen, daß die Zahl der Rückmeldungen insbesondere von Zeitzeugen sich weiterhin steigern wird.

Im Dezember 2005 — Dr. Wingolf Scherer

Abkürzungen

Ia	1. Generalstabsoffizier
Ic	3. Generalstabsoffizier (Feindaufklärung)
IIa	Adjutant
AK	Armeekorps (aus mehreren Divisionen)
AOK	Armeeoberkommando
Arko	Artilleriekommandeur
Art.Offz.	Artillerieoffizier
BdM	Bund deutscher Mädel
Capo	Aufseher in der Gefangenschaft (Corporal)
Div.	Division (Teil eines Korps)
Div.Gef.Std.	Divisionsgefechtsstand
Fj.	Fahnenjunker (Offiziersanwärter)
Gen.Maj.	Generalmajor (erster Generalsdienstgrad)
GI	Bezeichnung für den amerikanischen Soldaten
GR	Grenadierregiment (Teil einer Division)
HGr.	Heeresgruppe (größter Truppenverband)
Harko	Höherer Artilleriekommandeur
HJ	Hitlerjugend (12. SS-Panzerdivision)
Hiwi	Hilfswilliger (meist Russe)
HVP	Hauptverbandsplatz
ID	Infanteriedivision
IG	Infanteriegeschütz
K 98	Karabiner 98 (bis 1944 meist verwendete Infanteriewaffe)
Kf.Kp.	Kraftfahrkompanie einer Versorgungseinheit
KG	Kommandierender General (Kommandeur eines Armeekorps, Teils einer Armee)
Königstiger	schwerer deutscher Panzer
LAH	Leibstandarte Adolf Hitler (1. SS-Panzerdivision)
Lt	Leutnant

MG	Maschinengewehr
lMG	leichtes Maschinengewehr
sMG	schweres Maschinengewehr
MPi	Maschinenpistole
NO	Nachrichtenoffizier
NSV	Nationalsozialistische Volkswohlfahrt
Nullacht	ältere Wehrmachtspistole
OB	Oberbefehlshaber (Armee, Heeresgruppe, Front)
Ofw.	Oberfeldwebel (Unteroffiziersdienstgrad)
Olt.	Oberleutnant (meist Kompanieführer)
Ord.Offz.	Ordonnanzoffizier
Ostlt.	Oberstleutnant (meist Regimentskommandeur)
P IV	deutscher Panzer vom Typ IV
Pak	Panzerabwehrkanone
Panther	deutscher Panzer
PKW	Personenkraftwagen
PoW	Prisoner of War (Kriegsgefangener)
Pz.Rgt.	Panzerregiment
Rgt.	Regiment (Teil einer Division)
ROB	Reserveoffiziersbewerber
Sankra	Sanitätskraftwagen
S 1,2,3	amerikanische Stabsoffiziere
Uffz.	Unteroffizier
US	United States (von Amerika)
VB	Vorgeschobener Beobachter (meist Artillerieoffizier)
V1	Vergeltungswaffe: strahlgetriebener Flugkörper
V2	strahlgetriebener Flugkörper mit größerer Reichweite und Treffsicherheit
VGD	Volksgrenadierdivision
VS.Rgt.	Versorgungsregiment

Ausdrücke der Soldatensprache

Der Alte	Chef, Kommandeur
Ami	Amerikaner
Ari	Artillerie
ausbooten	einen Panzer verlassen
Bazooka	amerikanische Waffe zur Panzerbekämpfung (ähnlich dem deutschen Ofenrohr)
Dach-rutscher	Beobachtungsflugzeug, auch niedrig fliegender Jagdbomber
Häuptling	Hauptmann
Hetzer	panzerähnliches Sturmgeschütz
Iwan	Russe
Jabo	Jagdbomber
Jeep	offener am. Geländewagen mit vier Sitzen
Kammer-/Küchen-bulle	verantwortlicher Unteroffizier für Verpflegung/Bekleidung
Kettenhund	Feldpolizist, Wehrmachtstreife
Krauts	amerikanische Bezeichnung für deutsche Soldaten
Kumpel	vertrauter Kamerad
Landser	Soldat
Alte Leute	erfahrene Soldaten, Rußlandkämpfer
Ober-schnäpser	Obergefreiter
Ofenrohr	Waffe zur Panzerbekämpfung
Panzerfaust	kürzere Waffe zur Panzerbekämpfung
pennen	schlafen
Pimpf	eigentlich Jungvolkjunge (10- bis 13jährig); junger, unerfahrener Soldat
Sani	Sanitäter
Schnäpser	Gefreiter
Spieß	Hauptfeldwebel (Die „Mutter“ der Kompanie)
Spucker	Granatwerfer
Wagen	Panzer

Wingolf Scherer:

Einführung in den kriegsgeschichtlichen Rahmen der Zeitzeugenberichte

Im Sommer 1944 zeichnete sich an allen Fronten des deutschen Reiches, im Osten, im Süden und im Westen, eine immer bedrohlicher werdende Situation ab. Die rote Armee im Osten und die anglo-amerikanischen Armeen im Süden und Westen rückten auf die Reichsgrenzen vor. Zudem verstärkten sich erfolgreich die Luftangriffe auf das Reichsgebiet, insbesondere die Bombardierungen der Städte, die hohe Verluste unter der Zivilbevölkerung verursachten. Schon am 11. September erreichten amerikanische Vorausabteilungen bei Aachen die Reichsgrenze; am 24. Oktober mußte die Stadt Karls des Großen kapitulieren.

Wegen der lang gewordenen Nachschubwege von der Normandie zur Front verharrten die Angreifer, auch durch Treibstoffmangel genötigt, vor dem Westwall, den sie für eine nur schwer zu überwindende Verteidigungsstellung hielten. Im Oktober begann ihr Kampf um freien Zugang zu dem frontnäheren Hafen Antwerpen; er hatte Ende November Erfolg.

Adolf Hitler, Führer und Kanzler des deutschen Reiches und Volkes, oberster Befehlshaber der Wehrmacht, Oberbefehlshaber des Heeres, suchte angesichts der sich verschärfenden Lage nach einer Möglichkeit, die militärische Initiative zurückzugewinnen. Sein Ziel war, durch einen Großangriff im Westen Amerikaner und Engländer zu trennen, über die Maas hinweg Antwerpen zu nehmen und dabei die feindlichen Armeen zu vernichten. Die anglo-amerikanische Niederlage sollte dem Reich Gelegenheit zu Verhandlungen eröffnen oder doch wenigstens die Möglichkeit bieten, die Front im Osten zu stabilisieren bzw. dort wieder aktiv auftreten zu können. Daß für diese Offensive im Westen die Front im Osten auf die dringend nötige Verstärkung verzichten mußte, nahm Hitler in Kauf. Er setzte sich über die Bedenken des Generalobersten Guderian, Chefs des Generalstabs des Heeres, der Feldmarschälle von Rundstedt, Oberbefehlshabers West, und Model, Oberbefehlshabers der Heeresgruppe B, und des Panzergenerals von Manteuffel hinweg und befahl die Aufstellung von drei Angriffsarmeen im Raum von Monschau bis Echternach.

Den nördlichen Flügel der Angriffsoperation, die unter der Bezeichnung Ardennenoffensive bekannt geworden ist, bildete zwischen Wahlerscheid und Losheim die 6. SS-Panzerarmee unter SS-Oberstgruppenführer (Generaloberst) Sepp Dietrich. In der Mitte marschierte die 15. Panzerarmee unter General Hasso von Manteuffel auf, der sich nach Süden die 7. Armee des Generals Erich Brandenberger anschloß. Den eigentlichen Oberbefehl führte Generalfeldmarschall Walter Model.

Die wichtigste Aufgabe war der 6. SS-Panzerarmee und hier dem 1. SS-Panzerkorps unter dem Kommando von SS-Gruppenführer (Generalleutnant) Hermann Prieß zugedacht.

Die Infanteriedivisionen des Korps sollten in kühnem Ansturm die feindlichen Linien vor Udenbreth und Losheimergraben durchbrechen, um den Panzerdivisionen den schnellen Vorstoß nach Nordwesten auf die Maasübergänge zwischen Lüttich und Huy im Zusammenwirken mit dem Unternehmen „Greif" zu ermöglichen. Dann sollte die Armee an den Albert-Kanal zwischen Maastricht und Antwerpen vorrücken.

Das in dieser Weisung des Feldmarschalls Model genannte Unternehmen „Greif" bezog sich auf einen Sonderverband mit der Tarnbezeichnung Panzerbrigade 150 unter dem Befehl von Obersturmbannführer (Oberstleutnant) Otto Skorzeny, dem legendären Befreier Benito Mussolinis, des faschistischen Achsenpartners Hitlers. Der Sonderverband bestand aus Soldaten, die in amerikanischen Uniformen und Fahrzeugen, mit amerikanischem Akzent sprechend hinter den feindlichen Linien Verwirrung stiften, Sabotageakte durchführen und den schnellen Vormarsch der Panzerverbände infanteristisch unterstützen sollten.

Dem Korps wurden für die Durchbruchsoperation zugewiesen: zwei Elite-Panzerdivisionen der Waffen-SS, die 1. Pz.Div. „LAH" (Leibstandarte Adolf Hitler) und die 12. Pz.Div. „Hitlerjugend" sowie drei Infanteriedivisionen, die 12. Volksgrenadierdivision, Kommandeur Generalmajor Engel, vormals Heeresadjutant Hitlers, die 277. Volksgrenadierdivision, Kommandeur Oberst/Generalmajor Viebig, und die 3. Fallschirmjägerdivision, Kommandeur Generalleutnant Schimpf. Die SS-Panzerdivisionen standen unter dem Kommando von Brigadeführer(Generalmajor) Mohnke („LAH") und Oberführer/Brigadeführer Kraas („HJ").

Die beteiligten Infanteriedivisionen sollten sich bis zum 20. November in ihren Bereitstellungsräumen versammeln. Dazu waren teilweise weite Antransporte erforderlich. So wurde die 277. Volksgrenadierdivision im November mit insgesamt 43 Zügen aus Ungarn herangebracht und in den Westwall eingeschoben. Amerikanische Einheiten, die bereits am 12. September Büllingen und am 16. September Rocherath-Krinkelt besetzt hatten, verhielten sich in der erreichten Linie bis auf Spähtrupps und Störfeuer ruhig. Zwischen Wahlerscheid und Losheim stand die 99. US-Infanteriedivision, deren Kommandeur, der deutschamerikanische Generalmajor Walter E. Lauer, seine Soldaten als „battle babies" bezeichnete.

Die deutschen Vorbereitungen unterlagen strengster Geheimhaltung; Aufklärung und Erkundung vor den eigenen Stellungen waren untersagt. Nach mehreren Verschiebungen wurde als Termin für den Beginn des Angriffs der 16. Dezember 1944 festgelegt. Kurz zuvor versuchte Hitler, alle höheren Befehlshaber in seinem Hauptquartier „Adlerhorst" bei Bad Nauheim auf seine Angriffsziele einzuschwören. Der letzte Satz seiner Ansprache ist so überliefert: „Meine Herren, sollte uns der Durchbruch über Lüttich auf Antwerpen nicht gelingen, gehen wir einem Kriegsende blutigsten Ausmaßes entgegen. Die Zeit arbeitet nicht für uns, sondern gegen uns. Es ist wirklich die letzte Möglichkeit, das Schicksal dieses Krieges zu unseren Gunsten zu wenden. Ich danke, meine Herren."

Am ersten Tag der Offensive griffen die 12. und die 277. Volksgrenadierdivision bei Losheimergraben und Udenbreth, wo Skorzenys Soldaten warteten, im Licht aufgeblendeter Scheinwerfer über die Schneeflächen an, um den beiden SS-Panzerdivisionen die Vormarschstraßen zu öffnen. Bei Wahlerscheid hingegen mußte zunächst ein Vorstoß der 2. US-Infanteriedivision abgewehrt werden, der sich über Dreiborn auf die Rurstaudämme richtete. Nach dem Scheitern bei Udenbreth wurde die Offensive vom Hollerather Knie aus Richtung Rocherath-Krinkelt und Elsenborn fortgesetzt. Die Panzer und Panzergrenadiere der 12. SS-PD „Hitlerjugend" kämpften sich schließlich auch gegen herangebrachte und aus Wahlerscheid zurückgehende Teile der 2. US-ID unter General Robertson bis in die Doppelortschaft vor. Nach großen beidseitigen Verlusten gaben die Amerikaner am 18. Dezember Rocherath-Krinkelt und Wirtzfeld auf und zogen sich auf das Hügelgelände von Elsenborn zurück. Am folgenden Tag erhielt die „Hitlerjugend" Befehl, nach Süden zu verlegen, um den dort weit erfolgreicheren Angriff der „Leibstandarte Adolf Hitler" zu unterstützen. Weitere Versuche, Elsenborn zu nehmen und die Roder Höhe zu besetzen, schlugen endgültig am 23. Dezember fehl. Die deutsche Nordfront erstarrte und wurde zur Verteidigungslinie.

Ende Januar/Anfang Februar 1945 brachte der gut vorbereitete amerikanische Angriff rasch Erfolge und warf die deutschen Truppen auf ihre Stellungen vor Beginn der Offensive zurück. Nach Abzug der SS-Panzerdivisionen traten die stark reduzierten Infanteriedivisionen zum LXVII. Armeekorps des Generalleutnants Otto Hitzfeld. Ein erster Ersatz meist aus Soldaten der Luftwaffe und der Kriegsmarine, im Infanteriekampf völlig unerfahren, sollte die in der gescheiterten Offensive erlittenen Verluste wenigstens teilweise ausgleichen. Am 5. Februar sah sich das Kommando der 277. VGD gezwungen, im südlichen Divisionsabschnitt die Hauptkampflinie (HKL) an den Prether Bach bis südlich Kamberg zurückzuverlegen und die erste Westwalllinie mit ihren Bunkern aufzugeben. Am nächsten Tage räumte die Division auch in der Mitte und am rechten Flügel ihre Stellungen westlich der Straße Hellenthal-Blumenthal-Oberhausen-Schleiden und befahl das Absetzen auf die zweite Linie des Westwalls. Überraschend ließ der feindliche Druck zunächst nach, und die Front beruhigte sich. Ende Februar wurde der amerikanische Angriff fortgesetzt. Jetzt entschloß sich der kommandierende General des LXVII. Armeekorps zu einer Absetzbewegung im „großen Sprung", um die noch verfügbaren Truppenteile halbwegs kampf- und manövrierfähig zu erhalten. An der ganzen Front begann der Rückzug in der Nacht vom 4. auf den 5. März. Nachhuten durften sich erst bei starkem Feinddruck absetzen. Wenige Tage später befand sich das gesamte Gebiet des Kreises Schleiden in amerikanischer Hand. Die deutschen Verbände zogen sich bis zum 9. März Richtung Ahrtal auf den Rhein zurück. Dabei ging die 277. Volksgrenadierdivision bis auf eine Kampfgruppe des Oberstleutnants Josef Bremm unter, die den Rhein zwischen Andernach und Brohl überschreiten konnte. Schon am 7. März hatte ein Vorauskommando der 9. US-Panzerdivision unter dem Befehl des deutschamerikanischen Leutnants Timmermann die Brücke von Remagen besetzt. Der mit der Verteidigung des Brückenkopfes Remagen beauftragte Major Scheller, Adjutant des Generals Hitzfeld, wurde wegen dieses Verlustes auf Befehl Hitlers vor ein „Fliegendes Standgericht" gestellt, zum Tode verurteilt und am 13. März 1945 bei Rimbach erschossen. Die Schnelligkeit des Rückzuges der Restverbände des LXVII. Armeekorps wird aus den Verlegungen des Korpsstabes ersichtlich. Bis zum 7. März befand sich das Korpskommando in Falkenberg, dann vom 9. bis 14. März auf der östlichen Rheinseite in Altwied und in den Folgewochen in Muscheid und Elgert.

Als die Rheinlinie nicht verteidigt und der Vormarsch der anglo-amerikanischen Armeen Richtung Ruhrgebiet und Kassel nicht aufgehalten werden konnte, zeichnete sich das bevorstehende Ende der Westfront deutlich ab. Der Großteil der restlichen Einheiten der Heeresgruppe B wurde im sogenannten Ruhrkessel eingeschlossen, aufgerieben und zur Aufgabe gezwungen, darunter die 12. und 272. Volksgrenadierdivision, die der 15. Armee angehörten. Generalfeldmarschall Model, Oberbefehlshaber der Heeresgruppe B, beendete – seiner Feststellung gemäß: „Ein preußischer Feldmarschall geht nicht in Gefangenschaft!" – in einem Waldstück südlich Duisburg mit einem Pistolenschuß sein Leben.

Die hier vorgestellten Zeitzeugenberichte beziehen sich in ihrer Reihenfolge auf diese Phasen des Kriegsgeschehens:
- Verlegung in die Eifel – Bereitstellung im und hinter dem Westwall November/Dezember 1944,
- Ardennenoffensive: Angriff am 16. Dezember 1944 – Kämpfe um Rocherath-Krinkelt,
- Übergang zur Verteidigung in der erreichten Linie Dezember 1944 bis Ende Januar 1945,
- Amerikanischer Gegenangriff – Rückzug auf die 1. und 2. Linie des Westwalls - Gefangennahmen 31. Januar bis 8. Februar 1945,
- Atempause bis Anfang März 1945,
- Rückzug im „großen Sprung" an und hinter den Rhein 5. März bis Ende März 1945.

Über den skizzierten Zeitrahmen führt der Bericht von Erich Hönen, der sich mit der Vergangenheit eines Grenzlandes befaßt, deutlich hinaus.

Wingolf Scherer:

Von Ungarn in die Eifel

Wingolf Scherer: Leutnant, Zugführer, Adjutant, Verbindungsoffizier, Kompanieführer in der 277. VGD; amerikanische und britische Gefangenschaft, Dr. phil., Landesbeamter NRW, u.a. Direktor des Landesinstitutes für schulpädog. Bildung, u.a. Autor des Buches „Gefallen und vergessen?" (Helios-Verlag Aachen, 2002), Interviewauszüge in der ZDF-Sendung „Die Befreiung" (2004), wohnhaft in Kaarst

Im Februar 1944 wurde ich als Fahnenjunker-Unteroffizier von der 243. Infanteriedivision aus der Normandie nach Ried im Innkreis in Marsch gesetzt, um von dort aus eine Kriegsschule zu besuchen. Zur Kriegsschule VII für Fahnenjunker der Infanterie in Myslowitz bei Prag abkommandiert, durchlief ich eine Ausbildung zum Offizier in einer Abteilung für leichte und schwere Infanteriegeschütze. Als frisch beförderter Leutnant hatte ich dann in der Artilleriekaserne von Linz an der Donau Rekruten auszubilden. Aus dem letzten Heimaturlaub in Attendorn/Westfalen wurde ich vorzeitig zur „Frontabstellung" telegrafisch zurückgerufen.

Über die Frontleitstelle Wien und über Preßburg führte mich mein Weg nach Neuhäusel (Ersekujvar) in Ungarn zu der in Aufstellung befindlichen 277. Volksgrenadierdivision. Am 22. Oktober 1944 meldete ich mich beim Adjutanten (IIa) Major Merbach und dann beim Divisionskommandeur Oberst Viebig. Schon am nächsten Tage übernahm ich in Totmegyer den Infanteriegeschützzug der Divisionsfüsilierkompanie unter Hauptmann Hellige. Der motorisierte Zug verfügte über zwei Geschütze des Typs 42 – mit Spreizlafette –, die von Raupenschleppern mit Knüppelschaltung (RSO) gezogen wurden, und ein Krad für den Zugführer. Richt- und Nachrichtentrupp waren sehr modern ausgestattet. Bei der täglichen Ausbildung mußten die Geschütze im Mannschaftszug bewegt werden, weil die Raupenschlepper wegen des großen Kraftstoffverbrauchs nicht benutzt werden durften. Bewährte Unteroffiziere und wenige ältere Gefreite hatten sich mit jungen Soldaten zu befassen, die meist aus Österreich stammten, damals Ostmark genannt.

Nachdem am 30. Oktober der Zug als vollzählig gelten konnte, fand am 1. November eine Gefechtsübung statt, die mit dem Scharfschießen abschloß. Das Ergebnis stellte zufrieden; der Eindruck verfestigte sich, daß sich die neuen Geschütze mit ihrer jungen Mannschaft gut bewähren würden. Die Beförderung des Stellungsunteroffiziers Klein aus Pommern zum Feldwebel zog eine ausgedehnte Feier nach sich, an der auch der Kompaniechef und der Hauptfeldwebel, Spieß genannt, teilnahmen. Zusammen mit Leutnant Mach, dem Führer des ersten Schützenzuges der Kompanie, wohnte ich bei einer slowakischen Lehrerin – das Gebiet gehörte vormals zur Slowakei –, die sich auch deshalb um uns kümmerte, weil sie Deutsch lernen wollte. Sie versorgte uns mit handfester Zusatzverpflegung: Ungarn war immer noch mit Gänsen, Enten, selbst gebrannten Spirituosen und natürlich Paprika gesegnet.

Anfang November spürte man, daß die Verlegung der Division bevorstand. Ohne zu wissen, wohin die Fahrt gehen würde, wurde ich als Verladeoffizier für das Stabsquartier und die Füsilierkompanie auf dem Bahnhof Totmegyer bestellt, etwa 16 Kilometer nördlich von Ersekujvar (Neuhäusel) gelegen. Die Vermutung lag nahe, die Verlegung erfolge an die Ostfront zur Verstärkung der Abwehr von Angriffen der Roten Armee in Richtung Budapest. Andererseits wurde bedacht, daß die 277. Infanteriedivision, aus deren Restteilen die 277. Volksgrenadierdivision gebildet worden war, in der Normandie bis zu ihrem Untergang im Kessel von Falaise gegen Engländer und Amerikaner gekämpft hatte und wegen ihrer Erfahrungen ein neuerlicher Einsatz im Westen möglich sei.

Leutnant Wingolf Scherer, September 1944 in Melnik/Böhmen

Nach anstrengenden Verladungsarbeiten, die meinen vollen Einsatz verlangten, setzte sich unser Transportzug am 5. November Richtung Wien in Bewegung. In Marchegg erreichten wir deutschen Boden. Am 7. November trafen wir während eines Bombenangriffs im Raume Wien ein. Für die Wiener in meinem Zuge war es dennoch ein freudiges Ereignis, als wir auf den einzelnen Wiener Bahnhöfen längere Zeit hielten. Hier ereignete sich nun ein Vorgang, der mich und meinen Fahrer, den Stabsgefreiten Semrad, in größte Schwierigkeiten bringen konnte. Semrad bat mich dringend, seine in der Nähe wohnende Frau, die er lange nicht gesehen habe, besuchen zu dürfen. Ich erklärte, dass ich die erbetene Erlaubnis verweigern müsse, aber bis zur Abfahrt des Zuges seine Abwesenheit nicht bemerken würde. Als der Zug anfuhr, war Semrad nicht zurück; zudem fehlte das Motorrad, das er fuhr. Was war zu tun? In der Hoffnung, daß der umtriebige und erfahrene Stabsgefreite den Zug mit dem Krad doch noch erreichen werde, entschloß ich mich zum Abwarten. Den Gedanken an „Fahnenflucht" (Desertion) schloß ich aus. Vom Weitergang später mehr! Wir erreichten über Salzburg, Augsburg, Würzburg am 10. November Weißenthurm. Das diesige, regnerische Wetter hatte uns bisher bei fast dauerndem Alarm vor Fliegerangriffen bewahrt. Nun beobachteten wir einen Angriff auf Koblenz. Der längere Aufenthalt reichte aus, um im Bahnhofshotel zu Mittag zu essen. Von der Rheinbrücke aus war das Flakfeuer auf die an- und abfliegenden Bomber gut zu erkennen. Bei der Fahrt durch Koblenz sahen die jungen Soldaten aus Österreich, teilweise 17 Jahre alt, wohl zum ersten Male unmittelbar die Wirkungen eines Terrorangriffs. In ihren Reaktionen bekundete sich die Entschlossenheit, den Boden des Vaterlandes mit all ihren Kräften gegen den Feind, diesen Feind, zu verteidigen. Nicht erinnere ich mich, daß jetzt oder später das noch bekannte sprachlich überspannte Lied gesungen wurde, dessen Text lautet:

> Es braust ein Ruf wie Donnerhall,
> wie Schwertgeklirr und Wogenprall:
> Zum Rhein, zum Rhein, zum deutschen Rhein!
> Wer will des Stromes Hüter sein?
> Lieb Vaterland, magst ruhig sein,
> fest steht und treu die Wacht am Rhein!
> (Max Schneckenburger 1854)

Wenn dieses Lied auch nicht gesungen worden ist, hat sich etwas vom irrealen Pathos dieser Zeilen beim Überqueren des Rheins wohl nicht unserem Denken, aber doch unserem Fühlen mitgeteilt.

Jedem war klar geworden, daß unser Ziel die Westfront im Eifelraum sein würde. Am nächsten Tage gelangte unser Transport nach Jünkerath. Dort erfolgte die Ausladung, wobei Jabo-Angriffe nur Materialschaden verursachten. Mein Zug fand in Feusdorf, die übrige Kompanie im nahen Esch Unterkunft. Da Stabsgefreiter Semrad immer noch fehlte, wurde eine Meldung überfällig, die auch für mich Konsequenzen haben würde. Als ich dabei war, im gerade eingerichteten Geschäftszimmer den „Tatbericht" zu diktieren, hörte man draußen Rufe: „Semrad ist da!" Semrad stürzte herein und meldete sich zurück. Man stelle sich vor: Dieser mit allen Wassern gewaschene, mit der militärischen Maschinerie vollvertraute langjährige Soldat aus Wien hatte eine unwahrscheinliche Leistung vollbracht, nämlich den Weg unseres Transportes von Wien in die Eifel zu erkunden, Benzin für sein Motorrad zu „organisieren" und allen Kontrollen zu entgehen, wissend, daß er sich nicht mit einem Marschbefehl ausweisen konnte. Mein Tadel mischte sich mit Erleichterung; ich zerriß die Meldung. Semrad bewies später seine Dankbarkeit auf die ihm eigene Weise: Er stellte einen umgespritzten PKW vor, der einer SS-Einheit gehörte. Daß ich dieses „Geschenk" nicht annehmen wollte, fand bei ihm nur wenig Verständnis.

Am Nachmittag dieses 11. November waren am Himmel ganz merkwürdige Kondensstreifen zu sehen, die zu allerlei Vermutungen Anlaß gaben. Wir nahmen an, daß es sich um eine V2 handeln könne, die sich ohne Geräusch und aufgrund ihrer hohen Geschwindigkeit unsichtbar fortbewege. Am folgenden Tage nahmen wir ein eigenartiges Rauschen, ein orgelndes Geräusch über uns wahr, das sich fast wie das Brennen einer Lötlampe anhörte. Nach Aussage der Einwohner sollte man bei klarem Wetter die V1-Bomben deutlich erkennen können. Die Bevölkerung gab sich zuversichtlich; sie vertraute hier hinter der Front ganz offensichtlich auf unseren Schutz. Die „Vergeltungswaffen" im Einsatz zu sehen, hob auch unsere Zuversicht. Nach und nach trafen die Einheiten der 277. Volksgrenadierdivision auf ihren Zielbahnhöfen ein. Von den 42 Zügen, die in Ungarn abfuhren, kamen bis zum 15. November 33 in der Eifel an. Nach dem Ausladen übernahmen die Truppenteile zunächst in vermischter Folge die Sicherung und Verteidigung der ersten Linie des Westwalls in einem Abschnitt, der von Wahlerscheid im Norden bis nach Losheim im Süden reichte. Mein Infanteriegeschützzug wurde am 13. November über Jünkerath, Kronenburg und Hallschlag in Marsch gesetzt und in Bunker vorwärts Hallschlag eingewiesen. Auf dem Marsch blieben zunächst die beiden Raupenschlepper wegen Benzinmangels liegen und mußten dann aufgetankt werden. Im Bunker 193, dem vordersten Bunker, wurde die Beobachtungsstelle (B-Stelle), bei Bunker 262 die Feuerstellung eingerichtet. Das Beziehen der Stellungen vollzog sich unter mittlerem Störungsfeuer der amerikanischen Artillerie. Noch am gleichen Tage erfolgte unser Einschießen im Raume Afst-Krewinkel-Losheim. Das gegnerische Störungsfeuer hielt in den nächsten Tagen an; der Bunker bei der Feuerstellung erhielt einen Volltreffer, ohne jedoch Verluste zu verursachen. Die Bunker erwiesen sich als gut armiert und von außen kaum zu erkennen. Das Innere war geräumig und warm, zudem mit einer reichlichen Anzahl von Betten ausgestattet. Der B-Stellen-Bunker wies eine Panzerkuppel mit ausfahrbarer Optik auf, die einen weiten Über- und Ausblick ins Feindgelände gestattete. Mit Munition brauchten wir nicht zu sparen.

Ein zugelaufener deutscher Schäferhund, der den Namen Lux erhielt, begleitete mich auf dem Wege von der B-Stelle zur Feuerstellung und zurück. In der Feuerstellung gab es für ihn immer eine Extraportion, denn dort wurde gebraten und gekocht. Den Hund führte ich an der Leine, um ihn bei einem Feuerüberfall in der Nähe zu haben und seine Flucht zu verhindern. Als wir auf einem dieser Wege in die unmittelbare Nähe einschlagender Granaten gerieten, suchte ich in einem Loch Deckung. Plötzlich winselte Lux, sprang auf und riß mich mit, da ich die Leine nicht losließ. Wenig später schlug eine Granate am Rande des Deckungslochs ein, das wir fluchtartig verlassen hatten. Wie Lux eine Gefahr wittern konnte, die mir verborgen blieb, beschäftigte mich lange. Eine überzeugende Erklärung vermochte ich nicht zu finden. Meine Zuneigung zu diesem Hunde wuchs mächtig; vielleicht hatte er mich und sich vor einer Verwundung oder Schlimmerem bewahrt. Als er später im Kampfgeschehen plötzlich verschwand, fühlte ich mich fast so verlassen wie beim Weggang eines treuen Freundes.

Da der Kompaniechef Hauptmann Hellige zum Bataillonsführer aufgestiegen war, führte ich die Füsilierkompanie, deren weitere vier Züge die benachbarte Bunkerlinie besetzt hielten. Aber schon bald wurden wir aus der Front herausgenommen. In der Nacht vom 17. auf den 18. November wurden wir abgelöst, nachdem uns am Tage die amerikanische Artillerie kräftig eingedeckt hatte. Im Rahmen des Möglichen erwiderten wir das Feuer. Der ablösende Infanteriegeschützzug gehörte der 4. Kompanie des Grenadierregiments 989 unserer Division an, jener Kompanie, deren Führung mir im März 1945 übertragen wurde. Über Kronenburg rollten wir nach Dahlem; ab 23. November nahmen wir Quartier in Rinnen (4. und 5. Zug) und Frohnrath (1.-3. Zug). Im Hause Dahmen unmittelbar an der Durchgangsstraße in Rinnen fand ich Unterkunft. Frau Dahmen nahm mich herzlich auf, bemutterte mich fast und betrachtete mich als eine Art Ersatzsohn. Alle Soldaten der Füsilierkompanie, die jetzt wieder die Reserve der Division bildete – auch wohl als „Divisionsfeuerwehr“

betrachtet –, durften sich bald heimisch fühlen. Das Verhältnis zu ihren Gastgebern entwickelte sich mehr und mehr familiär. Die Erinnerung daran stimmt nachdenklich und dankbar.

Im Ruheraum ging die Ausbildung für alle denkbaren Einsätze unablässig weiter. Am 28. November fand eine große Übung der Füsilierkompanie statt, der Generalfeldmarschall Model, der Oberbefehlshaber der Heeresgruppe B, und der Divisionskommandeur Oberst Viebig beiwohnten. Der Infanteriegeschützzug erhielt den Auftrag, ein etwa 800 Meter entferntes Scheunentor zu beschießen. Ich hielt für richtig, selbst ans Geschütz zu gehen, zu richten und abzufeuern. Die Göttin des Glücks stand mir bei: Volltreffer! Der Feldmarschall fragte: „Machen Sie das immer so, Herr Leutnant?“ Meine Antwort lautete: „Nicht immer, Herr Feldmarschall!“ Darauf stellte Model fest: „Dann sind Sie ja ein ehrlicher Soldat!“, grüßte und entfernte sich mit Oberst Viebig. Dieses blieb die einzige Begegnung, die ich je mit einem Feldmarschall hatte. Der Glückstreffer hob nicht nur mein Ansehen bei meinen Männern, sondern auch beim Divisionskommandeur, dessen Füsilierkompanie sich vor den Augen des Feldmarschalls bewährt hatte. Als der Kompaniechef zu einem Lehrgang für Bataillonsführer kommandiert wurde, führte ich die Kompanie. Diese Aufgabe hätte eigentlich von einem Zugführer der Schützenzüge übernommen werden müssen.

Bild oben: Generalfeldmarschall Model

Bild links: Oberst Wilhelm Viebig im Dezember 1942

Langsam verdichtete sich die Vermutung, daß ein größeres Unternehmen bevorstehe. Der Kompanieunterricht beschäftigte sich mit unseren Gegnern. Bei einer solchen Gelegenheit erfuhr ich zu meiner Überraschung, daß einige Kompanieangehörige vor- oder angaben, den Namen Stalin nie gehört zu haben. Das auch im übrigen mangelnde Wissen über die militärische und politische Führung wie die Kriegsgründe der Anglo-Amerikaner deutete darauf hin, wie gering der Erfolg des Versuches einzuschätzen war, unsere Soldaten propagandistisch zu indoktrinieren. Allerdings beschränkte der Divisionskommandeur die Tätigkeit des nationalsozialistischen Führungsoffiziers (NSFO) auf das unvermeidliche Maß.

Am 13. Dezember rollten erstmals Panzer durch Rinnen. Am nächsten Tage folgten Panzer der 1. SS-Panzerdivision (Leibstandarte Adolf Hitler). Da einer der Panzer auf der Durchgangsstraße in meiner Nähe hielt, ergab sich eine erstaunliche Begegnung. In dem im Turm stehenden Panzerkommandanten erkannte ich meinen ehemaligen Hauptfeldwebel Michels, der vormals in der 7. Kompanie des Regiments 921 der 243. Infanteriedivision Dienst getan hatte und dort in der Normandie einer meiner Vorgesetzten gewesen war. Er berichtete kurz vom Untergang der Division und dem Tode des Kommandeurs, des Generalleutnants Hellmich. Auf meine Frage, wie er denn zur SS gekommen sei, wies er auf seine negativen Erfahrungen bei der Abwehr der Invasionstruppen auf der Cotentin-Halbinsel hin. Bevor der Panzer anruckte, bestätigte er den bevorstehenden Angriff und wünschte mir Soldatenglück. Meine Erwiderung ging im Gerassel der Panzerketten unter.

Am nächsten Tag erreichte uns der Marschbefehl. Wir fuhren über Sistig-Wiesen-Wolfert-Schwalenbach Richtung Udenbreth und stellten uns in der Nacht vom 15. auf den 16. Dezember in der Bunkerlinie an der Straße Udenbreth-Neuhof-Weißer Stein zum Angriff bereit. Die sogenannte Ardennenoffensive begann am 16. Dezember 1944 um 5 Uhr 30 mit einem gewaltigen Artilleriefeuer, das eine halbe Stunde anhielt.

Unsere Gastgeber hatten uns besorgt und zuversichtlich zugleich mit herzlichen Wünschen für Erfolg und Gesundheit verabschiedet. Vor dem Abrücken fand ein Kompanieabend statt, der die Stimmung heben sollte. Ein Unteroffizier gab auf seiner Ziehharmonika alle bekannten Soldatenlieder vor, die lauthals, alle Ängste übertönend, mit steigender Begeisterung gesungen wurden. Dann stimmte jemand das Lied an: „Morgenrot, Morgenrot, leuchtest mir zum frühen Tod“; die kurz währende bedrückende Stille wurde rasch von einer flotten Weise beendet und verdrängt.

Der Unteroffizier ist am ersten Tage des Angriffs gefallen.

Kurt Schmidt:

Von Osnabrück nach Ungarn und in die Eifel – September/Oktober 1944

Kurt Schmidt: Gefreiter im Nachrichtenzug des Grenadierregiments 991 des Oberstleutnant Otto Jaquet (gefallen 31.1.1945 ostwärts Krinkelt). Kurt Schmidt heute wohnhaft in Idar-Oberstein

Die 277. Volksgrenadierdivision mit den Regimentern 989, 990 und 991 wurde im September/Oktober 1944 in Ungarn, im Raume Raab, Gyor, Neuhäusel neu aufgestellt. Die 277. Infanteriedivision hatte in den Kämpfen in der Normandie den Großteil ihrer Verbände verloren; sie war aufgerieben worden. Wir, ca. zehn Mann, wurden Ende August von unserer Nachrichtenstammkompanie in Osnabrück zu dieser Division in Marsch gesetzt. Meine Einheit war das Regiment 991, Kommandeur Major Jaquet. Ein Nachrichtenoffizier und der Funkmeister kamen erst später.

Gefreiter Kurt Schmidt auf Abstellurlaub im September 1944

In „Kurt" – so hieß die Tarnbezeichnung des Ortes unserer Unterkunft – befand sich auch der Regimentskommandeur. Nach längerem Fußmarsch vom Bahnhof Neuhäusel trafen wir ein. An einem steinernen Torbogen lehnte ein Soldat in Hemdsärmeln und rauchte eine Zigarette. Den fragte ich nach der Schreibstube: „Hallo Kumpel, wir suchen die Schreibstube von 991, ist es noch weit?" Antwort: „Geht noch 200 Meter, dann durch den Vorgarten und von hinten ins Haus!" Als wir uns beim Unteroffizier in der Schreibstube meldeten, ging die Tür auf. Der Unteroffizier schreit: „Achtung!" Wir bauten „Männchen"; herein kam der angesprochene Kumpel, lächelte, stellte sich vor: „Jaquet, Major, Regimentskommandeur von 991." Dann gab er jedem die Hand, fragte nach Namen,

Beruf und Heimatort. Es gab etwas zu trinken und zu essen. Als ich mich später für meine Anfrage entschuldigte, meinte er: „Na, nun kennen wir uns." Damals habe ich nicht geahnt, wie gut sein Verhältnis zu uns, seinen „Buben" – ich war 17 Jahre alt – sich entwickeln würde. Seine Fürsorge bewies er später in Rocherath/Krinkelt mit der Belehrung: „Immer die Schnauze in den Dreck, die Hacken runter, keine Alleingänge, tote Helden kann ich nicht gebrauchen!"

Oberstleutnant Otto Jaquet hier als Oberleutnant 1940

Der Abtransport unseres Regiments ging mit der Bahn in die Tschechoslowakei – Brünn. Es kam die Parole auf: Wir marschieren gegen den Iwan! Die Stimmung war ganz beschissen. In Brünn standen wir zwei Tage, dann nachts in Eger. Es ging also weiter westwärts, gegen den Ami. Die Stimmung besserte sich. Getränke, Zigaretten, Tabak und Süßigkeiten waren in Mengen vorhanden, weil wir vor dem Grenzübergang Marketenderware erhalten hatten. Angeblich bekamen wir auch etwas für die in der Normandie untergegangene 277. ID.

In unserem Güterwagen war eine Seite mit Klappbetten für meine Kumpel und mich reserviert, die andere Seite mit alten Landsern belegt, für die wir nur Pimpfe waren. In der Mitte stand der gemeinsame Ofen, dessen Rohr durch das Wagendach ging. Brennmaterial lag im engen Mittelgang. Als die alten Hasen in Brünn auf dem Nachbargleis einen Viehtransport entdeckt hatten, war ihnen klar, daß sie da eine Sau herausholen würden, und zwar kurz bevor unser Transportzug anfährt. Das Glück war auf unserer Seite. Zwei Alte rissen die Tür eines „Sauwaggons" auf und stiegen ein. Sie schoben eine Sau in unseren Wagen und sprangen auf, als der Zug anfuhr. Die Sau verkroch sich unter einem Bett. Bei einem Schnaps wurde überlegt, wie es weitergehen soll. Wie kommt das Schwein zum Küchenbullen, tot oder lebendig? Die schreiende Sau wurde festgehalten und durch einen Pistolenschuß getötet. Nach dem Ausbluten und Ausnehmen schob einer mit einem Brett die Innereien zur Tür hinaus. Es stank! Die geöffnete Flasche kreiste; wir Pimpfe mussten mittrinken. Mama war ja nicht hier! Der Zug wurde langsamer und hielt in freiem Gelände. Jetzt griffen vier Alte das Schwein und brachten es zum Wagen des Küchenbullen. Wir Buben mußten nun den Wagen säubern; bei offener Tür verlor sich der Gestank nur langsam. Hinter Eger kam der Koch in unseren Wagen und lobte uns wegen der Aufbesserung unserer Verpflegung.

Kurz vor der deutschen Grenze hielt der Zug. Alles raus, Zählappell! Streckenposten hatten Gedärme gefunden und ihre Annahme gemeldet, es könne ein Landser aus dem Zug gefallen sein. Zwischen Nürnberg und Aschaffenburg bediente uns der Koch mit zubereiteten Teilen der Sau. Wir ließen es uns schmecken!

Wegen eines Fliegerangriffs erfolgte eine Umleitung über Fulda und Gießen. Über die Brücke von Remagen fuhren wir Richtung Mayen-Gerolstein mit Endziel Stadtkyll. Aber in Jünkerath war Schluß; der Ami hatte die Bahnlinien bombardiert. Bis zum Dunkelwerden stand unser Transport in einem Tunnel vor dem Bahnhof. Dann fand die Entladung statt. Es ging sehr schnell, da der bespannte Troß schon bereitstand. Zu Fuß ging es nach Sistig ins Zivilquartier. Meine Quartierswirtin empfing mich mit den Worten: „Ich hab einen Soldaten erwartet, aber keinen Jungen in Uniform." Der Quartierschein und das Soldbuch haben mich schnell zum erwarteten Soldaten gemacht. Oma sagte zu mir: „Mein Bub ist in Rußland." Bei ihr war ich gut aufgehoben: Bett vom Sohn, warmes Bad. In der Scheune konnte ich das mir anvertraute Nachrichtenmaterial getarnt unterstellen. Oma hat auch gut gekocht; ich brauchte nicht aus der Gulaschkanone zu essen. Meine Rationen habe ich aber trotzdem geholt; Oma hat sie noch verfeinert.

In Sistig kam dann der Vorgeschmack auf das Kommende ...

Kanonendonner, überfliegende Geschosse, Jabos! Der Dienst bestand im Herrichten der Geräte und Verteilen von Nachrichtenmitteln. Tagsüber bewegte sich kein Mensch auf den Straßen; alle Bewegungen wurden nachts durchgeführt, immer unter genügender Deckung.

Nach etwa vier bis fünf Tagen gings weiter nach Reifferscheid. Hier befand sich der Regimentsgefechtsstand, und zwar in einem Bunker an der Straße Sistig/Reifferscheid im Berghang Zingscheiderberg/Kuhberg. Das Nachrichtenkommando war in einem Bunker näher zu Sistig untergebracht. Von beiden Standorten aus konnte man Reifferscheid einsehen.

Die Funkmeisterei, mein Betätigungsfeld, wurde direkt gegenüber der Ortsmitte auf der rechten Seite des Bachlaufs eingerichtet: Bunkerschießscharte mit Blick auf unsere Schreibstube in einem Gasthaus in der Ortsmitte. Der Mannschaftsbunker war spärlich ausgestattet: Es gab einen Ofen und Hindenburglichter dienten als Beleuchtung. Waffen waren nicht vorhanden. Es gab aber Ablagemöglichkeiten. Im Einzelhaus daneben lebten eine ältere und eine jüngere Frau (Mutter und Schwiegertochter) sowie ein junges Mädchen aus dem Saarland.

Der Steinbruch war mit zerschossenen Fahrzeugen und dicken Panzerplatten angefüllt. Diese wurden beim Scharfschießen mit Panzerfäusten und Ofenrohren benötigt. Jeder daran noch nicht ausgebildete Landser mußte an den Schießübungen teilnehmen.

Der Raum Reifferscheidt lag im Feuerbereich der amerikanischen Artillerie. Kaum ein Tag verging ohne heftigen Beschuß. Wir hatten Treffer auf den Bunker genau vor der Schießscharte. Das Fenster flog herein, und der Luftdruck fegte mir alle Gerätschaften vom Arbeitsplatz. Mit dem Stuhl landete ich in einer Ecke, ohne Schaden zu nehmen. Von nun an wurde die Schießscharte mit einer dicken Stahlplatte verschlossen.

Wir verfügten über einen Ladegenerator für die Batterien der Funkgeräte und einen großen Bestand an Reservebatterien, die immer geladen sein mußten. Zu diesem Zeitpunkt war die Funkmeisterei mit dem Funkmeister Feldwebel Krause, Tischlermeister aus Fulda, und mir besetzt. Zwei Klappbetten standen uns zur Verfügung; die anderen Betten waren von Landsern anderer Einheiten belegt. In meiner Werkstatt hatte ich ein Radio und genug Benzin für den Ladesatz. Es war also immer Leben in der Bude. Unsere Feldküche stand gut getarnt in einem kleinen Steinbruch. Schräg gegenüber befand sich der Hauptverbandplatz mit einem dicken roten Kreuz auf dem Dach (Luisenstift o.ä.). In der Nähe des Ortsmittelpunktes, Fahrweg zur Burg, befand sich ein kleines Verpflegungslager. Hier regierte ein dicker Fourier, ein ausgemachter Geizkragen. Oft fiel der Strom aus. Trotz der Widrigkeiten hielten sich noch etliche Zivilpersonen in Reifferscheid auf.

In Tallage Richtung Wiesen waren eine Entlausungsstation mit Kammerbullen und ein Gefangenenlager eingerichtet, das mit Russen besetzt war. Ein weiteres Lager befand sich an der Straße Richtung Sägewerk Blumenthal. Die Gebäude bestanden aus Baracken, vermutlich vom früheren Arbeitsdienst.

Auf einem Notfriedhof rechter Hand vom jetzigen Burgparkplatz fanden sehr oft in kürzeren Abständen Bestattungen mit Feldgottesdiensten statt. Sie wurden meistens vom einheimischen Pfarrer und gelegentlich von einem Heeres-Feldgeistlichen durchgeführt. Ich wurde dazu öfter abkommandiert. Mit anderen abkömmlichen Soldaten bestand die Aufgabe darin, die toten Soldaten in Augenschein zu nehmen, um ggf. bei der Identifizierung zu helfen. Etliche Tote hatten keine Erkennungsmarken mehr oder waren bis zur Unkenntlichkeit entstellt. Auch konnten persönliche Dinge der Gefallenen wie Familienbilder, Briefe und sonstige Utensilien eingesehen werden. In Zeltbahnen waren Körperteile zusammengetragen. Sie blieben geschlossen; es sei denn, jemand wollte hineinsehen.

Nach den Einsegnungen hatten wir Salut zu schießen – drei Schuß! Bis zum Wegtreten blieb immer ein flaues Gefühl, weil jederzeit ein Jabo-Angriff erfolgen konnte.

Der Soldatenfriedhof von Reifferscheid vor 1968

Einen kleinen Vorteil hatte unsere Teilnahme dann doch, wenn der Reifferscheider Pfarrer die Beisetzung begleitete. Nach der Zeremonie wurden wir Pimpfe in die Pfarrei eingeladen, wo die Haushälterin immer etwas zu trinken und zu essen bereit hielt.

Der Versorgungsbereich der Funkmeisterei erstreckte sich insbesondere auf die Stellungen des Regiments an der Reichsgrenze zwischen Losheimergraben und Wahlerscheid. Als Brennpunkt erwies sich das Forsthaus Wahlerscheid mit der anschließenden Bunkerlinie. Mittels Pferdetroß wurden die Linien versorgt. Der Weg führte über Blumenthal und Hellenthal. Zwei bis drei Stunden nach dem Dunkelwerden trafen die Nachrichtenleute der Fronttruppen mit ihren defekten Geräten und ihren Anforderungen bei uns ein. Vor dem Hellwerden mußten sie wieder in ihren Stellungen sein. Wir sorgten dafür, daß die Nachrichtenleute im Austausch gegen Taschenlampenbatterien für die Küchenbesatzung eine warme Mahlzeit erhielten. So gestärkt, machten sie sich auf den Rückweg.

In dieser Weise hatte sich unser Tagesablauf eingespielt. Als aber ab Anfang November die Lage durch Kampfhandlungen im Raum Ramscheid, Miescheid, Udenbreth unsicherer wurde, mußten die Transportbegleiter in ihren Stellungen bleiben. Jetzt hatte ich die Transporte mit einem pferdebespannten hochrädrigen Heereswagen zu übernehmen. Von den übrigen Gespannführern, meist verwundeten Rußlandkämpfern, konnte man viel lernen, insbesondere drohende Gefahren rechtzeitig zu erkennen. Mehr als einmal hat mich auch ein Kompanie- oder Zugführer in seinem Gefechtsstand zwei bis drei Stunden festgehalten, weil mit feindlichen Späh- und Stoßtrupps zu rechnen war. Dann kam die bange Überlegung auf, ob ich wohl vor dem Hellwerden wieder am Ausgangspunkt sein könnte. Wenn man hinter der HKL nicht allein war, gab das ein gewisses Gefühl der Sicherheit. Besonders begehrt waren die Wehrmachtstaschenlampen mit den dazugehörigen Batterien. Sie standen nur kontingentiert zur Verfügung. Der Regimentskommandeur, sein Adjutant Oberleutnant Schulz, alle Angehörigen des Stabes und natürlich unser Nachrichtenoffizier Leutnant Erdmann wollten damit versorgt sein. Wenn wir den Anrufern mitteilen mußten, die Verbrauchsdauer ihrer Batterien sei noch nicht abgelaufen, gab es Pressionen. Angenehmer verlief die Reparatur von Geräten. Als ein Anruf vom Chef einging: „Schmidt, bei uns ist was mit der Bunkerleitung nicht in Ordnung, Hauptapparat und Handapparate mitbringen!“, machte ich mich dem Bach entlang und am Liebfrauenhof vorbei ruckzuck auf den Weg und war in 15 Minuten bei Jaquet im Gefechtsstand. Die Kontrolle des defekten Apparates ergab einen Fehler in der Garnitur des Handapparates, der behoben wurde. Beim Chef war es üblich, dass eine Tasse Kaffee mit Zigarette und etwas Alkoholisches angeboten wurden. „Wie geht es, klappt der Laden, zufrieden mit dem Krause, irgendeine Beanstandung?“ Natürlich gab ich keine negativen Antworten.

Wenn eine neue Batterielieferung kam, ließ sich immer etwas abzweigen. Bei der letzten Lieferung stellte Krause fest, daß es sich um einen alten Lagerbestand handelte. Etliche Batterien waren nicht mehr voll verwendbar; sie trugen neben einem länger zurückliegenden Datum die Bezeichnung „Afrikakorps“. Wir legten einen „schwarzen Bestand“ an und versorgten damit drängende Dienststellen. Wenn ich

Batterien ablieferte, hieß es jetzt: „Na, Schmidt, haste noch genug Zigaretten? Hier, nimm die mit – das gibste deinem Funkmeister!"

Anfang November 1944 meldete sich „Paul" mit Pferd Hektor und einem Einspänner-Zweirad-Feldwagen bei uns im Bunker. Paul war ein „freiwillig-gezogener Hilfswilliger" aus dem Elsaß, einem kleinen Ort bei Straßburg. Er sprach gut deutsch; seine Uniform trug keinerlei Zugehörigkeitszeichen. Mit seinem Gespann wurde er in Reifferscheid einquartiert. Paul sollte mit seinem Gespann unsere Transporte übernehmen und so den ohnehin überforderten Troß entlasten. Paul wurde mein Begleiter und fuhr mit mir über Oberreifferscheid in die Frontlinie Rescheid Udenbreth. Der Weg dorthin bot außer der Tallage hinter Wolfert nur spärliche Deckung. Auch Hellenthal und Blumenthal lagen unter starkem Beschuß. Oft kamen wir nur bis zum ersten Ablieferungspunkt, dann mußten die Kameraden das Material dort selbst abholen. Paul erledigte manche Fahrt allein, unser Kontakt war immer gut.

Wenn Reifferscheid während meiner Abwesenheit beschossen wurde, berührten mich die Folgen wenig. In der Entlausungsanstalt konnte man gut duschen und frische Unterwäsche anziehen. Ein russischer Gefangener bearbeitete inzwischen die Uniform. Krause riet mir, vor der Entlausung Zigarettenkippen und Kommißbrot in die Uniformtaschen zu stecken, damit der Iwan sorgfältig arbeite und die Uniform wirklich frei von Läusen sei.

Meine Uniform ...

Vor der Abstellung zur Fronteinheit wurde ich in Osnabrück neu, aber mit gebrauchten Sachen eingekleidet. Meine Klamotten paßten mir nicht – die Hose konnte der Kammerbulle noch etwas kürzer und enger machen, den Uniformrock aber nicht (angeblich aus Zeit- und Personalmangel). In Ungarn war aber die Kleiderkammer zu weit weg – also blieb sie, wie sie bis jetzt war. Im November in Reifferscheid mußte dann was passieren. Also zum Kammerbullen ins Russenlager. Viel ändern könne er auch nicht. Hat die Größennummer genommen – er würde eine kleinere besorgen. Meine Körpergröße: 160 cm, Gewicht: nicht bekannt, aber schmal. (Krause meinte so ganz nebenbei: „Gib dem Kammerbullen mal eine Batterie aus unserem Bestand – dann klappt es!" – so war es dann auch.

Der „neue" Uniformrock hatte mindest 6 bis 8 sauber geflickte Einschußlöcher – die Lochränder hoben sich farblich vom Feldgrau ab. (Darin war vorher ein Landser für Großdeutschland gefallen – die Blutreste gingen beim Reinigen nicht ganz heraus.) Der Rock paßte.

Etwas später kamen dann die Feldblusen/Feldjacken, Tarnjacken, außen feldgrau, innen weiß. (Spitzname: „Rußland-Wende Hemd" o.ä.) Hielt gut warm, hatte große Taschen – war mir auch zu groß – konnte sie unter den Knien im Bund zusammenziehen. Nicht zu vergessen, eine große Kapuze, so groß, daß sie auch über die „Hurratüte" (Stahlhelm) ging.

Hohe Schuhe, 2 Paar, die „Rückzugsgamaschen" (auch „Angstrohre" genannt) und Fußlappen, in großen Mengen. Waren praktisch – schnell gewaschen – schnell trocken – saubere konnten auch als Taschentücher genommen werden – die „Braut“ des Soldaten konnte man damit reinigen.

Schuhe, geschnürt bis obenhin, und genagelt, aber nicht wasserdicht, „Preußisch exakt“, oft zu groß, dann wurden zwei Fußlappen um den Fuß gelegt. Wenn die schön groß waren, konnte man sie über dem oberen Schuhrand mit einer Schnur nochmals zusammenbinden, dann konnten sie nicht so sehr verrutschen.

Und nachts, wo man sowieso alle Geräusche besser hört, war das sehr unangenehm, die Nägel, mancher Posten sagte uns, Paul und Pferd und Wagen, mit eurem Getrampel hört man euch schon von weitem kommen. Der Gaul war auch beschlagen, die Wagenräder stahlbereift, alles was Krach macht. Die Amis liefen auf Gummi!!

Mitbewohner: LÄUSE ... liebe Tierchen ...

Auf irgendeiner Tour, in irgendeinem Keller oder Waldbunker – es gab immer Läuse. Landser filzten in den Klamotten herum, hielten sie über die Kerzenflammen oder knackten sie zwischen den Daumennägeln. Viele hatten schwere Entzündungen, mußten sich sogar beim Sani behandeln lassen.

Eine Bemerkung meinerseits: „Damit habe ich keine Probleme, keine Entzündungen oder Wundsein, ich glaube, ich habe keine Läuse ...“ – das war dann ein Gelächter!!!! „Zieh mal deinen Kittel aus, geb mal her ...“, dann bekam ich Unterricht, wo man diese Biester findet – und es wurde viele gefunden. In den Taschenklappen, im Rockkragen, in den Hosennähten, in der Halsbinde, in der Feldmütze, in

Liebfrauenhof in Reifferscheid, 1944

der Unterwäsche, usw. Einhellige Meinung: Mensch, Schmidt, deine Blutgruppe mögen die Tierchen nicht. Hast du vielleicht ein Glück!! Thema beendet!!

K-98 stand im Gewehrständer.

(So ausgerüstet kam ich dann auch im Februar 45 am Hollerather Knie in Gefangenschaft. Nur mit den Klamotten, die ich noch anhatte. Ohne K-98, aber mit einer „NULL/ACHT“ in der Gamasche.)

Liebfrauenhof

Hauptverbandsplatz, wurden noch Räumlichkeiten hergerichtet, es waren Nebenzimmer. Licht- und Steckdosenleitungen mußten noch verlegt werden, und es sollte/mußte sehr schnell gehen. Anruf v. NO.: Schmidt, im HVP bei dem und dem Uffz. melden, ist was mit dem Strom. Am Bach entlang, in 3 Minuten war man da. Elektromaterial vorhanden, nach zwei Tagen war die Sache erledigt. Am Tage fiel mindestens einmal der Strom für längere Zeit aus. Dann haben die Sanis im Keller einen kleinen Notstromgenerator angeworfen – reichte gerade, um die nötigsten Zimmer zu versorgen. Leitungen im fliegenden Aufbau bis in diese Zimmer gelegt. Gesehen, und jetzt gewußt! (Siehe Oberprether-Mühle.)

Ernst Karl Pfleger:

Von Neuhäusel/Ungarn nach Ahrdorf/Eifel – 6. bis 13. November 1944

(Verlegung des Versorgungsregiments der 277. Volksgrenadierdivision)

Ernst Karl Pfleger: Hauptmann, stellvertretender Kommandeur des Versorgungsregiments der 277. VGD, nach dem Kriege in Wien, Herausgeber der „Steffelnachrichten“

18. September 1944 Divisionsbefehl: „Hauptmann Pfleger übernimmt sofort die Aufstellung des Versorgungsregiments und findet sich hierzu bei Div. (isions) 1a ein. (1a = 1. Generalstabsoffizier Oberstleutnant Freiherr von Wangenheim).

6. Oktober 1944. Aus dem Reich ist ein Major für das Versorgungsregiment eingetroffen (Major d.R. Schaab). Er hatte seinerzeit denselben Kommandeur-Lehrgang besucht wie ich. Er stammt aber aus Worms. Ich werde auf die B-Stelle (= Stellvertreter) gesetzt.

29. Oktober 1944. Wir warten täglich auf den Einsatzbefehl in Richtung Budapest. Wir erhalten Abmarschbereitschaftsbefehl. Gleich darauf Alarmbereitschaft vom Generalkommando. Zwei Stunden später: Transportkommandantur Wien. Wien? Wir sehen uns an. Sollten wir doch nicht in den Osten?

Oberstleutnant i.G. Horst Freiherr von Wangenheim, 1. Generalstabsoffizier der 277 VGD.

6. Nov.: Es ist der 5. Verladetag der 277. VD.: Vs.-Rgt. 277. Wohin sind die Zeiten, in denen im 24-Stunden-Tempo eine kriegsstarke Inf. Div. in 70 Zügen aus einem Verladebereich mit 50 km Radius zum Abrollen gebracht wurde! Noch dazu in Reihenfolge, daß im Einsatzgebiet die Truppe sofort verwendet werden konnte. Einladerampe Neuhäusel. Rgts. Stab und Kf. Kp. Seit 11.00 Uhr ist die Rampe frei, und die Verladung ist im Gange. Lkw rollen auf die E-Wagen und im Zuge nach vorne.

Treibstoff kommt in die letzten Waggons. Wie es schon einmal so vorkommt, bin ich bei dieser Verstauung der Treibstoff-Gebinde dabei. Einige Fässer fallen mir auf. Ich lasse den ersten Tankwart der Kf. Kp. kommen. Der Mann wird verlegen, aber als echter Wiener findet er sofort einen Ausweg: „Schmiermittel für die Fahrer, Herr Hauptmann." „Wieviele Liter?" „400." „Dann sind es bestimmt 600." „Jawohl." „Gut, davon kommen 200 Liter zur weiteren Vergabe an den Rgts.-Stab." „Jawohl, Herr Hauptmann!" Und so war es gut, sonst hätte die Durchfallsaison der Kf. Kp. noch länger angedauert. Das Schmiermittel für die Fahrer war nämlich kostbares Sonnenblumenöl.

Auch der Rgts. Stb. ist in einem G-Wagen (gedeckter Güterwagen) untergebracht. Wir sind 6 Offz. einschließlich Arzt und Stabs-Zahlmeister. Demnach je drei Mann in jeder Wagenhälfte. Ein Klapptisch und sechs Hocker sorgen für Bequemlichkeit. Zwei 12 Voltbatterien dienen zur Beleuchtung. In den beiden Schmalseiten ist auf einer Strohschütte, mit Zeltplanen und Decken bedeckt, das Schlafabteil. Nägel zum Aufhängen des Kleingepäcks; ein Öfchen, Holz und Kohle in einer Kiste und in einer ebenso großen der Weinkeller und die Freßpakete der dankbaren Neuhäusler, die nun schon abtransportiert waren.

Bevor mein Pkw verladen wird, fahre ich nochmals in die Stadt, über den großen Platz, von dem die Neuhäusler behaupten, er sei 20.000 m² groß, in mein erstes Quartier, wo sich dankbare Quartierleute von mir herzlich verabschieden. Sie rüsten auch zur Übersiedlung zu Verwandten in die Slowakei.

50 Minuten vor der vorgesehenen Zeit kann ich Vollzug der Verladung an den diensthabenden Offz. der Division geben.

20.10 Uhr: Wir rollen in den Westen. Wohin? Dies ist die Frage, die sich jeder selbst stellt.

7. Nov.: Großangriff auf Preßburg. Stundenlang stehen wir auf der Strecke. Auf offenen Wagen haben wir unsere M.G. zur Abwehr gegen Tiefflieger aufgebaut. Preßburg bleibt links liegen. Wien war angegriffen worden. Wir fahren in der Slowakei hoch und werden nach Lundenburg umgeleitet, wo wir doch alle wenigstens im Durchfahren Wien hätten grüßen wollen.

8. Nov.: 6.00 Uhr. Böhmisch Trübau. Der „Stubendienst" ist durchgeführt. Es ist kalt. Der Boden etwas mit Schnee bedeckt. Da kommt ein Uffz. des Bahnhofdienstes mit einem Köfferchen, in seiner Begleitung ein Mädchen in Arbeitsdienst-Uniform. Sie bittet, mitgenommen zu werden, durch den Fliegerangriff auf Wien habe sie den Anschlußzug nicht erreichen können. Der Kommandeur nickt, ich reiche ihr die Hand hinunter, der Uffz. schiebt von unten nach und das Schneewittchen steht vor uns: Priska aus Kärnten. Sie war schon 48 Stunden unterwegs ... Ein Waschbecken, einen Spiegel ... und auch sie ist nach 10 Minuten wieder salonfähig, die inzwischen sechs Landserschädel zur Besichtigung der Gegend benützen.

Am späten Mittag sind wir in Prag. Hier erwartet uns ein neuer Marschbefehl, über Pilsen geht es weiter, bis dahin kann also Schneewittchen mit uns fahren. Dort halten wir gegen Mitternacht. Priska wird ausgeladen. Zwei Wochen später meldet eine Feldpostkarte ihr gutes Eintreffen in Karlsbad.

9. Nov.: Wir fahren in Richtung Bayern weiter. Unser G-Wagen bremst sich öfters ein. Da aber aus der Zugsmitte der Lok.-Führer schwer erreichbar ist, werden wir einige Kilometer mit eingebremsten Rädern mitgeschleift. Dies bedeutet eine Abplattung der Räder an einer Stelle und daher bei der Weiterfahrt ein starkes Gerumpel, woran aber nichts zu ändern ist.

10. Nov.: Mißmutig sind wir alle. Wir fahren durch Sachsen. Um die Mittagsstunde ändert sich aber plötzlich die Fahrtrichtung. Wir rumpeln in einem viel rascheren Tempo durch Mitteldeutschland.

11. Nov.: Das Frühstück ist vorbei. 9.00 Uhr halten wir in Camberg, einer kleinen Station. Der Stationsvorstand kommt mit einem schriftlichen Befehl: Vor Einbruch der Dunkelheit darf nicht weitergefahren werden. Der Zug ist zu verlassen, niemand hat sich in Bahnhofsnähe aufzuhalten. In geeigneten Haltepunkten stünden unsere vorderen und nachfolgenden Transporte. Fliegergefahr.

Camberg ist ein nettes, reines Städtchen mit mittelalterlichem Gepräge. Die Bewohner sind ausnehmend freundlich, sie kommen beim Ansichtigwerden der nahenden Invasion auf die Straße, um uns zu begrüßen. Bald sitzen die Landser in den Wohnungen.

Wir besuchen einen Gasthof. Der Wirt ist Kinobesitzer. Wir vereinbaren mit ihm am Nachmittag eine Kinovorstellung. Zwar fehlt der Vorführer, doch die Haustochter kann auch mit der Apparatur umgehen. Bei der Mittagessenausgabe werden die Männer verständigt und aus der einen Vorstellung muß eine zweite werden, um alle Neugierigen fassen zu können.

Für 19.30 Uhr ist die Weiterfahrt angesagt. Doch zum Glück für manche Zuspätkommende ist die Strecke durch einen Fliegerangriff blockiert, und wir alle sind bis in die späte Nachtstunde wieder in der so freundlichen Stadt.

Am Morgen gibt es neues Programm im Kino. Alles ist vergnügter als gestern. Zum Essensempfang finden sich nur wenige ein: jeder Camberger ist stolz, jemand zu Gaste zu haben.

Um 20.30 Uhr ist alles wieder beim Zug, doch diesmal ist es Ernst. Halb Camberg winkt uns Abschiedsgrüße nach. Bei einigen wird später Camberg Urlaubsstation und meines Wissens für einen auch ein Daueraufenthalt.

Die ganze Nacht rumpeln wir weiter. Der Vater Rhein wird überschritten und nun weiß jeder: es geht gegen den alten Feind.

13. Nov.: Am frühen Morgen treffen wir im Eifelort Ahrdorf ein. Ein Ord. Offz. der Division überbringt den Ausladungsbefehl, überreicht eine Karte, in der die Orte, in die das Vs. Rgt. 277 zu liegen kommt, eingezeichnet sind, er warnt noch vor Klarsichtwetter.

Vorkommandos starten in dic bezeichneten Siedlungen. Ich habe nach Tondorf zu fahren, denn dort soll der Stab ins Quartier. Die weitere Entladung darf sich aber nur zur Nachtzeit abwickeln. Während des Tages bleibt der Zug samt Mannschaft in einem Tunnel.

Kurt Schmidt:

V 1 über Reifferscheid im Oktober 1944

Dann waren da noch die „V-1-Vergeltungswaffen". (Landserbezeichnung: „Frau Heinz"). Bei jedem Überflug wurden die Ohren gespitzt, ob die Triebwerke sauber liefen und das Flammenbild „gesund" aussah, wenn nicht, konnte man den Einschlag erwarten.

Die V1 zogen ihre Flugbahn von Süd-Ost nach Nord-West Richtung Feind. Aber es gab auch welche, die von Nord-West wieder zurückkamen, eine davon ging einmal zwischen dem Blumenthaler Sägewerk und dem Kammerwald auf dem linken Bachufer nieder. Nicht explodiert!!!

Aufgeregter Anruf bei uns: „Funkmeister u. Grd. Schmidt sofort zur Absturzstelle, Umgebung absichern, die ‚V-1' evtl. ‚sichern'!" Krause forderte den Chef-Fahrer mit BMW und Seitenwagen an – ab ging es zur Absturzstelle. Da lag das Ding und qualmte vor sich hin. Krause zum Fahrer: „Richte dem Chef aus, daß wir da nicht drangehen, das Ding könnte ja noch hochgehen – da muß eine richtige Absperrung aufgebaut werden." Diese wurde von anderen Einheiten aufgestellt; wir mußten noch bis mittags warten. Dann kamen die Fachleute von den Abschußstellungen. Sie haben das Ding entschärft, zerlegt und abtransportiert. Diese Einheit war mit nagelneuem Gerät, Schlepper und Hänger (Mailer-Kipper) ausgerüstet. Auffällig war, daß die Sol-

Bild oben: 2. Dezemberhälfte 1944, Absturz einer V 1 im Raum Kloster Steinfeld
Bild unten: 2. Dezemberhälfte 1944, Absturz einer V 1 im Raum Kloster Steinfeld. In der Mitte SanStFw Weyerstall, von dem in einem späteren Kapitel noch die Rede sein wird.

daten keine Kennungen auf den Uniformen (Rangabzeichen etc.) hatten. Im Nachhinein möchte ich sagen, es war ein hochinteressanter Vorgang, allein die in diese Geräte eingebaute Technik. 1992 konnte ich in Peenemünde und in der Gedenkstätte „DORA 1" weitere Einzelheiten kennenlernen.

(Hitlers Vergeltungswaffen – V1, V2 –, strahlgetriebene Flügelbomben, wurden im Sommer 1944 von unterirdischen Bunkern in Nordfrankreich aus vorwiegend gegen London eingesetzt. Nach der Zerstörung der Bunker durch britische Spezialbomben erfolgte der Abschuß von mobilen Lafetten, die schwer zu orten waren. Im Zuge des raschen Vordringens der alliierten Armeen in Frankreich nach der gelungenen Invasion gegen die deutsche Reichsgrenze mussten die Abschußstellen der V-Waffen weit nach rückwärts verlegt werden. Die Eifelwälder boten gute Möglichkeiten für die Neuinstallierungen. Abschußrampen befanden sich mit Zielrichtung Lüttich-Antwerpen im Raum Tondorf-Rohr-Falkenberg und Lommersdorf.

Da die Flügelbomben häufiger vorzeitig abstürzten, wurden sie auch „Eifelschreck" genannt.

Die Wirkung insbesondere der V 1 blieb weit hinter den propagandistisch geschürten Erwartungen zurück und stand in keinem meßbaren Verhältnis zu den durch die alliierten Bombenangriffe verursachten Schäden und Verlusten. Die als Wunder deutscher Kriegstechnik bezeichneten Vergeltungswaffen blieben für den Ausgang des Krieges letztlich bedeutungslos.)

Ernst Karl Pfleger:

V-Waffen über Tondorf und Nettersheim im November 1944

13. Nov. 1944: Tondorf. Ich beziehe Quartier im Pfarrhof und liege in einem guten Bett. Kaum schlafe ich, weckt mich ein furchtbares Geräusch, das näher zu kommen scheint. Die Fenster klirren. Dann klingt die Störung wieder ab. Unten rührt sich niemand. Ich schlafe wieder ein, doch abermals dieses rasch stärker werdende und dann wieder abflauende arge Geräusch. Da dämmert es mir, es könnte vielleicht eine unserer Wunderwaffen sein.

14. Nov.: Frühmorgens ziehe ich beim Frühstück bei der Pfarrersköchin Erkundigung ein: „Das war der Eifelschreck, die V 1, die bei jedem dritten Male bei uns in einem Orte niedergeht." Da der Kuchen gar so locker ist und gut schmeckt, habe ich aber keine Notiz von all dem genommen und lobe nur das Frühstück. Allerdings dauert dieses Dorado nur eine knappe Woche. Doch die Palatschinken werden mir immer in Erinnerung sein.

17. Nov.: Wir verlegen nach Nettersheim. Am Abend bin ich im neuen Quartier, das beinahe außerhalb des Ortes auf einer kleinen Anhöhe liegt. Trotz der späten Zeit werde ich freundlich empfangen. Das Telefon ist eingeleitet, ein Feuerchen brennt im Ofen, und ich bin restlos zufrieden.

Gleich in der ersten Nacht fünf Telefonanrufe. Der Rgts. Gef. Std. ist in einem ehemaligen Gasthaus untergebracht. Fahre ich nicht zu den Einheiten, ist dies der einzige Weg für mich am Tage. Fast alle andere Zeit ist Telefondienst.

In der Abenddunkelheit gibt es prachtvolle Gelegenheit, den leuchtenden V-Waffen zuzusehen. Das donnernde Geräusch des anfliegenden leuchtenden Sprengkörpers lockt uns jedesmal ans Fenster oder ins Freie. In einer Höhe von 300 bis 500 m braust dann das Geschoß über uns dahin. Einige Sekunden können wir den wandelnden Stern ausnehmen, dann verschwindet er, oder es entsteht plötzlich im betreffenden Himmelssektor eine starke Rotfärbung, das Zeichen, daß die Vergeltungswaffe ihre Schuldigkeit getan hat.

Diese langen Flugkörper haben zwei Antriebsmittel, Treibstoff und Raketen. Diese zünden erst, wenn der Treibstoff zu Ende ist. Scheinbar vergrößert sich dann auch ihre Geschwindigkeit. Es kommt öfters vor, daß die Flugkörper noch vor der Raketenzündung zu Boden gehen. Wird so ein Flugkörper gefunden, so gibt es 1 bis 200 Liter besten Treibstoff, für uns immer ein Glücksfall.

Die moralische Wirkung dieser Geschosse muß schon ganz gewaltig sein. Von ausschlaggebender Bedeutung kann aber dieser Einsatz nicht sein, da der mengenmäßige Verschuß viel zu gering ist. Was sind die 1 bis 2 Dutzend Geschosse, die wir im Tag zählen können!

Auch die V 2 ist zu beobachten. Beinahe senkrecht steigt sie in den Himmel, einen dünnen Kondensstreifen hinterlassend. Ihre Wirkung soll um vieles größer sein, ihr Verschuß ist aber noch geringer.

Saul K. Padover:

V-1-Beschuß in Eupen im November 1944

(aus: Lügendetektor, Frankfurt a.M. 1999, 2. Aufl., S. 82-84)

Saul K. Padover: Beauftragter der US-Armee für die „Psychologische Kriegsführung gegen Deutschland", Autor des Buches „Lügendetektor"

Tagelang war der Himmel von Lärm erfüllt, auf den Straßen staute sich der Verkehr, und wir konnten nirgendwo hinfahren. Eupen, dieses kleine Provinzstädtchen mit seiner unfreundlichen deutschen Bevölkerung und seinen schwarzen Nächten ging uns auf die Nerven. Frustriert schlugen wir die Zeit tot – Stein machte sich in der Küche zu schaffen, Bensen hörte Radio, Sweet bearbeitete seine Schreibmaschine, Joe reinigte seinen Karabiner. Eines Nachmittags stand ich bei Sweet im Zimmer vor dem großen Fenster und beobachtete den endlosen Strom von Armeefahrzeugen. Plötzlich gab es einen ohrenbetäubenden Krach, die Fensterscheiben klirrten, das Haus erzitterte, Bensen brüllte, er habe etwas Schwarzes durch die Luft fliegen und dann einen Blitz gesehen und eine Explosion gehört. Wir stürzten sofort hinaus. Ein paar hundert Meter weiter stieg eine schwarze Rauchsäule auf. Als wir dort ankamen, bot sich uns ein Bild furchtbarer Verwüstung. Häuser lagen in Trümmern, und mitten auf der Straße öffnete sich ein riesiger Krater, in dem offenbar Teile eines abgestürzten Flugzeugs steckten. Doch es war kein Flugzeug, sondern ein Fluggeschoß.

Eupen hatte seine V-1 abbekommen.

Von nun an hatten wir keine Ruhe mehr, weder tags noch nachts. Fluggeschosse, die irgendwo hinter den Hügeln jenseits der Stadt aufgestiegen waren, jagten über unsere Dächer hinweg und verschwanden hinter dem Horizont, um Tod und Vernichtung nach Lüttich, Antwerpen oder Verviers zu bringen. So ging es, in unregelmäßigen Abständen, den ganzen Tag. Und nachts sausten diese Dinger, deren Geräusch an ein knatterndes Motorrad erinnerte, wie schwarze, wütende Teufel mit glühenden Schwänzen in einem wahnwitzigen Tempo durch die Luft. Wir haben uns nie an sie gewöhnt. Das Schreckliche war, daß man nie wußte, wo sie einschlugen. Manchmal flogen sie so niedrig, daß sie die Dächer fast zu schrammen schienen. Wir wußten, daß nichts zu befürchten war, solange man sie hörte, denn unmittelbar vor dem todbringenden Moment verstummten sie. Wie gebannt lauschten wir dem Gedonner der Todesboten und atmeten erst dann erleichtert auf, wenn sie vorbeigeflogen waren. Eines Abends, wir saßen gerade beim Essen, hörten wir das Geräusch, es wurde lauter, kam immer näher, als wollte sich die Bombe genau auf unser Dach herabstürzen und für den Bruchteil einer Sekunde war es totenstill – die fliegende Höllenmaschine schien genau über uns zu sein. Wir ließen Messer und Gabeln fallen, Stein und Bensen warfen sich geistesgegenwärtig zu Boden, wir anderen blieben wie gelähmt sitzen. Doch die Bombe schlug nicht in unserem Haus ein, sondern flog noch ein kleines Stück weiter. Ich stelle fest, daß mir die Worte fehlen, meine Empfindungen zu beschreiben. Ich erinnere mich nur an einen Gedanken, der mir blitzartig durch den Kopf schoß: es wird ganz schnell und schmerzlos gehen.

In dieser Nacht donnerten die Fluggeschosse fast viertelstündlich über uns hinweg. Irgendwo in Belgien war die Hölle los: In Lüttich stürzten Häuser ein, in Antwerpen starben Frauen und Kinder, doch in Eupen passierte nichts mehr in dieser Nacht.

Wir gingen zu Bett. Schon seit einiger Zeit kannten wir keine Ruhe. Manche von uns zogen sich nicht einmal aus, denn wenn der Tod ständig über einen hinwegdonnert, möchte man nicht unvorbereitet erwischt werden. Wenn wir uns auf unseren Feldbetten ausstreckten, wußten wir nie, ob wir den nächsten Morgen noch erleben würden. Wir lagen direkt in der Flugbahn infernalischer Bomben, und eine von ihnen mußte uns einfach erwischen. Das, sagte ich mir beim Einschlafen, war keine düstere Vorahnung, sondern entsprach dem Gesetz der Wahrscheinlichkeit.

Ich erwachte mit rasendem Herzen und registrierte wie aus weiter Ferne ein lang anhaltendes Dröhnen. Ich hatte das Gefühl, als wäre mir ein Haufen Teller und Gläser auf den Kopf gefallen. War es ein Alptraum? Ich hörte seltsame Geräusche, klirrende Fensterscheiben, splitterndes Holz, schreiende Kinder. Was träumte ich nur? Sekunden vergingen, bis ich zu mir kam. Ich befand mich noch immer in meinem Schlafsack, aber der Schlafsack lag nicht auf dem Feldbett, sondern auf der Erde, übersät mit Glas, Gips, Holzsplittern. Ich rührte mich, stellte fest, daß alle meine Glieder sich bewegten. Ich befreite mich von dem Schutt, sprang hoch und rief nach den anderen. Gott sei Dank antworteten alle. „Was ist passiert? Was ist los ?“ brüllte ich. Paul antwortete: „Ich glaube, eine Flugbombe hat uns getroffen.“ Es war sieben Uhr früh.

Unser Haus war ein einziges Chaos. Die Fenster waren kaputt, die Läden zersplittert und verbogen, die Türen hingen schief in den Angeln. Wir zogen uns rasch an und liefen hinaus. Der ganze Block bot ein Bild der Verwüstung. Eine V-1 hatte das Eckhaus getroffen und seine Bewohner unter den Trümmern begraben. Die Wucht der Explosion war so stark, daß noch mehrere Straßen weiter Fenster zersprangen.

Die meisten Dächer waren abgedeckt, in vielen Häusern waren die Decken eingestürzt. Ein halbes Dutzend solcher Bomben, und Eupen wäre unbewohnbar gewesen.

(Joe, sein Fahrer Stein, Bensen und Sweet waren Padover zugeordnet.)

Ernst Karl Pfleger:

„Gäste“ in Nettersheim November/ Dezember 1944

In Nettersheim wird es ungemütlich. Sind wir schon im Orte dicht gedrängt, kommt noch Artillerie, und zwar ein ganzes Regiment und kurz darauf sind Scheinwerfer-Batterien da, die im Walde um die Ortschaft Unterkunft nehmen. Täglich sind Quartierzwistigkeiten an der Reihe. Da ich auch die Ortskommandantur zu führen habe, eine sehr unangenehme Tatsache, da die Streitfälle zwischen dem Zivil und der Wehrmacht zu schlichten sind.

Den Höhepunkt bildet aber das Erscheinen des 1. SS-Korps unter Sepp Dietrich, der selbst ja nach Marmagen geht, aber doch einige Quartiere auch hier beschlagnahmt, so daß Einheiten des Vs. Rgts. 277 weichen müssen. (Kommandierender General des 1. SS-Panzerkorps war Gruppenführer und Generalleutnant der Waffen-SS Hermann Prieß, dem auch die 277. Volksgrenadierdivision unterstand. Oberstgruppenführer der Waffen-SS Sepp Dietrich kommandierte als Oberbefehlshaber die 6. Panzerarmee, zu der das I. und II. SS-Panzerkorps gehörten.)

SS-Oberstgruppenführer Sepp Dietrich, Oberbefehlshaber der 6. SS Panzerarmee

SS-Gruppenführer Hermann Prieß

Damit ist es aber nicht genug. Eines abends werden mir drei BdM-Führerinnen gemeldet. Sie sind seit mittags zwischen Kreis- und Ortsgruppe der Partei vergeblich hin und her, und ihr letzter Ausweg ist nun die Wehrmacht, da sie doch für diese hier Stellungen, die sogenannte Siegfried-Linie, ausheben sollen.

Diese Führerinnen hatten Mädchen bei sich, so an die 40. Sie sollen der HJ, die ungefähr gleich stark ist, helfen und außerdem den „Buben“ die Wirtschaft führen. Nun benötigen sie aber alle eine Unterkunft, denn sie haben seit daheim – zeitlich früh – nichts mehr zu essen bekommen ...

Brennmaterial und Stroh, vielleicht einen Ofen und eine Feuerstelle, worauf sie kochen könnten ... und Decken ... es wäre hier so kalt und trotz allem: in Köln, daheim, war es schöner ...!

Bevor ich loszupoltern beginne, reiche ich jeder dieser armen Dinger die Hand, und da diese Händchen eiskalt sind, bezwinge ich meinen Unmut. Was können diese Geschöpfe dafür, sie haben ja doch den Befehl auszuführen! Ich frage, was die Partei, die NSV (= nationalsozialistische Volkswohlfahrt, BdM = Bund deutscher Mädel, HJ = Hitlerjugend), die Bürgermeisterei vorgesorgt habe? Wie aus einem Munde schallt mir stets ein verzweifeltes „Nichts!“ entgegen. Da denke ich an die Eltern dieser Dingerchen, nehme meinc Mützc und gehe mit ihnen.

Zuerst beschlagnahme ich eine Baracke, der Partei gehörend und unbenützt, sogar bisher der Wehrmacht entzogen. An einer Stelle regnet es zwar hinein, doch mit dem Ofen, den ich aufstellen lasse, ist zu hoffen, daß man ein Notquartier wenigstens für einige Tage habe, denn es ist bei mir klar, daß ich kurz über lang die ganze Gesellschaft nach Hause schicke.

Die alten Reisiggirlanden bieten trockenes Unterzündholz, Holz und Kohle stelle ich zur Verfügung und der Zahlmeister muß für zwei Tage Verpflegung herausrücken, dann allerdings muß sich das Schicksal dieser Bedauernswerten anderweitig gelöst haben.

Drei Mädchen haben Fieber und husten. Da schicke ich die drei Führerinnen von Haus zu Haus, um für die drei Kranken ein Nachtlager zu erhalten. Als ich spät abends heimgehen will, kommen mir die Führerinnen nachgelaufen: Sie können nirgends im Orte ein Krankenquartier auftreiben. Nun ziehe ich mit ihnen los. Und was den Kindern – etwas anderes sind sie altersmäßig ja nicht – nicht gelungen war, das besorge ich nun etwas energischer. Um 21.00 Uhr sind die drei Kranken in Betten.

Am nächsten Tage besichtige ich die Barackenbande um 8.00 Uhr. Im Raum ist es nicht besonders warm, obwohl die ganze Nacht geheizt wurde. Dies wäre auch der „Entschuldigungsgrund“, daß sich einzelne Schlafgemeinschaften gebildet haben, um die animalische Wärme auszunützen. Ich frage die Führerinnen, ob sie dies gewußt haben, was sie verneinen, worauf ich ihre Nase etwas unzart auf diesen Punkt stoße.

Um 9.00 Uhr soll die Schipperei beginnen und soll sechsstündig sein, dann wäre erst zum Essen heimzukommen. Ich war gespannt, wie diese mageren Geschöpfe die sechs Arbeitsstunden bei diesem starken Schneetreiben vertragen würden. Der Eifelwinter hat eingesetzt und das ist keine Kleinigkeit. Es schneit, schneit! Eifelschneefall dauert tagelang.

Martha Schiffer:

Einquartierung in Rinnen im Winter 1944/45

Martha Schiffer, geb. Scherer, geboren in Rinnen/Eifel, Hausfrau in Kall

Daß mir der Dezember 1944 in lebhafter Erinnerung ist, hängt mit tiefen persönlichen Emotionen zusammen, die ich als neunjähriges Kind hatte. Die Erstkommunionfeier meines Schuljahres wurde von Ostern 1945 auf Weihnachten 1944 (2. Weihnachtstag) vorverlegt. Ich hatte große Angst vor den Feierlichkeiten: Beichte, Kommunion, brennende Kerzen, festliche Kleidung und Nüchternsein. Meiner Mutter sagte ich: „Ich falle in der Kirche um, wenn ich vor der Messe nichts essen darf." „Das üben wir vorher einmal", antwortete sie.

So ging ich am 1. Weihnachtstag oder sonntags vor Weihnachten mit meiner Mutter nüchtern zur Kirche. Während der Predigt fiel ich dann auch wirklich um und wurde von meiner Mutter an die frische Luft gebracht.

Wie schnell war ich wieder voll in der Wirklichkeit, als ich von der etwas erhabenen Kirchentreppe unten auf dem Kirchenweg Soldaten sah, die einen toten, steif gefrorenen Kameraden auf den Friedhof trugen.

In der Nähe stand ein Soldatenfahrzeug, auf dessen Ladefläche weitere tote Soldaten lagen. Ihre Arme streckten sich – hart gefroren – in alle Richtungen. Meine Mutter versuchte, mir den Anblick zu verbergen, indem sie mich an sich drückte.

„Do brängen se die Jonge", sagte sie. Die Jonge (Jungen) waren die Soldaten, die im Dezember bei uns im Haus ihr Quartier hatten. Ich hatte einige Tage vorher, als sie sich in Marschausrüstung von uns verabschiedeten, von ihnen gehört: „Wir kommen nicht mehr zurück." Mir fielen die Namen Walter Bauer, Willi Klein, Erich Monka ein.

Der immer freundliche Fahnenjunker Walter Bauer war bei uns Kindern beliebt. Meine Freundin erhielt von ihm schöne Zeichnungen von hübschen Mädchen mit langen Locken. Ich beneidete sie darum. Walter Bauer ist am 16. Dezember gefallen. An diesem Tage ereilte den Unteroffizier Erich Monka dasgleiche Schicksal. Wie gern hatte er mit uns gelacht. Lustig und zu Scherzen aufgelegt, sang und musizierte er. Er kannte viele Volks- und Soldatenlieder sowie auch „Schlager", die im Rundfunk zu hören waren. Feldwebel Willi Klein dagegen war ein ruhiger, ernster Mensch. Er unterhielt sich gern mit meiner Mutter; er meinte, daß er und viele seiner Kameraden wenig Hoffnung hätten, den Krieg zu überleben. Meine Mutter versuchte dann, ihn aufzuheitern, obwohl es ihr schwer fiel. Zwei Brüder meiner Mutter und zwei Brüder meines Vaters waren nicht mehr zurückgekommen. Auch wußten wir seit Monaten nichts von meinem Vater, der seit September 1939 Soldat war.

Trotzdem wurde das Fest meiner Erstkommunion gebührend gefeiert. Das letzte

Grab von Feldwebel Willi Klein

Schwein war geschlachtet worden, Kartoffeln, Gemüse und Obst hatten wir aus eigenem Garten. Die Mehrzahl meiner Gäste waren Soldaten, die noch in unserem Hause „lagen“, wie man volkstümlich statt „einquartiert waren“ sagte.

Nun verblasst die Erinnerung und wird erst wieder klar an einem späteren Tag – es lag nicht mehr viel Schnee – als ich mit anderen Kindern auf dem Friedhof in Rinnen an der Beerdigung mehrerer Soldaten teilnahm. Sie lagen nebeneinander, mit Tannenzweigen zugedeckt, in einem breiten Grab. Sie wurden mit militärischen Ehren verabschiedet. Das hat mich damals sehr beeindruckt.

Erst später – auf den Zeitpunkt kann ich mich nicht festlegen – las ich auf den Kreuzen der Soldatengräber auf dem Rinner Friedhof die Namen der mir bekannten Soldaten. Dabei erinnerte ich mich an den Ausspruch meiner Mutter.

In unserem Haus befanden sich über unserer Wohnung zwei leere Zimmer, die im Sommer und Herbst 1944 immer mit „Einquartierung“ belegt waren. Wir haben nicht alle Soldaten persönlich kennengelernt. Aber einige saßen oft bei uns in der Küche, und ich spürte, daß meine beiden Großmütter und meine Mutter dann an „ihre Jungens“ dachten, und sie gaben den Soldaten immer etwas ab von dem, was wir hatten.

Ich selbst habe viele Löcher in grauen Soldatensocken gestopft und bekam dafür etwas aus der Gulaschkanone. Noch heute lese ich die Namen von Walter Bauer, Willi Klein und Erich Monka auf den Sandsteinkreuzen in Rinnen, und das Schwere jener Zeit bedrückt mich eine Weile.

1. Kreuz links: Feldwebel Willi Klein, geboren 25.12.1916, gefallen 23.12.1944. Rechts im Bild der zwischenzeitlich verstorbene Friedhofsbetreuer H. May auf dem Friedhof in Rinnen

Kurt Schmidt:

In Dauberscheid und der Oberprether Mühle – November 1944

Nord-West Hollerath (Dauberscheid)

Ein paar Tage danach mußten Paul und ich in eine Linie nördlich Hollerath, in Hellenthal war Material abgegeben worden, wofür unsere FK-Meisterei zuständig war. Blumenthal und Hellenthal lagen tagsüber unter starkem Beschuß, der gegen Abend etwas nachließ. In Höhe Bahnhof Hellenthal kam wieder eine „Ladung", daß hieß für uns: Im Laufschritt mit Gaul hinter ein Haus, dann in den Keller – Deckung gabs nur in den Ruinen auf linker Straßenseite. Hanglage. Dort trafen wir noch Landser, die in Hellenthal stationiert waren. Nach ca. halbstündigem Beschuß ging es weiter. Wir mußten in ein Fabrikgelände in der Nähe der Straßenverteilung Schöneseiffen/Hollerath, und uns nach dem Laden in dem Forsthaus Hellenthal melden. In den Kellerräumen des Forsthauses war eine Auskunftstelle, dort erfuhren wir, wo die von uns gesuchte Einheit liegt.

„Da könnt ihr jetzt nicht hin – hier sind noch mehr, die auch in diese Stellung wollen – da könnt ihr mitgehen. Haut euch um und pennt!" – bekamen wir zu hören. Die Kellernebenräume waren mit Holzpritschen und Stroh belegt. Das Gespann stand hinter dem Hause in einem Schuppen/Bretterverschlag. Gegen Morgen war es vorne ruhiger geworden – also alles los in diese Richtung.

Alle, die in der Kolonne fahren wollten, also auch wir, kamen auf der Straße Richtung Hollerath bis kurz vor dem Ansteigen der Straße, nach rechts gings in ein Tal, links war ein Bach. Hier konnte nur ein Gespann nach dem anderen in einer Feuerpause das Einschußgebiet überqueren.

Wir mußten aber in das rechte Talgebiet. „Wie machen wir es mit dem Gespann?" überlegte Paul. Irgendein Landser sagte: „Hier stehen ja mehr Gespanne – macht's wie die..." – Die Troß-Fahrer haben direkt nach einem Einschlag ihr Pferde angetrieben – ein Mann lief mit – das Gespann war dann über der Beschußstelle.

Die ansteigende Straße nach Hollerath gab hinter dem Einschußgebiet direkt eine gute Deckung – der rechte Straßenhang lag in einem etwas toten Winkel. Es kamen neue Einschläge, Paul rannte mit unserem Gespann los, nach ca. 150 Meter rechts ins Tal – er war außer Sichtweite. Etwa 5 Minuten später der nächste Einschlag, ich wetzte los. Rechts ins Tal, links über den Bach, in den Berghang. Dort waren schon mehrere Landser, und es war ein „Toter Punkt" für die US-Ari. Naßgeschwitzt vor Angst – und ein ganz großes Zipperlein.

Dieser kurze Straßenabschnitt lag unter ständigem Ari-Feuer und das Beschissene daran war, daß die Einschläge nicht in einem gleichmäßigen Abstand kamen. Mal welche im Abstand von 30 Sekunden oder noch kürzer – dann eine ganze Salve, danach vielleicht 10 Minuten Ruhe. Oder 3 Einschläge im Minutenabstand. Das war die große Unsicherheit.

Mit den anderen Landsern ging ich talaufwärts, aber von unserem Gespann war noch nichts zu sehen – auf einem gegenüberliegenden Waldweg war auch nichts. Nach einer Wegbiegung das große Aufatmen, dort standen mehrere Gespanne und Paul mit Hektor dazwischen. Der Deckel des Zweiräders war noch zu – also alles drin. Von hier gingen wir gemeinsam weiter Richtung Bunkerlinien. (Gebiet Daubenscheid lt. Nr. 14). Die anderen Gespannführer habe uns beruhigt: „Die Gäule haben ein Gespür für Gefahren hätten – auch für kommende Gefahren. Die bleiben dann einfach stehen. Mußt immer mit deinem Pferd reden und ab und zu ein Stück Brot geben."

Paul sagte mir später, der Gaul sei noch gerannt, als er schon lange keine Puste mehr hatte. Inzwischen war es heller Morgen und man konnte mit den Flugzeugen rechnen. Wir hatten uns den Gespannen angepaßt, denn diese waren vorne stationiert.

Wir kamen an einen Waldrand, davor eine Schonung mit niederem Bestand, darin wiederum Unterstände/Schutzstände für die Gespanne. Dort mußten wir hin. Aber, die Gegend wurde vom Feind eingesehen. – Als von vorne bestätigt war: „Die Luft ist sauber!", ging es weiter zu diesen Unterständen/Schutzständen. Erdmulden, links, vorne und rechts mit Baumstämmen befestigt, von oben gut getarnt, mußten von hinten angefahren werden. Hier wurde ent- und beladen, und nachts wurden die Sachen dann in die Bunker und Schützengräben weiterverteilt.

Beim Dunkelwerden fuhren Gespanne wieder Richtung Hellenthal, denen schlossen wir uns an – aber nicht mehr die Richtung zur Straße nach Hollerath. Wir kamen auf eine Höhe, von der es steil bergab in den Ort Hellenthal ging. In der Nähe war eine Feldbäckerei, man hat sie schon von weitem gerochen. (Während der Offensive war diese Bäckerei ein markanter Punkt, denn alles Fußvolk und Gespanne, sicher auch MOT-Einheiten, die nach vorne mußten, haben von dort Brot mit in die Linien genommen.)

Störfeuer lag auch nachts auf bestimmten Straßenpunkten, die Gespannfahrer wußten genau, wo diese Punkte waren – Hellenthal/Blumenthal/Reifferscheid waren Zielgebiete der US-Ari. Wir kamen gut nach Reifferscheid, die Einschläge lagen in dieser Nacht weitab.

Paul ging in sein Quartier, ich trollte weiter und war dann auch „Zuhause". Erst mal schlafen.

Oberprether-Mühle I

Einige Tage nach dem Hellenthal-Transport ging es wieder in die Linien Udenbreth-Kambach oder Umgebung. Der Hinweg über Oberreifferscheid verlief ohne Zwischenfälle, der Beschuß lag weiter im Norden und im Hinterland, von vorne war bei der Abfahrt schon Ruhe gemeldet. Am Ziel angekommen, ein kleiner Gefechtsstand in Kellerräumen, wurde schnell ent- und beladen. Eine Zigarettenlänge aufgewärmt, dann ging es los. Die US-Ari belegte das Tal Wolfert Richtung Wiesen und

Höhen vor Oberreifferscheid. Andere Landser, die ebenfalls zurückmußten, meinten zu uns: „Ihr geht mit uns ins Prethtal, wir müssen nach Hellenthal.“ Also los, die kannten ja den Weg. Vielleicht nach einer Stunde Fußmarsch, es ging bergab, kam der Beschuß ins untere Prethtal. Einer sagte: „Da unten ist die Mühle, da gehen wir in Deckung, bis das Feuerwerk aufhört.“

Unser Gaul wurde in der Scheune ausgeschirrt und wir gingen in die hintersten bergseitigen Kellerräume. Hindenburglichter brannten und etliche Landser waren schon da. Das Dach war bereits zerschossen, Wasser tropfte von der Kellerdecke, und stinkendes Stroh war auf dem Boden verteilt. Der Raum war verqualmt, denn ein Feuer brannte in einer Ecke. Schnaps war auch vorhanden. Das Kommando hatte einer von den anderen Landsern, der teilte Wachen und Standort ein – der Rest konnte sich hinhauen und pennen.

Wie lange ich geschlafen habe, weiß ich nicht, als ich wach wurde graute der Morgen. Allgemeiner Morgenschiß, eiskalte Kaffeebrühe aus der Feldflasche, Kommißbrot mit Hack-Marmelade aus dem Versorgungsbeutel Kommißbrot – dann die erste Zigarette.

„Hier ist die Oberprether-Mühle“, sagte einer. Dann wurde der Weg nach Hellenthal besprochen – auf der linken Bachseite – beste Deckung – in zehn Minuten gehen wir los.

Paul fand altes Heu und Stroh für den Hektor, noch Stück Brot dazu – am Bach mußte der Gaul noch saufen. Ich stöberte noch etwas in den Kellerräumen herum – in einem kleinen, mit einer Holztür zugestellten Raum war ich ganz baff: im Kerzenlicht sah ich – da stand bzw. liegt ein eingebauter Deutz-Diesel mit Stromgenerator. War naß vom Deckenwasser aber der Treibriemen zwischen Motor und Generator war noch aufgelegt. Gesehen und wahrgenommen, schnell wieder raus, aber die Tür angelehnt – es ging los nach Hellenthal mit der Anordnung: „Wenn's kracht auf Abstand gehen – sonst möglichst zusammenbleiben.“

Vor Hellenthal kamen wir an das schon bekannte Einschußgebiet. Von entgegenkommenden Landsern erfuhren wir, daß es seit Tagen ruhig wäre. Trotzdem gingen wir mit Abstand durch und haben schnellstens in den ersten Häusern Deckung gesucht. Es war ruhig – keine Flieger – Ari weit weg. Es ging über Blumenthal nach Reifferscheid am hellen Nachmittag.

In den kommenden Tagen fielen die üblichen Arbeiten an, nichts besonderes. Der Krause fragte nach dem letzten Lieferpunkt. Beiläufig erwähnte ich, was ich in der Oberprether-Mühle gesehen hatte, den Deutz-Diesel mit Generator und Antriebsriemen in dem kleinen Keller – danach war das Thema erledigt.

Tage danach Anruf vom Chef oder seinem I. A: „Grenadier Schmidt, in einer halben Stunde sind Sie hier, der Funkmeister ist schon da.“ „Jawoll!!!“ Ab in den Bunker vom „Alten“. Ob Jaquet dagewesen ist, weiß ich nicht mehr – aber ich wurde erneut gefragt, was ich in der Oberprether-Mühle gesehen habe. Darauf konnte ich nur sagen: „Da ist ein Deutz-Diesel, ein Zylinder liegend, zwei Schwungräder, auf einem erhöhten Fundament, ein Generator, die Schwungräder laufen aber noch in Bodenabsenkungen. Der Generator ca. zwei Meter weiter – ein Standmodell und Riemenantrieb.

Auf die Frage, ob das Ding kaputt sei, konnte ich nur antworten: „Es läuft Wasser durch die Decke, weil das Dach zerschossen ist, die Wänder sind aber nicht beschädigt." Krause hatte also die Sache im Gefechtstand erwähnt. Krause und ich konnten heimgehen.

Oberprether-Mühle II

Nochmals Tage danach kam der Nachrichtenoffizier Erdmann in unseren Bunker und hatte einen schriftlichen Befehl für mich. Inhalt: Ich soll mich am nächsten Morgen in Hellenthal bei einem Ltd. ? melden. Erdmann sagte noch, daß mich der Chef-Fahrer dorthin brächte. Krause sagte mir: „Das ist eine Pioniereinheit – ihr baut den Diesel in der Oberprether-Mühle aus – der kommt nach Reifferscheid und dient dann als Stromversorgung für den HVP-Liebfrauenhof."

Am nächster Morgen ging es per Beiwagen nach Hellenthal – direkt zu der Einheit in einen Hinterhof.

Erstmal wurde „Männchen gebaut" – „Grenadier Schmidt zur Stelle! Hunger? Wir haben genug dabei – halte dich an den und den Fahrer." Es waren Bahn-, Brücken-, Straßenbaupioniere, die schweres Gerät hatten, vier oder fünf bespannte WM-Wagen, je ein Fahrer, der Feldwebel – und der Grenadier Schmidt. Der Feldwebel (Name nicht mehr bekannt) war Maschinenbaumeister.

Es ging zur Oberprether-Mühle. Aus Hellenthal raus, vor uns die Einschußschneise, ohne Ärger ging es dadurch. Wir kamen spätnachmittags an die Mühle. Die dortige Landser fragten, was und wohin wir wollten? – „Hier wird was ausgebaut." „Hier gibt es nichts auszubauen, doch alles kaputt!"

Trotzdem rein in den Keller, die kleine Holztüre weg, dann beleuchtete der Feldwebel mit einer Taschenlampe den Motor. „Der sieht noch gut aus", sein Kommentar. Er bewegte die Schwungräder, diese ließen sich bewegen. „Also: Wenn der Motor noch läuft, geht er mit, wenn nicht, sind wir sofort hier weg."

Jetzt wurden Petrol-Gaslampen aufgestellt, die alles gut erhellten. (So was hätten wir auch in Reifferscheid gebrauchen können, wenn der Ladesatz mal nicht lief.)

Der Feldwebel notierte die Daten des Leistungsschildes, Baujahr 1938. Dann löste er die Kompression, jetzt konnte man die Schwungräder durchdrehen. Zwei Mann seiner Truppe mußten mit den angebauten Handkurbeln die Räder auf Schwung bringen – alles spitzte die Ohren, ob Kratz- oder Quietschgeräusche zu hören seien. War nicht der Fall – also war noch überall genügend Öl.

Nachdem der Feldwebel Salpeterpapier im Schrank in einer Dose gefunden hatte, das für die erste Zündung gebraucht wurde, rollte er es zu einem Röllchen und steckte es ins Zündrohr. Dieselöl war noch im Deckentank, die Leitung zur Einspritzpumpe war zwar verbogen, sonst war kein Schaden zu sehen.

Zu seinen Leuten meinte der Feldwebel: „So, Männer, bringt die Räder mal auf Schwung." Er zündete das Papier an, steckte es in den Zylinderkopf und schloß die Kompression. Es kam ein „Wuff", kurz danach noch ein „Wuff", dann „Wuff, Wuff, Wuff" – der Motor lief. Vielleicht zwei Minuten, dann öffnete er wieder die Kompression – mit Zischgeräuschen blieb er wieder stehen. Seine Erklärung hierzu war, daß es sein könnte, daß die Zentralschmierung nicht in Ordnung ist – dann läuft sich der Motor fest.

Also wurde Werkzeug in den Keller geholt, um die Schwungräder gegen Verdrehen zu verkeilen. Zuerst mußten aber die beiden Sicherungsmuttern für die Schwungräder gelöst werden. Die Muttern hatten mindestens 200 mm Durchmesser, oder noch mehr. Die Schlüssel für diese Schraubenweite hatten die Leute dabei, zwei Mann mußten so ein Ding tragen.

Der Schlüssel wurde angesetzt, Verlängerungsrohr hinzu – „Hau Ruck!" – Nichts!. Nochmal „Hau Ruck!" – nochmals Nichts! Also wurde beschlossen, morgen die Muttern anzuwärmen.

Bei den Wachen für die Nacht, die der Feldwebel mit den anderen Landsern im Nebenraum abgesprochen hatte – ich war nicht dabei. Einer der Männer kam mit einem Thermobehälter herein, es gab was Warmes, Suppe oder Gulasch. Danach ging die obligatorische Schnapsflasche rund, ich habe auch davon getrunken. Dann hieß es: „Männer, umhauen, pennnen – die Klamotten bleiben an. Bis zur HKL sind es höchstens zwei Kilometer. Knarre laden und sichern, hat jeder neben sich!" In einer Ecke des Kellers qualmte ein Feuer vor sich hin. Tagsüber war der Bereich ziemlich ruhig, in den Abendstunden vereinzeltes Ari-Feuer, weitab oder auch in die gegenüberliegenden Hanglagen.

Morgens oder vielleicht sogar noch in der Nacht, ein gewaltiger „Rums" – alles war direkt hellwach. Der Keller war voll Staub – ein Treffer im zweiten Stock oder Dachgebälk. Dreck fiel von der Decke. Die Pferde waren sehr unruhig, also bekamen sie etwas zum Fressen. Von Weiterpennen konnte jetzt keine Rede mehr sein. Die alten Landser sagten immer: „Wo einer kommt – da kommen noch mehr!"

Der Feldwebel schickte einen seiner Leute mit dem Gespann nach Hellenthal, er sollte noch Werkzeug holen. Sobald die Sicherungsschrauben sitzen, sitzen auch die Schwungräder.

Schmidt durfte die Schrauben erwärmen. Holz war genug da, dann die Belehrung kein großes Feuer zu machen, da sich das Material nur langsam erwärmen durfte. Also hieß es, Stück für Stück auflegen. So nach zwei Stunden der erste Versuch – aber nichts hat sich bewegt. Der Schlüssel wurde mit einem kleinen Flaschenzug vorgespannt, dann ein Holzklotz auf den Schlüssel gestellt, und mit einem schweren Vorschlaghammer auf den Holzklotz geschlagen. Zack – die Schraube hatte sich gelöst, also auf zur nächsten. Die gleiche Prozedur, aber hier hat es länger gedauert.

„Der von Hellenthal müßte doch schon längst hier sein, wo bleibt der nur? Die Schwungräder kriegen wir so nicht runter!" Also wurde der Generator zerlegt und in die Scheune geschafft. Die Kleinteile wurden vom Diesel abgeschraubt, die Bodenanker gelöst, die Schalttafel demontiert usw. Gegen Abend kam endlich unser Mann aus Hellenthal. Die Amis hatten wieder die Einschußschneiße beharkt, deshalb war der Troß stecken geblieben.

Es konnte nur noch das Werkzeug an den Motor gebaut werden, dann ging heute nichts mehr - morgen geht es weiter. Die Ari schoß, aber nicht in unseren Bereich. Verschiedene Landser marschierten am Tage vorbei, von und zu den umliegenden Stellungen, manche blieben hier, weil ihre Stellungen unter Feuer lagen. Jetzt hieß es wieder: Noch etwas aus der Freßkiste essen, einen Schnaps danach, umhauen, pennen. Auch diese Nacht kein Wacheschieben. Ich war hier auch nur der Pimpf.

Morgens hörten wir großes Brummen mit Bordwaffenschuß, die Amis flogen genau durchs Prethtal Richtung Hellenthal – und kamen auch so wieder zurück. Die Ziele waren Transporte und der Nachschub auf der Straße nach Hollerath und seinen Nebengebieten. Befehl: „Feuer aus!" – der Rauch aus dem Keller könnte uns verraten.

Als es wieder ruhiger wurde, arbeiteten wir weiter an dem Diesel. Der Feldwebel zog die Druckschrauben gefühlvoll an – das Rad darf nicht reißen – zwei Männer schlugen wechselseitig auf Holzbohlen, die an den Rädern angelegt waren. Schmidt mußte sie unten mit einer Hand festhalten, die andere Hand an der Radachse. Dann der Schlag, löst sich der Konus – das merkte ich direkt in den Fingern. Bei einem Schlag hat es „Knicks" gemacht – das Schwungrad war gelöst. Es wurde mit einer vorher gebauten Holzrutsche nach draußen auf einen Wagen befördert. Dann ging es mit dem zweiten Rad weiter, die gleiche Prozedur – hat nur nicht solange gedauert.

Auch das kam auf den Wagen, dic Gäule davor und ab nach Reifferscheid. Der Motorkern wurde noch aus den Bodenankern gehoben, ein Balken darunter gelegt – Feierabend. Also: Fressen, noch was für die Gesundheit tun, pennen. Wache durften die anderen schieben. In dieser Nacht mußte ich nur das Feuer pflegen – wenn die Posten hereinkamen, wollten sie warm haben. Schätze, ich habe jede Stunde mal danach gesehen und mehr geduselt als geschlafen.

Durch irgendeinen Knall war morgens alles wieder früh auf den Beinen. Für uns kam jetzt das schwerste Stück, der Motorblock, also Zylinderkopf mit Kurbelwellenlager. Er wurde mit zwei Pferden und einer Balkenrutsche in die Scheune geschafft. Hier hatten die Leute eine Rampe auf zwei hintereinandergekoppelte Wagen zusammengezimmert. Die Wagen standen mit den Hinterteilen aneinander und Bohlen, die an den Wagenboden befestigt waren, gaben die nötige Stabilität – die Last war so auf vier Achsen verteilt. Die Deichsel am hinteren Wagen war entfernt und die Lenkachse festgesetzt. Das Ganze wurde dann von vier Pferden gezogen.

Die Fahrer hatten Bammel, daß sie nicht schnell genug durch das Einschußgebiet kamen. Sie bekamen den Auftrag: „Wenn dort zuviel los ist, laßt den Kram vorher in einer Deckung stehen – das kann ja später immer noch geholt werden."

Auf dem Einzelgespann waren das Werkzeug und noch Motorenteile verstaut, dort war auch Platz. Es war schon Nachmittag, wir fuhren vor dem Doppelgespann los. An dem Gefahrenpunkt vor Hellenthal war es zum Glück ruhig – also weiter bis Blumenthal. Hier mußte ich auf die Gäule aufpassen, der Fahrer hat etwas Warmes besorgt und die „Hafermotore" gefüttert. Dann weiter nach Reifferscheid, es wurde schon dunkel. Der Wagen wurde in einem Bauernhof abgestellt – für die Pferde und sich hatte er dort auch ein Quartier. Ich marschierte zu meiner Behausung – Bunker am rechten Bachlauf. 4. Tag, Ende des Unternehmen „Oberprether-Mühle".

Mein 18. Geburtstag am 26. November 1944

Nachdem ich mich bei Krause zurückgemeldet hatte, mußte ich sofort zu Erdmann, meinen Bericht abgeben. Jawoll! Ich war zwar hundemüde und verdreckt, aber auf zu Erdmann. Angekommen, begrüßte er mich: „Schmidt, gut gemacht! Der HVP kann das alles dringend gebrauchen!“ Und dann noch: „Herzlichen Glückwunsch zum 18. Geburtstag!“ Er überreichte mir eine Flasche Schnaps, Zigaretten und eine „Urkunde“ (Eine Karikatur, große 18, darunter „Schmidt“ mit zwei „B 38“ und Zigarette in der „Schnauze“. Unterschrieben: Lt. Erdmann. Hängt noch heute bei mir zu Hause an der Wand) und es gab warmes Essen. Ich wußte nicht, daß in der Oberprether-Mühle mein 18. Geburtstag begonnen hatte – so viel zum Thema Zeitgefühl.

Dann mußte ich den ganzen Ablauf schildern, er hat sich Notizen gemacht. Es wurde handfest gebechert: Bier und Schnaps. Nach einigen Stunden haben wir uns, Krause und ich, auf den Heimweg gemacht – voll bis obenhin. Der Bunker lag in einem Berghang – mehr heruntergefallen als gelaufen. Tagsdrauf, leichter Innendienst!

(Nebenbei erwähnt: In einem Feldpostbrief an meine Eltern hatte ich den Ausbau des Dieselmotors erwähnt und leichtsinnigerweise die Oberprether-Mühle genannt. Mit der nächsten Post schrieb mir die Mutter, daß sie wüßte, wo ich wäre – aber das Ding hätte ich besser stehengelassen. Punkt.) Einschußgebiet: „Platiß“

Nachtrag: Der Diesel sollte in den Schuppen in der Wiese, Krause meinte: „Hier kriegt ihn die Ari erst recht.“ Ich habe dann nichts mehr von der Sache gehört. Man müßte in Reifferscheid mal jemand fragen, ob das Ding wieder zurückgekommen ist. Wahrscheinlich ist es in den Kriegswirren untergegangen!!

Die vom Nachrichtenzug zum 18. Geburtstag des Gefreiten Schmidt erstellte Urkunde. – Eine Zeichnung, die heute noch an seiner Wand hängt.

Fliegerangriff bei Reparaturarbeiten an den Bahntelefonleitungen Hellenthal-Schleiden im November 1944

Ob noch Züge bis Hellenthal fuhren, Oktober/November 1944, ist mir nicht bekannt. Ich kann mich auch nicht daran erinnern, daß welche im Bahnhof Hellenthal gestanden hatten. Was aber noch da war, das waren die Telefonmasten entlang der Bahn Hellenthal-Blumenthal-Schleiden. Im Ort Hellenthal war mit den Masten nichts mehr anzufangen, zerschossen, aber die kurz außerhalb Hellenthal nach Blumenthal und weiter nach Schleiden waren noch brauchbar, d. h. dort waren kaum Drahtisolatoren kaputt. Die Drähte hingen jedoch herunter oder fehlten ganz.

Der Grenadier Schmidt wurde abkommandiert zu einem Bautrupp nach Blumenthal. Wir hatten den Auftrag, die Bahntelefonleitung von Hellenthal bis Schleiden zu reparieren. Es mußte von Mast zu Mast wieder mit den noch vorhandenen Drähten eine Verbindung hergestellt werden. In den Drahtgruppen der Masten war immer noch ein, zwei oder mehr Leitungen nicht gerissen, diese blieben hängen. Eine hängende, ankommende Leitung wurde dann auf dem Mast mit einer hängenden Abgangleitung verbunden. Was nur herunterhing, wurde abgeschnitten – die Bodenmannschaft hat diese Stücke dann miteinander verbunden – diese wurden dann in Strecken eingesetzt, wo praktisch nichts Brauchbares mehr war.

Ich hatte das „Glück“ und durfte, weil ich klein und wendig war, nach oben steigen. Bei einer Einzelstange war das kein Problem – aber die A-Masten hatten es in sich.

Die Bahnlinie führte im Oleftal durch Gebiete, wo wenig bis fast gar keine Deckung vorhanden war – und das war die Scheiße an dem Unternehmen. Zwei Tage ging es gut, bei schönem Wetter, mit Sonne am Himmel und kaum einem Wölkchen.

Am dritten Tage bis mittags ging auch alles glatt – dann ein leises Brummen – hat noch nicht gestört. Dann wurde es stärker, und da waren sie auch schon da. Ein Pulk von B17 flog, von Hellenthal kommend, Richtung Schleiden. So tief – man hat die Flugzeugbesatzungen sehen können.

Es fiel kein Schuß – selbst die Flak auf und an den Berghangen hat nicht geschossen. Das ganze sah aus, als ob die Amis ein Ziel weiter weg suchen würden.

Die Bodenmannschaft rannte in die Deckungen – aber wir auf den Masten. Irgend einer schrie: „Oben bleiben, nicht bewegen, bis sie weg sind!“ Die Flugzeuge verschwanden talabwärts – es war aber immer noch ein Brummen zu hören.

Kaum war wir von den Masten runter, da waren schon die Jabos da – der Dreck flog von den Bordwaffen – mit den Steigeisen runter vom Bahndamm – ein Stück durch die Wiese und dann hinter einer Hecke in die Deckung. Die Steigeisen schnell abgeschnallt, beide Waden waren voller blauer Flecken von den krummen Steigeisen, und weiter Richtung Straße, dort standen zerschossene Häuser, die hatten aber zum Glück Keller.

Jetzt kam auch schon ein zweite Welle und lud ab: Hellenthal, Oberhausen-Schleiden, Blumenthal weniger, überall Rauch und Feuer, alles bei klarem Himmel. Da ging einem die Muffe ...

Der Auftrag war erledigt, die meisten Telefonmasten waren gar nicht mehr da. Ich konnte wieder heimgehen. Spät abends kam Krause; da hats aber gescheppert – keine Verluste in dem Bautrupp.

Frontalltag in Reifferscheid Ende November 1944

Ende November, es wurde kälter, der übliche Dienst, Störfeuer der US-Ari, eine Fahrzeugkolonne nach Sistig wurde von Jabos angegriffen, die Flak schoß einen davon ab, der Pilot landete zwischen Kammerwald und Blumenthal. Er wurde erst drei Tage später gefunden, solange konnte er sich verstecken.

Reifferscheid, unser Bunker und die Straße nach Wiesen lagen eines Tages einen ganzen Morgen lang unter Störfeuer. Es gab Treffer auf unserem Zufahrtsweg, im Wiesengelände über dem Bach und über uns im Felsengelände. Im Bunker waren Zivilisten aus dem Ort und die Frauen aus dem Nachbarhaus.

Der Bunkerzugang hatte keine Panzertür, sondern nur eine Gittertür. Der Ausgang selbst war seitlich zwischen Bunker und Wohnhaus und stieg von der Straße gesehen etwas an. Ein Treffer in den Eingangsbereich – die Druckwelle hätte sich in das Bunkerinnere ausgebreitet. Alle hatten sich in die rückwärtigen, tieferliegenden, mit Stahltüren gesicherten Räume zurückgezogen.

Der Bunker zitterte und klingelte bei jedem in der Nähe liegenden Einschlag. Es klopfte an die Tür – jemand macht sie auf – da stand ein Uffz. oder Feldwebel, sagte noch ein paar Worte, die wir nicht verstanden. Er war aschgrau im Gesicht, die Uniform in Fetzen, dann brach er zusammen.

Er war auf dem Weg zum Bunker, als ein Treffer vor ihm auf die Straße schlug - anhand der Blutspur haben wir das später festgestellt. Seine persönlichen Sachen durfte ich dann abends in die Schreibstube bringen.

Paul und Gaul mußten einen Nachschub ins Gebiet um Wolfert bringen. Sie gingen abends weg und sollten gegen Morgen wieder zurücksein. Von wegen, Paul saß dort wegen schwerem Beschuß fest. Er kam erst abends zurück und hatte auch noch einen Teil der Rückladung irgendwo verloren, weil sich die Rückwand des Wagens sich gelöst hatte. Die Verlustmeldung hat der Krause geschrieben und mit Blankenheim wegen Nachschub telefoniert. Den gab es aber nicht, denn die bekamen auch schon etliche Tage keine Lieferungen. Die Bahnlinie war irgendwo gestört.

Unser Bestand an 2-B-38 (Batterien) wurde dadurch immer dünner. Der Ladesatz lief nur noch vereinzelt – zur Beleuchtung mußte wieder auf die „Hindenburg-Lichter" zurückgegriffen werden.

Der Tagesablauf im Bunker bzw. in der Etappe war immer der gleiche Trott. Möglichst vorm Hellwerden zum frühstücken zur Küche – Spaziergang hin und zurück. Die Arbeit war dann das Reparieren von den angelieferten Geräten, Zusammensetzen von Anforderungen und die Erledigung des dazugehörenden Schreibkrams.

Kritisch war der Weg zur Feldküche! Essenholen zur Mittagszeit ...

Aus dem Bunker, entlang des Baches an der Bergseite, auf der andere Seite war freies Gelände zur Wiese. Nur dünne Sträucher entlang des Baches. Das war keine gute Deckung und es gab eine prima Einsicht von oben. Hinter dem HVP gings zur Straße und darüber bis zur Feldküche. Mit den leeren Eßgeschirren war das gar kein großes Problem – aber zurück, mehr als einmal kam ich nur noch mit der Hälfte zurück. Im Laufschritt, wenn der Dachrutscher (Aufklärer) in der Nähe war. War der Beschuß zu stark oder wurde mit Jabos gerechnet, wurde das Mittagsessen erst abends geholt.

Es war dann kalt, aber die lieben Leute im Nachbarshaus hatten einen Herd mit Holzfeuer, da konnte aufgewärmt werden. Krause hatte immer dafür gesorgt, daß auch was für die Nachbarn da war: „Batterien". Für die Feldpostpäckchen: Wurst, Zigaretten usw., alles was die Landser in Rußland gebrauchen konnten. Ihre Männer waren ja im Osten! Die Nachbarsleute hatten auch noch eine Quelle im Hinterland, vermutlich Verwandte mit Landwirtschaft – wie haben sich die Einwohner noch versorgt? Ich weiß es nicht, ein Lebensmittelgeschäft habe ich in Reifferscheid nicht entdeckt.

Was auch nicht mehr sehr ausgeprägt war: Das Zeitgefühl. War Montag oder Freitag? Welche Woche ist gerade? Welches Datum ist heute? – Es wurde auch kaum danach gefragt. Man hätte ja ein Tagebuch führen können – aber es war darin kein Bedarf zu sehen. Tag und Nacht Kanonendonner, mal schwach, mal laut, aber es wurden immer die Ohren gespitzt – auf den Abschußklang. Das hatten uns ja die „Alten Landser" beigebracht, eine Kanone, die in die eigene Richtung schießt, macht beim Abschuß „Boong" und nicht „Bumm". Der Ton war sehr wichtig im ganzen Frontgebiet.

Aber noch etwas war auffallend bei der US-Ari: Um die Mittagszeit oder Mitternachtszeit setzte plötzlich für ca. eine Stunde oder kürzer der Beschuß aus!

In der „Landser-Sprache" hieß dies: jetzt bekommen die Verpflegung oder es wird wieder Munition herangekarrt. Man hätte sich darauf verlassen können – aber dabei war immer ein ganz beschissenes Gefühl im Magen.

Ernst Karl Pfleger:

Angriffsvorbereitungen im Dezember 1944

Die 6. Panzerarmee bestand aus den schon in der Normandie kämpfenden bekannten SS-Panzerkorps und aus fünf Infanteriedivisionen, zu denen auch die 277. VGD gehörte. Von den SS-Panzerdivisionen waren darunter: 1. SS-Pz. Div. „Leibstandarte A. H.", 2. SS-Pz. Div. „Das Reich", 9. SS-Pz. Div. „Hohenstaufen", 10. SS-Pz. Div. „Frundsberg", 12. SS-Pz. Div. „Hitlerjugend".

Die 277. VGD ist mit dabei ...

Leider sind mir heute die genauen Divisionsgrenzen nicht mehr geläufig, da mir

Grab Nr. 508 auf dem Soldatenfriedhof in Kloster Steinfeld. Oberstleutnant Dr. Karl Teuchert und Generalleutnant Gerd Scherbening

so manches im Lazarett abgenommen worden war. Nach Erinnerung begann der Abschnitt an der Straße westlich von Harperscheid und führte westlich Hollerath in Richtung Udenbreth.

Die Stellung ist eine ausgesprochene Bergwaldstellung gewesen, vielfach unzusammenhängend und stellenweise von feindbesetzten Bergkuppen überhöht. Die Orte westlich der Straße Rescheid-Schleiden sind zwangsweise vom Zivil geräumt. Hier verläuft auch unsere 2. Linie. Die 3. Linie sollen jetzt HJ und BdM bei hoher Schneelage ausheben. Diese 3. Linie hat ihren Verlauf ungefähr entlang der Bahnlinie am Osthang des Urfttales, wie ich aus der Karte und den Plänen des jugendlichen HJ-Führers entnehmen kann.

Ein alter Oberst spukt in den geräumten Gebieten herum und hat den Auftrag, das bewegliche Gut der evakuierten Bevölkerung an deren jetzigen Aufenthaltsort zu verbringen. Das Vers. Rgt. 277 solle ihm Leerfahrten nach hinten zur Verfügung stellen.

Bis auf die Reifferscheid-Höhe wirkt die feindliche Artillerie. Mit Artillerie-Aufklärer wird Kreckelkirch, Sistig, Rinnen unter Feuer genommen. Alles andere kontrollieren Feindflieger bei Tage ununterbrochen. Ein sehr beliebter Bombenwurfplatz ist Kall oder Urft.

In Urft sitzt ein höheres Kommando. Als dieses einmal darankommt, Federn zu lassen, wobei ein General getötet (Anm. d. Hrsg: Gemeint ist Generalleutnant Gerd Scherbening, † 18.12.1944), ein anderer in der Zahl der vielen Schwerverletzten ist, leider aber auch eine Fahrschwadron der 277. VGD etwas unzart angepackt ist, kommt Flak in diese Gegend. Allnächtlich bietet sich nun das herrliche Bild des Leuchtspurschießens in den schwarzen Himmel.

Von leuchtenden Spinnennetzen ist der Himmel überzogen. Vierlingsflak feuert ununterbrochen. Scheinwerfer-Finger tasten den Himmel ab, wehe, wenn sie ein Flugzeug in das Kegelkreuz bekommen. Dann konzentriert sich die gesamte Feuerkraft auf diese Fliege, und gar nicht so selten gibt es eine mächtige Flammenspur eines nach unten trudelnden Flugzeuges, aus dem sich einzelne weiße Pakete zur Erde werfen. Schon aber tasten die Leuchtfinger nach neuer Beute in den Leuchtspurschnüren.

Nettersheim bleibt merkwürdigerweise von einem Angriff verschont. Die Bewohner sagen, daß die Ami den Ort für ein zukünftiges Oberkommando der Alliierten schonen wollen.

Und nun schneit es. Die Straßen dürfen aber nicht schneefrei gemacht werden; es soll das Luftbild eine friedliche Winterlandschaft ergeben. Nur Hauptverkehrsadern werden vom Schnee gesäubert.

Truppenbewegungen finden jetzt in größerem Ausmaß statt. Bei Einbruch der Dämmerung beleben sich die Straßen und schließlich kann nur mehr Kolonne gefahren werden. Neben der Feldgendarmerie machen Feldjäger Dienst. Diese sind mit weitgehenden Rechten ausgestattet und können an Ort und Stelle Schnelljustiz üben.

Zur Nachtzeit werde ich nun häufig herausgeklopft. Einmal ist das Trampeln mit den Stiefelabsätzen derart stark, daß ich nicht schnell genug in die Hose und mit nackten Füßen in die Stiefel komme. Die Treppe hinab zur Haustüre. Eine sonore Stimme brüllt: „Obersturm ... von der L. A. H.“ ((Anm. d. Hrsg: Leibstandarte Adolf Hitler = 1. SS-Panzerdivision).

Ich öffne. Er will Licht, um in seine Karte Einblick nehmen zu können. Ich führe ihn in die Wohnküche, für ihn ist sie warm, mir läuft es kalt über den Rücken. Seine Zwischenbemerkungen interessieren mich. Ich versuche, den Mann zum Sprechen zu bringen:

„In zwei Tagen geht es los! Endlich wieder einmal vor!“ Er wendet sich an die beiden Offiziere seiner Begleitung: „Vor wie anno 1941 nach Rußland. Das Volk steht auf, zum Sturm bereit ...“ Er greift nach einer Zigarette. „Ziel des 1. Angriffstages: Vernichtung der feindlichen HKL und Durchbruch. Dann kommt der große Vernichtungsschlag. Danach: In den Ostwind hebt die Fahne!“

Nach dieser einstündigen „Einsichtnahme“ in die Karte friert mich schauderhaft. Die Herren besteigen ihren Kübel Richtung Marmagen. Nachdenklich steige ich die Treppe hoch. Mir scheint, als ob in dieser Rechnung mindestens ein Ansatz nicht richtig gewählt sei.

Von dieser Nacht an gibt es jede Stunde einen Telefonanruf. Das Tempo wird immer härter. Die Fahrer der Kraftfahrkompanie sind bis zu 20 Stunden am Lenkrad. Die Muni-Lager füllen sich. Es ist gut, daß ich schon früher im Raum ganz vorne Umschau gehalten habe, nun kann ich kartenmäßig die Mun-Ausgabestelle „Inge“ vorverlegen. „Ursula“ wird als „Marikka“ vom Korps übernommen.

Leider sind die Anmarschwege weit, denn aus den Armee-Mun-Lagern „Maulwurf“, „Margot“ und „Max“ muß zur Nachtzeit auf überfüllten Straßen die Munition vorgekarrt werden. Auf eigene Verantwortung lege ich daher noch „Hilde“ ganz knapp hinter die 1. Linie, eine gewagte Sache, doch, wie sich später zeigt, hat diese Auslagerung im entscheidenden Augenblick sehr geholfen. Ich betrachte dieses Lager – ohne Wissen der Division – als meine letzte Einsatzreserve, wenn von hinten nichts mehr vorgebracht werden kann. Es ist mir klar, daß wir schon nach der ersten Angriffsstunde von der feindlichen Luftwaffe und einer entsprechenden Artillerie-Feuerglocke von aller Zufuhr abgeschirmt werden, doch sagen darf man dies nicht!

Munition zu erhalten, ist schwer. Es geht alles auf Zuweisung, und man muß großes Geschick und vor allem Beziehungen haben, wenn man etwas schwarz zugeteilt haben will. Besonders für die Artillerie ist jeder Schuß zu „registrieren“, dabei braucht es gar keine Spezialmunition zu sein.

Die größte Sorge bereitet mir der Treibstoff, denn das Armee-Benzinlager „Blitz“

wurde vor kurzem in Flammen geworfen. Wir sind daher gezwungen, aus einem Tanklager bei Köln und aus „Barbarossa" Sprit heranzuholen. Während einer Aktion sind dies aber nicht zu bewältigende Entfernungen, daß damit die gesamte Fahrbereitschaft in Frage gestellt ist.

Das Korps verspricht zwar auf meine fortgesetzten Vorstellungen die Einrichtung von „Bumerang" und „Emir", doch betrachte ich diese in Aussicht gestellten Einrichtungen rein papiermäßig, denn eine Auslagerung kann nicht rechtzeitig beendet sein. Beim Korps-Mun-Lager „Hermine" entdecke ich einen alten Bekannten aus Rußland. Dieser Oberfeuerwerker unterstand mir damals in Rußland.

Mit seiner Hilfe kann ich 1200 Schuß „Rotkopf", 1200 Granaten für s. I. G. 15 cm und 3000 le. F. H. meiner „Hilde" zuführen. (Anm. d. Hrsg: s. I. G. = schweres Infanteriegeschütz, le. F. H. = leichte Feldhaubitze)

Da ich aus Erfahrung weiß, wie schwer es für die Truppe ist, nach einem heißen Kampftag die Nacht im Freien, im Schnee zu verbringen, setze ich alles daran, Kälteschutzmittel aufzutreiben. 6000 Bauchbinden und 4000 chemische Warmpakete zum zweimaligen Gebrauch sind das Ergebnis.

Während dieser Tage rollt viel Artillerie vor. Zwei Volksartillerie-Regimenter mit je 96 Rohren gehen in Stellung. Aber keine Batterie darf auch nur einen einzigen Schuß zum Einschießen abgeben. Mißmutig bekritteln die Offiziere diese Tarnmaßnahme, da ohne Einschießen ein gezielter Trommelfeuerüberfall eine überaus problematische Angelegenheit sein muß.

Wingolf Scherer:

Begegnung mit Soldaten von Skorzenys Unternehmen „Greif" im Westwall bei Udenbreth am 16. Dezember 1944

In der Nacht vom 15. auf den 16. Dezember 1944 stellten sich in den Westwallbunkern bei Udenbreth die Kompanien des Grenadierregiments 990 der 277. Volksgrenadierdivision unter dem Kommando von Oberstleutnant Bremm und die Füsilierkompanie der Division unter Hauptmann Hellige zum Angriff bereit. Diese letzte große Angriffsschlacht im Westen begann am 16. Dezember 5.30 Uhr und ist unter der Bezeichnung Ardennenoffensive bekannt geworden. Mein Infanteriegeschützzug der Divisionsfüsilierkompanie wartete in Höhe der Artilleriestellungen auf den Beginn des Angriffs.

Pünktlich um 5.30 Uhr setzte der Feuerschlag unserer Artillerie und Raketenwerfer ein, in unserem Abschnitt aus mehr als 200 Rohren. Er dauerte ununterbrochen genau eine halbe Stunde. Zudem suchten hell aufgeblendete Scheinwerfer die amerikanischen Stellungen zu erfassen und das Vorfeld zu beleuchten. Das sich im glitzernden Schnee brechende Licht der Scheinwerfer bot im Verein mit den fau-

Oberstleutnant Josef Bremm, Träger des Eichenlaubs zum Ritterkreuz des Eisernen Kreuzes. Bremm stammt aus Monreal/Südeifel.

chenden Geschossen und ihren hallenden Detonationen ein schaurig-schönes Bild. Der zuckende Schein der Explosionen und das Gleißen aufsteigender Leuchtkugeln vervollständigten den „Feuerzauber" – so nannten wir die Steigerung und Verdichtung des Beschusses. Sobald das Feuer auf die rückwärtigen Stellungen des Feindes hinter der vermuteten Hauptkampflinie verlegt worden war, trat unsere Infanterie zum Angriff an Richtung Weißer Stein und Reichsstraße Hollerather Knie – Losheim. Das Grenadierregiment 990 sollte Krinkelt nehmen, die Füsilierkompanie die Straße von Neuhof zur Reichsstraße öffnen, um den nachfolgenden Panzern den Vormarschweg frei zu machen. Der Lärm des Infanteriekampfes deutete zunächst auf rasche Erfolge der Angreifer hin. Mein wartender Geschützzug hatte Befehl, vorzufahren und in den Kampf einzugreifen, sobald die Reichsstraße erreicht wäre. Da Nachrichten über das Vorankommen unserer Kompanie längere Zeit ausblieben, entschloß ich mich, mit Männern des Zugtrupps den Gefechtsstand des Regimentskommandeurs aufzusuchen, um mich über die Lage zu informieren. Auf dem Wege begegneten uns von vorn kommende Verwundete, die teilweise noch unter Schock standen und über verlustreiche Nahkämpfe in dem unbekannten, tief verschneiten Waldgelände berichteten. Sie waren offenbar von dem nicht erwarteten hartnäckigen Widerstand von Soldaten der 99. U.S.-Infanteriedivision überrascht, die ihre gut ausgebauten und getarnten Stellungen energisch verteidigten.

Eine weitere Begegnung aber befremdete und erregte uns in ganz unerwarteter Weise: Wir stießen auf der Straße Richtung Weißer Stein auf eine wartende Kolonne von Fahrzeugen, die sich bei näherem Hinsehen als amerikanische Jeeps und LKW erwiesen, deutlich mit dem weißen Stern gekennzeichnet! Unser Erstaunen wuchs, als bei und in den Fahrzeugen amerikanische GI, jedenfalls Soldaten in amerikanischer Uniform und Ausrüstung sichtbar wurden. Instinktiv entsicherten wir unsere Sturmgewehre und riefen: „Hands up!" Darauf wurde in Deutsch etwa so erwidert: „Haut ab! Macht Euch vom Acker, sonst knallt's!" Da mir solche Renitenz noch nie begegnet war, stellte ich einen dieser Soldaten, der sich als Anführer gebärdete, in preußischem Ton zur Rede. Er nahm dann so etwas wie Haltung an und redete von einem geheimen Sonderauftrag, der ums nichts angehe, und verwies auf seinen Kommandeur, der sich im Regimentsgefechtsstande befinde. In einiger Verwirrung machten wir uns dorthin auf. Ich meldete mich bei Oberstleutnant Bremm und berichtete von dem Zusammenstoß mit Soldaten in amerikanischer Uniform und amerikanischen Fahrzeugen. Schon beim Betreten des Bunkers glaubte ich eine Spannung zu

SS-Obersturmbannführer Otto Skorzeny. Hier nach seiner Internierung in Österreich.

spüren, die zwischen dem Oberstleutnant und einem weiter hinten sitzenden Obersturmbannführer zu bestehen schien. Dieser SS-Führer dürfte bei Bremm in einer Weise, die von seinesgleichen bekannt war, darüber Klage geführt haben, daß der bisher ausbleibende schnelle Angriffserfolg des Regiments ihn an der Ausführung der „Führerweisung" hindere, rasch hinter die feindliche Front zu gelangen. Wenn dieser Offizier, mit dem ich nicht bekannt gemacht wurde, nicht Obersturmbannführer Skorzeny, als legendärer Befreier Mussolinis Kommandeur des Unternehmens „Greif", gewesen ist, handelte es sich wahrscheinlich um Obersturmbannführer Hardieck, der eine der drei Kampfgruppen der Brigade 150 geführt und bald darauf den Tod gefunden hat. Die Panzer-Brigade 150 war auf Hitlers Befehl aus englisch mit amerikanischem Akzent sprechenden Soldaten gebildet worden, die für einen Sonderauftrag im Rahmen der Ardennenoffensive zur Verfügung stehen sollten. Die Ausbildung dieser Soldaten umfaßte die Handhabung amerikanischer Waffen und Fahrzeuge, die Eingewöhnung in eine personenbezogene amerikanische Identität, die der Kontrolle im feindlichen Hinterland standhalten könnte, sowie die Vermittlung von Techniken der Nachrichtengebung und der Sabotage. Hitler übertrug Skorzeny das Kommando über die Brigade 150 und erteilte ihm für das Unternehmen „Greif" eine zweifache Weisung. Zunächst sollte sich die Brigade nach dem Durchbruch der 6. Panzerarmee durch die amerikanische Hauptkampflinie im Raum zwischen Wahlerscheid und Losheim in den Besitz der Maasbrücken zwischen Namur und Lüttich setzen, um sie unzerstört für den weiteren Vorstoß der SS-Panzerdivisionen „Leibstandarte Adolf Hitler" und „Hitlerjugend" nutzen zu können. Nach Erreichen der Maas hätten die Offiziere und Mannschaften die amerikanischen Uniformen abzulegen und in deutschen Uniformen weiterzukämpfen.

Der zweite Teil des Führerbefehls lautete: „Kleine Einheiten, ebenfalls in U.S.-Uniformen, sickern durch die feindlichen Linien und klären im Hinterland auf. Sie zerstören die feindlichen Nachrichtenverbindungen, geben falsche Befehle aus, versetzen Wegweiser und stiften damit beim Feind Verwirrung. Diese Einheiten machen nur im äußersten Notfall von ihren Waffen Gebrauch und kämpfen ausschließlich in deutschen Uniformen." Die bei Udenbreth angetroffenen Teile der Brigade 150 dürften zu den Kommandotrupps gehört haben, deren Auftrag hier wörtlich beschrieben worden ist. Deutsche Soldaten zu sehen, die in amerikanischen Uniformen kriegerische Handlungen begehen wollten, erschütterte meine Vorstellung, deutscherseits würden die Regeln rechtlicher Kriegführung eingehalten, welche die Verwendung feindlicher Uniformen verboten.

Obersturmbannführer Joachim Peiper

Am Nachmittag des 16. Dezember war die Fahrzeugkolonne verschwunden. Sie dürfte, da in unserem Abschnitt das Angriffsziel nicht erreicht wurde, nach Süden Richtung Losheim ausgewichen sein. Tatsächlich haben Kommandotrupps der Brigade 150 im Zuge des Vorstoßes der Kampfgruppe Peiper aus dem Raume Losheim heraus Malmedy und die Maas bei Huy erreicht. Nur wenige sind zurückgekommen. Viele Teilnehmer des Unternehmens „Greif" wurden aufgegriffen, enttarnt und erschossen. So berichtet US-General Patton, daß am 31. Dezember 1944 vier „in einem unserer Jeeps" befindliche und amerikanische Uniform tragende Deutsche erschossen worden sind. Offenbar wussten Skorzenys Soldaten nicht, daß ein amerikanischer Jeep nur von zwei, höchstens aber drei GI benutzt wurde. Als weiterer Fehler erwies sich die Verwendung deutscher Tarnüberzüge mit Beleuchtungsschlitzen über den Scheinwerfern. Amerikaner fuhren ihre Jeeps entweder mit vollem oder ohne Licht!

Im Raum Udenbreth wurde der Angriff des Grenadierregiments 990 und der Füsilierkompanie abgebrochen. Am folgenden Tag, dem 17. Dezember 1944, befanden sich beide Truppenteile, durch hohe Verluste geschwächt, zusammen mit meinem IG-Zug auf dem Marsch zum Hollerather Knie und in den Rocherather Forst. Das hier Richtung Rocherath angreifende Grenadierregiment 989 unter Oberst im Generalstab

Zwei Angehörige der Operation „Greif" bei der Gefangennahme. Sie hatten in amerikanischen Uniformen die US-Truppen getäuscht – Ein psychologischer Kampf, der jedoch kaum Wirkung zeigte.

Fieger war mit Unterstützung von Einheiten der 12. SS-Panzerdivision „Hitlerjugend“ besser vorangekommen und hatte den Jansbach erreicht. Die jetzt nachgeführten Verbände sollten dem Angriff weiter voranhelfen.

In meinem persönlichen Tagebuch heißt es zum 16. und 17. Dezember 1944: „16.12.44. 5.30 Uhr gewaltiger Feuerschlag der Artillerie. Aufblenden von Scheinwerfern, Beginn der Offensive.

Füs.kp. greift auf der Straße Neuhof-Krinkelt an (Panzerstr. B). 12. SS-Pz. Div. Hitlerjugend wartet auf Öffnung, von Hellige keine Meldung. Skorzenys „Panzerbrigade 150“ wartet in amerikanischen Fahrzeugen und Uniformen. Zusammenstoß mit einigen renitenten Angehörigen dieser Gruppe. Im Rgt.-Gefechtsstand ein hoher SS-Führer. Führe am Abend Spähtrupp, um mit Füs.kp. Verbindung aufzunehmen. Mondlicht, verschneites Waldgelände, auch lautes Rufen bleibt ohne Antwort. Außer den Verwundeten des Vormittags nichts.

17.12.44. Füs.kp. ist aufgegeben, Reste sammeln bei mir, etwa 20 Mann. Beziehe Feuerstellung am Hollerather Knie. Hier Einsatz der letzten Füsiliere, Nahkampf, Direktbeschuß. Unterstellt 13./990 (Lt. Hilgenbarth). Angriff stockt, viele Gefallene.“

Ernst Karl Pfleger:

16. Dezember 1944 – Beginn der Ardennenoffensive

4.15 Uhr: ist die letzte Vollzugsmeldung gewesen.

5.30 Uhr: Es dröhnt aus allen Rohren. En netter Feuerzauber, da auch schwerste Kanonenbatterien über unsere Köpfe orgeln.

6.30 Uhr: Erster Schrei nach Munition. Anruf bei der Kf. Kp.: Bisher ist nur ein kleiner Teil der eingesetzten Lkw. mit Munition zur Nachfüllung der Fahrschwadronen aus den Munitions-Lagern eingetroffen, da die Straßen ausnahmslos verstopft sind. Feldgendarmerie ist machtlos. Division 1 b besorgt vom Korpsgeneral und Sepp Dietrich persönlich unterfertigte Ausweise für Vorrangfahrten mit Munition und Treibstoff. Hiemit sollen mit Hilfe von Offizieren auf Solofahrrädern die festgefahrenen Fahrzeuge vorgeschleust werden.

Ununterbrochener Tel.-Betrieb. Jetzt rächt sich, daß die Auslagerung der Geheimhaltung zuliebe notdürftig gewesen, daß die Schneefreihaltung der Straßen nicht durchgeführt werden durfte, sodaß die hohe Schneelage den Verkehr arg behindert ...

Zu jeder Viertelstunde fragt Div. 1 b persönlich nach der Mun.- und Treibstoff-Nachschublage an. Alles ist in höchster Erregung. Tropfenweise treffen die Fahrzeuge der Kf. Kp. ein und gehen nach Fahrerwechsel, ohne Umschlag auf die Fahrschwadronen, sofort in die Feuerstellungen der Batterien.

Die Divisions-Artillerie verschießt auch eine zweite Ausstattung. Ich führe nun „Hilde“ ins Treffen, wohin ich die weiteren einlangenden Mun.-Fahrzeuge dirigieren lasse. Div. 1 b atmet auf: Es wird weitergeschossen ...

Dem Korps gegenüber halte ich die Munitions- und Treibstofflage als äußerst ernst. Das Korps befiehlt aber noch immer Abholung in „Maulwurf" und „Margot". Es gelingt mir, nun eine größere Zufuhr in Korpskolonne unter Offiziersführung zu erwirken, um unseren Männern der Kf.Kp. eine Atempause zu verschaffen.

Ich erhalte eine zweite Tel.-Leitung auf Befehl der Div. 1 b, da sich die Besetzt-Zeiten häufen. Rgts.-interne Gespräche nimmt eine Ordonnanz auf.

Wo sind unsere Königstiger?

(Anm. d. Hrsg: Die Königstiger der schweren SS-Panzerabt. 501 waren der 1. SS-PD unterstellt))

6.40 Uhr. Die Infanterie tritt an, es ist noch ziemlich düster. Da fällt mir ein, daß unsere Königstiger noch nicht durch Nettersheim gekommen wären. Kurz darauf Anruf von Div. 1 a, am Apparat zu bleiben. Plötzlich unvermittelt die erregte Stimme des 1 a: „Pfleger, bringen Sie die überfällige Tiger-Abteilung raschest nach vorn! Ende."

Donnerwetter! Infanterieangriff ohne Panzerschutz! Das gibt Blut! Rasch in den Mantel und in den Wagen. Es liegt Bodennebel, Straßen auf, Straßen ab. Endlich vor Tondorf die Panzer. Prächtig nehmen sich diese Königstiger aus. Geduckt wie Tiger, massig und ein dickes Rohr. Doch was sehe ich? Da trägt ja jeder Panzerführer zu seiner Uniform einen schwarzen ... Zylinderhut! Zum Lachen habe ich aber keine Zeit.

Wir halten vor der Spitze, der Abteilungskommandeur kommt mir entgegen. Sein Stahlkoloß werde soeben als erster mit Sprit getränkt. Die anderen Tankwagen wären im Anrollen.

Da rollt schon der Tankwagen zum nächsten Tiger. Der Kdr. rauscht ab. Ich atme auf, als ich nun auch andere Tankwagen vorkommen sehe. Es ist aber reichlich spät geworden: 7.45 Uhr! Wenn nur dieser Bodennebel den ganzen Tag anhielte!

Erkundung eines neuen vorgeschobenen Hauptverbandplatzes (HVP)

Ein weiterer Befehl bringt mich zur Division, um mit dem Div.-Arzt einen vorgeschobenen HV-Platz zu erkunden. Hiebei erfahre ich die Lage:

8.30 Uhr. Eigene Verluste sehr groß. Zwei Btls. Kommandeure tot. Waldkämpfe überaus hart. Feind verfügt über zahlreiche Abwehrmittel. Erste Linie von der Artillerie nur leicht beschädigt. Von den zur Nacht eingetroffenen schweren Kalibern – Einschußverbot! – fast nur Kurzschüsse. Feuer der feindlichen Artillerie schwächer, da unsere weittragende Heeresartillerie aufgeräumt.

Heeresgruppe setzt Fallschirmtruppe unter Oberst von der Heydte ein. Auftrag: Ein wichtiges Straßenkreuz im Hohen Venn ist für unsere Panzer zu sichern.

Oberst Skorzeny startet das „Unternehmen Greif" mit einer Spezialtruppe in amerikanischen Uniformen, jeder Teilnehmer spricht ein fehlerfreies amerikanisches Englisch, ist mit amerikanischen Waffen ausgerüstet. Die Trupps werden in amerikanischen Beutefahrzeugen von unserer Spitze aus in den zurückgehenden Feind eingeschleust. Auftrag: Unter Ausnützung des Schocks soll ein noch größeres Durcheinander erzeugt werden, dabei sind wichtige Punkte zu besetzen und für unsere Truppe frei zu halten, den Verkehr irrezuleiten und schließlich die wichtigen Brücken über die Maas bis zum Eintreffen unserer Panzer zu halten.

Wichtiger als dies scheint uns, dem Div. Stabsarzt aus St. Pölten und mir, daß der Bodennebel in der jetzigen Stärke anhielte, denn von oben wäre ja das Schwerste zu erwarten. So fahren wir über unsere alte Linie und halten an der ehemaligen des Feindes.

Unweit davon ein großer Bunker, vor ihm etliche kleinere Kampfbunker. Da noch einige Wohnbunker vorhanden sind, besehen wir uns das Innere: Benzinöfen, Konservendosen, Schokolade, Zigarettenpäckchen in Stangen ... überall Dinge, die das Leben annehmlich gestalten.

Der Arzt meint, diese Bunker müßte man ausnützen, da die Straßenlage verhältnismäßig gut sei. Wir einigen uns und kehren um. Beim Div. Gef. Std. erfahren wir, daß die Königstiger nun im Einsatz wären. Niemand kann sich aber erklären, warum nicht von höheren Stellen der erforderliche Treibstoff ausgelegt worden war...!

Feldlazarett Steinfeld

Da sich der Nebel hebt, starte ich sofort. Großer Motorenlärm in der Luft läßt uns aber in Steinfeld unterziehen. Im Klostergebäude liegen auf einer höchstens 10 cm starken Strohschütte, dicht gedrängt, auf Zeltplanen Verwundete. Zwei Mann haben eine Decke. Soeben wird auch in der Kirche Stroh aufgeschüttet. Das Dunkel lädt mich zum Eintreten ein.

Hierher sind schon einige zum großen Ausrasten gebracht. Nun legt man einen Schwerverwundeten in eine neue Reihe. Ich trete an ihn heran. Ein bleiches, jugendliches Antlitz, wirr das Haar über die Stirne. Ich knie bei ihm nieder, streiche die Haare zurück. Da bemerke ich seine blutgetränkte Hose, also zum Sterben hingebettet, nicht weiter verarztet; es mangelt an Zeit, hoffnungslose Fälle zu behandeln.

Da öffnet der Junge seine Augen. Ich frage nach einem Wunsch, ob ich seine Eltern verständigen sollte? Kaum merklich schüttelt er den Kopf. Er tastet nach meiner Hand. Ich nehme seine eiskalte Hand in meine linke, mit der rechten schlüpfe ich unter seinen Kopf. Mühsam bewegt er nun die Lippen: „Ich habe keine ... Flieger." Langsam schließen sich die Augen. Mir ist es klar, es sind seine letzten Augenblicke. Nochmals öffnen sich seine Augen, werden groß, seine Lippen hauchen, „ ... werde ich zu ihnen kommen?" Ich nicke: „Ja, Kamerad!" Seine Hand umspannt meine fester ... seine Augen werden ganz groß ... eine neue Blutspur tritt aus seiner Hose ... der Druck der Hand löst sich ... sein Kopf sinkt vor ... ein junges Leben hat ausgelitten.

Ich bette seinen Kopf behutsam aufs Stroh, schließe ihm die welken Augen und mache ein Kreuz auf seine Stirn.

Die Wärter bringen in einer Plane den nächsten und wollen ihn daneben legen. Zwei Mann eine Decke. Ich weise auf den Jungen: „Tot!" Da rücken sie etwas ab.

Langsam gehe ich aus der Kirche. Draußen blaut der Winterhimmel. Wir beeilen uns, nach Nettersheim zu kommen.

Ein Luftkampf

Knapp vor dem Rgts. Gef. Std. in Nettersheim erneutes Motorengeräusch in großer Höhe. Diesmal aus zwei verschiedenen Himmelsgegenden aufeinander zukommend. Wir fahren rasch in Deckung und beobachten, wie zwei große aufgelockerte Pulk in großer Höhe aufeinander streben. Nun knattern die Bordwaffen. Da, dort blitzt es auf. Hier schlagen aus einem Flugzeug Flammen und pfeilschnell schießt der Rumpf zur Erde, nun in eine einzige Flamme gehüllt, die einen schwarzen Schweif nach sich zieht.

Ein Luftkampf größten Ausmaßes. Mindestens 40 bis 50 Flugzeuge sind aneinander geraten. Sollte dies der Kampf um die Vorherrschaft in der Luft werden? Nun weiße Pakete, die sich schließlich ausdehnen und nun mit einem Ruck einen Fallschirm erkennen lassen. Absprünge aus den abgeschossenen Flugkörpern.

Langsam trudeln diese Himmelspilze im Blau in östlicher Richtung. Wir frohlocken, sie können uns nicht entkommen. Dann ziehen die Flieger in verschiedene Richtungen auseinander. Wer wen besiegt, das ist noch unbekannt, denn zu groß ist die Höhe.

Auch beim Rgts. Gef. Std. ist alles Zuseher gewesen, jeder tippt auf einen Sieg unserer Luftwaffe, denn der war ja von Göring versprochen. Es dauert aber nicht lange, ein Anruf aus dem Feldlazarett: „Neun eigene Flieger lebend geborgen ..." Gnade unseren Panzern, unseren Lkw, wenn so die versprochene Überlegenheit „für sechs Wochen" aussehen soll ...

Die Lage vom Tage

Vorne wird den ganzen Tag bis zur Dunkelheit verbissen gekämpft. Zum Überraschungsmoment, das sicherlich vorhanden war, ist aber die ungestüme Stoßkraft nicht dazugekommen. Vier Stunden zu spät sind unsere Königstiger in den Kampf eingetreten. Die Infanterie war auf sich allein gestellt und hat das Schwerste im Alleingang schaffen müssen: die festen Stellungen im Walde zu nehmen. Die Verluste sind groß. Elsenborn mit seinem großen Lager ist nicht erreicht worden.

Links von uns ist der Angriff besser vorwärts gekommen. Vor allem sind die SS-Panzer rechtzeitig zum Einsatz gebracht worden. Dort sind aber auch die Straßenverhältnisse viel besser gewesen.

In der nun sternhellen, kalten Winternacht bleibt jeder mit seiner Knarre dort liegen, wo er den letzten Schuß abgegeben. Zehn Stunden im Schnee ...

Und das Vs. Rgt. karrt, karrt Treibstoff, Munition und Kampfverpflegung, all das, das man erhofft hatte, von den Amerikanern reichlich erben zu können ... Auf den Straßen spielen sich erregte Szenen ab. Zum Schlafen kommt man nicht.

17.12.1944. Noch im Dunkel setzt unsere Artillerie ein.

Ich habe zum Div. Gef. Std. vorzufahren. Dieser ist nicht wie geplant in Elsenborn, kommt auch niemals dorthin, sondern in einem Bunker in unserer ehemaligen 1. Linie. Zwei Nachrichtler bemühen sich, vor der Bunkertüre auf einem erbeuteten

Benzinkocher für den Stab den Frühstückskaffee zu kochen. Der Divisionär ist beim Rasieren ((Anm. d. Hrsg: Oberst/Generalmajor Wilhelm Viebig), der I a brüllt in den Fernsprecher, der II a schreibt ((Anm. d. Hrsg: I a = Oberstleutnant im Generalstab Horst Freiherr von Wangenheim. II a Adjutant = Major Merbach). Im Hintergrund auf einfachen Pritschen einige Nachtdienstler, Telephonisten und der Entstörtrupp. Stimmung schlecht.

Der Feind hat sich zur Nachtzeit in seine nächste Verteidigungslinie zurückgezogen. Ein Durchbruch ist nicht geglückt. Auch heute muß um jede Bodenwelle, um jeden Bunker, jedes Grabenstück erbittert gekämpft werden. Der Feind hat viel zu viel Zeit zur Verteidigung gehabt. Immer und immer wieder setzt unsere Infanterie zum Sturm an, bleibt Siegerin, wird aber durch den Blutverlust stets an Kämpfern schwächer.

Ich fahre vor, kann mich aber überzeugen, daß der Amerikaner alles mitgenommen hat, kaum etwas ist zurückgeblieben. Dies bedeutet für das Vs. Rgt. 277 eine ungeheure Mehrleistung.

Für die Rückfahrt kann ich nur mit Mühe die mit Panzern belegte Straße Hollerath-Hellenthal umgehen und über Udenbreth, eine arg zusammengeschossene Ortschaft knapp hinter unserer ersten Linie mit den humorigen Beschriftungen der von unseren Landsern bewohnten Kellerbunker, nach Nettersheim gelangen.

Inzwischen sind zahlreiche Aufträge beim Vs. Rgt. 277 eingelangt: 10.000 Minen aus dem Pi.-Park Schmidtheim ... M.G.-Munition aus Max ... Wurfgranaten aus Maulwurf ... Verpflegung aus Cuchenheim ... Verbandzeug und Medikamente aus Bad Neuenahr ... Brot aus Zingsheim ... Decken aus Köln ...

Hiezu die Meldung der Kf. Kp.: Fahrer fast ununterbrochen im Einsatz ... 12-Tonnen-Lkw-Raum rollen mit Fahrerwechsel nur für Munition ... 3 Lkw in den letzten 48 Stunden in Flammen aufgegangen ... 3 Lkw vermißt ... 4 Lkw in Kp.-Instandsetzung ... 3 Lkw an die Werkstatt-Kp. abgegeben ... 5 Lkw mit 15 to Laderaum stehen zur Verfügung.

Das Telefonbuch weist folgende Eintragungen nach Uhrzeiten auf: Dringende Abholung von Schwerverwundeten aus ... Sofortmeldung an Div. I b, wann Minen ausgegeben werden können? ... Linkes Rgt. benötigt dringend M.G.-Munition ... Meldung, wann Zufuhr der 8,8 cm Wurfgranaten durchgeführt ... Dabei ruhen diese noch in der Muna „Maulwurf"! Stehen bloß 5 Lkw für alles zur Verfügung!

Beim Löffeln der Suppe erscheint die Tel.-Ordonnanz: Sofort zur Div. 1 b nach Blankenheim! Dabei Luftwarnung. Kaum bin ich in der Holzhütte in Blankenheim, erlebe ich einen Feuerüberfall auf diesen Ort. Im Nu sitzen wir stromlos bei rastendem Telefon und warten, bis die Reihe an uns kommt. Plötzlich fliegt die Türe auf, das Bretterdach rutscht ab, und wir liegen auf dem Boden. Man muß aber Glück haben.

Auf dem Heimweg fahren wir zweimal noch zur rechten Zeit in Deckung, nachdem wir aus dem zerbombten Blankenheim einen Ausgang gefunden hatten. Zum Glück ist der Pkw mit weißer Farbe getarnt, so daß wir nicht so leicht erkannt werden können.

Von Stunde zu Stunde verfestigt sich der Einsatz der Artillerie beim Feinde. Es stehen jetzt auch Orte unter Beschuß, die vorher vom Artilleriefeuer verschont geblieben. Insbesonders sind es Siedlungen an der Bahnlinie, auf der doch der gesamte Nachschub für die Offensive heranzurollen hat.

Der Raumgewinn für die 6. Armee ist im Verhältnis zum Einsatz äußerst gering. Die nach dem Süden anschließende 5. Armee hat mehr Glück, doch wurden auch hier keine 100 km überschritten, obwohl Sepp Dietrich seine Panzer hierher nach dem Süden zur rascheren Auflockerung des Feindes befohlen hat, damit der rechte Armeeflügel wieder offensiv werden könne.

Willi Engel:

Die 3. Kompanie des SS-Panzerregiments der 12. SS-Panzerdivision „Hitlerjugend" in der Ardennenoffensive 1944

Untersturmführer (Leutnant) Willi Engel gehörte während der Ardennenoffensive als Zugführer in der 3. Kompanie der I. Abteilung des Panzerregiments 12 an. Das Regiment wurde von Sturmbannführer (Major) Kuhlmann, die I. Abteilung von Sturmbannführer Jürgensen und die 3. Kompanie von Obersturmführer (Oberleutnant) Brödel geführt. Der im folgenden Text genannte Obersturmführer von Ribbentrop war Adjutant des Regimentskommandeurs.
(Der hier gekürzte Bericht ist 1978 im Eigenverlag der 3. Kompanie erschienen, S. 70 ff.)

Von Fallingbostel nach Frimmersdorf – Bereitstellung in der Eifel

Am 12. November 1944 kam der Marschbefehl. Die Panzer wurden aus ihren Unterstellplätzen geholt und zunächst auf der Lagerstraße in der Nähe der Mannschaftsunterkünfte aufgefahren. Anschließend, nachdem unser Gepäck in den Panzern verstaut war, ging es weiter zum Bahnhof Fallingbostel, wo noch in der Nacht bahnmäßig verladen wurde. Der Transportzug brachte uns nach Grevenbroich/Niederrhein. Hier wurde entladen, und wir rollten dann bis nach Frimmersdorf/Erft, einem kleinen Dörfchen mit einem großen Kohlekraftwerk, das uns bis zum Beginn der Ardennenoffensive Quartier bieten sollte.

Die Panzer wurden in einem Erlenbruch zwischen der Straße Grevenbroich/Frimmersdorf und der Erft abgestellt und gegen Fliegersicht gut getarnt. Der größte Teil der Kompanieangehörigen bezog Privatquartiere, lediglich einige Troßangehörige bezogen Räume in der Schule, die auch gleichzeitig Unterkunft der Schreibstube sowie Heimstätte der übrigen „Funktioner" wurde. Der Einfachheit halber wurde der Schulhof zum Appellplatz erkoren.

Auch hier in Frimmersdorf nahm uns die Bevölkerung mit offenen Armen auf. Dies war eigentlich zu jener Zeit schon nicht mehr so selbstverständlich, wenn man bedenkt, daß wir nicht die erste Einquartierung waren und zudem schon seit einiger Zeit der Gefechtslärm aus dem umkämpften Gebiet bei Aachen bis nach Frimmersdorf zu hören war. Aber Spieß Post hatte wohl bei der Quartiersuche wieder seinen besten Charme entwickelt, so daß es nur strahlende Gesichter gab.

Es darf wohl gesagt werden, daß hier in Frimmersdorf die Kompanie erst wieder so richtig zusammengewachsen ist. Hierfür sind mehrere Grunde zu nennen: Einmal lag ein besonderer Vorteil darin, daß die Kampfstaffel einschließlich der Wechselbesatzungen täglich an den nunmehr vorhandenen 14 Panzern praxisnah ausgebildet werden konnte. So verschmolzen die einzelnen Crews und die einzelnen Züge in sich zu echter kameradschaftlicher Verbundenheit. Bei den getrennten Unterrichts- und Übungsstunden der Fahrer, Funker, Ladeschützen, Kommandanten und Richtschützen wurden darüber hinaus auch gute und enge Bande über den Rahmen der Besatzung und Züge hinaus geknüpft. Ein übriges tat natürlich auch die gute Unterkunft, die zusammen mit ausgezeichneter Verpflegung Zufriedenheit bescherte, und Voraussetzungen für den guten Geist in der Kompanie schuf.

Auch das Feiern wurde trotz des Ernstes der Stunde nicht vergessen. Aus allem heraus ragte aber eine Veranstaltung, die am 10. Dezember 1944 abrollte. Am Nachmittag fand in dem besonders hierfür geeigneten, fast vornehmen Gemeinschaftsraum des Kraftwerkes Frimmersdorf ein Wunschkonzert statt. Hierfür war eine Damenkapelle aus Düsseldorf verpflichtet worden, wußten wir doch sehr wohl, was wir unseren netten Quartiergebern und natürlich auch uns selbst schuldig waren. Aus einem Programm der verschiedenen Bereiche wie Oper, Operette und Lied konnten sich die Quartiergeber und die Kompanieangehörigen ein Musikstück aussuchen. Die Stücke, die die meisten Stimmen erhalten hatten, wurden dann gespielt. Selbstverständlich mußte für den Wunsch auch ein nicht unerhebliches Scherflein entrichtet werden, das einem karitativen Zweck zugeführt wurde.

So verlebten wir dann ein paar frohe Stunden, die am Abend übergeleitet wurden zu einem kameradschaftlichen Beisammensein mit den Kameraden einer Panzerjägerabteilung des Heeres, die ebenfalls in einem Ortsteil von Frimmersdorf untergebracht waren. Zu Beginn war alles eitel Freude, doch als der Alkohol seine Wirkung tat, kam es dann zu Wortgefechten, die schließlich in einem großen Durcheinander endeten.

Das einzige, was uns die schöne Zeit in Frimmersdorf vermieste, waren die ewigen Nachtalarme. Mitten aus dem schönsten Schlaf in herrlichem Federbett wurde man Nacht für Nacht zu unterschiedlichen Zeiten herausgerissen. Es hieß dann mit den im Quartier befindlichen Handfeuerwaffen zu den Panzern zu eilen.

Dabei wollte natürlich jeder Zug am besten abschneiden, was aber auch voraussetzte, daß alle Besatzungen, die teilweise verstreut im Ort untergebracht waren, gut spurten.

Aber was waren letzthin schon solche Proben der Einsatzbereitschaft im Vergleich zu den angenehmen Seiten des Aufenthaltes in Frimmersdorf. Am 14. Dezember

1944 war alles vorbei, also noch vor den Weihnachtsfeiertagen.

Der Nachmittag des 14. Dezember brachte uns einen erneuten Alarm, der sich dann als ernst gemeint herausstellen sollte. Als befohlen wurde, die Panzermotore mittels der dazu bei jedem Panzer vorhandenen Lötlampe vorzuwärmen, machten wir doch betroffene Gesichter, besonders deshalb, weil die Masse der Kompanieangehörigen entgegen den Vorschriften nicht nur den größten Teil der persönlichen Ausrüstung wie Kleidung, Wäsche usw. im Privatquartier aufbewahrte, sondern auch wieder eine Anzahl von Handfeuer- und Maschinenwaffen nicht den Weg zum Panzerabstellplatz gefunden hatte. Unter allen möglichen Vorwänden meldeten sich von jedem Panzer Besatzungsmitglieder ab, um noch irgendein Ersatzteil und dergleichen bei der I-Staffel im Dorf zu besorgen. Sie kamen dann wie die Packesel beladen auf Schleichwegen zurück und hatten so die fehlenden Ausrüstungsgegenstände zu den Panzern geschafft.

Vor Einbruch der Dunkelheit wurde aus dem Gehölz heraus auf die Dorfstraße vorgezogen. Hier verabschiedeten wir uns von der Dorfbevölkerung; und auf beiden Seiten hat es sicher Fälle gegeben, in denen das Abschiednehmen besonders schwergefallen ist.

Dann setzte sich die Kolonne in Marsch. Ober-Neurath, Bergheim/ Erft, Blatzheim, Zülpich ging die Nachtfahrt bis nach Schwerfen, wo die Kompanie unterzog. Doch auf diesem verhältnismäßig kurzen Marschweg hatte die Kompanie deutliche Spuren hinterlassen. Kurz hinter Frimmersdorf bereits blieb der Wagen des Unterscharführers Lorkowski stehen, weil die Schlauchleitung des Kühlwassers für die Motorkühlung geplatzt war. Die Besatzung zog in ein in der Nähe stehendes einzelnes Gehöft ein und wartete auf eine Gruppe der I-Staffel. Ausgerechnet dieses einzelne Gehöft wurde von einer im Notwurf abgeworfenen Bombe eines englischen Fliegers getroffen. Dabei kam der allseits beliebte Panzerfahrer Theo Wieczorek ums Leben.

Ein paar Kilometer weiter hatte der Panzer des Unterscharführers Zwangsleitner ein ganzes Stück Gartenzaun beiseite geschoben und auch ein paar Telegrafenmasten umgefahren, so daß diese wie vom Winde verweht am Leitungsdraht baumelten. In Bergheim/Erft war ein Panzer in einen Pfeiler des Stadttores geraten und konnte seinen Standort erst ändern, nachdem das historische Bauwerk abgestützt worden war.

Nach zwei zügigen – bis auf die geschilderten Vorfälle – reibungslosen Nachtmärschen erreichte die Kompanie am Morgen, 16.12., die tiefen Eifelwälder bei Sistig. Die Bereitstellung der deutschen Angriffsdivisionen war im vollen Gange. In der Nacht zum 17.12. blieben die Besatzungen in den Panzern. An Schlaf war jedoch kaum zu denken, da die V 1 in rascher Folge über die Eifel in westliche Richtung donnerten. Um die Mittagszeit des 17.12. wurde der Kompanie der Tagesbefehl verlesen, der wegen seines bemerkenswerten wie eindrucksvollen Inhalts hier fast wortgetreu wiederholt werden soll:

„Soldaten! Es geht wieder zum Angriff!

Obwohl sich die oberste Führung der Schwierigkeiten dieses Geländes für Panzerverbände bewußt ist, hat sie den Angriff hier befohlen, um das Überraschungsmoment auszunutzen. Sie vertraut dabei auf Euren stets bewiesenen Mut sowie Eure Ausdauer! Sie verlangt von jedem, daß er bereit ist, sein Bestes zu geben! Ihr kämpft nicht allein! Neue Flugzeugtypen werden Euch abschirmen und wirksam unterstützen, V-Waffen im feindlichen Hinterland Verwirrung stiften und die Nachschubzentren ausschalten! Eigene Spezialverbände in amerikanischen Uniformen und mit amerikanischer Ausrüstung werden wichtige Positionen des Gegners wie Brücken und Treibstofflager in Besitz nehmen und diese so lange halten, bis Ihr heran seid oder andernfalls vernichten! Kennzeichen dieser Verbände bei Tage: Hochheben der rechten Hand an den Helm, bei Nacht; Kreisbeschreibendes Taschenlampenlicht! Ihr erhaltet für fünf Tage kalte Verpflegung, da Küche sowie alle anderen Räderfahrzeuge Munition und Benzin befördern! Erstes Angriffsziel ist die Maas! Bis dorthin müssen wir durchstoßen, um die amerikanischen Pipeline-Mündungen in unsere Hand zu bekommen! Vom Gelingen dieses Unternehmens hängen weitere erfolgreiche Angriffsoperationen ab, die letztlich den Zweck haben, die Amerikaner zum Verlassen Frankreichs zu zwingen! Kämpft so, als seien Eure Panzer Festungen!

Es lebe Deutschland!
Es lebe der Führer!“

Das war's also. – Wir wußten, was die Stunde geschlagen hatte! Das war ja ein Tagesbefehl wie in den besten Zeiten! Aber vom Gespür her war etwas so absolut Endgültiges daran, als ob es eine unwiederbringlich letzte Möglichkeit wäre, dem Krieg im Westen eine glückliche Wendung zu geben. – In Ergänzung dazu hieß es noch, daß für den einleitenden Feuerschlag des Angriffs so viel Artillerie in Stellung stünde, daß unsere Divisionsartillerie keinen Platz mehr habe. An dieses Wort mußten wir in den nächsten. Wochen oft denken. Nachmittags 16.00 Uhr verließ die Kompanie die Bereitstellung und fädelte am Ablaufpunkt Forsthaus Krekel in den Marschverband der Abteilung ein. Der Marsch führte über Reifferscheid hinunter ins Tal des Pretherbachs nach Blumenthal und von dort, mit nur unbedeutenden Verzögerungen, über Hellenthal, Hollerath in Richtung Reichsgrenze. Bereits bei Blumenthal hatte die Dämmerung begonnen. Jetzt, im Wald hinter Hellenthal, war finsterste Nacht. Die kurvenreiche, stark ansteigende Strecke bis Hollerath mußten wir deswegen in langsamer, vorsichtiger Fahrt überwinden. Wir dachten gerade daran, daß es eigentlich erstaunlich sei, daß uns die Jabos während des Tagesmarsches unbehelligt gelassen hatten, als sich etwas Besonderes ereignete.

Die 3. Kompanie hatte gerade den Ort Hollerath verlassen, und es ging immer noch bergan. Seit zwei Stunden war Nacht mit so einer typischen Dezemberdunkelheit, die alle Konturen verschluckt wie ein schwarzer Samtvorhang. Wir fuhren wie in einem Tunnel, gespannt darauf, was uns an seinem Ende erwarten würde. Das Nachtmarschgerät des Vordermannes war nur von einem Phantasiebegabten zu erkennen, das Tempo deshalb entsprechend langsam. Ich hatte den strikten Befehl, am Schluß der Kompanie zu fahren, um so zu verhindern, daß sich fremde Fahrzeuge in den Kompanieverband hineinmogelten. Nicht selten war es vorgekommen, daß solche Lückenspringer an Straßengabelungen die halbe Kompanie in falscher Richtung hinter sich hergezogen hatten, sehr zum Verdruß des Chefs, wenn ihm diese dann am nächsten Morgen bei Angriffsbeginn fehlte. Meine Aufgabe war nicht ganz leicht bei diesen Sichtverhältnissen, die sich durch einsetzenden Regen inzwischen noch mehr verschlechtert hatten. In der Tat hatte ich beide Augen voll zu tun in befehlsgemäßer Erledigung meines Auftrages, denn ich mußte ja ab und zu auch nach vorne beobachten. Trotz dieser Schwierigkeiten war ich fest entschlossen, von rückwärts nahendes Unheil der Kompanie fernzuhalten. – Da jedoch insbesondere in Kriegszeiten die unterschiedlichsten Überraschungen dicht beieinander liegen, konnte ich nicht wissen, was bereits auf mich zukam und wer mir zum unverhofften Helfer werden sollte. –

Auf einmal wurde es lebendig! In geringer Höhe – mit furchtbarem Getöse – vorüberfliegende V 1, deren Leuchtsätze wie Positionslampen von Flugzeugen blinkten. Voraus das Mündungsfeuer amerikanischer Artillerie, dessen Schein eine bewaldete Horizontlinie erkennen ließ und das gleichzeitig in weitgespanntem Bogen die Vormarschstraße in schwaches, gelbrotes Licht tauchte. Obwohl ich mir die fernen, unbekannten Artilleristen am liebsten in Amerika gewünscht hätte, war ich ihnen jetzt für ihre Lichtspende dankbar. Das Ganze hatte nur Sekunden gedauert, die jedoch genügten um ein von hinten rasch herankommendes KFZ 15 zu entdecken. Sogleich ging ich bis unter die Augen auf Tauchstation und befahl vorsichtshalber meinem Fahrer Rogert, auf Slalomfahrt zu gehen. Er tat dies mit Meisterschaft und wahrem Vergnügen. Kurzum, ich hielt mich rechts, damit der Insasse auf meine Höhe herankäme, um ihn gehorsamst um die gütige Erlaubnis zu bitten, ihn nach seinen Wünschen zu fragen.

Genau das hätte ich bleiben lassen sollen.

Er ließ mich gar nicht zu Wort kommen. Standessen fragte er mit metallischer Stimme nach meinem Namen. Nun ist eine metallische Stimme gewiß nichts Unanständiges, sondern bei den an solchen Orten vielfältigen metallischen Geräuschen unbedingt notwendig, um sich verständlich machen zu können. – Übrigens konnte ich jetzt auch sehen, daß er keinen Bart hatte. – In seiner Stimme war jedoch ein merkwürdiger vertrauter Klang. Nein, das war nicht die eines Generals. Das war die Stimme des ehemaligen Chefs der 3. Kp. und derzeitigen Regiments-Adjutanten Rudolf v. Ribbentrop, von seinen Männern kurz R. v. R. genannt. Er muß wohl sehr verblüfft gewesen sein, als er hörte, daß ausgerechnet der Schlußpanzer der 3. Kompanie ihm den Weg verlegt hatte. Das wird ihn ein wenig freundlicher gestimmt haben, so daß ich lediglich hören konnte: „Wahnsinnig geworden, was?“ Schlimmere Verwünschungen dürften im Lärm untergegangen sein. Ich gebe zu, daß mir im Moment böse Gedanken kamen. ...

Kurz nach diesem Zwischenspiel stoppte die Kolonne. – „Aufmarschhalt! –„Zugführer zum Chef!“ Der anschließend bekanntgegebene Kampfauftrag lautete:

„Die Kompanie durchstößt, an der Spitze der Abteilung fahrend, auf dem vor uns von der Hauptstraße in allgemein westsüdwestliche Richtung abzweigenden Nebenweg den drei Kilometer langen Zitterwald (auch Dreiherrnwald genannt) und gewinnt das Höhengelände hart ostwärts Eutin (Rocherath-Krinkelt). Dort verhalten, bis Befehl über weiteren Angriffsverlauf erteilt wird. Fallschirmjäger, Volksgrenadiere sowie eigene Infanterie sind zur Zeit bei der Säuberung des Waldes. Möglicher Widerstand feindlicher Gruppen ist schnellstmöglich zu brechen. Ausgedehnte Gefechte vermeiden! Verschärfte Beobachtung auf feindliche Nahbekämpfungstrupps richten! Weitgehende Funkstille!"

„Uhrenvergleich – es ist jetzt 20.00 Uhr und 10 Minuten, in fünf Minuten geht's los! Alles Gute!"

Jetzt wurde es ernst! Der Ardenneneinsatz oder „The Battle of the Bulge", wie von den Amerikanern benannt, hatte für die 3. Kompanie begonnen.

Bald nach Erteilung des Kampfauftrages war der Aufmarschhalt beendet. Die 3. Kompanie trat ihren Marsch befehlsgemäß an. Westlich Forsthaus Hollerath verließ sie die Reichsstraße 265, überwand nach kurzem Geländeanstieg die Reichsgrenze und erreichte den Eingang zum Zitterwald (Dreiherrnwald). Hier gab es erste Schwierigkeiten durch indirekte Feindeinwirkung: Eine an dieser Stelle des Waldweges unvermutete Mine zerriß die Kette des Panzers von Untersturmführer Engel, wodurch die nachfolgende Kolonne für kurze Zeit ins Stocken geriet. In Präzisionsarbeit gelang es, die angestauten Fahrzeuge, trotz schlechtester Sicht, um Haaresbreite am Rande einer steilabfallenden Böschung entlang vorbeizudirigieren und so das Vorankommen wieder in Fluß zu bringen. Untersturmführer Engel übernahm den Panzer seines Hintermannes. Die Kompanie konnte ihre Marschformation auch weiterhin beibehalten, ohne in das Gefecht eingreifen zu müssen, denn der abebbende Kampflärm im Wald links und rechts der Straße deutete darauf hin, daß sich vom Gegner nur noch einzelnen Widerstandsnester regten, die von Grenadieren ausgeschaltet wurden.

Im Funk blieb es daher still. Die anfangs recht heftige Artillerietätigkeit hatte sich auf Streufeuer abgeschwächt, das wahllos den Wald abtastete. So gewann die Kompanie unbehelligt die bis auf 640 m ansteigenden Höhen ostwärts Rocherath-Krinkelt, wo der Weg durch offenes Wiesengelände führt, und stand in Reihe dicht aufgefahren in Erwartung weiterer Befehle.

Wie lange sollen wir bloß noch hier herumstehen? Ewige Warterei. Typisch Kommiß. Greifen wir nun heut' nacht noch an oder erst morgen früh? Mit diesen Fragen erschöpft sich die tropfende Unterhaltung im Kampfraum. Wir dösen vor uns hin und jeder verdaut Unausgesprochenes. Dazwischen mal die etwas aufmunternde Frage an den Funker, was er in seiner Kiste an Eßbarem verwahrt. – Mistwetter – Wenn man den Deckel aufmacht, bekommt man Schneeregen ins Gesicht. Die armen Infanteristen da drüben im Wald. Sie schlagen sich immer noch mit einzelnen amerikanischen Trupps, die sich, zäh und hinhaltend kämpfend, auf das vor uns in der Dunkelheit liegende Nest zurückziehen. Rasendes Feuer aus 42er MGs, leichte Flak bellt, Leuchtspurmunition reiht Lichterketten in die Nacht. Schwere Granaten rauschen in dichter Folge heran, sie gelten uns. Die amerikanischen Kanoniere verschießen aus ihren 105 und 155 mm Feldhaubitzen alles an Munition, was sie zur Hand haben. Und das empfinden wir momentan als besonders störend. Ihre Feuerleitoffiziere sind bestimmt von ihren eigenen Infanteriefunkern über unseren Standort orientiert worden. Nicht einmal schlafen lassen die einen. Geht sowieso schlecht. Wo man sich anlehnt, drückt Stahl. Außerdem ist es hundekalt. Die Heizung kann ja nicht gehen, wenn man den Motor nicht laufen lassen darf. Ja, Kamerad Richtschütze, der du da vor mir sitzt, und ihr Kameraden Fahrer, Funker und Ladeschütze, ich weiß, ihr denkt das gleiche wie ich. Ich weiß, ihr schwelgt genau wie ich in Erinnerungen an Frimmersdorf. Gar nicht zu glauben, daß wir noch vor ein paar Tagen dort einigermaßen friedliche Stunden genießen durften. Wie lange scheint das jetzt schon her. Aber vielleicht kommen wir nach dem Krieg noch einmal hin; nicht auszudenken, was dann los wäre. ...

Jetzt wissen wir jedoch, daß der vor uns liegende Ort Rocherath-Krinkelt, auf der Karte mit dem Decknamen ‚Eutin' bezeichnet, genommen werden muß, und die 3. Kompanie wird das Menschenmögliche dazutun.

Ein Pfeifton im Kopfhörer zwingt mich in die Wirklichkeit zurück. Der Chef, Hauptsturmführer Brödel, bittet mich zu sich. Ich steige mit gemischten Gefühlen aus meinem Panzer, da sich das Artilleriefeuer erheblich verstärkt hat. Die Straße ist ein Morast, der mir meine Filzstiefel fast auszieht. Die Panzerketten haben hier ganze Arbeit geleistet. Ich kann nur sprungweise, von Panzer zu Panzer, nach vorn kommen. Splitter urren (war auf der Kopie nicht zu lesen!) giftig, schlagen an die Panzer, spritzen ab und klatschen irgendwo in die Erde. Ich lerne erneut die Nützlichkeit von Schlamm kennen, wenn man sich aus reinem Selbsterhaltungstrieb darin verstecken muß. Als ich den Chefpanzer besteige, sehe ich nicht gerade wie zu einem Uniformappell aus. Gott sei Dank zählen hier solche Eitelkeiten nicht. Hauptsturmführer Brödel befiehlt mir, mir einem unserer beiden Kompaniemelder zu meinem beschädigten Panzer zurückzufahren und auf beschleunigte Instandsetzung zu drängen. Bereits reparierte, dort ankommende Panzer soll ich sammeln und baldmöglichst der Kompanie nachführen. Meiner Bitte, bei der Kompanie bleiben zu dürfen, entspricht er nicht. Doch Hauptsturmführer Brödels angenehme Art, Befehle zu erteilen, verhilft mir leichter zur besseren Einsicht. Überhaupt führt er die Kompanie in recht eigenwilliger Weise, die oft verkannt wird. Unsere jugendlichen Ohren nehmen leider manchmal feine Untertöne nicht wahr. Wir urteilen meistens nach Augenmaß; und ob das immer stimmt? Nicht im entferntesten denke ich daran, daß dies mein letztes Gespräch mit Hauptsturmführer Brödel sein sollte.

Mit Sturmmann Weber, dem einen unserer beiden Kradmelder, fahre ich die Strecke unseres Anmarsches zurück. Die Fahrt ist kein reines Vergnügen, denn die Straße liegt unter ständigem Artilleriebeschuß, weil die Amerikaner zu Recht hier Bewegungen unseres Nachschubes vermuten. Das Glück bleibt uns treu, wir gelangen heil zu meinem Panzer, mit dem ich hier vor zwei Stunden auf eine Mine gefahren bin.

In dem vorausgegangenen Bericht wird von dem Kradmelder Weber gesprochen. Pflichtschuldigst muß hier jedoch auch Sturmmann Schmidt, der andere Kradmelder, genannt werden. Diese beiden standen mit ihren vergleichsweise kleinen Halbkettenfahrzeugen immer ein bißchen im Schatten ihrer großen Brüder, der 47 Tonnen schweren Panther, wenn von den großen Einsätzen erzählt wurde. Deshalb sollen sie hier einmal ins erste Glied der Kompanie gestellt werden, denn in allen Einsätzen bewiesen sie beispielhafte Tapferkeit und Zuverlässigkeit. Als verlängerter Arm des Chefs waren sie allgegenwärtig. Ob im Feuerorkan der feindlichen Artillerie, ob vor den gegnerischen Pakfronten oder von Jagdbombern gehetzt, stets führten sie still, unauffällig und selbstverständlich ihre Befehle aus. „Ob's stürmt oder schneit, ob die Sonne uns lacht ...", zusammen mit ihren Panzerkameraden waren sie den anderen voraus, oft im Kampfe ganz allein. Sturmmann Schmidt fiel durch Granatsplitter in Büllingen kurz vor Weihnachten 1944. Über den Verbleib von Sturmmann Weber ist leider nichts bekannt. ...

Kampf in Rocherath-Krinkelt 18./19.12.1944

Untersturmführer Engel und seine Besatzung erwarteten in ihrem defekten Panzer sehnlichst den Morgen. Der Jahreszeit entsprechend dauerte es lange bis zum Hellwerden und bis das diffuse Licht eines neblig-trüben Tages die zwischen den Bäumen hängende Nacht verdrängte. Aller Voraussicht nach würde sich das Wetter nicht ändern, so daß die amerikanischen Kampfflugzeuge von ihren Feldflughäfen nicht starten konnten. Im Laufe des Vormittags kamen Fahrzeuge mit den ersten Verwundeten der Kompanie zurück. Unter ihnen befand sich auch Sturmmann Korte, der Richtschütze bei Hauptsturmführer Brödel gewesen war. Im Vorbeifahren gab er zu verstehen, daß der Chef gefallen war. Sollte das ein schlechtes Omen für die Kompanie sein? An ihren Angriff frühmorgens erinnert sich Kamerad Willi Fischer, Panzerkommandant im II. Zug, wie folgt:

„Am 18.12.1944 wurde der verhängnisvolle Angriff auf Rocherath-Krinkelt gefahren. Ein perfektes ‚Panzergrab'. An der Spitze fuhren die Panzer der 1. Kompanie, dann folgte unsere Kompanie mit Brödel als Kompaniechef. Ich selbst war eingereiht hinter Beutelhauser, meinem Zugführer. Vor mir bot sich, als ich in der Nähe der Kirche angelangt war, ein Bild des Grauens. Beutelhauser wurde vor mir abgeschossen. Wir hatten beide bereits die zweite Kreuzung überfahren. Beim Abschuß

Die Schlacht ist vorbei. Eine Straße in Krinkelt: Drei aufgebene Panzer. Rechts der Panzer Nr. 154 des SS-Panzer-Regiments 12. Links ein Jagdpanzer IV der SS-Panzer-Jäger-Abteilung 12.

von Beutelhauser konnte ich die ungefähre Stellung der feindlichen Zwillingspak ausmachen. Beutelhauser konnte ausbooten und sich in Sicherheit bringen. Der Ladeschütze fiel durch Gewehrkugeln beim Ausbooten. Im Sicht- und Feuerschutz eines Hauses brachte ich meinen Panzer in Stellung, ohne im Augenblick zu wissen, was werden sollte.

Neben mir stand der Wagen von Brödel, der Wagen brannte leicht, Brödel saß leblos im Turm. Vor mir im weiteren Verlauf der Straße, waren sämtliche Panzer kampfunfähig, z. T. noch brennend. Ein Panzer regte sich noch – ich glaube, es war Freier – und konnte sich unter meinem Feuerschutz in Richtung des späteren Abteilungsgefechtsstandes zurücksetzen. Diese Gelegenheit nutzte ein Teil unserer abgeschossenen Besatzungen, die sich in einem Schuppen versteckt hielten, und gingen im Sichtschutz des Panzers ebenfalls zurück. Sie konnten dadurch gerade noch ihrer Gefangenschaft durch sie umzingelnde amerikanische Infanterie entgehen. Hinter mir tauchte Sturmbannführer Jürgensen mit seinem Panzer auf.

Ich mußte sehen, daß ich meinen verlorenen Posten aufgab, und wollte mich hinter die Kreuzung zurückziehen. Es war mir klar, daß die amerikanische Pak dieses Vorhaben erkannt hatte und die Kreuzung unter Beschuß nehmen würde. Sie tat es auch. Der erste Schuß ging vorbei, der zweite traf die Kette und die Wanne seitlich! Zum Glück keine Verluste an Menschenleben; Funkanlage zerstört, Kette fast hinüber. Ich konnte gerade noch der Einweisung von Jürgensen folgen, dann war die Kette herunter, und eine Seite der Laufräder stand im Schlamm, der später hart gefroren war. Neben unserem neuen Standort – der gesamte Angriff war ja zum Stehen gekommen – entdeckten wir in einem Erdloch unter einer Plane ca. 20 Amis, die sich dann fix ergaben. So hielten sich noch in verschiedenen Häusern des von uns bereits besetzten Ortsteils Amis auf. Solche haben auch unseren Kameraden Bandow, als er ahnungslos mit Brettern Jauchs Panzer tarnen wollte, aus dem Hinterhalt durch Herzschuß getötet. Dieses spielte sich in unmittelbarer Nähe vor meinen Augen ab.

Die Abteilung verließ bekanntlich am 19.12. abends den Ort Krinkelt, und die mit uns eingesetzte Infanterie folgte ihr bereits wenige Stunden vor dem Morgengrauen. Jürgensen hatte mir unter Androhung des Kriegsgerichts die Verantwortung für die Verteidigung meines Panzers, eines weiteren Panthers der 1. Kompanie mit 3 Mann Besatzung und eines unbesetzten P IV übertragen. Ein schönes Gefühl, zur Hälfte der Ami im Ort und wir acht Mann auf der Gegenseite mit drei kampfunfähigen Panzern. Nur gut, daß das der Ami nicht geahnt hat. Er hatte sich noch vor Tagesanbruch weit hinter den Ortsrand zurückgezogen. Wir konnten am gleichen Tage in einem vollständig zurückgelassenen Verpflegungslager stöbern. Von den ‚Früchten' konnte dann später auch die Kompanie genießen. Wir waren Selbstversorger geworden. Über Weihnachten haben wir Räume in einem Bauernhaus bezogen, die Kälte war im Panzer nicht mehr zu ertragen. Unsere ‚Ruhe' wurde in jenen Tagen durch fortwährenden Granatwerferbeschuß getrübt. –

Unter großen Schwierigkeiten sind wir in den Tagen nach Weihnachten, nachdem zwei 18-t-Zugmaschinen sich vergeblich bemüht hatten, durch einen Bergepanzer in die Werkstatt geschleppt worden."

Gegen Mittag des 18.12. erreichte Untersturmführer Engel mit zwei nachgekommen Panzern der Kompanie den Ort Krinkelt. Was er dort vorfand und was sich in der Zwischenzeit abgespielt hatte, ist seinen nachfolgenden Ausführungen zu entnehmen:

„Die I-Staffel der Kompanie hat meinen Panzer wegen des aufgeweichten Bodens an seinem Standort nicht reparieren können. Er muß in die Werkstattkompanie abgeschleppt werden. Inzwischen hat sich Hauptscharführer Bellmer mit einem Panzer eingefunden, um – als alter Infanterist – erstmalig Erfahrungen im Panzerkampf zu sammeln. Zu uns gekommen ist auch der führerlose Panzer 325, Zugführerwagen des II. Zuges, der nach behobener Panne nunmehr wieder einsatzbereit ist. Ich übernehme sofort diesen Wagen und fahre, gefolgt von Hauptscharführer Bellmers Panzer, in Richtung Krinkelt. Nach flüssiger Fahrt erreichen wir den Ortsteil Rocherath. Schon die ersten Häuser tragen Spuren des vorangegangenen Kampfes. Aus der Ortsmitte tönt Gefechtslärm herüber. An der Straße steht Untersturmführer Jungbluth, Ordonnanzoffizier beim Regimentsstab, und gibt Zeichen, unsere Fahrtrichtung beizubehalten. Irgendwie wittere ich jedoch Unheil, denn hier soll ich elementaren Regeln des Panzerkampfes zuwiderhandeln, wonach ohne Infanteriesicherung geschlossene Ortschaften möglichst zu umgehen sind. Im Bruchteil einer Sekunde schere im deshalb nach links aus und befehle meinem Begleitpanzer, mir zu folgen. Eine knappe halbe Stunde später erhalte im den Beweis, daß ich richtig gehandelt habe. In Hinterhangfahrt entlang der Rückseite der Häuserzeile, die Türme auf Keller und Fenster schwenkend, erreichen wir einen freien Platz an der Kirche. Ich lasse Bellmer überholen und beide Panzer in ‚3-Uhr-Stellung' fahren, so daß der Bug feindwärts und jeweils eine Seite in Deckung einer Hauswand steht.

Unsere offenen Flanken sind einander zugewandt. Zwei gerade, in den amerikanisch besetzten Ortsteil führende Straßen liegen im Wirkungsbereich unserer Waffen. Direkt vor uns verläuft die Hauptstraße, auf der die Kompanie angegriffen hat ,und die wir gemieden haben. Gegenüber, in einer Art Verwaltungsgebäude, erkenne ich den Abteilungsgefechtsstand. Neben dem Eingang steht der Kommandopanzer von Sturmbannführer Jürgensen, daneben der Kommandeur im Gespräch mit einigen Offizieren und Männern des Abteilungsstabes. Ich melde mich bei ihm. In seinem Gesicht spiegelt sich Niedergeschlagenheit und Resignation. Der mißlungene Angriff und die schmerzlichen Verluste, besonders der 1. und 3. Kompanie, bedrücken ihn offensichtlich schwer. Er gibt mir Anweisung, vorerst unsere Stellungen nicht zu wechseln, da ich von dort aus wohl am besten in den Kampf eingreifen könne. Jetzt kann ich auch die Hauptstraße übersehen. Die abgeschossenen Panzer der Kompanie bieten einen erschütternden Anblick. In diesem Moment nähert sich dem Abteilungsgefechtsstand ein einzelner Panther, der sich nur noch ca. 100 m entfernt plötzlich in eine brennende Fackel verwandelt. Kurze Zeit danach erscheint der Kommandant dieses Wagens, Unterscharführer Freiberg, einen Kopfverband tragend, am Gefechtsstand, um folgendes zu melden:

‚Ich sah in einer Haustür eine Frau, die mit einem weißen Tuch winkte. Noch während ich meine Aufmerksamkeit dorthin richtete und mich fragte, was das solle, wurde ich abgeschossen.'

Später stellte sich heraus, daß ein zwar bewegungsunfähiger, sonst aber noch in-

Zwei Panther der 3. Kompanie brennen in Krinkelt.

takter und besetzter Sherman-Panzer diesen Treffer erzielt hatte. Sicherlich hätte mich das gleiche Schicksal ereilt, wenn ich am Ortseingang der Einweisung gefolgt wäre.

Das Gefecht in Krinkelt flackert immer wieder auf. Beide Seiten kämpfen mit großer Verbissenheit. In der Nacht zum 19.12. verdichtet sich das amerikanische Artilleriefeuer. Die Einschläge liegen verblüffend nahe bei unseren Panzern. Da ich in meinem Empfänger die Feuerkommandos und die Schußkorrekturen hören kann, muß der amerikanische Artilleriefunk wohl zufällig auf der gleichen Frequenz wie wir senden, oder ein gut getarnter VB kann uns direkt einsehen und leitet das Feuer.

Erwartungsgemäß mißtraut Hauptscharführer Bellmer seiner neuen Umgebung. Er fühlt sich in dem stählernen Kasten eingeengt. Seine Sicht ist begrenzt. Die spähenden, an die Dunkelheit gewöhnten Infanteristenaugen funktionieren anscheinend nicht mehr, denn im Widerschein brennender Häuser bewegen sich Schatten, die wie fahrende Panzer aussehen. Unbekannte Geräusche narren auf einmal seine Ohren. Plötzlich heult der Motor seines Panthers auf, der Wagen hebt sich unter der Anspannung der Ketten und rast rückwärts den Hang hinunter. Auf meine Frage über Funk, wo er denn hin wolle, antwortet er, daß er soeben von einem amerikanischen Panzer aufs Korn genommen worden sei. Ich kann ihn überzeugen, daß es eine optische Täuschung gewesen ist. Er nimmt seine alte Stellung wieder ein. Da er keine eigene Infanterie sehen kann, läßt er auf alle Fälle das Turm-MG ausbauen und den Ladeschützen bei geöffneter Luke nach hinten sichern – wie dieser später erzählte. Über diesen originellen Einfall haben wir noch manchmal gemeinsam gelacht.

Auch am 19.12. ändert sich an der Lage in Krinkelt nichts. Jede Seite behauptet hartnäckig ihre Stellung, kleinste Bewegungen werden unter Feuer genommen. Gegen Abend werde ich zum Abteilungsgefechtsstand gerufen. Der Kommandeur erteilt mir den Auftrag, die Kompanie aus Krinkelt herauszuführen. Nach Einbruch der Dunkelheit lasse ich die Panzer in der Mulde südlich des Ortes, etwa auf Höhe der Kirche, versammeln. Mit Verzögerung, bedingt durch Versorgungsaufenthalte während der Nacht, erreichen wir über Murange (Anm. d. Hrsg: Mürringen) in den frühen Morgenstunden des 20.12. den Losheimer Graben.

Der Kampf um Krinkelt war für die 3. Kompanie beendet. Infolge ihrer schweren Verluste hatte sie als taktische Einheit aufgehört zu bestehen. Aus damaliger Sicht, wie auch rückblickend, läßt sich feststellen, daß sie ihr Bestes gab. Neben anderen unwägbaren Faktoren stand auch das Glück gegen sie. Der erste Tag dieser letzten großen deutschen Offensive hat in den Gemütern der Beteiligten bis in die heutige Zeit nachgewirkt.

Im April 1946 besuchte mich im Krankenrevier des Kriegsgefangenenlagers Landshut in Bayern ein vormaliger Ordonnanzoffizier der I./SS-Pz.Rgt. 12 und kündigte mir den Besuch eines amerikanischen Majors an. Dieser wolle jemanden sprechen, der den Einsatz bei Krinkelt mitgemacht habe, so sagte er, und er habe ihn an mich verwiesen. In einer halben Stunde werde der Major kommen.

Als dieser dann hereintrat, glaubte ich, einen LAH-Mann vom I. Zug der 1. Kp. zu sehen. Am Oberarm trug er die rote ‚1‘, ein Wertsiegel der berühmten 1. amerikanischen Infanteriedivision. In seiner Begleitung befand sich sein Adjutant, ein Oberleutnant. Es kam zu folgendem Dialog in englischer Sprache, hier die Übersetzung:

Major: Sie haben an den Kämpfen um Krinkelt teilgenommen?

Ich: Jawohl, Herr Major.

Major: In welcher Funktion und welchen Dienstgrad hatten Sie?

Ich: Als Zugführer in der 3. Kompanie SS-Pz.Rgt. 12, Dienstgrad Leutnant.

Major: Oh, ich verstehe. – Zur Vervollständigung meines Tagebuchs hätte ich gern einige Angaben von einem ehemaligen Gegner. Würden Sie das tun? Ich garantiere Ihnen, daß ich diese nur zu dem erwähnten persönlichen Zweck verwende. (Hierbei entfaltete er, auf meiner Bettkante sitzend, ein Meßtischblatt von Krinkelt mit näherer Umgebung, das noch seine Eintragungen der taktischen Zeichen enthielt).

Ich: Soweit diese in meiner Zuständigkeit liegen, ja.

Major: Gut, danke. Sagen Sie mir bitte, warum hatten Sie damals nicht durch die südlich des Ortes verlaufende Mulde angegriffen?
(Why didn't you attack through this trough?) .
Ihre Chancen durchzukommen, wären dort ungleich größer gewesen. Sie hätten uns unterfahren, und unsere Pak hatte Sie nicht erreichen können. Außerdem lag diese Umgehungsmöglichkeit genau in Ihrer Angriffsrichtung.

Ich: Das wußten wir spätestens im Ort selbst, als wir die Schwierigkeiten hatten. Ich vermute jedoch, daß diese Möglichkeit unseren Kommandeuren zu simpel erschien oder zu gut, wenn man es so nennen will, um sich dafür zu entscheiden. Es war doch wohl mit großer Sicherheit anzunehmen, daß Sie diese Mulde durch Minen oder einen Pakriegel gesperrt haben würden?

Major: Das war sie nicht. Aber Sie haben nicht ganz unrecht. Vielleicht hätte ich die Sache an Ihrer Stelle genauso gesehen. – Was meinen Sie, wie stark waren wir in Krinkelt?

Ich: Ich denke, Sie hatten dort ein Bataillon Infanterie, verstärkt durch sechs bis sieben Panzer und eine Menge Pak, von der zahlreichen Artillerie ganz abgesehen, die Sie unterstützte!

Major: Ungefähr. Doch es waren zwei Bataillone Infanterie mit direkt unterstellten acht Panzern. Das war so bei unserer Infanterie, Panzer hatten wir immer bei uns. Nichtsdestoweniger, Ihre Panzer sind auch zum Teil durch Bazookas abgeschossen worden, deren Schützen in verschiedenen Häusern oder Kellern in Stellung gegangen waren. Wo standen Sie mit Ihrem Panzer?

Ich: Ich stand mit meinem Panzer ca. 150 m ostwärts der Kirche, von Ihnen aus gesehen links davon, an einem Haus mit Schußrichtung entlang einer in die Ortsmitte führenden Straße. Ich konnte Ihren Artilleriefunk hören. Wahrscheinlich waren wir auf derselben Frequenz, zumindest aber dicht daneben, denn ich konnte deutlich die Feuerkommandos hören und erhielt, mit kurzen Intervallen, deckenden Beschuß.

Major: Möglich. Wenn Sie auf dem von Ihnen bezeichneten Punkt standen, müssen Sie abends einen Jeep gesehen haben, der auf der Straße dicht an Ihrer Stellung vorbeifuhr? Darin saß ich.

Ich: Ach ja, ich kann mich erinnern. Allerdings nahm ich an, es wäre ein Wagen der von unserer Seite eingesetzten Sondereinheit, die, wie Sie wissen, mit amerikanischer Ausrüstung ausgestattet war. Hat Ihnen diese Einheit zu schaffen gemacht?

Major: Zuerst schon. Aber dann hatten wir die Sache schnell durchschaut und konnten die meisten gefangennehmen. Was ist Ihre Meinung, kam Ihr Angriff für uns überraschend?

Ich: Aus meiner Sicht ja, nach gewissen übereilten Reaktionen Ihrerseits zu urteilen.

Major: Das stimmt. Wir hatten mit einem Angriff dieser Größenordnung und zu dieser Jahreszeit nicht gerechnet. Doch schließlich haben wir Sie noch stoppen können.

Ich: Ja.

Major: Ich danke Ihnen.

Ich: Keine Ursache, es war sehr interessant."

Verlegung nach Süden – Vergeblicher Angriff auf Domäne Bütgenbach am 21. und 23. Dezember 1944

Der Krieg ging weiter. Die Abteilung wurde vor neue schwere Aufgaben gestellt. Der Kommandeur, Stubaf. Jürgensen, sah sich angesichts der schweren Ausfälle bei den Panthern gezwungen umzugruppieren. Die Reste der Kampfstaffeln der 1. und 3. Kompanie wurden deshalb vereinigt, deren Trosse verblieben dagegen in ihrer Zuständigkeit. Noch am 20.12. abends stellte sich die neuformierte Abteilung auf der Straße zwischen Losheimer Graben und Büllingen zum Angriff bereit. Von der 3. Kompanie gehörten diesem Verband die Panzer 315, 325 und 335 an, also alle Zugführerwagen. 335 war noch rechtzeitig aus der Werkstattkompanie zurückgekommen. Für die Führung des Verbandes war Hauptmann Hils, Chef der 1. Kp., bestimmt worden. Da er seinen Panzer in Krinkelt verloren hatte, wählte er den Wagen 325 als Kommandopanzer, Untersturmführer Engel mußte in seinen alten Wagen 335 umsteigen. Der Plan sah vor, die von den Amerikanern besetzte, etwas abseits der Straße von Büllingen nach Bütgenbach liegende Domäne Bütgenbach diesmal von Süden her anzugreifen und zu nehmen. Das Unternehmen stand unter der ungünstigen Voraussetzung, daß ein erster, aus ostwärtiger Richtung erfolgter Angriff am Vortag gescheitert war. Bei der Beurteilung der Erfolgsaussichten gab es daher keinen Grund zu übertriebenem Optimismus, zumal auch die Geländebeschaffenheit dem Verteidiger nach allen Richtungen die größeren Vorteile bot. Trotzdem konnte man den eigenen Kräften einiges zutrauen, denn zusammen mit einer Panzerjägerabteilung des Heeres sowie einer schweren Infanteriegeschützkompanie auf Selbstfahrlafette bildeten sie eine beachtliche Streitmacht. Über den Kampfverlauf gibt der folgende Gefechtsbericht Aufschluß:

„Der 21.12. beginnt grau und diesig. Wir rollen in allgemeiner Richtung Domäne Bütgenbach. Am Ortsausgang von Büllingen reiht sich Untersturmführer Engel mit seinem Panzer wieder in unsere Kolonne ein. Er hat seit gestern abend hier gestanden, nachdem der Sondereinsatz einer Pioniergruppe, die unter seinem Feuerschutz Straße und Gelände vor der Domäne entminen sollte, aus unbekannten Gründen abgeblasen worden war. Vier der an der Spitze der Abteilung fahrenden fünf Panther werden von Führern kommandiert. Das ist etwas selten Dagewesenes. Rechts der Straße steht ein Forsthaus, das mit dem Roten Kreuz als HVP gekennzeichnet ist. Hier herrscht die für solche Plätze charakteristische Betriebsamkeit.

Vorbei geht die Fahrt bis zu einer Straßenkreuzung, auf der wir nach rechts abbiegen, um uns aber schon nach ca. 150 m wieder nach links zu wenden und in westlicher Richtung auf einer Wiese weiterzufahren. An den Straßen haben sich Fallschirmjäger eingegraben: die deutsche HKL. Nach kurzer Weiterfahrt fällt Untersturmführer Jansens Panzer durch eine Mine aus. Linker Hand ist Wald, der in einigen 100 m Entfernung nach Süden vorspringt. Rechtsseitig, etwa 100 bis 150 m von uns weg, verläuft parallel zu unserer Fahrtrichtung eine Reihe hoch- und glattstämmiger Fichten. Diese stehen auf dem Scheitelpunkt der Wiese, die bis dorthin leicht ansteigt, dahinter aber nicht mehr einzusehen ist. In diesem toten Winkel muß die

Domäne liegen, unser Angriffsziel. Über der Wiese breiten sich noch einzelne Nebelschwaden aus, die sich nun rasch auflösen.

Instinktiv, wie auf Kommando, schwenken alle die Türme auf die Baumreihe in unserer rechten Flanke. Noch ist kein Schuß gefallen, doch diese auffallende Stille empfinden wir als bedrückend und bedrohlich zugleich. Im Fahren schießen wir mit den Turm-MGs ein paar Salven zwischen diese Bäume und eröffnen damit den Kampf gegen einen imaginären Feind. Wir spüren jedoch, daß er irgendwo sitzt, hervorragend getarnt, das Auge am Okular der Optik seiner Pak. Seine Panzer hält er zurück und schickt sie nur im äußersten Fall, bei möglichst kleinem Risiko, ins Treffen. Er scheut Panzerduelle, da er die Überlegenheit der 7,5-cm- Langrohr-Pantherkanone kennt, und er weiß, daß wir kommen müssen, weil die Zeit gegen uns arbeitet. Das Gelände ist für Panzerhindernisse aller Art wie geschaffen. Daran wird deutlich, wie schwer der Flankenschutzauftrag der Division zu erfüllen ist. Die Marschfolge hat sich noch nicht geändert. Kommandant des Spitzenpanzers ist Untersturmführer Schittenhelm, es folgen Hauptmann Hils, Untersturmführer Engel und ein Unterscharführer der Stabs-Kompanie, dahinter die Panzer IV der 5. und 6. Kp., dann Jagdpanzer und Infanteriegeschütze auf Selbstfahrlafetten.

Untersturmführer Schittenhelm hat gerade den Waldvorsprung erreicht, als eine Stichflamme aus dem Heck seines Panzers, wie von Geisterhand entfacht, emporschießt. Ein dicker, schwarzer Rauchpilz hüllt den Wagen ein, zwei Mann booten aus. Hauptmann Hils gibt Befehl, nach 3.00 Uhr in Stellung zu gehen. Er steht im Turm seines Panzers und studiert die Karte, um sich noch einmal genau zu orientieren. Dann schießt er eine Leuchtkugel ab, die die endgültige Angriffsrichtung markieren soll. Sie verglimmt über dem abfallenden Gelände zur Domäne. Nun erwarten wir das ‚Marsch, Marsch' zum Angriff. Da nichts geschieht, schaue ich wieder nach seinem Panzer. Der Turm brennt! Hauptmann Hils ist nicht mehr zu sehen. Die Wannenbesatzung verläßt den Panzer. Zu erkennen ist der Fahrer, Unterscharführer Bunke sowie der namentlich nicht bekannte Funker. Von der Turmbesatzung, zu der außer Hauptmann Hils Richtschütze Lorentzen und Ladeschütze Krieg gehörten, muß leider angenommen werden, daß sie gefallen ist. Alles Männer der 3. Kompanie.

Schlagartig setzt jetzt ein kaum zu beschreibendes Vernichtungsfeuer der amerikanischen Artillerie ein. Die Wiese verwandelt sich in einen Acker, eine Anzahl Panzer erhält Volltreffer. Erneutes, gut liegendes Pakfeuer gilt nunmehr dem Panzer von Untersturmführer Engel. Dieser läßt etwa 20 m zurücksetzen, so daß das Heck des Panzers im Wald steht. Von hier aus erhofft er sich bessere Beobachtungsmöglichkeiten. Gleichzeitig meldet er der Abteilung über Funk die neue Lage.

In der seit Angriffsbeginn verdächtigen Baumreihe vermutet er mindestens 2 Pak. Da er im direkten Beschuß auf diese keine Wirkungstreffer erzielen kann, läßt er in schneller Folge Sprenggranaten in die Baumkronen schießen, um so durch Splitterwirkung von oben die amerikanischen Pakbedienungen auszuschalten. Er hat Erfolg, denn einige Amerikaner flüchten in den nahegelegenen Wald. Sofort schiebt er sich mit seinem Panzer auf die Baumreihe zu. Zum ersten Mal wird der Blick zur Domäne frei, die er sofort unter Feuer nimmt. Das Artilleriefeuer hat in unverminderter Stärke angehalten. Schließlich wird Untersturmführer Engel auch noch abgeschossen. Die Besatzung kann aussteigen, lediglich sein Funker, Sturmmann Fitz, verliert einen Finger. Von Artilleriefeuer gehetzt, gelingt es der Besatzung, einen schwer verwundeten Infanteristen aus der Feuerzone zu tragen und nach Erreichen der Straße einem Sanka zu übergeben. Die Männer erreichen auf Umwegen den während des Hermarsches erkannten HVP, in dem sich außerdem ein Bataillonsgefechtstand der 3. Fallschirmjägerdivision befindet.

Untersturmführer Engel meldet sich beim Kommandeur dieses Fallschirmjägerbataillons, der mit seinem Stab an einem Kartentisch steht. In diesem Augenblick schlägt genau vor dem Fenster eine Granate ein und zwingt alle Anwesenden, auf dem Fußboden volle Deckung zu nehmen. In dem Fensterrahmen ist kein Stückchen Glas mehr. Untersturmführer Jansen und seine Besatzung halten sich auch bereits im Haus auf und erwarten einen Bergepanzer, der ihren durch Mine beschädigten Wagen abschleppen soll. Die Sache klappt, und am Nachmittag des 23.12. halten beide Panzer vor dem HVP, um die Männer der Besatzungen mitzunehmen.

Linke berichtet:

„Wir fuhren in der Frühe los. Unterwegs wurden wir informiert, worum es ging: Angriff auf die Domäne Bütgenbach! Als es soweit war, daß wir Feindberührung hatten, fuhren wir auf eine Mine. Das rechte Antriebsrad und die Kette waren beschädigt. Es ging nicht mehr weiter. Unsere Kameraden waren im Gefecht, während wir unseren Panzer nicht verlassen konnten.

Es dauerte ungefähr eine Stunde, bis die ersten Kameraden zurückkamen, die das Pech hatten, abgeschossen worden zu sein.

Ich will jedoch berichten von den Besatzungen der Untersturmführer Engel und Jansen. Jansen war mein Kommandant. Wie gesagt, wir lagen mit Antriebsschaden und durften unseren Panzer nicht verlassen, als auch Untersturmführer Engel mit seiner Besatzung zurückkam. Sie waren alle gut davon gekommen. Mein Freund Heinz Tepahs war auch dabei. Sie fanden Unterkunft in einem in der Nähe gelegenen HVP und wollten dort die Nacht abwarten.

Unser Fahrer Willi Wöbke ging los, um einen Bergepanzer aufzutreiben. Er kam gegen Mittag zurück mit der Nachricht, daß gegen 17.00 Uhr ein Bergepanzer käme, um uns herauszuholen. Er

SS-Sturmbannführer Arnold Jürgensen, Kommandeur der I. Abteilung des SS-Panzerregiments 12, tödlich verwundet in der Nähe von Bütgenbach

Das Grab von Arnold Jürgensen auf dem Soldatenfriedhof in Recogne. Auf diesem Soldatenfriedhof wurden die Opfer der Kämpfe von Eupen – Malmedy und St. Vith bestattet.

kam tatsächlich um 17.00 Uhr. Aber was für einen Krach so ein Panzer macht, kann nur der wissen, der eine solche Situation miterlebt hat.

Die Zeit, bis wir unseren Panzer an den Bergepanzer angekoppelt hatten, war fürchterlich. Vor den Granateinschlägen mußten wir immer wieder in Deckung gehen. Zu allem Elend mußten wir auch noch unseren Panzer ankurbeln, weil der Bergepanzer es nicht alleine schaffte, uns herauszuziehen. Endlich hatten wir es geschafft. Die rechte Kette blieb im gefrorenen Schlamm zurück. Mit viel Mühe und Hindernissen wurden wir auf die Straße geschleppt. Wie nicht anders erwartet, ging dort natürlich das Theater los. Die Artillerie von der anderen Seite schoß aus allen Rohren. Wir fuhren am HVP vorbei und nahmen die Besatzung von Engel mit. Nun waren wir zehn Männer, acht davon im Turm, dazu Fahrer und Funker. Nach dem HVP glaubten wir, weiter ungeschoren davon zu kommen. Aber aller Glaube half nichts. Kurz vor Erreichen des Dorfes Büllingen ereilte uns das Schicksal doch noch. Jedenfalls hatte keiner mehr an Feindberührung gedacht, da krachte es.

Den ersten Treffer bekam der Bergepanzer. Da gab es nur eins, raus! Die nächste Granate riß einem Baum die Krone ab, genau in Höhe des Turmes. Dann stand der Bergepanzer in Flammen. Es dauerte nicht lange, als es bei uns einschlug. Bis auf Untersturmführer Jansen waren alle raus. Er bekam einen Splitter im Kreuz ab, konnte aber noch laufen. Im Nu brannten beide Panzer lichterloh. Den Weg ins Dorf mußten wir nun auf allen vieren zurücklegen. Der Ami konnte uns gut einsehen und schoß auf alles, was sich bewegte. Bis auf Untersturmführer Jansen kamen wir alle gut beim Troß an. Es war ein Tag vor Heiligabend!“

Untersturmführer Engel blieb nach dem Abschuß von Jansens Panzer zusammen mit seinem Ladeschützen Paul Rawe noch auf freiem, schneebedecktem Feld, in Sichtweite der ersten Häuser von Büllingen, liegen. Rawe hatte schwere Verbrennungen erlitten. Jabos kreisten über ihnen, und außerdem erhielten sie Beschuß von leichten amerikanischen Granatwerfern. Sie sahen gerade noch die anderen Besatzungsmitglieder zwischen den ersten Häusern Büllingens verschwinden. Im geschlossenen Sprung, mit letzter Kraftanstrengung, erreichten auch sie den Ortsrand und entdeckten in einem Keller die anderen Kameraden. Da die Verwundeten versorgt werden mußten, ging Untersturmführer Engel in den Ort hinein, um sich nach einem Fahrzeug umzusehen. Er hatte Glück. Ein einzelner SPW des 26./SS-Pz.Div. 12 war auf der Fahrt zu seiner Einheit. Der daraufsitzende Unterscharführer erklärte sich bereit, die beiden Besatzungen nach Losheimer Graben zu fahren, wo die Verwundeten in die Obhut des Regimentsarztes gegeben wurden. Alle anderen meldeten sich beim Kompanie-Troß.

Am 23.12. hatte die Abteilung nochmals den Ort Bütgenbach angegriffen, letztmalig unter persönlicher Führung von Sturmbannführer Jürgensen. Auch dieser Angriff führte zu keinem Erfolg, kostete jedoch erneut harte Verluste. Der Kommandeur wurde tödlich verletzt. Als sein Nachfolger wurde Obersturmführer v. Ribbentrop mit der Führung der Abteilung beauftragt. An diesem Angriff waren keine Panzer der 3. Kompanie beteiligt.

Heiligabend 1944

Beim Angriff auf die Domäne Bütgenbach hatte die 3. Kompanie die letzten einsatzbereiten Panzer verloren. Die noch vollzähligen Besatzungen hielten sich beim Troß auf und warteten, daß sie zur Werkstatt-Kompanie beordert würden, um reparierte Wagen abzuholen. Der Troß der Kompanie war zu dieser Zeit in den dichten Wäldern nordostwärts des Straßenkreuzes Losheimer Graben untergezogen. Auch die Funktioner-Staffeln der anderen Kompanien der Abteilung waren dort stationiert. Nach dem Kalender war es Weihnachtsheiligabend 1944. Das Wetter hatte sich geändert. Statt der Nässe und des Nebels herrschte Frost. Es klarte auf. Nun konnte es sich nur noch um Stunden handeln, bis die ersten amerikanischen Jagdbomber ihre Patrouillen flögen und in den Kampf eingriffen, der dadurch um eine gefährliche Dimension erweitert sein würde, was Kampf- wie Versorgungseinheiten neue Belastungen brächte. Entsprechende Maßnahmen waren deshalb erforderlich: Am Tage sorgfältigste Tarnung aller Fahrzeuge, Fahrten unter allen Umständen in die Nachtstunden verlegen.

Heute ist Heiligabend. Die 3. Kompanie, oder was man noch so nennt, ist in einer primitiven, zugigen Holzfällerhütte im Wald abseits des Losheimer Grabens versammelt. Ich stehe inmitten dieser kleinen Schar und blicke in ernste Gesichter, unter denen schon viele vertraute fehlen. Die hinter uns liegenden Tage sind sehr hart gewesen. Da ich der einzige noch anwesende Führer bin, habe ich das Kommando übernehmen müssen. Aus dem besonderen Anlaß dieses Abends und wegen der Kälte haben wir ein Feuer gemacht, das, mit Rücksicht auf mögliche feindliche Luftbeobachtung, nur mit Sparflamme brennen darf, wodurch natürlich viel Rauch entsteht. Dies alles kann freilich keine Weihnachtsstimmung aufkommen lassen. Ich spüre aber daß die Kameraden von mir ein paar Worte erwarten. Und da mir Banalitäten vor diesem Hintergrund absolut entbehrlich erscheinen, beschränke ich mich darauf, der Kompanie alles Gute, vor allem aber gesunde Heimkehr zu wünschen. Wir gedenken unserer toten Kameraden und grüßen die Lieben daheim. Zu ihnen schicken wir unsere Gedanken.

Meine Gedanken wandern jedoch auch hinüber In die Wälder jenseits von Büllingen und Bütgenbach sowie auf die Höhen um Elsenborn. Vielleicht halten auch dort zur Stunde die Boys aus New York oder Kentucky, aus Kalifornien und vom Colorado-River ihre Weihnachtsandachten. Möglich auch, daß der Kommandant eines auf Sicherung stehenden Panzers den Krieg und die verdammten Krauts verflucht, weil diese ihm ein ruhiges Weihnachtsfest in einem verschneiten Ardennendorf verdorben haben. Andere, ein Richtschütze an einer Pak oder ein Gefechtsvorposten der Infanterie, wettern vielleicht über die Kälte oder summen leise einen Choral oder einen Boogie. Vor allem aber werden sie an zu Hause denken – genau wie wir.

Verlegung in den Raum Bastogne ab 26. Dezember 1944

Am 26.12.1944 verlegte die 12. SS-Pz.Div. nach Samrée in die Zentralardennen und wurde dem 11. SS-Pz.-Korps unterstellt. Die I./SS-Pz.Rgt. 12 erreichte den neuen Einsatzraum über Andler, Schönberg und St. Vith. Sie kam dort zu einem oder zwei Nachteinsätzen. Ob Panzer der 3. Kompanie daran teilnahmen, kann mit Sicherheit nicht beantwortet werden. Das Unterstellungsverhältnis dauerte nur bis zum 28.12. Ab diesem Tag wurde die Division in den Raum nördlich Bastogne verlegt und der 5. Pz.-Armee des Generals von Manteuffel unterstellt, da starke Gegenangriffe der Amerikaner Geländegewinne erzielt hatten. Die von der Armee eingeleiteten Gegenmaßnahmen erforderten entsprechende Verstärkungen zu Verteidigung und Gegenangriff.

Erich Hönen:

Der zweite Weltkrieg und seine Auswirkungen in Rocherath-Krinkelt (insbesondere während der Kämpfe im Dezember 1944)

Erich Hönen: Hauptförster in Rocherath/Belgien; Initiator der Gedenk- und Erinnerungsstätte Hasselpath der Gemeinde Büllingen/Belgien; wohnhaft in Rocherath.

Der zweite Weltkrieg und vor allem die Ardennenoffensive im Dezember 1944 sind wohl das bedeutendste Ereignis in der Geschichte der Ortschaft.

Als am 10. Mai 1940 morgens um 5 Uhr 30 der deutsche Angriff im Westen begann, war Rocherath-Krinkelt eines der ersten Dörfer, die durch die Wehrmacht eingenommen wurden. Am 18. Mai erfolgte dann die Eingliederung der Gebiete Eupen-Malmedy in das deutsche Reich.

In den folgenden Jahren wurde das wirtschaftliche und soziale Leben immer stärker vom Kriegsgeschehen beeinflusst. Die zunehmende Politisierung und Fanatisierung erschwerte das Zusammenleben und zog tiefe Risse durch Familien, Freundeskreise und Vereine. Die Einberufung zur Wehrmacht und die ersten Gefallenen brachten unendliches Leid über die Familien. Auf den Kriegsschauplätzen Europas, meistens an der Ostfront, verloren 71 Soldaten der Doppelortschaft ihr Leben. Aber auch in der Heimat hielt der Tod reiche Ernte, denn durch Minen und bei der Bombardierung von Malmedy fanden 20 Zivilpersonen, Männer, Frauen und Kinder, den Tod.

Anfang September 1944 zeigten Fliegerangriffe und der Wegzug mehrer Familien nach Deutschland, dass die Front näherrückte. Familie Mathias Faymonville wollte die Heimat nicht verlassen, jedoch in Anbetracht der zahlreichen Luftangriffe beschloss sie, einen Erdbunker zu bauen. In der steilen Böschung des Feldweges, 200 Meter unterhalb ihres Hauses, grub sie einen Unterstand. Am 9. September konnte sie beobachten, wic cine größere deutsche Fahrzeugkolonne am Ausgang des Dorfes von US-Flugzeugen beschossen wurde und zahlreiche Fahrzeuge in Flammen aufgingen. In den Bombentrichtern wurde nach dem Krieg das verendete Vieh begraben.

Am 13. September erreichten die ersten US-Soldaten das Dorf. Wenn auch kein größeres Gefecht stattfand, so dauerte es doch zwei Tage, bis sie Herr der Lage waren. Mehrere Häuser brannten ab und einige deutsche Soldaten verloren ihr Leben. Die nächsten Wochen waren eine schlimme Zeit. Die Feldwege waren vermint und 3 Personen verunglückten tödlich. Durch Artilleriebeschuss wurden einige Häuser zerstört, und viel Vieh verendete auf den Wiesen und Weiden. Die Bevölkerung musste die Nächte in den Kellern verbringen und war nun ohne Nachricht von ihren Männern, Brüdern und Söhnen, die als Soldaten an der Front ihr Leben ließen.

Am 16. Dezember begann die Ardennenoffensive und Rocherath-Krinkelt bekam eine hohe strategische Bedeutung, sowohl in den deutschen Angriffsplänen als auch für die amerikanische Verteidigung.

Ärmelabzeichen links: 2. US-Infaterie-Divison (Indian-Head-Division)

rechts: 99. US-Division

Ein gefallener Soldat der 277. Volksgrenadier-Division

Nach schweren und für beide Seiten verlustreichen Kämpfen im Rocherather Wald und bei der Kreuzung Lausdell erreichten deutsche Truppen in der Nacht zum 18. Dezember das Dorf. Viele Fahrzeuge der 12. SS-Panzerdivision wurden durch Panzer und Infanterie der 2. und 99. US-Division zerstört. Die Soldaten der 277. Volksgrenadierdivision und der 3. Panzergrenadierdivision wurden in erbitterte Häuserkämpfe verwickelt. Jede Straßenkreuzung, einzelne Häuser und besonders die Kirche wurden hart umkämpft und viele junge Soldaten mussten ihr Leben lassen. Die Frontlinie lief quer durch das Dorf, und in der Nacht war Freund und Feind kaum zu unterscheiden.

Die meisten Dorfbewohner waren im Oktober evakuiert worden, aber etwa 40 Personen, meist ältere Männer, waren zur Viehversorgung im Dorf geblieben. Auch einige Frauen waren zum Kochen hiergeblieben.

Die Zivilisten, die durch den Angriff überrascht wurden, gerieten zwischen die Fronten. Sie saßen in den Kellern, während über ihnen die Granaten einschlugen und die Häuser und Fahrzeuge in Flammen aufgingen.

Auszug aus dem Tagebuch von Thekla Palm: „Letzte Nacht sind die Häuser „Schmerz" und „Jaspesch" abgebrannt, und in der Morgenfrühe traf ein Volltreffer unsere Haustüre. Man hörte von weitem das Heranrollen deutscher Panzer. Als wir nachmittags an der Haustüre standen, sahen wir, wie ein deutscher Panzer abgeschossen wurde; schon der erste Schuss saß, der Deckel öffnete sich; die Soldaten ließen sich am Panzer herunterfallen und liefen zurück zu ihren Kameraden."

Dazu die Aussage des deutschen Panzerführers Engel: „Jetzt kann ich auch die Hauptstraße übersehen. Die abgeschossenen Panzer der dritten Kompanie bieten einen erschütternden Anblick. In diesem Moment nähert sich uns ein einzelner Panther (deutscher Panzertyp), der sich nur 100 Meter entfernt plötzlich in eine brennende Fackel verwandelt. Kurze Zeit danach erscheint der Kommandant dieses Panzers, Unterscharführer Freiberg, einen Kopfverband tragend, am Gefechtsstand und meldet: Ich sah in einer Haustüre eine Frau, die mit einem weißen Tuch winkte. Noch während ich meine Aufmerksamkeit dorthin richtete und mich fragte, was das solle, wurde ich abgeschossen." (Vgl. den Beitrag von Willi Engel: Die 3. Kompanie des SS-Panzerregiments der 12. SS-Panzerdivision)

Und weiter Thekla Palm: „Gegen 15 Uhr 30 hatte ein deutscher Soldat uns im Schußfeld; er stand hinter einer Hecke und hatte das Gewehr auf uns gerichtet. Wir riefen ihm zu, wir seien bloß Zivilisten. Aber wir waren im Niemandsland, rechts von uns die Amerikaner und vor uns die Deutschen. Ein deutscher Offizier winkte uns aus der Garage des Hauses Rauw (heute Hotel-Restaurant Triangle d'or) zu, wir sollten zu ihm kommen; jedoch im gleichen Moment ertönte aus dem Hause „Föschtesch" (heute Berthold Vilz), wo die Amerikaner lagen, ein Warnpfiff. Wir gingen zurück in den Keller, und es gab eine Schießerei. Der deutsche Offizier flüchtete in unsere Scheune, wurde dabei jedoch durch einen amerikanischen Soldaten aus Föschtesch heraus angeschossen. Ein Schuss verletzte ihn an der Hand, und ein anderer zerschlug seine Brille. Er zog eine neue Brille aus der Tasche und informierte sich, wie er ungesehen weiterkommen konnte.

Die Nacht zum 19. Dezember war furchtbar, viele Häuser wurden zerschossen und brannten ab. Morgens um 7 Uhr liefen wir nach „Voß" (heute Klemens Josten) in den Keller. Hier waren etwa 14 Zivilisten und auch amerikanische Soldaten. Im gegenüberliegenden Haus waren deutsche Soldaten, und an der Kreuzung stand ein deutscher Panzer. Im Erdgeschoss lag ein verwundeter deutscher Soldat, der bei jedem Beschuss aufschrie: „Kameraden, schießt nicht!" Die amerikanischen Soldaten brachten den deutschen Soldaten in den Keller. Bei jedem Panzerbeschuss dachte man, die Decke würde herunterfallen. Gegen 13 Uhr 30 kam ein amerikanischer Soldat und befahl uns, das Haus zu verlassen, denn es brannte. Als wir durch Merjen Gasse flüchteten und ich noch einen Blick auf unser Haus warf, sah ich, dass das Dach und die Mauern schon sehr beschädigt waren; das arme Vieh lag noch angekettet im Stall. Auf Umwegen und durch Dick und Dünn schlugen wir uns nach Wirtzfeld durch."

Die Amerikaner richteten eine neue Verteidigungslinie auf dem Höhenzug bei Elsenborn ein. Die zahlreichen Geschütze hatten sich nun auf Rocherath eingeschossen, und als die letzten Amerikaner in der Nacht zum 20. Dezember das Dorf verlassen hatten, wurden die beiden Dörfer zu einem Trümmerfeld.

Dazu James Mc Ilroy, Soldat der 99. US-Infanteriedivision: „Wir gingen Richtung Wirtzfeld, hinter uns brannte Rocherath-Krinkelt, der Schein des brennenden Dorfes erhellte den nächtlichen Himmel. Es schien, als ob die ganze Welt in Flammen stünde. Darüber zogen die Feuerschweife der Granaten, Nebelwerfer und Leuchtspurmunition. Wir sahen die Häuser brennen und hörten das Brüllen der Kühe. Das Gewehrfeuer ließ langsam nach und wir erreichten unsere neuen Verteidigungslinien."

Die Zivilisten, die nicht nach Wirtzfeld flüchten konnten, wurden im Januar von deutschen Truppen nach Blumenthal (bei Schleiden) evakuiert. Am 30. Januar eroberten die Amerikaner Rocherath zurück. Erst Anfang März erlaubten die Militärbehörden die Rückkehr der Evakuierten. Die Gebäude der Ortschaft Rocherath lagen zu 95%, die der Ortschaft Krinkelt zu 75% in Schutt und Asche. Straßen, Brücken, Strom- und Wasserleitungen waren zerstört. Beide Ortschaften waren einer systematischen Plünderung ausgesetzt gewesen.

Noch einmal Thekla Palm: „Am 23. März 45 fuhren wir bis Malmedy, und von dort ging es zu Fuß nach Rocherath. Welch ein Elend war dort! Das Vieh lag tot an Ketten gebunden. Das Wohnhaus ausgebrannt, nichts, außer dem beschädigten Herd, ist geblieben. Hinterm Haus lagen zwei tote Deutsche ..., 2/3 des Dorfes lag in Trümmern und der Rest war zerschossen.

Straßen und Wiesen sind zerfahren, Hecken und Bäume kaputt, überall Bomben- und Granatlöcher, wie furchtbar."

Dies ist nur ein kleiner Ausschnitt dessen, was während der Ardennenoffensive in und um Rocherath-Krinkelt passiert ist. Das Grauen, das die Daheimgebliebenen, aber auch die Soldaten beider Seiten dort erlebt haben, ist nicht zu beschreiben.

Quellen: Ein Beitrag, den ich für die Chronik der Familie Faymonville „Das Buch der Generationen" geschrieben habe. Der Herausgeber ist Marquet Helmut, 4770 Amel, Belgien.

Die zitierte Tagebuchautorin Thekla Palm ist eine Schwester meiner Mutter und meine Patin.

Kurt Schmidt:

Ardennenoffensive

Bereitstellung zum Angriff nördlich Udenbreth

Eines Mittags kam ein Befehl, alle geladenen 2-B-38 und den Bestand an Anodenbatterien und noch Kleinmaterial einladen – beim Dunkelwerden Abmarsch und im Gefechtsstand (Deckname) melden.

Dieser Gefechtsstand war im Raume nördlich Udenbreth. Den Bereich hatten wir schon öfters ‚bereist' und kannten die Gegend. Zum ‚Decknamen' mußten wir uns durchfragen. Auf dem letzten Wegstück hatten wir einen Melder dabei, der uns im Gefechtsstand ablieferte. Da oben war es schon ‚saukalt', war es Mitternacht oder schon später?

Es war die Nacht vom 15. zum 16. Dezember 1944.

Die Ladung wurde im Bunker gelagert. Mit der Gebrauchtware mußte Paul und Gaul wieder sofort nach Reifferscheid. (Er hatte unterwegs irgendwo gepennt, das Feuerwerk aber mitbekommen, wie er mir später erzählte.)

Im Gefechtsstand war Oberstleutnant Jaquet und noch weitere Offiziere. Wer zu wem gehörte, weiß ich nicht. Ferner Artillerie-Nachrichtler mit ihren Torn.Fu.b-1, (3.0-6,7 MHz) Funktrupps mit Torn.Fu.d-1 (28,0-33.0 MHz) sowie KlFuSpr.d' (32,0-38.0 MHz). Außerdem Strippenzieher (Telefon) mit 10er-Klappenschrank und vermutlich noch die Bunkerbesatzung mit der ‚Ringleitungsvermittlung' (Trägerfrequenzen u. Normalnetz). Die Geräte wurden noch mit den neuen Batterien bestückt – dann konnte ich mich umhauen – es war ein langer Tag gewesen.

Lange geschlafen habe ich bestimmt nicht, als ich geweckt wurde mit dem Hinweis, es wird ein Führer-Befehl verlesen. Uhrzeit ca. 5:15/5:20, Jaquet verlas den Befehl und schloß die Ansprache mit: Um 5:30 Uhr gehts los!!! Noch eine Bemerkung oder so: „Das werden wir uns draußen ansehen." Zu einem Funkdienst war ich nicht eingeteilt, also Stahlhelm auf und ab in einen neben dem Bunker liegenden Schützengraben.

Alles stockdunkel, tief hängende Wolken. Außer dem üblichen Kanonendonner der US-ARI aus der HKL war kein Schuß zu hören – eigentlich ruhig, viel zu ruhig!

Der Angriff ab 16. Dezember 1944 5.30 Uhr

Plötzlich aus dem rückwärtigen Stellungsgebiet (Reichsgebiet) aufblitzendes Mündungsfeuer unserer Artillerie, Abschußdonner und die Beleuchtung des Frontgebietes (Flak) – alles im gleichen Moment.

Es rauschte, es zischten die Geschosse über uns hinweg – die Einschläge vor der HKL, das Ganze war ein einziges Dröhnen. Der Boden vibrierte.

Vom rückwärtigen Horizont bis in die US-Stellungen, alles hell erleuchtet. Die Ruinen der umliegenden Dörfer waren einzeln erkennbar – die Einschläge lagen an einem vor uns befindlichen Waldrand – hinzu kamen die DO-Werfer/Nebelwerfer, das Dröhnen wurde noch lauter – kein Mensch sagte etwas – Befangenheit von einem solchen Feuerwerk.

Hinzu hörte man auf einmal Surren und komisches Zischen; über uns gab es Explosionsblitze (wohl von Werfergranaten, die sich im Flug berühren und explodieren, sie wirken wie Schrapnell, sagten Landser mit Rußlanderfahrungen) – einer schrie: „Zurück in den Bunker! Das sind unsere Werfergranaten!" (Werfergranaten, die sich im Fluge berühren und explodieren wirken wie Schrapnell.) – packte mich am Rock und zog mich regelrecht in den Bunker.

Durch den Ausgang konnte man nur noch das Abschußgebiet überblicken. Mit einem Schlage war die Kanonade beendet – die Beleuchtung ging aus – alles stockdunkel, es war 5:45 Uhr. Eine Viertelstunde Trommelfeuer aus allen Rohren, oder war es eine halbe Stunde???

Im Bunker war größte Hektik, Telefone und Funker waren in Aktion, Befehle und Richtlinien wurden ausgegeben – Meldungen kamen herein. Meine Aufgabe war jetzt, die ankommenden Sendungen/Verschlüsselungen zu kontrollieren, evtl. fehlende Buchstaben durch vermutlich richtige zu ersetzen. Oder falsch versetzte Zeichenreihen in einen leeren Rasterschlüssel, aber richtig beginnend, einzutragen. Wenn kein Sinn herauskam, mußte der Spruch nochmals wiederholt werden. Viele Q-Gruppen und Befehlskürzel. Man mußte sich in die neuen Schlüsselunterlagen erst einarbeiten.

Es wurde uns bei der Ausbildung gelehrt, das Morsetempo lieber langsam, aber deutlich zu geben – als schnell, unleserlich und fehlerhaft. Es wurde uns auch gesagt, der Funker muß die Ruhe bewahren – aber hier an der Front war alles doch ziemlich aufregend und anders. Gott sei Dank, die Spruchtexte waren kurz, meistens nur Kennwörter, Decknamen, Q-o.Z-Gruppen. Die Kumpels in der Linie waren noch aufgeregter – die konnten oft vor Angst die Rufzeichen nicht mehr richtig geben – dann mußte mehrmals zurückgefragt werden – denn nur aus dem Rufzeichen war ja der Absender zu ermitteln.

Es kam auch vor, daß die Texte richtig waren, aber der Mann am Gerät hat versehentlich einen falschen Absender in den Spruchkopf geschrieben – so daß der Text nicht zu diesem Absender paßte. Dadurch gab es dann Ärger mit den Herren am Kartentisch und denen, die das Sagen hatten.

Trotzdem, ich schätze eine Stunde nach der Kanonade, kam eine gewisse Entspannung. Die Stimmung war gut – bei einem solchen Auftakt zum Gegenschlag war ein Erfolg garantiert!

Jaquet und andere Offiziere standen um uns herum, es kamen Gespräche auf – habt ihr schon was von dem und dem, ruft mal nach der und der Einheit – wenn die und die sich melden, mich sofort verständigen.

Vieles wurde ja auch per Telefon erledigt, der Mann am Klappenschrank kam auch: „Ich kriege mit der Einheit so und so keinen Kontakt, ruf mal nach denen – vielleicht meldet sich der Funker." Die ganze Sache war im Fluß. War einer am Gerät zu aufgeregt, mußte auch der Grd. Schmidt die Taste schwingen – der andere durfte dann die Schlüsselaufgaben erledigen. Automatisch fing man an zu schwitzen – es war die sehr große Aufregung – eine Zigarette nach der anderen.

Ganz ehrlich, mit dem Geklopfe, das ich da am Anfang gegeben habe, hätte ich meine Prüfung b.d. Ausbildungseinheit in Tistedt/Dänemark nicht bestanden. Also langsam, dafür sicher. Hier kam die Gewißheit, wie wichtig es ist, keine Fehler zu geben, die eventuell den Inhalt eines Spruches entstellen. Ganz ehrlich, es war sehr aufregend, denn es war ja eine ganz andere Umgebung. Es wurde ja scharf geschossen – es war der Ernstfall!

Bewegung gab es bei den anderen Funktrupps, die BERTA- u. DORA-Männer bauten ab, verließen den Bunker, gingen vermutlich zu ihren vorrückenden Einheiten – von uns hat keiner danach gefragt. Hatten sicher ihre Befehle.

Etwas später. Welche Uhrzeit es am 16. Dezember 1944 gerade war, weiß ich nicht mehr, aber aus dem Kommandoraum beim Jaquet wurde es laut; folgende Worte fielen: „Da läuft der Angriff noch keine zwei Stunden, wir brauchen Artillerieunterstützung – können die nicht kriegen – die haben sich leergeschossen – und Nachschub ist noch nicht da!"

Die Stimmung war im Arsch!

Keiner von uns konnte oder wollte was sagen, jeder hatte verstanden, was das bedeutete. (Die Nachricht kam nicht per Funk. Kam sie über Telefon?) Der Fahrer vom Chef hat uns die Lage erklärt, wir sollten ankommende Meldungen ihm oder einem der Offiziere geben. Es wurde sehr still im Bunker!!

Es folgte für mich dann ein unvergeßliches Erlebnis: Ich war am Entschlüsseln einer Nachricht – diese war mit „dringend" vermerkt – und ging dann damit zum Kommandoraum ... unser Oberstleutnant Jaquet saß am Tisch – den Kopf in die Hände gestützt – Tränen liefen ihm über die Wangen!! ...

Gegen Mittag oder Nachmittag hat uns ein Offizier aus dem Kommandoraum darüber aufgeklärt, daß zu dem besagten Zeitpunkt, ca. 10 oder 11 Uhr, gerade die Meldung eingelaufen sei, daß das Regiment 991 80 % seiner kampffähigen Soldaten verloren hatte. Ende.

Anmerkung: Oberstltn. Jaquet habe ich dann erst wieder im Forsthaus Rocherath gesehen. Ich kann nicht behaupten, daß er noch am 17. und 18. Dezember im Gefechtsstand (Bunkerbereich Udenbreth) war.

Gegen Abend waren auch die ‚Telefonisten' weg, der Klappenschrank wurde von uns bedient, der Funkbetrieb wurde etwas weniger. Die HKL hatte sich nach Westen verschoben, wie weit, war uns nicht bekannt – auch aus aufgenommenen Funksprüchen waren keine Schlüsse zu ziehen, da Geländepositionen in Planquadraten etc. bezeichnet wurden – darin hatten wir aber keinen Einblick.

Die Nacht über war wechselseitige Funkwache, je eine Stunde oder kürzer, außerdem würde alle 10 Minuten ein ‚Sammelruf' losgelassen, dann gehorcht, welche unserer Gegenstationen Antwort gibt – oder fehlt. Das mußte die Gefechtsleitung sofort wissen.

Es war enorm wichtig, daß die Funklinien zu den einzelnen Einheiten standen; außerdem saß noch jeweils einer am Klappenschrank. – Wenn es möglich war, wurde dazwischen ein ‚Nickerchen' gemacht.

Der 17. Dezember 1944

... Normaler Funkbetrieb, Rückfragen wurden beantwortet, Telefon bedient, irgendwelche Melder brachten und holten Material ab. Kurze Gespräche, Fragen über Fragen, wie sieht es vorne aus. Der eine sagte: „Weiß ich nicht genau..." – der nächste: „Es geht nicht so recht voran..." – andere nur: „Beschissen!" Viele Verwundete, viele Tote ... die Männer hatten Angst, sie mußten ja wieder zu ihrer Einheit, oder was noch davon da war.

Sonst lief der Dienst so: wer im Moment nicht gebraucht wurde, hatte sich umgehauen. Schlaf war nachzuholen!

Zur Verpflegung sei noch zu sagen: Schweinefleisch in Aspik aus ovalen Dosen, Afrika-Brot in Stanniol verpackt, Heereskaffee und genügend Zigaretten lagen herum. Geraucht wurde, was das Zeug hielt – um ein flaues Gefühl zu unterdrücken – der Gestank von der Beleuchtung – überhaupt war ein gewisser Mief in den Räumen. Der Ofen qualmte von Zeit zu Zeit auch dazu, je nach Windrichtung. Draußen war es saukalt. Militärisch: am 17. Dezember gab es keine weiteren besonderen Vorkommnisse!!

Nachts war der Telefonbetrieb stärker, hauptsächlich aus der Etappe, Nachschubangelegenheiten, Waffen und Munition usw. usw., Verbandsplätze wurden verständigt und vieles mehr.

Der 18. Dezember 1944, morgens, ein trauriger Moment

Ein junger Soldat kam in den Bunker – setzte sich an den Ofen – war richtig grau im Gesicht – bewegte sich nicht – sagte auch nichts – vereiste Klamotten – saß nur da! Er wurde von uns angesprochen, er reagierte überhaupt nicht. Irgend jemand zog ihm den Mantel aus – der Uniformrock war auf dem Rücken voll verkrustetem Blut; der Sani wurde gerufen. Es dauerte etwas. Als er ihn untersuchte, stellte er fest: Steckschuß oder Splitter im Rücken.

Aus Unterlagen im Soldbuch stellte er fest, daß seine Einheit am 16.12. im Angriff war und starke Verluste hatte. „Der hat die zwei Tage im Schnee gelegen.“ Er hat den Verwundeten auf einem Bett weiter versorgt – dieser wurde dann später abgeholt.

Der Dienst lief weiter. Beim Funkbetrieb traten Schwierigkeiten ein. Die Signale der Gegenstationen wurden schwächer bzw. unstabil, waren verrauscht. Der Grund war einfach, die waren weiter von uns weg als am 16. Dann sicher auch noch in nicht günstigem Gelände, Waldgebiet oder so, dazu schlechte Standorte. (Der Fachmann sagt: nicht mehr im Nahfeld.)

Gegen Nachmittag wurde das ganze leergefahrene Batteriematerial zusammengestellt, Telefone, Antennenteile, Batteriekästen, ungültige Schlüsselunterlagen, und anderes, das während der beiden Tage von irgend jemand in den Bunkereingang gestellt wurde.

Für mich kam überraschend der Befehl: „Schmidt, um die und die Uhrzeit kommt ein Gespann vom Troß, da ladet ihr den ganzen Kram ein, Sie melden sich beim Krause.“ Peng!!!

Es wurde dunkel, es wurde eingeladen – es ging nach Reifferscheid. Wie sagte der Pferdeführer: „Sei froh, daß du mit dem Arsch hier raus kommst ...“

Zurück in Reifferscheid in der Nacht vom 18. auf 19. Dezember 1944

Wie hat mich Krause empfangen: Mensch, das hat aber gescheppert – wir haben es von hier beobachtet. Am nächsten Tage ging ich zur Sauna – es war das zweite Mal seit Sistig. Duschen, frische Wäsche, gereinigte Uniform. Selbst der Küchenbulle war zufrieden mit mir. Die Ruhe dauerte aber höchstens zwei, drei Tage. Der Ladesatz lief mal wieder, Gerätschaften wurden kontrolliert, neue Sachen komplettiert, Bestandsformulare ausgefüllt, und was so alles dazugehörte.

Die US-ARI schoß, Jabos waren auch am Himmel, von Reifferscheid selbst habe ich nichts gesehen. In Reifferscheid oder in der Nähe muß es eine Versorgungsstelle gegeben haben, wo der Troßfahrer sich und seine Pferde versorgen konnte.

Zum Regimentsgefechtsstand im Forsthaus Rocherath

Es muß der 21./22./23. Dez. gewesen sein. Krause teilte mir nur mit: morgen früh kommt dein „HIWI“; die Sachen hier müssen an die Front, zum Forsthaus Rocherath. In Hellenthal holt ihr an dem bekannten Platz noch Sachen ab, darauf warten die im Forsthaus schon. Fragt im Forsthaus Hellenthal (Platiß) nach dem genauen Weg, schließt euch dort irgend einem Troß an.

Am nächsten Tag, spätnachmittags, waren wir im FH-Platiß, vorher aber in der Feldbäckerei noch mit frischem Brot eingedeckt, soviel noch in die Karre hineinging,. Das Brot war noch warm.

Im FH-Hellenthal wurde mir ein Name genannt, Uffz. o. Fldw, der steht mit seiner Fuhre schon auf der Straße. Auf der Straße habe ich mich durchgefragt. Bei jedem die Gegenfrage: „Na, Bubchen – wo willste denn hin?“ Den Zug haben wir gefunden, und nun standen wir da, es ging nicht weiter, aber warum? Vor dem ganzen Troß stand eine Panzerkolonne – die müssen erst in ihre Stellungen fahren, dann geht es weiter. „Schlängelt euch doch durch, vielleicht lassen euch die Panzerleute vorbei.“

Wir kamen bis hinter den letzten Panzer. Das war etwa 200/300 Meter vor dem Einschußgebiet ‚Platiß' – auch die Panzer fuhren hier einzeln in großen Abständen durch das Gebiet. Nach einer gewissen Zeit hatten wir es auch geschafft und standen ca. 400/500 Meter im aufsteigenden Teil der Straße nach Hollerath. Dann ging nichts mehr - alles zu– keiner wußte warum. Paul verständigt, daß ich mir das mal angucke. Mit den Panzersoldaten unterhalten: „Wo kommt ihr her – wo wollt ihr hin – ja nach vorne. Unsere Spitze steht am Hollerather Knie, dort ist die Straße noch vermint. Die Pioniere machen das schon.“ Die Panzer waren warm, ich hab mich mal draufgesetzt und ein wenig aufgewärmt, etliche Zigaretten geraucht – die Eifel war kalt. Müde war ich auch, dann ging es zurück zum Paul. Der hatte dem Hektor eine Decke übergelegt, die Arme darunter gesteckt, nur der Kopf guckte auf einer Seite heraus. „Habe auch warm“, sagte er in seinem Elsässer Deutsch.

Unser ‚Panjewagen' war mit einem Deckel zu. Die Füße taten mir weh vom Stehen, von der Kälte, und ich war auch müde. Meine Decke und Zeltbahn aus dem Wagen, auf den Deckel gelegt, daraufgestiegen, umgelegt – und eingeschlafen. Wie lange, weiß ich nicht! Durch eine Erschütterung wurde ich wach – der ganze Troß war in Bewegung – und da bekam ich einen riesigen Schreck: Meine Knarre, K98, war weg. Hatte einer aus dem Gewehrständer geklaut. Was nun? Paul hatte davon auch nichts bemerkt. Es ging in den Morgen.

Es war hell, als wir durch das zerschossene Hollerath zogen. Irgendein Fahrer rief uns zu: „Bleibt dicht dahinter, wir biegen da vorne mal rechts ab.“ Wir bogen ab, der Weg stieg leicht an, und fuhren hinter ein Haus.

Das Haus hatte viele Treffer, das Dach lag auf dem zweiten Stock – oder auf dem ersten? – zum Parterre mußte man eine Außentreppe hochgehen – aber die Kellerräume waren massiv. Hier brannten Feuer, es war warm, es gab ‚Kaffee' – wir machen eine Pause, höchstens eine Stunde, da brüllte einer durchs Gemäuer. Paul kam mit frischem Kommißbrot aus unserem Vorrat, ein Landser verteilte etwas aus seinem Feldpostpäckchen. Die Stimmung war gut – die Meinung war: „Das schaffen wir – der Ami lernt uns kennen." Kartoffelschnaps aus der Feldflasche ging herum. Die Pferde wurden versorgt – wer mal mußte, ging in den Niederwald dahinter – wir waren im ‚Hollerather Hof'.

Ein Teil der Kolonne zog noch weiter Richtung Hollerather Knie, dort reichte der Wald bis an die Straße, und darin waren verschiedene Häuser oder Baracken. Gute Deckung!

Es ging weiter Richtung Hollerather Knie, durch die Höckerlinie nach Miescheider Höfe oder Miescheider Heide, weiter Richtung Losheimergraben bis in etwa Höhe Udenbreth.

Hier gings rechts ab in einen Waldweg. Großes Aufatmen, hier findet man wenigstens eine bessere Deckung. In kleine Schneisen wurden die Gespanne gefahren; allgemeine Ruhepause.

Übergang zur Verteidigung

Der Himmel war bedeckt, von Hollerath bis hier war die Deckung beschissen – links der Straße freie Flächen, kaum Bewuchs, Höckerlinie, rechte Seite ca. 100/200 Meter bis Waldesrand, aber hier nur niederer Bewuchs – also wohin bei einem Fliegerangriff? Aber es kam kein Flugzeug. Auch keine Einschläge von der US-ARI, die schoß mehr ins Hinterland. Überall Schnee!

Bevor es wieder weiterging, erklärte uns ein Fahrer den Weg zum Forsthaus: „Auf diesem Weg kommen wir an eine Kreuzung/Abzweig. Der Troß biegt hier links ab (Mürringen), ihr haltet euch rechts, bis die Straße aus dem Wald führt. (Ruppenvenn) Von dort seht ihr schon das Forsthaus. Es kommt ein freies Gelände, haltet euch aber auf dem Weg, der am Waldrand vorbeigeht. In etwa zwei Stunden seid ihr dort."

Es ging los, die bogen links ab, wir halbrechts. – Kein Landser mehr weit und breit. Fahrspuren waren im Schnee, denen gingen wir nach. Paul und ich – ich und Paul, wir hatten Angst!

Wo unsere Stellungen waren, wußten wir nicht – in dem Scheiß-Wald konnten ja auch noch Amis sein. Unser 1-PS blieb stehen, wir gingen langsam weiter. Mein Kumpel meinte, der kommt schon nach – so war es.

Der Wald wurde lichter. Wir standen an einer Kreuzung, vor uns das freie Feld, rechts davon ein Waldrand: Unser Weg führte dort entlang. Also den Spuren nach! Paul zu mir: „Guck mal, da vorne stehen Soldaten an dem Waldrand", es waren vielleicht 300-400 Meter, „also weiter, wir sind richtig!"

Entfernung auf Rufweite: „Ihr Arschlöcher – Blödmänner, geht einfach durchs Gelände – da drüben in dem Dorf (Rocherath) sitzt der Ami, der sieht hier alles ein. Geht in 100 Meter rechts in die Deckung, stellt den Gaul ab und kommt durch den Wald zu uns." So haben wir es gemacht. Zurück bei den Landsern: „Wo wollt ihr überhaupt hin?" schnauzte uns einer an. „Zum Forsthaus Rocherath!" – „Wir auch!"

Aber es wird gewartet, bis es duster ist – wir sind auch mit Gespann hier, zudem könnte der Ami ja Stoß- oder Spähtrupp laufen – das Gebiet lag noch vor zwei Stunden unter Feuer. Einer entdeckte den ‚Blitz' auf meinem Ärmel: „Das ist ja ein Nachrichtenfritze – der andere ein HIWI. Die hatten keine Infanterieausbildung – denen hat man nicht gesagt, wie man sich im Gelände bewegen muß, ganz schnell haste einen kalten Arsch!" so wurden wir belehrt!

Die Dämmerung begann, der Chef vom Troß hatte das Kommando – auf, weiter zum Forsthaus Rocherath!

(Zum Forsthaus: Das Dach war zerstört, Einschüsse in den Außenwänden, Kellerfundament massiv, ebenerdig, vermutlich von der Ost- oder Südseite, drei oder vier Kellerräume.)

Wir waren am Ziel! Die anderen Gespanne zogen weiter in den Wald, Hasselpath, oder wie das Gebiet taktisch hieß.

Ein Wachposten nahm uns in Empfang, nannten den Decknamen, dann ging es in den Keller.

Irgendeiner mit Litzen fragte: „Wo kommt ihr denn her?" Meldung gemacht: „Grd. Schmidt mit Nachschub aus Reifferscheid und Hellenthal!" Der Fahrer vom Chef kam dazu: „Mensch Schmidtchen!" – ging zum Chef: „Der Schmidt ist da!" – Jaquet rief: „Soll reinkommen!"

Hinein, gegrüßt. Die erste Frage war: „Haste Hunger? Wie lange haste schon nicht mehr geschlafen?" – Zum Fahrer gewandt: „Den Bub müssen wir erst mal auftauen." 1-A Schulze war da, noch weitere Offiziere – die Gesichter waren mir von Reifferscheid bekannt. Klamotten runter, Schuhe aus, auf die Pritsche (Holzverschlag) vom ‚Alten' gesetzt, davor ein Klapptisch – der Fahrer hat was Warmes hingestellt. Dem sagte ich, daß mein Hiwi noch den Gaul versorgte – „Der kriegt auch was, soll nachher reinkommen!"

Jaquet wollte dann später noch wissen, warum wir so lange unterwegs waren – habe ihm dann alles erzählt. Aber nix vom K 98! Im Nebenraum war eine Pritsche mit Stroh, Decken, Zeltbahnen, ein kleiner Kanonenofen glühte. Pennen!!

Der nächste Tag ... (Heiligabend/Weihnachten??!!)

Telefondienst, einen Funktrupp in einem Erdbunker (scheinbar von den Amis gebaut) ca. 1 km, oder weniger vom Forsthaus entfernt, mit Batterien versorgt, die Handtaste (Mäuschen) repariert (war das erste Exemplar in meiner Laufbahn), es zischte und krachte, der Einschlag war höchstens 50 Meter daneben – alles hat gewackelt. Und den Qualm konnte man schmecken! „Zurück gehste durch den Wald – mache einen Umweg zum Forsthaus – ist besser. Im Wald sind unsere Landser – frage dich durch!" Eventuell Minen? Das Leergut hatte sein Gewicht, damit hätte man nicht laufen können. (Kein Sprung auf: Marsch, marsch) Wo es ging, habe ich den Sack einfach durch den Schnee gezogen. Mein Paul war nicht da, der war schon wieder nach Hellenthal/Reifferscheid unterwegs.

Zurück im FH, durfte ich einem DORA-Funktrupp helfen – da waren die Raster-Schlüsselunterlagen zu kontrollieren, dann den ‚Mann am Klappenschrank' mal abgelöst – am Abend mit einem alten Landser Wache geschoben – immer die Ohren spitzen. So einen Spähtrupp hört man meistens erst, wenn es zu spät ist. Die haben Gummisohlen. Nicht weit von uns weg ist noch eine Ami-Stellung, dort ist es noch nicht ganz sauber. Frag mal einen Störungssucher. Auch der Tag war vorüber. War unser Erdmann im Gefst. FH? Ich weiß es nicht – kann mich nicht daran erinnern!

Im Regimentsgefechtsstand Forsthaus Rocherath Ende Dezember 1944

Gefangene Amerikaner – was so im Einzelnen gelaufen ist, weiß ich nicht mehr, aber eine Sache habe ich nicht vergessen: Plötzlich gab es Leben in der Bude, ein paar Landser brachten gefangene Amis,. Die kamen in einen kleinen Nebenraum, das war vermutlich ein Kartoffelkeller oder so was. Die Amis waren ebenfalls verfroren und scheinbar froh, hier mal im Trockenen zu sein. Wurden von zwei Landsern (ich behaupte heute noch, die waren vom Volkssturm) bewacht. Den Amis stand die Angst im Gesicht – haben sicher gemeint, wir würden sie abmurksen. Es waren auch Neger darunter (für mich die ersten Schwarzen), einer unserer Offiziere sprach mit deren Vorgesetzten – die meisten haben sich mal auf den Boden gelegt – Zigaretten geraucht – hatten ein besseres Kraut – ganz anderer Geruch in der Bude, und Schokolade gegessen, die Riegel waren knüppeldick. Einer unserer Männer stellte ein Bündel US-Gewehre in den Nebenraum – bleibt ja mit den Fingern weg (heute nehme ich an, die waren vereist, mußten auftauen), später ging er mit den Dingern vor das Haus und hat die Schlösser herausgenommen. So, jetzt könnt ihr die Knarren mal in die Hand nehmen. Waren die Gewehre schwer; solche Langrohre hatten wir in der Ausbildung.

Aber es waren auch von den kleinen dabei. Im Landserjargon: Spatzenflinten o.ä., sollen angeblich gut geschossen haben. (... für mich war es das erstemal – eine Feindwaffe in der Hand.)

Mein K-98 war aber immer noch weg. Mit wem kann ich das Problem besprechen, der Fahrer des Chefs versteht das bestimmt. War er Obergefreiter, Uffz., o. Feldwebel (ich weiß es nicht mehr), jedenfalls – seine Worte: „Kein Problem – hol dir eine andere – es stehen genug herum, die vergessen sind oder von denen der Besitzer nicht mehr kommt – auch hier im Keller."

Etwas später: „Da hinten in dem Nebenraum steht eine MP-38, hat aber nur ein Magazin – leg sie in deine Pritsche:" Mir fiel ein Stein vom Herzen! „Falls einer fragt, sagste, es wäre eine Verwechselung ..." (da hatte ich noch einmal etwas dazugelernt!)

Die Gefangenen wurden in der Zwischenzeit Richtung Wahlerscheid hinter die Linien gebracht.

Die Wetterverhältnisse: Viel Schnee, viel kalt, der Himmel war bedeckt.

War Weihnachten? Im Gefechtsstand war keine Rede davon, man wußte, daß der Ami mit Spähtrupps unterwegs wäre. Also Augen auf, Ohren spitzen ... im Hasselpath hatte sich der Ami eingeigelt ... wie weit das von hier ist, wußten wahrscheinlich nur die Leute am Kartentisch.

Sonst gab es nichts Aufregendes, bis auf einige Einschläge, weiter weg vom Haus. Einzelne Schüsse aus dem Frontgebiet. In der Abenddämmerung (nachmittags so gegen 5 Uhr) nochmals auf Wache gezogen – irgendein Vorgesetzter wies mir gewisse Richtungen an, aus denen ich auf Geräusche achten sollte. Bei Verdacht sollte ich sofort melden. Hatte sicher mit den Spähtrupps zu tun. Vielleicht eine Stunde, dann wurde ich abgelöst.

Wieder im Keller, mal am Klappenschrank, mal bei dem Funktrupp, mal in die Frequenz gehört, auch hier alle 15 Minuten einen Kontrollruf und die Rückmeldungen abwarten (Sternverkehr). Aber im Warmen!

Der Kellereingang war mit diversen Kisten, Behältern und mit Leerbatterien zugestellt – man konnte prima darüber stolpern ...

Zwischen Weihnachten u. Neujahr (FH-Rocherath)

Es war zwischen Weihnachten und Neujahr 45. Von Weihnachten habe ich eigentlich nichts bemerkt – aber das Forsthaus war noch Gefechtsstand. Ob Jaquet anwesend war – nicht bekannt!

Gepennt bis in den späten Mittag. Wir lebten schon ein paar Tage aus Dosen, meine Brotlieferung kam gerade recht. Der Verpflegungsnachschub klappte nicht richtig – zu wenig warmes Essen. Die Lage rund um das Forsthaus war sehr brenzlig, im nahen Hinterland hatte sich der Ami festgebissen (Hasselpath). Tag und Nacht Maschinengewehrfeuer, Einzelwaffen, Granatwerfer usw. Verstärkte Wachen ums Haus – wir haben einen vorgeschobenen Kontrollposten mit Telefon, es war ein größeres Deckungsloch. Die Wache wird jede Stunde abgelöst.

Am folgenden Morgen Artilleriebeschuß, ganz nah und weiter weg. Unsere Ladung war im Keller, etliche Melder von vorne haben die Sachen geholt und Leergut gebracht. Dienst am Klappenschrank – Wache schieben – Bestandliste führen, mal Holz gehackt (Dachgebälk), Schnee aufgetaut, die Fußlappen durch die Brühe gezogen – die Klamotten konnte man ja nicht ausziehen. Es gab noch vieles mehr tagsüber.

Kritisch war das Gebiet Richtung Rocherath. Waren unsere Landser schon drin oder nur davor? Die Gespanne hielten sich im nahliegenden rückwärtigen Wald auf. Alles saukalt!

Dann wurde bekannt, die Straße Rocherath-Wahlerscheid könnte benutzt werden – jetzt könnte die Versorgung etwas besser werden, da von Schleiden angelieferter Nachschub in Schöneseiffen sei. Der Bunker Wahlerscheid hätte einen Treffer bekommen.

Frage zum Wetter: War es noch bedeckt oder klarte es schon auf? Seit der Offensive war es sehr bedeckt – es waren kaum Flugzeuge am Himmel. Das wurde erst Anfang Januar 1945 schlimmer – klarer Himmel und Sonnenschein.

Das angelieferte Leergut wurde immer mehr, so daß absehbar war, wann wieder eine ‚Reise' nach hinten erfolgen müßte. Unseren NO. Erdmann habe ich im Forsthaus auch beim jetzigen Aufenthalt nicht gesehen, erst wieder später in Krinkelt.

Charles D. Curley:

Als Leutnant im 38. Regiment der 2. US-Infanteriedivision in der Eifel vom 13. Dezember 1944 bis Januar 1945

(Auszüge in Zusammenfassungen und teilweise wörtlicher Übersetzung der Seiten 193-251 aus Curleys Buch: How a ninety-day wonder survived the war. The story of a rifle platoon leader in the Second Indianhead Division during World War II., Richmond (VA), 1998 (übersetzt von Karl Josef Lüttgens, Schleiden)

Charles D. Curley: Leutnant im 38. Infanterieregiment der 2. US-Infanterie-Division; nach dem Kriege als Major aus der US-Armee ausgeschieden.

10.11.1944. Die erste Berührung mit Deutschland erfolgte nach der Durchfahrt durch Schönberg und dem Überqueren der Our.

Die Unterbringung erfolgte in Bunkern des Westwalls oder in Stellungen dahinter. Oft sah man überfliegende V 1-Flugkörper und auch manche Abstürze. Dann erfolgte die Verlegung in ein Dorf in der Nähe von St. Vith. Sodann war von einer erneuten Verlegung in das Gebiet des Truppenübungsplatzes Elsenborn die Rede.

Wir erfuhren von dem Plan, daß wir den Angriff auf die Talsperren der Urft und der Rur vortragen sollten. Dieser sah vor, durch die Linien der 99. Division hindurch in den Westwall einzubrechen, wobei unser 9. Regiment führte. Nach dem Schlagen einer Bresche sollte das 38. Regiment die Dämme angreifen. Das 23. Regiment sollte den Angriff fortsetzen und die Dämme nehmen. Zweck dieses Unternehmens war es, die Deutschen daran zu hindern, die Dämme zu sprengen. Die dadurch erzeugte Flutwelle hätte nämlich die im Jülich-Dürener Land operierende 9. Armee unmittelbar bedroht.

Die Verlegung unseres 38. Regiment nach Elsenborn erfolgte in der Zeit vom 11.-12. Dezember. Hier erhielten wir eine neue Ausrüstung und kamen dann über Rocherath-Krinkelt zur Front.

Einsatz bei Wahlerscheid 13. bis 16. Dezember 1944

Wir folgten dem 9. Regiment in Richtung Wahlerscheid, und als dieses Regiment die deutschen Linien erreicht hatte, schlug ihm heftiges Gewehrfeuer entgegen.

Wir folgten im Wald parallel der Straße von Rocherath nach Wahlerscheid. Die Fichten trugen nassen Schnee. Artilleriegranaten krepierten in der Nähe. Der herabfallende Schnee überschüttete uns.

Mein Bataillon startete frühmorgens. Die Kompanien „E" und „F" sollten bis zur Einmündung der Straße in die Reichsstraße 258 vorgehen und sich dann auf einen

Angriff in Richtung Nordost vorbereiten. Beim Weg durch den Wald sahen die Soldaten vier Deutsche zu einem Bunker rennen, von dem wir angenommen hatten, daß er unbesetzt war. Unter leichtem Artilleriefeuer der Deutschen erreichten wir die Straßengabelung und gingen längs der Reichsstraße voran.

Wir hatten keine Feindberührung, aber auf dem Vormarsch hörte es sich von weit her wie ein kleiner Krieg an unserer rechten Flanke an. Man hörte viele Flugzeuge, V 1-Flugbomben und Artilleriefeuer, und wir glaubten, die 99. Infanteriedivision greife an. Ein Funkspruch, der uns erreichte, besagte, daß wir sofort anhalten, uns eingraben und eine Verteidigungsposition einnehmen sollten.

Später hörten wir, daß die Deutschen einen leichten Geländegewinn erzielt und einige Dörfer erobert hatten, in der Einheiten unserer Division lagen. (16.12.1944)

Während wir uns eingruben, hörten wir links von der „F"-Kompanie jenseits der Straße Gewehrfeuer, das immer näher kam. Dann sah ich, wie Deutsche durch den Wald kamen und die Deckung der Bäume ausnutzten. Jeder von uns feuerte daraufhin einen oder mehrere Ladestreifen Gewehrmunition in Richtung der Deutschen.

Minuten später begann das Feuer auf den Zug rechts von uns, und wiederum nach einer kleinen Weile war alles ruhig. Das war der verdammt beste deutsche Spähtrupp, den ich jemals gesehen hatte. Ihr Auftrag war es nur, herauszufinden, welche Stärke wir hatten. Aus unserem Feuer konnten die Deutschen wahrscheinlich auf die Zahl unserer Gewehre schließen und sich dadurch ein Bild von unserer Stärke machen. Niemals wieder erlebte ich so etwas.

In Rocherath-Krinkelt und Wirtzfeld vom 16. bis 19. Dezember 1944

Wir hielten die Stellung bis zur Dunkelheit und bekamen dann den Befehl, mit allem, was wir hatten, zurückzugehen. Mein Zug war der letzte und deckte den Rückzug. Auf den ca. vier Meilen zurück geschah nichts.

Bei der Annäherung an Rocherath, das wir ein paar Tage vorher verlassen hatten, schien es, als feierte man ein Fest. Von links her war der Himmel voll von Leuchtspurgeschossen. Sie trafen die Häuser im Dorf und schlugen überall in der nachthellen Gegend ein.

Ich erhielt den Befehl, meinen Zug nach links aus dem Dorf herauszuführen. Dabei würde ich Teile des 9. Regiments treffen, die wir ablösen sollten. Granaten explodierten über uns. Vor dem Dorf trafen wir Männer von uns, und der Befehl kam, nur die feindlichen Panzer durchzulassen, die Infanterie aber zu stoppen. Wir hörten eine Vielzahl von Motorgeräuschen, die immer näher kamen. Hier kam es zu einer Auseinandersetzung mit einem meiner Sergeanten, denn ich wollte die Verteidigungslinie an der tiefer liegenden Straße aufbauen.

Der Sergeant meinte, wenn das geschähe, gingen sie alle zugrunde. Man müsse in die Häuser jenseits der Straße gehen. Ich wies ihn an, die Männer befehlsgemäß dort zu lassen, wo sie waren, worauf er mir mit einer Beschwerde beim Kompanieführer drohte. Ich sagte ihm dann energisch, er habe seinen Posten nicht eher zu verlassen, bis ich es befehle. Er war damit durchaus nicht einverstanden, nahm aber seine Position wieder ein, während er sich weiter aufregte und maulte.

Meinen Männern sagte ich, sie sollten, sofern sie dies könnten, ein Nickerchen machen, bis es hell würde. Ich legte mich dann in eine Vertiefung und nickte sofort ein. Im Schlaf träumte ich von Geschossen, die über mich hinweg flogen, doch bald merkte ich, daß dies kein Traum war. Ich wurde munter und merkte, daß die Geschosse echt waren und uns galten. Ich kletterte aus dem Loch, glitt den Straßendamm entlang und bemühte mich, durch den dichten Nebel zu schauen, der aufgekommen war.

Rechts von mir hörte ich das Geräusch fahrender Panzer. Es waren die Unsrigen, deren Motorgeräusch man gut von dem deutscher Panzer unterscheiden konnte. Nachdem der Nebel sich etwas gelichtet hatte, sah ich die Silhouetten von mittelschweren Panzern, aber ich konnte nicht glauben, daß es US-Panzer waren. Einige Männer, die nicht zu meinem Zug gehörten, standen da und guckten, als der Führungspanzer direkt das Feuer auf sie eröffnete.

Eine Gestalt schaute aus der Turmluke, und ich brauchte nicht lange, um zu erkennen, daß er ein Barett trug, die Mütze deutscher Panzerbesatzungen. Dieser Panzer beschoß auch den Wasserturm links an der Straßenkreuzung, und aus der Tür des Turmes sah ich einige Leute herausrennen. Lange nach dem Kriege traf ich auf einen Mann, der sagte, er sei als Soldat in der Ardennenschlacht gewesen, und im Gespräch stellte sich heraus, daß er einer der Männer war, die damals aus dem Turm wegrannten.

Der Beschuß traf auch das Haus, in dem sich der Gefechtsstand der „E“-Kompanie befand, und verwundete den Kompanieführer, der abtransportiert werden mußte. Als ein Panzer direkt auf uns zufuhr, gab ich den Befehl, in die Schützenlöcher zu springen. Meinen Sergeanten sah ich nicht, mit dem ich die Auseinandersetzung hatte. Er hatte sich wohl in der Nacht „verdrückt“. Nun sah ich Leute entlang der Straße und über die Felder laufen, aber nicht nach Rocherath hinein. Dort warteten drei meiner Leute, aber von den anderen war nichts zu sehen.

Die Männer sagten, ein Offizier der 99. Division hätte ihnen mitgeteilt, die Deutschen seien durchgebrochen, und daher sollten sie besser nach hinten, Richtung Westen, laufen. Ich sah ferner Männer entlang der Straße laufen, die ihre Ausrüstung an die Straßenränder warfen. Viele Leute liefen über die Felder in Richtung des weiter entfernten Waldes, und für einen Augenblick war ich ratlos. Ich hatte keinen Funkkontakt und konnte die Situation nicht beurteilen. Ich wußte auch nicht, ob die Unsrigen noch in Rocherath oder bereits auf der Flucht ins Hinterland waren.

Ein Zugführer sagte mir, die Deutschen seien durch und Panzer befänden sich auf der Hauptstraße. Er wußte auch nicht, ob noch eigene Soldaten in Rocherath waren. Ich jedenfalls lief in Richtung des Dorfes, als ich Geräusche eines Panzers in schneller Fahrt wahrnahm. Ich hatte den Eindruck, vom Rest der Kompanie aufgegeben worden zu sein, und hatte keine Ahnung, was eigentlich vorging .

Mein letzter Befehl lautete, die Infanterie aufzuhalten und die Panzer durchzulassen. Den Versuch, über Funk Artilleriefeuer auf die Straßenkreuzung anzufordern, war anscheinend erfolglos, denn nichts rührte sich. Ich schaute mich um, aber außer den paar Männern bei mir und den auf den ca. eine Viertelmeile entfernten Wald zulaufenden Leuten sah ich keine eigenen Soldaten mehr.

17.12.44: Die Zivilbevölkerung von Wirtzfeld ist evakuiert. Im Vordergrund ein Truck des 372nd Field Artillery Battalion der 99. US Infanterie-Division.

Ich räume ein, daß ich keine beschlußfähige Mehrheit zum Fliehen in die Wälder hatte, wie das bei den anderen offenbar der Fall war, aber wir wenigen taten es auch.

Wir erreichten den Wald und nach etwa einer halben Meile kamen wir auf eine Lichtung. Was wir sahen, war schwer zu glauben. Dort befand sich ein großes Lebensmittellager. Es sah dort aus, als ob Ameisen über einen Ameisenhaufen krabbelten. Die Soldaten öffneten alle Konservenbüchsen, die sie erlangen konnten, und warfen die Tagesrationen (Anm. d. Übers.: in wasserdichte Päckchen von der Größe etwa einer Zigarrenkiste verpackt) ihren unten stehenden Kameraden zu. Bis jetzt hatte ich noch keinen von meinen Männern gesehen.

Wir folgten einer Feuerschneise und trafen einen Captain der 99. Division, den ich fragte, ob er Angehörige der 2. Division habe hier vorbeikommen sehen. Er schüttelte den Kopf und sagte, er habe nur eigene Leute gesehen. Dabei lachte er und wies auf das Zelt des Divisionsstabes: „Sehen Sie den Colonel da, der weiß ebenfalls nicht, wo sein Regiment ist!"

Im Weitergehen wurde es dunkel, und wir sahen ein Küchenzelt im Wald. Meine Leute fanden dort Erdnußbutter und einige Büchsen Fruchtcocktail, und da die Butter zu hart war, aßen wir die Früchte, was sich später als unser Unglück erweisen sollte.

Wir kamen dann in ein kleines Dorf, das voll mit Truppen belegt war. Wirtzfeld hieß der Ort, der zum Sektor der 9. Infanteriedivision gehörte und dessen Gefechtsstand auch hier war. Mir wurde gesagt, daß meine von mir vermißten Leute hier „aufgepickt" worden seien. Der S2 der Division sagte mir ferner, daß sich mein Bataillonsgefechtsstand immer noch in Rocherath befinde. Es seien Vorbereitungen getroffen worden, uns wieder dahin zurückzubringen, wo wir hingehörten.

Wir erhielten etwas zu essen und wurden auf LKWs verladen, die uns in Richtung Krinkelt brachten. Die gegnerische Artillerie schoß heftig, doch es gab glücklicherweise keine Treffer.

Aufgabe von Rocherath-Krinkelt – Rückzug nach Elsenborn 18./19. Dezember 1944

Bei dem Versuch, durch Krinkelt zu fahren, hätten wir beinahe einen an der Kirche in Rocherath stehenden deutschen Panzer übersehen. Unser Fahrer bog aber früh genug nach links ab, ehe der Gegner feuern konnte.

Ich fand meinen Bataillonsgefechtsstand und erhielt den Befehl, meinen Arsch schnellstens dorthin zurückzubewegen, und zwar in die Nähe einer Kreuzung, wo wir am Morgen gewesen waren. Dort war vorher der Sektor der Divisionsartillerie der 99. Infanteriedivision gewesen, ehe diese vorverlegte. Während der Nacht kamen deutsche Panzer, und ich bin sicher, daß sie uns hier nicht vermuteten. Wir verhielten uns ruhig, denn wir hatten keine panzerbrechenden Waffen zur Verfügung. In der Restnacht und am Morgen war es diesig, und im Dunst hörten wir Deutsche, die uns zuriefen, wir sollten herauskommen und kämpfen.

In der Nacht gingen wir nach Rocherath zurück. Häuser brannten, und ein 1,5 to LKW mit panzerbrechender Munition brannte ebenfalls, wobei die Munition explodierte. Durch den Lärm der Explosionen brüllte jemand, daß deutsche Panzer durchgebrochen seien.

Plötzlich das Brummen eines LKWs von rechts. Irgend einer von uns feuerte seine Bazooka ab und traf den LKW. Dies veranlaßte den Panzer zu drehen und sein Maschinengewehr auf uns zu richten. Im gleichen Augenblick sah ich den US-Stern an der Turmseite des Panzers. Die Besetzung begann auszusteigen. Wir waren immer noch mißtrauisch, aber als der Captain des Panzers begann, uns auszuschimpfen, da wußten wir, daß es sich um einen echten Amerikaner handelte. Einen solchen Panzertyp hatten wir vorher noch nie gesehen. Es war ein neuer Typ mit einer 7,5 cm Kanone.

Nun wurde der Rückzug aus Rocherath befohlen, und es ging weiter über Wirtzfeld in die Nähe von Elsenborn, wobei mein Zug das Ende der Kolonne bildete. Wir lagen unter dem Feuer deutscher Nebelwerfer, die während des Fluges ein schreckliches Geräusch machten. Man hörte sie kommen, konnte aber bis zum Aufschlag nicht wissen, wo sie explodieren würde. Auf den Elsenborner Hügeln gingen wir in Stellung, und zwar in einem Grabensystem, in dem wir uns zur Verteidigung einrichteten. Aber die Deutschen rückten nicht nach, und außer gelegentlichem Granatwerfer- und Artilleriefeuer gab es nichts von Bedeutung in diesem Abschnitt.

Ich erhielt den Auftrag, einen Spähtrupp anzuführen. Mein Sergeant wählte 12 Mann aus, die mitgehen sollten. Darunter befanden sich Zwillingsbrüder, von denen der eine bat, doch nur einen der beiden mitgehen zu lassen, denn wenn sie beide fielen, sei das doch für die Angehörigen schlimm. Wir bekamen Schneehemden zur Tarnung. Die Schneehöhe betrug ca. 18 Inches. Die Nacht war kalt und sehr dunkel.

Uns wurde gesagt, daß keine anderen Trupps unterwegs seien und sich auch keine Außenposten an der Frontlinie befänden. In lockerer Schützenlinie ging es voran mit genügendem Abstand zwischen den Männern. Die Seite der deutschen Front sah so aus, als ob hinter dem Grabenaushub jemand lag, der unsere Linien genau beobachtete. Beim Überqueren eines der vielen Felder kam der Mond hervor, und es wurde fast hell wie am Tag. Nun war Hinlegen und Horchen für ein paar Minuten angesagt.

Wir glaubten, eine einzelne Gestalt in ca. 150 Yards Entfernung von uns an einem Feldrain zu sehen, die sich nicht bewegte. Freund oder Feind? Wir krochen jedenfalls in ein Loch, ohne einen Schuß abzugeben, bis wir weiter auf einem schmalen Weg auf unser Ziel zugingen. Auf diesem Weg sahen wir ein dickes, orangefarbiges Kabel liegen, von dem wir wußten, daß es sich um ein deutsches Kabel handelte. Unsere Männer wurden nervös und begannen, enger zusammenzurücken.

Nach weiteren 100 Yards erscholl von oben rechts eine laute deutsche Stimme. Laut und klar hörten wir: „Hoh, Hans!" und Hans antwortete zurück. Dann begann eine Unterhaltung über unsere Köpfe hinweg, und das brachte Unruhe in unsere Reihen. Die Männer meinten, sie säßen in der Klemme, und ich hatte keinen Grund, daran zu zweifeln, denn wir machten natürlich Geräusche, und es war hell wie am Tag.

Ich sagte mir, daß wir keine Chance hatten, unbemerkt nach Wirtzfeld einzudringen. Also schlichen wir zur Straße zurück, während die Deutschen immer noch sprachen. Wir rechneten damit, daß jemand auf uns schießen würde. Zurück zu unseren Linien wurden wir von einem Wachposten angerufen, der von unserem Unternehmen nichts wußte. Gott sei Dank rief er uns an, ehe er schoß.

Beim anschließenden Rapport bei unserem S2 Offizier schimpfte dieser mich aus, daß ich den Spähtrupp nicht wie geplant ausgeführt hätte. Ich legte meine Gründe für den Abbruch dar, und damit war die Besprechung zu Ende. Unser Melder brachte zwei Ersatzleute, die eine neue, uns unbekannte Uniform trugen. Es war ein neuer Typ Feldjacke und ein neuer Rucksack, den man nicht mehr trug, sondern hinter sich her zog. Die beiden entpuppten sich als sonderbare Typen. Einer klagte sofort über Rückenschmerzen, und dann hatten beide Schwierigkeiten, sich ein Schützenloch zu graben.

Die Deutschen schienen die Dinge immer wie ein Uhrwerk zu tun. Wenn sie heute zum Beispiel Granat- oder Artilleriefeuer um 15.00 Uhr schossen, dann taten sie das am anderen Tag um die gleiche Zeit.

Gegen 15.00 Uhr suchten wir daher unsere Zwei-Mann-Löcher auf, und Punkt 15.00 Uhr fing der Beschuß an. In einer Feuerpause meinte mein Sergeant, ich solle doch einmal nach „unserem" Ersatz schauen. Das Schützenloch war zu tief, und irgendwie ging das Gewehr eines der beiden los, und die Kugel traf ins Bein. Der andere drehte durch und mußte zurückgebracht werden.

Wenn es in der Nacht ruhig war, hörte man von Ferne Artilleriefeuer, dessen Geschosse oft hoch in der Luft explodierten. Wir sahen keine Flugzeuge, aber was war es dann? Die Lösung: Man probierte bei uns einen neuen Granatentyp aus, und das war für uns nicht ganz ungefährlich, denn die Splitter der Granaten landeten manchmal in dem Gelände, wo wir lagen. Wenn die Sonne schien, dann wurde unsere Luftwaffe aktiv (ab dem 24.12.1944).

Besonders viele Artilleriebeobachter vom Typ L-4 waren dann unterwegs, von denen jeder an der Seite die Nummer des jeweiligen Bataillons trug, dem das kleine Flugzeug zugeordnet war. An diesem speziellen Tag waren sieben dieser Flugzeuge unterwegs. Wir hatten gehört, daß eines oder mehrere bei Büllingen von den Deutschen erobert worden waren.

Wir sahen eine Me 109, die im Sturzflug eine der kleinen Maschinen abschießen wollte. Gerade, als sie feuern wollte , landete der Pilot der L-4, und der Pilot der Me 109 erkannte die neue Situation zu spät, schlug auf und verbrannte in den Trümmern seiner Maschine. An einem anderen Tag standen wir auf dem Rand unserer Löcher und sahen 19 Me 109 parallel zu unseren Linien in nur 100 Yards fliegen. Einige der Piloten winkten, als sie uns sahen.

Doch dann mußten wir unsere Löcher aufsuchen, denn unsere Flakbatterien im Hinterland fingen an zu schießen, und einige Geschosse schlugen in unserer Nähe ein. Die Deutschen wurden von drei britischen Flugzeugen vom Typ Typhoon angegriffen, und nach kurzem Kampf brannte eine Me und eine Typhoon. Eine andere Typhoon wurde von unserer Flak getroffen, und ich merkte, wie sehr dies meine Männer bestürzte, weil sie mit ansehen mußten, daß ein Flugzeug unserer Verbündeten von unserer eigenen Flak getroffen wurde.

Einem Befehl folgend bezog mein Zug nun Verteidigungspositionen um den Staudamm bei Bütgenbach, der sich am Ende eines großen Sees befand und zusammen mit anderen Stauseen für die zusätzliche Energieversorgung von Lüttich sorgte.

Der See war zugefroren, und die Deutschen kontrollierten das Ostende des Sees, so daß die Gefahr bestand, daß sie uns unter Ausnutzung des dicken Eises angriffen. Um das zu verhindern, war der See abgelassen worden. Wir richteten nun Maschinengewehr- und Granatwerferstellungen zur Sicherung des Sees ein, und ich bezog das Haus des Talsperrenwärters, während meine Leute im Maschinenraum unter dem Damm untergebracht waren.

Eines Nachts, während eines Pokerspiels, traf eine Granate eine Hausseite. Gott sei Dank befanden wir uns in einem Zimmer auf der gegenüberliegenden Seite des Hauses und kamen daher ohne Schaden davon. Wir gaben aber das Haus als Gefechtsstand auf und zogen in den Generatorenraum, falls noch einmal auf das Haus geschossen werden sollte.

Insgesamt war es ruhig, als wir den Damm bewachten, denn die große Schlacht war ca. 50 Meilen nach Westen vorgerückt. Unsere Division am rechten Flügel hielt mit anderen Einheiten eine Verteidigungslinie bei Elsenborn, die den deutschen Vormarsch auf Lüttich an dieser Front stoppte.

Zurück von einer Besprechung sah ich, wie meine Leute das Fleisch einer von der Artillerie getroffenen Kuh zurechtschnitten und brieten. Ich tadelte sie scharf, weil das gegen alle einschlägigen Befehle verstieß. Ich sagte, daß ich jeden vor das Kriegsgericht brächte, der von dem Fleisch esse und krank werde. Zum Glück aber wurde keiner krank.

An jedem Dammende hatte je ein Wachposten Dienst. Mit ihnen bestand Telefonverbindung. Nachts legte der diensthabende Telefonist oft seine Sprechmuschel vor ein Radio, und dann konnte man Musik aus dem Hörer genießen. Diese Musik leitete ich auch zu den Wachposten. Das war recht schön, bis eines Nachts ein unbeschreibliches Durcheinander im Hörer herrschte. Grund: Der Regimentskommandeur rief rund, einige Kompanieführer möchten ihren Allerwertesten erheben und sich bei ihm zum Pokerspiel einfinden.

Unser Nichtstun wurde nun durch den Befehl unterbrochen, aus Trainingsgründen jeden Tag einen kürzeren Marsch zu unternehmen. Bei einem solcher Märsche auf der Straße vom Damm nach Bütgenbach oder Elsenborn kam ein LKW vorbei, auf dessen rechtem Kotflügel ein Mann saß.

Auf unsere Frage hin, was sie denn hier täten, wurde uns geantwortet, sie suchten Minen, die entlang der Straße verlegt worden waren. Der LKW fuhr weiter ,und er hatte ca. 100 Yards zurückgelegt, als wir eine gewaltige Explosion hörten, die meine Männer dazu veranlaßte, volle Deckung in dem nassen Schnee zu suchen. Aus der Entfernung sahen wir, daß der LKW auf eine Mine gefahren war, und zwar mit dem Rad, auf dessen Kotflügel der Mann gesessen hatte.

Ich hatte kein Verlangen danach, zurückzugehen und zu sehen, was genau passiert war.

Antonio R. Jean:

Mein Bruder Joe Basil Jean in Rocherath-Krinkelt vom 16. bis 19. Dezember 1944

Joseph Basil Jean gehörte dem 741. Tank-Bataillon an, das vom 3.10.1944 bis 9.5.1945 der 2. US-Infantriedivision unterstellt war. (Übersetzung von K.J. Lüttgens, Schleiden)

Antonio R. Jean: Bruder des am 1.1.1997 verstorbenen Joe Basil Jean, der dem 741. US-Tankbataillon angehörte, das zeitweilig der 2. US-Infanterie-Division unterstellt war.

Mein älterer Bruder Joe Basil war Maschinengewehrschütze in der Kompanie „A“ des 741. Panzer-Bataillons, das in den beiden Dörfern Rocherath-Krinkelt und St. Vith lag.

Der Panzerkommandant war Leutnant Roger M. Donough, der Fahrer Arthur Barker, Beifahrer und Bug MG -Schütze Charles Ierson, der am 17. oder 18. Dezember 1944 in der Nähe der Kirchenmauer fiel.

Der zweite MG-Schütze war Cecil Leroy Greenwald, dessen Spitzname „Häuptling“ lautete, weil er ein Halbindianer war.

Ich las die mir vom Nationalarchiv Washing-

Joseph Basil Jean

ton überlassenen Berichte über die Kämpfe des Bataillons, und mein Bruder erzählte mir, was er über das Massaker bei Malmedy gehört hatte. ...

Die Besatzung des Panzers erhielt eine Anerkennung, weil sie einen Panzer IV, einige Fahrzeuge und möglicherweise einen Tiger-Panzer der Deutschen zerstört hatten.

Die Tage vom 16. bis 18. Dezember waren die reinste Hölle. Leutnant Mc Donough und die anderen Besatzungsmitglieder mußten ihren Panzer verlassen, als sie einen Benzingeruch wahrnahmen, keine Munition mehr und nur noch wenig Benzin im Tank hatten. Mein Bruder verbrachte die Nacht in der Nähe der Kirche Der Leichnam von Charles Ierson wurde unterhalb der Kirchenmauer gefunden. Mein Bruder starb am 1.1.1997.

Nun folgen Auszüge aus den nach den Kämpfen verfaßten Berichten (After Action Reports).

16. Dezember 1944:

Kompanie „A“ rückte mit 2 Zügen um 17.30 Uhr zur kritischen Straßenkreuzung 983087 vor, wo sie dem 38. Regiment der 2. Inf. Division unterstellt wurde und dort die Stellung hielt.

17. Dezember 1944:

Zwei Züge von Panzern der Kompanie „B“ und ein Zug der Kompanie „A“ wurden um 8.19 Uhr zu einem Höhenrücken südlich von Rocherath, von wo aus man Büllingen überblicken konnte, beordert.

Zur selben Zeit wurde ein Zug unter Leutnant Thomas A. Brooks in eine Position südwestlich von Krinkelt zur Beobachtung der Straße Krinkelt-Mürringen in Marsch gesetzt. Auf dem Marsch zu dem Höhenrücken zur Beobachtung von Büllingen kam es zu einer Begegnung mit Fahrzeugen des Gegners.

Leutnant Mc Donough, ein Zugführer der Kompanie „A“, zerstörte einen Schützenpanzer und ein Halbkettenfahrzeug. An ihrer Position angekommen, wurde das Gelände stets darauf hin beobachtet, ob sich nicht der Gegner von Süden her, wie angenommen, näherte. Früh am Morgen sandte die Kompanie „A“ zwei Panzer zur Unterstützung der Kompanie „E“ an den nördlichen Dorfrand von Rocherath.

Am 18. Dezember drangen gegen 9.20 Uhr Tigerpanzer (Anm. d. Hrsg.: Die angreifende 12. SS-Panzerdivision verfügte nicht über Tiger) in Rocherath ein, und zwar auf einer Straße ungefähr 150 Yards von unserem Bataillonsgefechtsstand entfernt.

Zwei unserer in einer Linie genau östlich der Gefechtsstandes zur Panzerabwehr aufgestellte fahrunfähige Panzer eröffneten das Feuer und setzten fünf Tigerpanzer hintereinander außer Gefecht. Diese Panzer standen unter dem Kommando von Sergeant Neidrich und Unteroffizier Curtis Hall, einem Freund von Joseph Basile.

Ein verspätet eingegangener Bericht besagte, daß ein Panzer der Kompanie „A“ in der voraufgegangenen

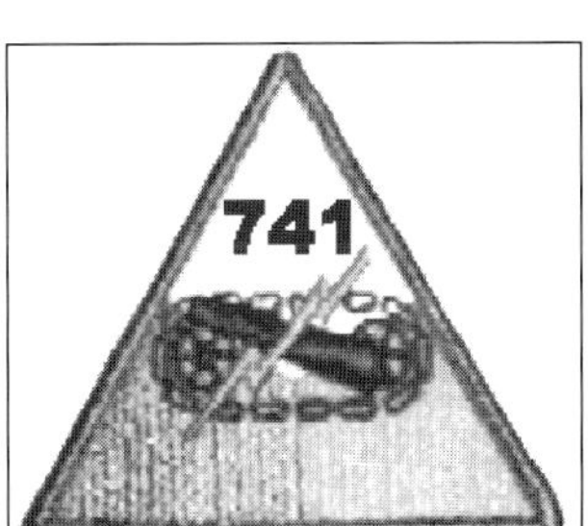

Ärmelabzeichen des 741. Panzerbataillons

Nacht in Krinkelt einen Feindpanzer außer Gefecht setzte.

Im Zusammenwirken mit dem I&R Zug des 38. Regiments blieben die Besatzungsmitglieder der außer Gefecht gesetzten eigenen Panzer unter dem Kommando von Leutnant Sheppard die ganze Nacht in der Nähe der Panzer des Bataillons, um diese zu schützen.

Am 19. Dezember, gegen 14.10. Uhr wurde der Bataillonskommandeur, Oberstleutnant Hebert N. Skaggs, davon unterrichtet, daß die eigenen Kräfte auf Positionen nordwestlich von Wirtzfeld zurückgenommen werden müßten. Das Kommando für den Rückzug des Bataillons und der Kompanie „C" des Panzerabwehrbataillons wurde dem Bataillonskommandeur übertragen.

Der Panzerzug unter dem Kommando von Leutnant Brooks in der Umgebung von Wirtzfeld, der den Zügen von Mc Donough und Leutnant Helm angeschlossen war, blieb befehlsgemäß dort, bis alle Panzer und die Infanterie aus Rocherath „durch waren" und bis die Infanterie sich aus dem Gebiet von Wirtzfeld zurückgezogen hatte.

Am 19. Dezember, um 23.00 Uhr, wurde ein Lager in Berg aufgeschlagen.

Auszüge aus dem Buch „D-Day to V-E-Day and the story of „Vitamin Baker" „We'll Never Go Over-seas". Kapitel 5: Die Deutschen können hier nicht durchbrechen:

Die meist umkämpfte Stelle in ganz Rocherath war die Kirche, der höchste Punkt des Dorfes. Die Kämpfe um diese Stelle wogten hin und her. Mal hielt der Feind sie, mal wir. Einige unserer Panzer wurden im Gelände um die Kirche ausgeschaltet. In einem von ihnen befanden sich Sergeant Sladkowsky und unser Feldgeistlicher Kelly Layman, und Kellys Bericht darüber beleuchtet in eindringlicher Weise, wie hier gekämpft wurde:

Gegen vier Uhr nachmittags waren wir im Dorf und sollten nach dem Befehl des Bataillonskommandeurs mit unserem Fahrzeug eine Straßenblockade bilden. Aber jedes Mal, wenn wir starteten, kam ein solches Sperrfeuer, daß wir zurückzufahren gezwungen waren. Weil der Motor den ganzen Tag lief, waren wir bald mit unserem Benzin nahezu am Ende. Wir stiegen also aus unserem Panzer aus und versuchten, mit dem Gefechtsstand Kontakt aufzunehmen. Wir hatten aber keinen Erfolg. Wir setzten uns daher in die nahe gelegene große Kirche und warteten ab.

Zwei Panzer der Kompanie „A" , die in der Nähe der Kirche standen, waren auch nicht mehr betriebsbereit.

Einer der Männer dieser Kompanie und ich sahen dort einen Sanitäter, der auf die Brandstellen der Haut Rasiercreme auftrug. Das war das einzige, was er hatte, wie er sagte. Mehr könne er leider nicht tun, aber es lindere den Schmerz bestimmt.

Wir waren nun jede Nacht in der Kirche und hörten Gewehrfeuer und die Rufe der Deutschen. Um sieben oder acht Uhr versuchten wir erneut, den Gefechtsstand zu finden. Wir fragten, aber keiner wußte etwas. Plötzlich rief einer, daß da ein paar Panther-Panzer kämen. Wir versteckten uns an einem Haus und suchten einen Keller – vergebens. So saßen wir wieder da und warteten. Schließlich fanden wir die Kompanie zu unserer großen Freude wieder, aber ich blieb nicht lange, denn aufgrund meiner Verbrennungen wurde ich noch am selben Nachmittag nach hinten gebracht.

Ich muß es nochmals sagen: Rocherath und Krinkelt waren heiße Plätze ...

Das 741. Panzerbataillon, das die 2. Inf. Division unterstützte, war eine bewährte und erfahrene Einheit, die am ersten Tag der Invasion mit dabei war.

In den drei Tage andauernden heftigen Kämpfen in den „Zwillingsdörfem“ erprobte das Bataillon eine neue Taktik im Kampf mit dem Gegner.

In der direkten Konfrontation mit den schwereren deutschen Panzern waren die Shermans unterlegen, und so war die Taktik des Hinterhalts die einzig mögliche. Aus gut getarnten Positionen heraus wurden 27 deutsche Panzer zerstört, eine Selbstfahrlafette, zwei Schützenpanzer, zwei Halbkettenfahrzeuge und zwei Lastwagen. Das Bataillon verlor acht Panzer, zwei wurden, nachdem sie im Morast versunken waren, von der Besatzung zerstört, und ein Panzer wurde wegen Motorschadens aufgegeben.

Zwei zerstörte Jagdpanther der schweren Panzer-Jäger-Abteilung 560 im Raum Domäne Bütgenbach

James R. van Allen:

Die Kompanie B des Sanitätsbataillons 324 der 99. US-Infanteriedivision vom 16. bis 19. Dezember 1944 in Mürringen, Büllingen und Nidrum

(Übersetzung von Karl Josef Lüttgens, Schleiden)

James R. Allen: Angehöriger (First Sergeant) der B-Kompanie des Sanitätsbataillons 324 der 99. US-Infanterie-Division. Autor der Memoiren „This is it ... – A history of Company B“

Geweckt wurden wir am Morgen des 16. Dezembers um 5.40 Uhr durch das Feuer schwerer deutscher Geschütze, die ins Dorf schossen, um den Funkverkehr zu unterbinden und die in dem Gebiet liegenden Einheiten zu zermürben. Wir wurden völlig überrascht, daß die Deutschen Nebelwerfer einsetzten, und während zweier Stunden hielt uns das Artilleriefeuer auf Trab, gespannt, wo wohl die nächste Granate einschlagen würde.

Eine schlug in unserer Toilette ein und zerstörte die Wände, eine andere traf den Gefechtsstand. Einige große Anzahl von Granatsplittern durchschlug das Fußende meines Bettes. Einige trafen mit ihrem heißen, scharfkantigen Metall die Häuserwände. Gott sei Dank wurde kein einziger von uns verletzt.

Gegen 8.00 Uhr kamen die Verwundeten aus allen Richtungen, und da wurde uns klar, daß der Beschuß sich nicht auf unser Gebiet beschränkte, sondern sich auf die gesamte Division erstreckte.

Während des ganzen Tages lag das schreckliche Feuer auf Mürringen, aber wir konnten uns nicht in Sicherheit bringen. Wir hatten uns um zu viele Patienten zu kümmern. Mit jedem der Sanitätswagen, die von den Verwundetensammelstellen kamen, kamen mehr Verwundete, und dadurch erhielten wir die aktuellsten Berichte über den starken Angriff auf unsere Linien.

Schnell erkannten wir, daß dies keine kleine Angelegenheit war. Sie war wohl sehr ernst zu nehmen. Etwas war faul, aber trotz allem ahnten wir nicht, daß dies der Beginn der Rundstedtoffensive war, die bei uns besser unter dem Namen „Battle of the Bulge“ bekannt ist.

Der Plan des deutschen Generals war schlau. Seine Feindaufklärung hatte ihm gesagt, daß die 99. und die ebenfalls unerfahrene 106. Division an diesem Abschnitt die Front hielten. Sein Plan war nun, diese Neulinge anzugreifen und zu binden, während seine Panzer nach Westen vordrangen.

...

Daß dieser an sich vorzügliche Plan scheiterte, war dem Mut und der Ausdauer der 99. Division zu verdanken. Die Deutschen hatten die Tapferkeit der Amerikaner unterschätzt. Wir waren jedenfalls völlig überrascht, als an jenem nebelverhangenen Morgen des 16. Dezembers noch in der Dunkelheit der Angriff erfolgte.

...

Alle abkömmlichen Männer, Köche, Schreibstuben- und Küchenpersonal, wurden mit allen verfügbaren Waffen an die Front geworfen und hielten heroisch stand.

Wir arbeiteten bis in die Nacht, d.h. bis wir total erschöpft waren. Das menschliche Herz und der menschliche Verstand können nie vollständig unbeteiligt sein, wenn Zug um Zug Verwundete eingeliefert werden, getränkt in scharlachrotem Blut und unter unerträglichen Schmerzen leidend.

In den ersten Stunden des Angriffs war es den Unsrigen gelungen, eine kleine deutsche Einheit zu stellen. Die Unseren konnten die Deutschen vertreiben, aber ein schwerverwundeter Soldat blieb zurück. John Mahoney war einer der Sanitäter, die auf Anforderung tätig wurden. Seine Gruppe kroch vorsichtig im Straßengraben parallel einer Eisenbahnlinie voran und näherte sich dem verwundeten Mann. Er sagte seiner Gruppe, sie solle in Deckung bleiben, während er aufsprang und in die beabsichtigte Richtung lief. Auf einmal verschwand er. Man hörte den Schuß aus einem Gewehr, dann war es still.

Bei seinem Versuch, voranzukommen, wurde Mahoney gezwungen, sich weiter an den Boden zu pressen, da ein Maschinengewehr der Deutschen dauernd schoß. Er kam zu dem Schluß, alleine hilflos zu sein, und kroch in dem eisigen Wasser des Grabens zurück. Jederzeit rechnete er mit dem Tod. Als er die Verwundetensammelstelle erreichte, war er atemlos und irgendwie benommen. Irritiert, daß die anderen ihn alle anstarrten, nahm er seinen Helm ab und brach fast zusammen. Eines der Geschosse war an der linken Seite in seinen Helm eingedrungen, hatte seine Wollmütze gestreift und hinterließ ein ausgefranstes, klaffendes Loch, wo vorher der Kreis des roten Kreuzes war.

Später am Tag kamen unsere Einheiten durch den Vormarsch der deutschen Panzer in arge Bedrängnis. Zur Unterstützung dieser Einheiten waren einige Fahrer der Ambulanzen und Sanitätsjeeps mit ihren Fahrzeugen vorgefahren, um mitzuhelfen, die Krise zu meistern. Auch sie machten die schlimmen Erfahrungen, die Soldaten machen, wenn sie umzingelt sind. Meadows und Reynolds waren gezwungen, ihre Fahrzeuge zu verlassen. Die immer mutigen Männer mit ihren Krankentragen halfen vielen Verwundeten, während die Infanterie kämpfte, um die Einschließung aufzubrechen.

Vor Tagesanbruch des 17. Dezembers lagen wir unter starkem Artilleriebeschuß. Man konnte es nicht mehr einfach nur als lästig abtun. Splitter flogen umher, prallten auf die Häuserwände und in die Bäume und durchsiebten eine unserer Ambulanzen. Wie durch eine unsichtbare Macht wiederum geschützt, hatten wir keinen einzigen Ausfall, ein Wunder, das uns bis heute in Staunen versetzt.

Der 18. Dezember begann mit der Einlieferung einer großen Zahl von schlimm Verwundeten, aber an diesem Tag beschäftigte uns ein neues, schwierigeres Problem, das der Evakuierung. Die erste zum Feldlazarett entsandte Ambulanz kam nicht wieder. Der Fahrer, tüchtig und beliebt, Onward Gardner, fand, wie wir später erfuhren, den Tod. Das Schicksal seines Beifahrers und Sanitäters, William Smith, bleibt bis heute ein Geheimnis.

Ohne Kenntnis des Schicksals dieser Ambulanz wurde William Smith mit einer zweiten losgeschickt, in der sich noch mehr Verwundete befanden. Die Militärpolizei schickte ihn ohne Begründung zurück. Unter den Patienten befand sich James Welsh, der in der Nacht vorher ganz schlimm verwundet worden war. Besorgt um das Schicksal der weiteren Versorgung unserer in einer verzweifelten Situation befindlichen Patienten, machten wir einen anderen Versuch, sie herauszubringen, und zwar unter der Leitung von Tom Muldoon und Miles Hegarty.

Zu dieser Zeit behinderte keine Militärpolizei ihre Fahrt auf dem Weg nach Büllingen ... Bei der Einfahrt in die Stadt erblickten sie mit aufgerissenen Augen voller Erstaunen die „Bewohner" des Ortes. Das waren Deutsche! Ohne einen weiteren flüchtigen Blick oder einen Gedanken zu verlieren, trat Heg auf das Gaspedal, und sie machten sich davon und gaben den nur 10 Yards entfernten, völlig überraschten Deutschen das Nachsehen, wie Tom später in seinem breiten irischen Akzent erzählte.

Büllingen in der Hand des Gegners – wir waren eingeschlossen, und der Beschuß hörte nicht auf. Wenn jemals die Soldatensprache eine Situation treffend kennzeichnete, dann war es der Begriff „Ausschwitzen", der auf uns wirklich zutraf. Unsere Station und ein großer Saal füllte sich mit stöhnenden und jammernden Verwundeten, von denen viele Granatsplitterverletzungen erlitten hatten.

Gegen Nachmittag stieg die Aufregung merklich. Der Magen krampfte sich zusammen, und die Kehlen wurden von der schlechten Luft trocken. Die Spannung wurde unerträglich – viel mehr konnte man nicht mehr aushalten.

Dann wurde berichtet, daß eine beachtliche gegnerische Streitmacht auf dem Weg zu uns war. Panzer wurden schon gesichtet. Für uns war klar, daß wir uns ergeben mußten. Dazu gab es wohl keine Alternative. Wir hofften, daß die Verwundeten schließlich verschont blieben. Wir nahmen unsere schlimme Situation nicht zur Kenntnis und arbeiteten automatisch weiter. Alles war so verworren. Irgendeiner gab den Befehl, die Keller zu räumen und die Flagge des roten Kreuzes zu hissen, aber wir hörten nur mit halbem Ohr hin. Der große Jeepfahrer mit einem großen Loch im Kopf krümmte sich vor Schmerzen. Das Warten wurde unerträglich. Sie würden bald hier sein. Der schwerverletzte Fahrer schrie und fiel dann in ein sinnloses Geplapper. Er würde bald sterben, und man konnte sich um die anderen kümmern. Nichts war mehr von Bedeutung. Nun wurde etwas gesagt – was nur? Ein Offizier sagte uns, daß es einen Ausweg aus der Einschließung gebe, das sei jetzt klar. In Rekordzeit waren unsere LKWs beladen und fuhren mit provozierend geringer Geschwindigkeit auf Krinkelt zu.

Unser Konvoi bestand mittlerweile aus einer ungeordneten Kolonne von Panzern, Jeeps und Lastwagen, die aus der einzig verbliebenen Ausfallstraße zu entkommen versuchten. Als unser erstes Fahrzeug sich einer wichtigen Straßenkreuzung näherte, war die Verkehrssituation nahezu hoffnungslos. Die Deutschen wußten das wohl, denn sie schossen sich auf die Kreuzung ein.

Wir sprangen von den Fahrzeugen in den vereisten Straßengraben, während Angehörige anderer Einheiten sich verzweifelt vor den umherfliegenden Splittern zu schützen suchten. Der Lärm war entsetzlich. Als wir da lagen, abwechselnd frierend und schwitzend, rannten Offiziere die Straße auf und ab und befahlen allen Männern mit Ausnahme der Fahrer, sich ans Ortsende zu begeben und sich der Infanterie anzuschließen, die den Befehl erhalten hatte: „Stellung halten um jeden Preis!" („Hold at any cost!")

Plötzlich setzte sich die wilde Masse der Fahrzeuge wie von Geisterhand wieder in Bewegung, und später erfuhren wir, daß dies direkt dem General zu verdanken war, der persönlich die Verkehrsregelung in Krinkelt übernommen hatte, wofür ihm der „Silver Star" verliehen wurde.

Wir stiegen schnell auf die Fahrzeuge und fuhren der Straße entlang, immer noch behindert durch die Artillerie.

Mit der Gegend nicht vertraut, fuhren wir unbekümmert weiter, mal vorneweg, mal ganz alleine. An den Straßenkreuzungen standen Posten, aber in der Dunkelheit konnten wir nicht feststellen, ob es Deutsche oder Amerikaner waren. Schließlich erreichten wir Nidrum, wo wir die Nacht blieben. Wir fanden dort nur einige unserer Fahrzeuge und vermißten eine ganze Menge unserer Leute. Am anderen Morgen aber stießen sie wieder zu uns, gesund und wohlbehalten, aber übermüdet und arg mitgenommen.

Drei Tage dauerte der heftige Kampf, bis der Rückzug auf die Elsenborner Hügelkette befohlen wurde.

Quelle: http://users.skynet.be/bulgecriba/Van%20Allen.htm

E-Mail: henri.rogister@skynet.be

James Brunch:

Eine Begebenheit aus den Kämpfen in Krinkelt, 16. bis 19. Dezember 1944

(Übersetzung von K. J. Lüttgens, Schleiden)

James Brunch: Angehöriger der Stabskompanie des I. Bataillons des Infanterieregiments 38 der 2. US-Infanterie-Division; Dienstgrad unbekannt.

Alles begann für die 2. Division, als wir daran gingen, den Rurstaudamm (Damm Nr. 5) anzugreifen. Am 16. Dezember 1944, nach drei erfolgreichen Angriffstagen von der Straßengabelung Wahlerscheid in Richtung Dreiborn, verlautete, daß Einheiten von uns in dem Zwillingsdorf Rocherath-Krinkelt eingeschlossen waren.

Wir erhielten am hellichten Tag den Befehl, den Angriff abzubrechen und uns in diese Dörfer zurückzuziehen, dort ein Haus zu besetzen und auf weitere Befehle zu warten. Auf dem Rückzug von der Straßengabelung Wahlerscheid zu den Zwillingsdörfern gerieten wir in heftiges Maschinengewehrfeuer und Artilleriefeuer, einschließlich der Nebelwerfer, die Raketen abfeuerten wie ein sechsschüssiger Colt. Ein solches Geschoß traf meinen Hauptmann in die Brust und tötete ihn.

Das war meiner Erinnerung nach das erste Mal, daß unsere Gegner Nebelwerfer (von uns „heulende Suse“ genannt) einsetzten.

Nach Erreichen des Dorfes und der Besetzug eines Hauses mit 10 Mann fuhr ein deutscher Panzer an diesem Haus entlang. Wir schalteten ihn mit dem Geschoß aus einer Bazooka auf die Laufräder aus. Der Panzer fing an zu brennen. Die Besatzung wurde unter Feuer genommen, als sie mit ihren Waffen aus dem brennenden Fahrzeug ausstieg. In weniger als 30 Minuten erschienen ungefähr 100 deutsche Soldaten, die die Toten und Verwundeten vom brennenden Panzer wegzogen.

Ungefähr um diese Zeit, wo wir damit rechneten, daß die Deutschen nun in das von uns besetzte Haus kämen, hörten wir einen Pfeifton. Darauf hin zogen sich die Deutschen aus dem Dorf zurück. Das war gegen 11.00 Uhr.

Am nächsten Morgen aber kamen sie mit Panzern und zahlloser Infanterie zurück. Die Kämpfe tobten nun in den nächsten drei Tagen und Nächten. Die Deutschen hatten große Verluste an Menschen und Panzern. Meine Kompanie beklagte den Verlust des Führers der 2. Kompanie, der einen Panzer mit der Pistole bekämpfen wollte. Er wurde durch das Feuer aus dem Panzer verwundet, kam aber wieder auf die Beine und feuerte erneut auf den Panzer. Der zweite Schuß aus dem Panzer warf ihn zu Boden. Er war bewußtlos. Der Panzer war im Begriff, ihn zu überrollen, als ein Schütze in den Sehschlitz des Panzers schoß, so daß dieser außer Kontrolle geriet.

Der Offizier war Jesse Morrow, und immer wieder wurde der Kampf gegen Panzer mit allem, was man zur Hand hatte, durchgesprochen.

Unser Panzerbekämpfungszug verlor alle drei seiner Geschütze im Kampf mit deutschen Panzern, und auch die meisten seiner Männer in den über vier Tage und Nächte dauernden heftigen Gefechten in den Zwillingsdörfern. Das 38. Regiment schaltete 78 deutsche Panzer und motorisierte Fahrzeuge aus.

Am 19.12.1944 wurde der Rückzug auf den Elsenborn-Riegel angeordnet, und so endete für uns die Schlacht in den Ardennen.

Das, was ich schilderte, ist wahr, weil ich es mit eigenen Augen sah.

Die Hälfte der geschilderten Vorgänge ist noch nicht erzählt worden.

Quelle: http://users.skynet.be/bulgecriba

E-Mail: henri.rogister@skynet.be

Unbekannter Grenadier des I. Bataillons im Grenadierregiment 989 der 277. Volksgrenadierdivision:

Einnahme von Rocherath – Übergang zur Verteidigung 14. Dezember 1944 bis 19. Januar 1945

(Rückübersetzung der Tagebuchnotizen aus: Walter E. Lauer, Battle Babies Indiana 1951/Reprint 1967, S. 68f)

15. Dez.	Ablösung. Mit dem Auto nach Hollerath. Alles ist in Bereitschaft. Dies könnte die entscheidende Phase des Krieges sein.
14. Dez.	In engem Kontakt mit dem Nachbarregiment. Etwas ganz Großes bahnt sich an.
16. Dez.	Wir sind bereit zum Angriff. Konzentriertes Artilleriefeuer. Schwere Waldkämpfe. Viele Verluste.
17. Dez.	Langsames Vordringen mit schweren Verlusten. Wald gesäubert. Nachts nehmen wir das Dorf ein. Wir sind im Dorf umzingelt. Warten auf Entsatz.
18. Dez.	Rund um uns herum sind Amerikaner. Deutsche Tanks brechen zu uns durch. Die SS-Hitlerjugend (12. SS-Division) arbeitet mit uns zusammen. Fallschirmjäger stoßen dazu (3. Fallschirmjäger-Division). Viele Panther und Sturmgeschütze.
19. Dez.	Andauerndes Artilleriefeuer. Scharfschützen in jedem Gebäude. Unser Angriff wird aufgehalten. Nebelwerfer kommen. Während der Nacht werden wir ersetzt.
22. Dez.	In der Nähe von Rocherath. Überall Leichen. Verbrachten die Nacht in einem Haus in Rocherath. Schweres Artilleriefeuer.

23. Dez.	Nur wenig Leute des Bataillons sind übrig geblieben. Meine Füße sind erfroren.
24. Dez.	Ein trauriges Weihnachtsfest. Nichts zu essen.
25. Dez.	Immer noch nichts zu essen. Wasser kriegen wir nur aus einem Einmannloch. Sehr kalt.
26. Dez.	Etwas Verpflegung kommt durch.
27. Dez.	Nach Rocherath. Kommandostelle in einem Haus. Endlich ein warmer Platz.
28. Dez.	Andere Einheiten im Angriff auf Rodershöhe. Völlig zurückgeschlagen.
30. Dez.	Wir gehen zur Verteidigung über. Wir bauen Erdbunker.
31. Dez.	Ein trockener Silvestertag.
1. Jan.	Zurück nach Hollerath. Es ist sehr kalt. Das Bataillon wird neu aufgestellt.
3. Jan.	Ersatz aus der Luftwaffe.
19. Jan.	Gehen in Rocherath in Stellung.

Richard Kuno Blankennagel:

Die Kämpfe bei Wahlerscheid, Rocherath-Krinkelt, Hellenthal vom 16. Dezember 1944 bis 3. Februar 1945

(Übersetzung von Karl Josef Lüttgens, Schleiden)

Richard Kuno Blankennagel: 1st Lieutenant (Oberleutnant), Führer der K-Kompanie des III. Bataillons IR 38; Autor von Memoiren

Das 1. und 2. Btl. des 38. Regiments hatte sich schon durch die Linien des 9. Regiments geschoben, um den Angriff von Wahlerscheid aus nach Dreiborn fortzusetzen. Unser 3. Btl. lag in Reserve und war noch nicht eingewiesen worden. Wir lagen ganz in der Nähe der Zwillingsdörfer (Rocherath-Krinkelt), näher als die anderen Einheiten.

In Richtung Front hatten die Deutschen das Tempo ihres Artillerie-Sperrfeuers erheblich gesteigert. General Robertson (Kommandeur der Division) konnte nur darauf hoffen, daß die Verteidigungslinien entlang der beiden Zufahrtswege zur Hauptstraße lange genug standhielten, um zumindest einem seiner Bataillone den Rückzug von Wahlerscheid zu den Zwillingsdörfern und Wirtzfeld zu ermöglichen. Basierend auf unseren erreichten Positionen sollte sich der Rückzug in folgender Reihenfolge vollziehen:

Zuerst das 3. Btl., dann das 9. Rgt., das die größeren Verluste bei Wahlerscheid erlitten hatte, und zuletzt das 1. und 2. Btl.

Dieser Rückzug am 17. Dezember 1944 um 9.00 Uhr war ziemlich einfach. Die gegnerische Artillerie schoß nur sporadisch, und die deutschen Panzer waren noch nicht erschienen, als wir entlang der Forststraße mühsam durch den Schnee stapften. Wir marschierten durch die Zwillingsdörfer und gruben uns unverzüglich am südlichen und südöstlichen Rand von Krinkelt ein.

Die Einheiten hinter uns hatten es ungleich schwerer. Erst gegen 14.00 Uhr konnten sich das 1. und 2. Btl. vom Feind lösen und mit dem Rückzug beginnen. In dieser Zeit lag die Straße von Wahlerscheid nach Rocherath unter dem Feuer von gegnerischer Artillerie, von Nebelwerfern und Panzern. Das 1. Btl. bezog Stellungen ostwärts von Rocherath. Das 2. Btl. bahnte sich in der Dunkelheit den Rückweg zum nördlichen Ortsrand von Rocherath und hatte sofort Feindberührung mit 12 von Infanterie unterstützten Panzern, die versuchten, die neuen Stellungen zu überrennen.

Die Versorgungs- und Panzerabwehrkompanie, noch immer in Rocherath, stellte aus Artilleristen, Fahrern, Mechanikern und Küchenpersonal Schützen- und Bazooka-Teams zusammen, um die feindlichen Panzer- und Infanterieeinheiten abzuwehren, die im Begriff waren, durch die Stellungen anderer Einheiten in Richtung Rocherath durchzubrechen. In den Zwillingsdörfern und dem Gelände dazwischen herrschte ein unglaubliches Durcheinander. (Anm. d. Hrsg.: Aus der Sicht von Zivilisten werden die Kämpfe anschaulich dargestellt in: Geschichtsverein zwischen Venn und Eifel (Hrsg.): Kriegsschicksale 1944-45. St. Vith 1971, S. 168 ff.)

Beiderseitiges Artilleriefeuer ließ die Erde erzittern. Gegnerisches Maschinengewehrfeuer mit Leuchtspurmunition kam aus größerer Entfernung aus dem Wald. Deutsche Truppen befanden sich bereits in den Dörfern und streiften dort umher.

Drei deutsche Panzer mit aufgesessenen SS-Panzergrenadieren und auch Infanterie trafen auf unser 1. Bataillon. Die Panzer nahmen eine der zwei durch Rocherath führenden Hauptstraßen ein. Weil es für unsere Bazooka-Teams leichter war, im eigentlichen Dorf im Schutz von Häusern Panzer auszuschalten, fuhren diese Panzer wieder zurück auf offenes Gelände, und zwar genau in die vom 3. Btl. und meiner Kompanie „K" gehaltenen Stellungen.

Schon bald entwickelte sich ein größeres Feuergefecht. Viele unserer Sherman-Tanks und Sturmgeschütze standen verstreut in Wirtzfeld oder am äußersten südlichen Rand von Krinkelt in Erwartung eines deutschen Vorstoßes in Richtung Büllingen.

Auf die Nachricht von einem Angriff auf das 3. Btl. schickte der Kommandeur des Panzerbataillons drei Panzer zu unserer Unterstützung. Sie waren jedoch den stärkeren deutschen Panzern vom Typ Panther und Tiger nicht gewachsen und wurden alle drei ausgeschaltet. (Anm. d. Hrsg: Die 12. SS-PD, die hier angriff, verfügte nicht über Tiger.)

Unsere Shermans mit ihren Geschützen vom Kaliber 7,5 cm konnten die stark gepanzerte Frontseite der deutschen Panzer nicht durchschlagen, wohl aber die seitliche Panzerung. Um Mitternacht suchte der deutsche Panzerführer mit seinen Fahrzeugen Verstecke auf, weil er fürchtete, in den bei den Dörfern auf erheblichen Widerstand zu stoßen, und bei Tagesanbruch zogen sich die Panzer gänzlich zurück. Sie hatten uns allen einen gehörigen Schrecken eingejagt.

Am 18. Dezember, gegen 2.00 Uhr, konnte der Regimentskommandeur, Colonel Boos, dem Divisionskommandeur, General Robertson, berichten, daß die Kampfhandlungen sich beruhigten und die Stellung gehalten werden könne.

Etwa gegen Ende Januar 1945 war die vom Gegner erzielte Frontausbuchtung bereits reduziert worden. Im Zusammenhang mit der Offensive unserer 1. Armee wurde für den 24. Januar der Angriff auf die vorn Gegner besetzten Dörfer Wirtzfeld, Rocherath und Krinkelt festgesetzt. Aus diesen aus taktischen Gründen sehr wichtigen Orten hatten wir uns am 19.12.1944 nach dreitägigem Widerstand zurückziehen müssen.

Am 30. Januar wurden das 1. und 3. Sturmbataillon in Gefechte mit gut postierten feindlichen Kräften entlang der Westseite der Zwillingsdörfer verwickelt.

Obwohl oft durch Minen oder tiefen Schnee aufgehalten, rückten 2 Kompanien mittelschwerer Panzer mit unseren Bataillonen vor.

Das 1. Bataillon drang in Rochcrath ein, während wir, westlich von Krinkelt, noch auf Widerstand stießen. Schließlich wollte oder konnte Captain Rogers nicht länger warten. Er forderte uns laut dazu auf, das Dorf anzugreifen. Wie ein Mann erhoben wir uns und drangen brüllend und schießend in das Dorf ein. Es entwickelte sich ein heftiger Häuserkampf.

Der Captain war von unserem Geländegewinn so begeistert, daß er zu der Stelle kommen wollte, von wo aus ich meine Leute führte. Er rief mich, und als ich mich nach ihm umwandte, sah ich in Bruchteilen von Sekunden den Schatten eines schwarzen Gegenstandes. Ich warf mich schnell zu Boden, und das schwarze Ding zischte über mich hinweg und traf Rogers. Es war das Geschoß einer Panzerfaust, abgefeuert aus dem Fenster im zweiten Stock eines Hauses. Ich rannte zu ihm und sah, daß er tot war. Ich schaute mich nach allen Seiten um und sah mehrere Körper auf der schneebedeckten Straße liegen. Einer von ihnen war der Soldat Sharp, ein amerikanischer Vollblutindianer. Er war Graduierter einer Universität, ein talentierter Schriftsteller und der Melder von Rogers. Er hatte alle Angebote einer Beförderung abgelehnt und zog es vor, einfacher Soldat zu bleiben. Als ich mich über ihn beugte, sagte er: „Bitte, Blank (mein Spitzname), lege etwas unter meinen Kopf." Ich nahm meinen Helm ab und legte ihn unter seinen Kopf. Dann rief ich meinem Zug zu, er solle von der Straße verschwinden.

Während dieser Zeit hatte der Deutsche eine neue Panzerfaust entsichert und schoß wieder. Diesmal hatte ich weniger Glück .Das Geschoß schlug mit einer gewaltigen Explosion in meiner Nähe ein, fegte mich von der Straße, und ich wurde bewußtlos.

Ich hatte keine Ahnung, wie lange ich am Straßenrand gelegen hatte. Als ich wach wurde und aufstand, sah ich nur eine Gestalt, unseren Kompaniefunker.

Sowohl wir als auch die Deutschen trugen aus Tarnungsgründen weiße Überhemden. Unser Funker konnte sein Funkgerät nicht mehr halten und murmelte so etwas wie, daß er nichts mehr sehen könne. Ich konnte Gefechtslärm hören, nahm die Hand des Funkers und setzte mich Richtung Dorf in Bewegung. Ich wußte, daß unsere „L“ Kompanie an unserer linken Seite sein mußte, und daher lief ich in diese Richtung. Keiner von uns hatte eine Waffe, und Helme trugen wir auch nicht.

Als wir uns in östlicher Richtung durch das Dorf bewegten, rief mich ein Deutscher an. Er sagte: „Runter von der Straße. Wissen Sie nicht, daß die Amerikaner im Dorf sind?“

Ich antwortete auf Deutsch, das ich fließend sprach, weil meine beiden Eltern aus Deutschland in die USA eingewandert waren, ich müsse einen Verwundeten nach hinten bringen. Nun wußte ich mit ziemlicher Sicherheit, daß die „L“ Kompanie diesen Teil des Dorfes noch nicht genommen hatte.

Ich schlug einen südwärts führenden Weg ein, wo ich ein paar amerikanische Soldaten sah. Als diese mich erblickten, rissen sie ihre Gewehre hoch und begannen zu schießen. Ich preßte mich in einen Hauseingang und zog den Funker mit.

Nun zog ich mein Taschentuch aus der Hosentasche und winkte damit, indem ich rief: „Ich bin Blank!“ Die Antwort: „Blank wurde ein paar Häuser weiter getroffen.“ Ich erwiderte: „Kommt und seht selbst!“ Das taten sie und waren überglücklich, als sie uns sahen. Für sie hatte es festgestanden, daß wir gefallen waren.

Unter dem Kommando ihres Zugführers kämpften sie äußerst tapfer. Einige von ihnen brachten uns in den Raum eines Hauses. Dort sah ich erst, daß ich von einem Splitter der Panzerfaust in den rechten Arm getroffen worden war.

Das erste, was ich nach meiner Rückkehr aus dem Militärhospital in Lüttich zu meiner Einheit in Hellenthal erfuhr: Mein bester Freund, Leutnant Joseph Patrick Bloomfield, war am Tag des Angriffs auf Hellenthal gefallen. Im Bataillonsgefechtsstand berichtete Colonel Barsanti ausführlich über die Kämpfe, die sich als schwierig erwiesen, da Hellenthal äußerst zäh verteidigt wurde. Der Colonel berichtete, daß Bloomfield auf der höchsten Erhebung eines Hügels stand, von dem aus man den Ort gut überblicken konnte.

Er schaute in sein Fernglas, genau entgegen der Sonne, die durch die Linsen reflektiert wurde, und dies machte ihn zu einem leichten Ziel. Eine Maschinengewehrgarbe traf ihn in Bauchhöhe. (Anm. d. Hrsg.: S. Scherer, W.: Gefallen und vergessen. Aachen 2002. Dort, S. 128 ff., wird R. Carpenter zitiert, der angibt. B. sei durch einen Granatsplitter getötet worden.)

Einer der Briefe, die ich am meisten schätzte, kam vom Soldaten Jesse Sharp, dem ich in Krinkelt geholfen hatte. Er schrieb aus einem Militärhospital in England, wo er behandelt wurde. Seine ehemals gute Handschrift war jetzt nur schwer lesbar. Er schrieb: „Ich dachte, ich müßte der Kompanie einmal schreiben, und natürlich dachte ich zuerst an Sie. Ich hoffe, Sie können meine Zeilen ohne große Schwierigkeiten lesen. Mein Arm ist nämlich immer noch lädiert. Ich hätte schon früher geschrieben, aber ich wollte niemanden fragen, das für mich zu tun.

Ich bin wieder in England und einigermaßen gut in Form. Ich konnte gestern ein bißchen spazieren gehen, aber danach fühlte ich mich schwach – nach zwei Wochen Bettruhe.

Ich erfuhr von unserem „alten Mann“, Captain Rogers, und ich fühle mich elend, wenn ich daran denke, daß ich dafür hätte sorgen können, daß er dort blieb, wo er hingehörte. Ich bin tieftraurig, aber irgendwie ahnte ich, daß es so kommen mußte, wie es kam.

Erinnern Sie sich, was ich über die Fähigkeit sagte, seine Gefühle zu kontrollieren? Ich wußte, was ich sagte, denn daß das nicht geschah, führte in sein Verderben.

Nun muß ich schließen. Ich möchte gerne mehr schreiben, doch mein Arm läßt dies nicht zu. Ich hoffe, daß Sie Zeit finden, mir bald zu antworten. Auf jeden Fall viel Glück, Blank, und passen Sie auf sich auf.

Richten Sie doch bitte Bloomfield ein Hallo von mir aus.

Sharp."

Ich war über Sharps Brief sehr erfreut, aber der letzte Satz, ich solle Bloomfield ein Hallo ausrichten, berührte mich tief. Ich wünschte mir, ich könnte Bloomfield wieder sehen und mit ihm sprechen.

Quelle: http.//users.skynet.be/bulgecriba
Copyright: R.K. & R. Greg Blankennagel, H. Rogister
E-Mail: henri.rogister@skynet.be

Horst Freiherr von Wangenheim:

Zum Scheitern des Angriffs und zum Mißerfolg der 277. Volksgrenadierdivision

Horst Freiherr von Wangenheim: Oberstleutnant im Generalstab, 1. Generalstabsoffizier der 277. Volksgrenadierdivision (Ia). In US-Kriegsgefangenschaft deutscher Lagerkommandant. Niederschrift über den Einsatz der 277. VGD für die Historische Abteilung der US-Armee. Nach dem Kriege Geschäftsführer der Spielbank in Konstanz/Bodensee.

General Viebig (Kommandeur der 277. VGD) und ich (Ia = erster Generalstabsoffizier der 277. VGD) glaubten so lange fest an einen Erfolg des Angriffs, als wir noch nicht wußten, daß die beiden Panzerarmeen Sepp Dietrich, zu der die 277. VGD gehörte, und Hasso von Manteuffel ihren Treibstoff erst erbeuten mußten. Was die Probleme unserer Division anbetrifft, lag der Mißerfolg wohl an vielerlei. Bekanntlich war die Entsendung von Spähtrupps zur Erkundung und Aufklärung verboten. Die obere Führung befürchtete nämlich, daß Gefangene von uns die Offensive verraten könnten. Geheimhaltung stand ganz vorn, und das scheint das einzige, was 100%ig gelungen ist.

Nach unser aller Ausbildung kann man aber keinen Angriff über ein verschneites Waldgelände führen, wenn man nicht weiß, wie hoch der Schnee liegt (Zwischen Bunkerlinie und Straße lag er ja sehr hoch!), wo die HKL ist, wo die feindlichen Waffen stehen usw. Wir hatten ja viel Artillerie und Beobachter, aber keine Ziele! Immerzu kamen die Artilleristen und fragten nach Zielen. Es war blamabel für mich,

Oberstleutnant i.G. Horst Freiherr von Wangenheim (rechts), 1. Generalstabsoffizier der 277. VGD. Aufnahme vom 1.1.45. Links daneben Generalmajor Wilhelm Viebig, dann Major i.G. Martin von Criegern, 2. Generalstabsoffizier (Ib) der Division

daß ich nur sagen konnte: „Schießt auf den Waldrand!“ Aber da war die HKL nicht.

Und dann: Wie war denn das mit unseren Sturmgeschützen? Das erste war vor Udenbreth auf eine eigene Mine gefahren, versperrte die Waldschneise und hinderte die anderen Sturmgeschütze, vorzufahren. Das erste konnte auch abgeschossen worden sein, deshalb gab ich Feuerbefehl auf das Gelände, wo Panzerabwehrkanonen hätten stehen können. Die Artillerie schoß aber nicht, weil unsere Infanterie inzwischen in den Wald eingedrungen war. Natürlich weiß ich nicht, ob dieses Unglück die Lage beeinflußt hat.

Ein großer Nachteil bestand darin, daß wir vom Auftreten der 2. US-Infanteriedivision vor unserem rechten Flügel im Rocherather Wald nichts wußten und deshalb nicht nach oben melden konnten. General Viebig war schon seit Mittag des 17. Dezember am Hollerather Knie, weil wir den Angriffsschwerpunkt angesichts der mißlichen Lage bei Udenbreth nach Norden verlegt hatten, was übrigens der Kommandeur des I. SS-Panzerkorps, dem wir unterstanden, von vornherein für besser gehalten hatte. Wir wollten ihn aber im Süden haben wegen der geringeren Entfernung zur Straße Richtung Malmedy, auf der die SS-Panzer besser vorstoßen konnten. Uns schwebte vor, daß wir uns gegenseitig voranhelfen würden. Während des Kampfes um Rocherath befand sich unser Divisionsgefechtsstand im Walde genau nördlich von Rocherath.

Wir waren so weit nach vorn gegangen, um den dauernden Anrufen von Korps und Armee, ja der Heeresgruppe auszuweichen: „Wie weit seid ihr? Seid ihr endlich durchgebrochen? Warum nicht?“ Wir mußten uns dringend von diesen Anfragen befreien, um endlich Zeit zu bekommen, die Lage zu erkennen und zu beurteilen. Ich war allein; General Viebig befand sich auf dem alten Gefechtsstand am Hollerather Knie und tat nichts anderes, als den Anrufern zu melden, daß es nur sehr langsam vorwärts ginge und selbst der Einsatz von Teilen der SS-Panzerdivision „Hitlerjugend“ noch keine Entscheidung gebracht hätte. In meinem Bunker saßen Verbindungsoffiziere der 6. SS-Panzerarmee, die mit ihrer Ungeduld und Kritik an unserem Kampfgeist immer lauter wurden. Selbst der 20. Juli kam ins Spiel. (Anm. d. Hrsg.: Am 20. Juli 1944 hatten Heeresoffiziere das dann gescheiterte Attentat auf Hitler durchgeführt bzw. vorbereitet). Außerdem mußte ich mit Viebig fernmündlich Verbindung halten, um immer im Bilde zu sein ... Elsenborn hätten wir nie nehmen können. Mit was denn?

Aber ich bleibe doch der Meinung, daß wir eine beachtliche Teilaufgabe dadurch erfüllt haben, daß wir die 99. US-Infanteriedivision gebunden, sehr geschwächt und durcheinander gebracht haben, so daß sie den Vormarsch unserer 5. Armee im Süden nicht beeinträchtigen konnte. Die nur teilweise Erfüllung unseres Auftrags ergab sich auch aus den Schwierigkeiten des Waldkampfs. Selbst die SS-Division „Hitlerjugend" kam viel zu langsam und unter Verlust zahlreicher Panzer voran. Das Einschieben der 2. US-Infanteriedivision hatte zur Folge, daß wir auch auf dem Nordweg nicht schnell genug vorwärts kommen konnten. Zudem erwies sich die Annahme als falsch, die kampfunerfahrene 99. US-Division würde das große Artilleriefeuer nicht aushalten und den Kampf nicht durchstehen. Das Mißlingen hat bestimmt nicht am mangelnden Kampfeswillen unserer Division gelegen. In dieser Zeit war die Division noch sehr gut, auch ausgerüstet. Wenn General Viebig seine Division als „zur Abwehr bedingt geeignet" beurteilt hat, bezieht sich diese Einschätzung auf die späteren Wochen, als unsere schweren Verluste durch überflüssig gewordene Luftwaffen- und Marineangehörige aufgefüllt waren und diese z.T. nicht die geringste Lust hatten, als Infanterist zu kämpfen.

Unser Unglück war, daß vor dem Angriff kein einziger Führer oder Stoßtrupp auch nur ein einziges Mal in das vor uns liegende, feindbesetzte Waldgelände hatte hineinschauen dürfen. Nicht einmal ein Luftbild stand zur Verfügung!

Ernst Karl Pfleger:

Verlegung des Versorgungsregiments 277 von Nettersheim nach Hellenthal am 23. Dezember 1944

Einlieferung des stv. Regimentskommandeurs in das Lazarett Steinfeld am 25. Dezember 1944

23.12.: Man ist mit dem Leistungspotential des Vs. Rgts. nicht zufrieden und glaubt, durch eine Vorverlegung des Rgts. aus Nettersheim nach Hellenthal näher an die Truppe zu kommen und damit all die so nötigen Dingen schneller bei der Hand zu haben. Man vergißt aber ganz, daß nun die zu befahrenden Kilometer im gefährlichen frontnäheren Raum sich vergrößert haben.

Hellenthal muß früher ein liebliches Nestchen gewesen sein. Die Häuser sind nach französischem Vorbild klein und dicht beisammen. Kaum eines ist aber noch bewohnbar. Das dünne Mauerwerk ist bei den meisten Bauten durch den Luftdruck in sich zusammengesunken, und das Dach liegt über den Restmauern des ersten Stockwerkes. Die Zugänge zu den Kellern sind freigelegt, in diesen hausen Landser der verschiedensten Verbände, Muni.-Fahrzeuge stehen getarnt, und innerhalb der Mauerreste harren Munitionsstapel des Vorgekarrtwerdens.

Im Orte steigt die Straße in einem Bogen an, und nach einer Gabelung liegt der Staudhof zur Rechten. Durch ein schön geschmiedetes Kleintor über einige ansteigende Wegkehren zum Herrenhaus. Familienbesitz eines deutschen Konsuls in Argentinien. Jedes Sippenmitglied hat das Recht, für einige Zeit hier im Stammhaus Aufenthalt zu nehmen. Fast jedes Zimmer hat eine Namenstafel nach dem betreffenden Familienmitglied. In der stockhohen Diele ist die Familienbibliothek. Hier zieht die Rgts. Schreibstube ein. Als Abschirmung gegen den ersten Stock dient eine LKW-Plane. Beinahe alle Stockzimmer weisen große Löcher in den Außenmauern auf, die nun notdürftig mit Papier verstopft werden. Vorhänge dienen als Deckenersatz. Bei Wind weht alles lustig hin und her.

Ein paar Landjäger versehen im Ort den Bewachungsdienst für das Zivileigentum. Strenge Strafen Himmlers stehen auf Plünderung. Das Aneignen eines Leintuches, um sich daraus Stiefellappen zu machen, um nicht die nackten Füße in die vielfach zerfetzten Stiefel stecken zu müssen, das „Stehlen" einer Unterhose, um seine eigene Unwaschbare wegwerfen zu können, das Mitnehmen eines Glases Marmelade, da der Zucker doch so selten ist, bringt unbarmherzig einige Jahre Freiheitsentzug.

Fast täglich kommt ein Landjäger und überprüft in den Kellerräumen die Anzahl der Marmeladegläser, ein anderer kontrolliert die mit Leinenwäsche gefüllten großen Truhen. Alles für uns unerreichbare Dinge, die ja doch nur für andere aufgespart werden.

Den einzigen bewohnbaren Raum nimmt der Rgts. Kdr. ein,, alles andere haust in Zimmerfragmenten, bei mir fehlt ein Teil einer Seitenmauer ins Freie. Zeltplanen verhindern bloß das Eindringen des Schnees, aber nicht der Kälte.

24.12. Die winterliche Temperatur in meiner „Behausung" beschert mir eine Morgenkörpertemperatur von 38,5 Grad. Trotzdem habe ich nach Schleiden und Kall zu

Hellenthal, Kölner Straße im Winter 1944/45

fahren. Dann gibt es Plackereien mit den Feldjägern, da einige unserer Männer Brauchbares für ihr Unbrauchbares als Ersatz genommen. Dazu der übliche I b-Dienst. Todmüde krieche ich unter meine zwei Decken auf das Kleinsofa in der Größe von zwei Sitzplätzen für normal gebaute verlängerte Rücken. Ein Aspirin und Fiebermessung: 38,9 Grad.

Um 22.00 Uhr weckt mich der Kommandeur, ich habe sofort dieses wichtige Schriftstück dem I b der Division zu überbringen. Ich mache aufmerksam, daß mich der Truppenarzt krank geschrieben, und ich vor einer Stunde diese Temperatur gehabt habe. „Sie müssen fahren!"

Seit Stunden Schneegestöber. Die Schneelage erfordert häufiges Freischaufeln des kleinen DKW. Dies erzeugt Schweiß, nachher ist die Kälte im Wagen umso stärker wahrnehmbar.

Der Generalstabsoffizier I b bei der Division erkennt meinen Schüttelfrost und läßt Glühwein bringen. Das Schreiben legt er verärgert zur Seite: „Dies hätte morgen auch ein Schütze bringen können!" Die Heimfahrt ist wie die Hinfahrt.

Am Morgen Einlieferung ins Feldlazarett Steinfeld. Ich liege mit einem Art.-Offz., der eine schwere Kieferfraktur hat, in einer Mönchszelle. Mein Zustand verschlechtert sich zusehends; man ist hier ratlos. Ein bekannter Wiener Arzt, Patient im Feldlazarett, wird zu Rate gezogen. Er stellt die richtige Diagnose: Hochgradige eiternde Rheumaentzündungen am und im Körper. Die Krankheit fürs Leben ist erworben! Am 22. Jänner 1945, 04.30 Uhr, fahre ich im Sanka durch das Tor des Klosters Steinfeld.

Was man haben wollte, war erreicht: Meine B-Planstelle, auf der ich über vier Monate hatte arbeiten dürfen, war endlich für jemand anderen frei geworden!

Gottfried Machata:

Von Wien in die Eifel zur 277. Volksgrenadierdivision – 24. Dezember 1944 bis 7. Januar 1945

Gottfried Machata: Fahnenjunker-Unteroffizier, Zug- und Kompanieführer im Grenadierregiment 991 des Oberstleutnants Otto Jaquet der 277. Volsgrenadierdivision. Nach dem Krieg Dr. med., Arzt, Professor an der Universität Wien, Direktor des Institutes für gerichtliche Medizin, wohnhaft in Wien. Autor zahlreicher medizinischer Veröffentlichungen.

Ich bin erst 1944/45 zur 277. VGD gekommen und zwar abgestellt vom Inf. E. u. A. Batl. 1/482 in Nikolsburg (jetzt CZ), das dem Wehrkreis XVII angehörte. Wir waren 10 Fahnenjunker Uffz. die gemeinsam am ROB Lehrgang in Znaim (CZ)

Fj.-Uffz. Gottfried Machata 1944

teilgenommen hatten. Über die Frontleitstelle Wien erhielten wir den Marschbefehl zur 277. VGD. Wie ich in Wien erfuhr, seien die Verluste der Division bei der Offensive so groß gewesen, daß dringend Ersatz erforderlich war. Abmarschtag in Wien war der 24. Dezember mit Frontleitstelle in Köln als Ziel.

Ankunft in Köln am 30 Dez. 1944, erfahren daß die Leitstelle nach Godesberg verlegt worden ist. Köln war voll von SS-Einheiten (LH, HJ) und ich erfahre, daß diese Einheiten nach Ungarn abgezogen würden, und zwar für den Einsatz am Plattensee zum Entsatz von Budapest (Jahre später haben sich diese Nachrichten alle bestätigt). Kommen am 7. Januar nach Hellenthal/Blumenthal zum Divisionsstab 1B, wo wir 10 vor GenMajor Viebig antreten. Drei Mann (darunter ich) kommen zum Rgt. 991, 4 Mann zum 990. Rgt. und 2 Mann zur Sturmabteilung der Division. Einen unserer Kameraden mußten wir in Euskirchen in das Lazarett einliefern.

Ich wurde beauftragt, den Uffz. Hauer Anfang Januar dorthin zu bringen, da er einen schweren Asthmaanfall erlitten hatte. Das genaue Datum weiß ich nicht mehr. In der Nähe des Lazaretts, das deutlich mit dem Rote-Kreuz-Zeichen gekennzeichnet war, wurden wir von einem Luftangriff am hellen Tag überrascht. Die Bomber hatten als Ziel eindeutig das Lazarett. Wir mußten in alten Bombentrichtern Deckung nehmen und das Ende des Angriffs abwarten. Das Lazarett wurde mehrmals getroffen. Nach dem Angriff habe ich Uffz. Hauer trotz der Zerstörungen (es gab eine Menge Verwundete und Tote) abgeliefert, und ein Verantwortlicher des Personals hat mir versprochen, für ihn zu sorgen.

Ich habe Hauer nach dem Krieg in Wien getroffen, er wurde wirklich nach einiger Zeit versorgt und später abtransportiert. Ich konnte anschließend mit einem LKW, der nach Schleiden unterwegs war, wieder zurückfahren.

Komme jetzt nach Reifferscheid zum Gefechtsstand im Bunker 34, Hptm. Schmidt. Wiedersehen mit dem alten Kameraden Uffz. Wernigg, der im Stab Dienst macht. Gleichzeitig treffen dort die Luftwaffen- und Marinesoldaten als Ersatz ein. Schmidt zeigt sich entsetzt über die unerfahrenen, nicht ausgebildeten Reservisten.

Als Ausbilder bei der Einheit Wochner in Kradenhöfel vom 7. bis 16. Januar 1945

Die Ausbildungseinheit „Wochner“ war in Kradenhöfel stationiert und in den Westwallbunkern untergebracht. Die Einheit war meines Wissens eine Einrichtung des Rgt., und wir hatten die Aufgabe, den Ersatz für das Rgt. infanteristisch zu schulen.

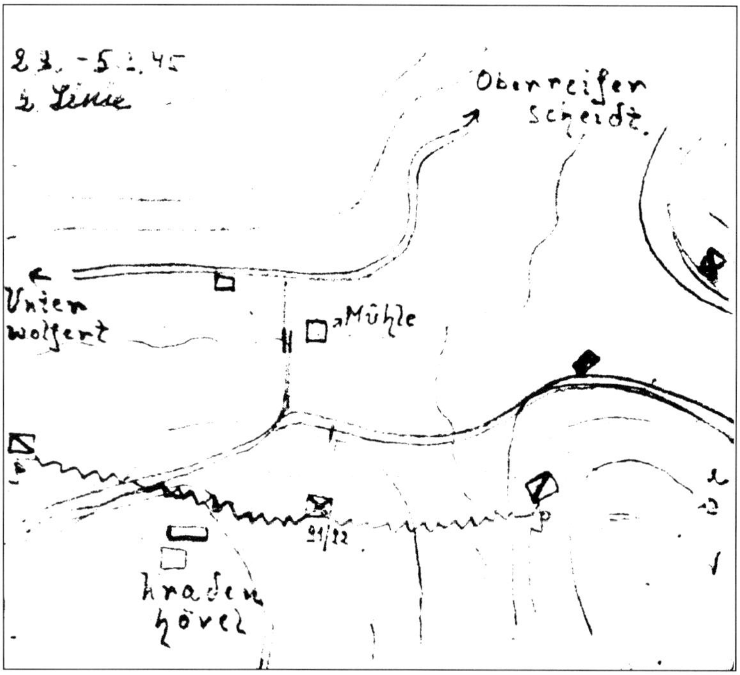

**277. V. G. D.
4. Kp. 989
2.3.-5.3. 1945
in 5 Westwallbunkern
Kp.-Gefechtsstand im Bunker 91/92 bei Kradenhövel
(aus Tagebuch: Lt. W. Scherer)**

Die größten Schwierigkeiten bestanden meiner Erinnerung darin, die Reihenfolge der Einführung von Schlagstift und Zündladung in das Rohr der Panzerfaust zu vermitteln. Immer wieder kam es zu Verwechslungen. Wir konnten auch am Tag gruppenweise unterrichten, da der Himmel bedeckt war. Auch mit Panzerfäusten wurde im scharfen Schuß geübt.

Oltn. Wochner ging von Gruppe zu Gruppe, um den Fortschritt des Unterrichts zu überprüfen. Er war ein sehr schweigsamer Offizier, der nur das Nötigste sprach. Am Abend trafen wir uns immer zu einer kurzen Besprechung, wobei der Dienstplan des nächsten Tages festgelegt wurde. Ich weiß nicht, welche Funktion er in der Division einnahm. Nach meiner Rückkehr zur Front habe ich ihn nur noch einmal gesehen, als wir am Straßenknie von Hollerath nach dem Durchbruch ankamen. Wir wurden dort von einigen Offizieren der Division erwartet. Er erkannte mich und erkundigte sich nach den näheren Umständen des Kampfes um Krinkelt und unseres Ausbruches.

Mein Bunker war ziemlich komfortabel, geräumig und beheizt. Die schweren Waffen waren alle ausgebaut, Schußfeld direkt ins Tal. In Kradenhöfel war in der Nähe meines Bunkers ein Bauernhof, in dem noch ein alter Bauer hauste, der wie in Wirtsfeld seine Kühe betreute. Ich war öfter als Gast in seiner Stube, versorgte ihn mit Kommißbrot (er konnte nicht backen) und er gab mir Milch, für die er keine Verwendung hatte. Die Verständigung war etwas schwierig, da ich seinen Dialekt nur mühsam verstand.

Bunker Kradenhöfel

Wingolf Scherer:

Kriegsgerichtsverhandlung in Hellenthal am 2. und 3. Januar 1945

Die Führung der 277. Volksgrenadierdivision, Oberst Wilhelm Viebig und Oberstleutnant im Generalstab Horst Freiherr von Wangenheim, erkannte vor Weihnachten 1944, daß ihr Angriffsziel im Rahmen der Ardennenoffensive, Elsenborn, nicht mehr erreichbar sei und deshalb die Verteidigung des bis dahin im Raume Rocherath-Krinkelt gewonnenen Geländes versucht werden müsse. Der Übergang zur Verteidigung in auszubauenden Stellungen in dem verschneiten, teils stark bewaldeten Frontabschnitt erlaubte es, wieder eine Divisionsreserve zu bilden. So wurde die Divisionsfüsilierkompanie am zweiten Weihnachtstage aus der Front gelöst und nach Aufenthalt in einem Waldlager am 29. Dezember in das Forsthaus Platiß bei Hellenthal verlegt. Die ersten Tage dienten dort der Überholung von Waffen und Gerät wie der eigenen Ausstattung. Als schwierig erwies sich insbes. der Ersatz von Stiefeln und Schuhzeug. Gefallene durften seit längerem nicht mehr mit ihrer ledernen Fußbekleidung beigesetzt werden.

Angehörige der Kompanie hatten nun in der Nähe des Forsthauses ein Lazarett entdeckt, in dem auch das Gepäck von verwundeten/gestorbenen Soldaten gelagert wurde. Daraufhin entnahmen zwei Angehörige des 5. Zuges aus diesem Bestande Schuhe, um ihr defekt gewordenes Schuhzeug zu ersetzen. Dazu waren Kompanie und Versorgungseinheit nicht in der Lage gewesen. Bei ihrem Tun waren die beiden von einem Sanitäter beobachtet worden, der den Vorgang meldete. Es handelte sich um den Obergefreiten S. und den Füsilier W. „Vernehmung und Tatbericht“ erfolgten am 2. Januar 1945 vor dem Divisionsgericht in Hellenthal unter dem Vorsitz von Kriegsgerichtsrat Dr. Sturm. Da vorgeschrieben war, Beschuldigte durch einen Offizier ihrer Einheit vertreten, d.h. verteidigen zu lassen, wurde ich an diesem Tage als „Gerichtsoffizier“ vereidigt. Für einen 20jährigen Leutnant, der keinerlei Erfahrung im Umgang mit der Kriegsjustiz besaß, aber ein gewisses Verständnis für das Verhalten der Soldaten aufbrachte, eine völlig ungewohnte, schwierige Aufgabe!

Die eigentliche Kriegsgerichtsverhandlung gegen die Angeklagten fand am 3. Januar 1945 in Hellenthal statt. Die Anklage lautete auf Plünderung und Kameradendiebstahl. In meiner Verteidigung wies ich darauf hin, die Beschuldigten hätten zur Selbsthilfe gegriffen, nachdem „Ersatzgestellung auf dem Dienstweg“ nicht möglich gewesen sei. Auf diese Weise seien sie bemüht gewesen, ihre volle Einsatzfähigkeit wiederherzustellen und somit ihre „Wehrkraft“ zu erhalten. Sie hätten sich in dieser Lage für berechtigt gehalten, sich der Schuhe ihrer gestorbenen Kameraden zu bedienen, zumal die Schuhe sicher für die Wiederverwendung bestimmt waren. Freilich könne die Eigenmacht des Verhaltens, für die sich die Angeklagten entschuldigt hätten, nicht übersehen werden. Meine Erwartung, der Kriegsgerichtsrat werde ein mildes Urteil fällen, wurde enttäuscht. Urteil und Begründung erwiesen sieh als bereits vorgefertigt; die Argumente der Verteidigung blieben unberücksichtigt. Das Verfahren lief in kalter Routine ab und wirkte auf mich abstoßend. Obergefreiter S. erhielt als Hauptschuldiger und Anstifter zur Plünderung und zum Kameradendiebstahl neun Monate Gefängnis, der junge Füsilier W. als Mittäter vier Wochen geschärften Arrest. In der Begründung hieß es, die Strafe diene der Aufrechterhaltung der „Manneszucht“. Die Verurteilten wurden sofort zur Strafverbüßung abgeführt. Sie sind wohl bei einem „Gräberkommando“ eingesetzt worden, das die Aufgabe hatte, Gefallene zu bergen und beizusetzen Zu welcher verrohenden Abstumpfung eine solche Tätigkeit führen konnte, erfuhr ich am Friedhof in Rinnen.

Angehörige des 5. Zuges der Füsilierkompanie der 277. VGD vor dem Forsthaus Platiß 1.1.1945 Vordere Reihe v.l.n.r.: OGefr. Otte (Posten), OGefr. Nowotni (Geschützführer, Lt. W. Scherer (Zugführer), Uffz. Kraus (Geschützführer), Gefr. Waldbauer, OGefr. NN

Besuch in Rinnen am 5. Januar 1945

Der Chef der Divisionsfüsilierkompanie, Hauptmann Hellige, erteilte mir für diesen Tag Urlaub, um den Ort besuchen zu können, von dem die Kompanie am 15. Dezember 1944 aufgebrochen war, um sich bei Udenbreth für den Angriff bereitzustellen, der im Rahmen der Ardennenoffensive am frühen Morgen des 16. Dezember begann. Ich suchte einige Gastgeberinnen unserer Füsiliere auf, um vom Schicksal der bei ihnen in der Zeit vom 23. November bis zum 15. Dezember 1944 Einquartierten zu berichten und Dank zu sagen für die so großartige Betreuung „ihrer Soldaten". Darunter war Frau Dahmen, die sich meiner ersatzmütterlich fürsorglich angenommen hatte. Natürlich führte mich mein Weg zum Friedhof, auf dem meine gefallenen Kameraden ihre bis heute bestehenden Grabstätten fanden. Als ich den Friedhof verließ, wurde ich Zeuge eines empörenden Vorgangs:

Von einem vor dem Tore parkenden Wehrmachts-LKW warfen Angehörige eines Bestattungskommandos in Uniformen, die – wenn ich mich richtig erinnere – keine Rangabzeichen und keine Auszeichnungen aufwiesen, tote Soldaten zu Boden. Die steif gefrorenen Leichen schlugen polternd auf. Fassungslos forderte ich die Männer auf einzuhalten und befahl, die Leichen behutsam wieder auf den Wagen und dann ebenso behutsam nebeneinander auf den Boden zu legen. Die Männer gehorchten schweigend; ich grüßte die Gefallenen und entfernte mich, immer noch erregt, ohne jedes weitere Wort.

Noch lange habe ich darüber nachgedacht, welche Erklärung sich für das beanstandete Verhalten der Soldaten dieses Kommandos finden ließe. Die Angehörigen solcher Einheiten bestanden häufig aus Straftätern, die sich zu bewähren hatten. Sie wurden hart angefaßt und bis zur Grenze ihrer Leistungsfähigkeit beansprucht. Karg ernährt, in ihrer Menschenwürde verletzt, war ihr Interesse darauf gerichtet, aus- und durchzuhalten. Der Zwang, so nahe an der Wirklichkeit des Todes zu leben, wirkte abstumpfend und reduzierte viele menschlichen Empfindungen. So betrachtet, erwiesen sich die Männer als marionettenhafte Täter und Opfer in einem grausamen Krieg.

Die Gemeinde Rinnen bewies in unerwarteter, erstaunlicher Weise ihre Verbundenheit mit „ihren" Soldaten, als sie nach dem Kriege darauf bestand, die Grabstätten der Gefallenen auf ihrem Friedhof zu belassen und somit von der beabsichtigten Umbettung auf den Soldatenfriedhof Oberreifferscheid abzusehen. Sie hat damit ein hoffnungsvolles Zeichen der Mitmenschlichkeit gesetzt: Das Gedenkkreuz, die Grabsteine mit ihren Inschriften und deren dauernder Verbleib auf dem Teil des Friedhofs in Rinnen, der den Gefallenen der 277. Volksgrenadierdivision vorbehalten ist, zeugen von der Fähigkeit, sich der Opfer zu erinnern und die Mahnung anzunehmen, die davon ausgeht.

Wingolf Scherer:

Bei Oberstleutnant Bremm und Hauptmann Hofé vor Elsenborn im Januar 1945

Hofé als Autor des Kriegsromans „Schlußakkord“

Am 14. Januar 1945 erhielt ich im Forsthaus Platiß bei Hellenthal Befehl, den Infanteriegeschützzug Richtung Elsenborn in den Frontabschnitt des Grenadierregiments 990 unter Oberstleutnant Josef Bremm in Marsch zu setzen. Damit nahm ich Abschied von der Divisionsfüsilierkompanie 277 und ihrem Chef Hauptmann Hellige, den ich nie wiedergesehen habe. Über Hellenthal und durch das Oleftal rollten wir mit unseren Raupenschleppern Ost und den Geschützen in den Rocherather Forst. Bei der Meldung im Regimentsgefechtsstand erfuhr ich, daß mcin Geschützzug dem Kommandeur der I. Abteilung unseres Artillerieregiments, Hauptmann Günter Hofé, unterstellt werde. Ich bezog meine Beobachtungsstelle (B-Stelle) im Stützpunkt 7 vor Elsenborn nur einige hundert Meter vorwärts der Feuerstellung. Bei mir befanden sich Feldwebel Wagner, der wenige Tage später die Führung des Zuges übernehmen mußte, die Füsiliere Harrer, Arthofer und Riedel sowie der Fernsprechtrupp.

Schon bald suchte ich den Gefechtsstand des Abteilungskommandeurs auf. Hauptmann Hofé war mit irgendwelchen Niederschriften beschäftigt. Sein Adjutant vertraute mir an, der Kommandeur schreibe viel, jedenfalls mache er zahlreiche Notizen, vielleicht wolle er ein Buch verfassen. Hofé ließ mir in der kurzen, bis zu meiner Kommandierung als Adjutant im Grenadierregiment 990 noch verbleibenden Zeit viel freie Hand und erwies sich insofern als angenehmer Vorgesetzter.

Die Stellung vor Elsenborn diente der Verteidigung des seit Beginn der Offensive am 16. Dezember 1944 in diesem Raum gewonnenen Geländes im Vorfeld des Westwalls. Der amerikanische Gegner, Soldaten der 99. US-Infanteriedivision, bewegte sich ungeniert im Schutze seiner Bunker, wohl wissend, daß unsere Munition knapp bemessen war und jeder Beschuß durch die weit überlegene US-Artillerie erwidert werden würde. Die Feuerstellungen der Batterien der I. Abteilung unserer Divisionsartillerie befanden sich westlich des Eschkopfes und damit hinter dem Regimentsgefechtsstand von Oberstleutnant Bremm. Hofé war auf Zusammenarbeit mit Bremm angewiesen. Beide hatten der im Kessel von Falaise/Normandie untergegangenen 277. Infanteriedivision angehört, deren restliche Teile der in Ungarn neu aufgestellten 277. Volksgrenadierdivision zugeführt worden waren.

Aus der Offiziersstellenbesetzung des Artillerie-Regiments 277 vom 15.2.1945 läßt sich über Hauptmann d.R. Günter Hofé entnehmen, daß er am 17. März 1914 in Berlin geboren wurde und vor seinem Eintritt in die Wehrmacht als Bankkaufmann tätig war. Der Reserveoffizier wurde am 25. Oktober 1944, also im Alter von 30 Jahren, zum Abteilungskommandeur ernannt. Er hat nach Überschreiten des Rheins im

Die Publikation des ehemaligen Artillerie-hauptmanns Günter Hofé

März 1945 im Rahmen der Rückzugsbewegung aus der Eifel den Krieg überlebt und ist nach Berlin-Ost zurückgekehrt.

Bekannt wurde er durch einen „antifaschistischen" Kriegsromanzyklus, in den er u.a. neben romanhaft-fiktiven Schilderungen von Widerstandshandlungen in der deutschen Wehrmacht zugunsten der Sowjetunion eigene Erlebnisse in teilweise verfremdeter Form einbrachte, die von großer Wirklichkeitsnähe zeugen können. Auch gelingt häufiger die Einstellung der Romanhandlung in den größeren historischen Zusammenhang. Drei Bände mit den Titeln „Roter Schnee", „Merci Kamerad" und „Schlußakkord" erschienen in den 60er und 70er Jahren im Verlag der Nation in Berlin-Ost. Sie wurden auch in der Sowjetunion, Tschechoslowakei, in Jugoslawien, Polen, Ungarn, Italien, Österreich, der BRD und den Niederlanden aufgelegt. Die Romane beziehen sich auf das Kriegsgeschehen in Rußland, Frankreich und Deutschland.

Der Roman „Schlußakkord",1. Auflage Berlin 1974, beschäftigt sich im wesentlichen mit der Vorbereitung, dem Verlauf und dem Scheitern der Ardennenoffensive im Einsatzbereich der 277. Volksgrenadierdivision. In einer Mischung von Fiktion und Wirklichkeit werden Ereignisse geschildert z.B. in/bei Schleiden, Hellenthal, Hollerath, Udenbreth, Weißenstein, Losheimergraben, Oleftal, Wahlerscheid, Elsenborn, Rocherath-Krinkelt, Kall, Keldenich, Blankenheim, Marmagen, Nettersheim, Zingsheim, aber auch Aachen, Hürtgenwald, Monschau, Münstereifel und Geilenkirchen. In der Darstellung spielt Oberstleutnant Josef Bremm, im Roman Sepp Bramm genannt, eine besondere Rolle.

Hofé charakterisiert ihn so: „Mit der Unbedenklichkeit eines Mannes, dem das Leben ebenso wenig bedeutet wie der Tod, stürmte er und war sicher, die ihm gegenüberstehenden amerikanischen Eliteverbände in die Knie zu zwingen (S.243). ... Er ließ sich hinter einen Schutthaufen fallen ... Er drehte sich um. ‚Feuerschutz!' Sprang auf und spurtete. Geschosse zwitscherten. Benagelte Sohlen knirschten. Monse (VB der Artillerie) war mitgerannt, lag jetzt dicht neben ihm, eine Panzerfaust in der Hand. In dieser heißen Stunde, so mochte er denken, bietet nur ein kugelfester Mann wie Bramm Schutz (S. 282). ... Bramm richtete sich auf. ‚Na, dann kommt man!' Seine Stimme war höher denn je, verriet Unternehmungslust. Münchhof (Gefreiter) blieb der Atem stehen. Aufrecht gehen bei diesem Zunder? Er sprang hinter die nächste Buche. Bramm folgte. Hände in den Taschen seines löchrigen Ledermantels ... Schon früher hielten die Jungs mich für eine Art kugelfeste Symbolfigur (S. 418). ... Bramm war wieder der alte, der Draufgänger und Haudegen, der Tausendsassa, der er immer sein wollte ... (S. 423)."

Wer den Regimentskommandeur Bremm gekannt hat, der noch bei Kriegsende mit den Schwertern zum Eichenlaub des Ritterkreuzes ausgezeichnet wurde, wird einräumen müssen, daß Hofé – wenn auch in überzeichnender Weise – die Eigenart des Soldaten Bremm zutreffend erfaßt hat.

Aus dem Roman „Schlußakkord" sei noch eine der Wirklichkeit nahe kommende Szene zitiert: Die Versorgung eines verwundeten amerikanischen Farbigen. „Die olivfarbenen Gestalten verschwanden hinter sperrigem Buschwerk ... Ein Stöhnen blieb zurück. Ein Mensch litt ... Da lag er. Ein Farbiger, mit dem Dienstrangzeichen eines ‚Private First Class', Obersoldat. Konnte sich anscheinend nicht bewegen. Die breit aufgeworfenen Lippen zuckten schmerzgepeinigt. Sein Gesicht war aschgrau. Der Overall durchgeblutet. Neidhardt (Hauptmann) war zuerst bei ihm, suchte die Umgebung ab, doch der Verwundete war allein. Sein Blick flackerte, als er die schußbereite Maschinenpistole sah. ‚Bleib ruhig', murmelte der Hauptmann. ‚Dir tut niemand etwas.' Neger ... Dieser Farbige ein Söldner im Dienste der Plutokraten ... nur Kanonenfutter. Aber, er ist Soldat wie ich, hatte seinen Befehl auszuführen und wurde dabei verletzt, also muß ich ihm helfen!' murmelte der Hauptmann und zog vorsichtig den Reißverschluß herunter. Wolljacke und Hemd waren von Blut vollgesogen. Ein Streifschuß am Hals und ein Loch mitten in der Brust. Klasen (Oberleutnant) kam dazu. ‚Coloured people. Armer Kerl. Er riß zwei Verbandspäckchen auf. Neidhardt bedeckte die Wunde, schlang die zweite Binde um die Brust ... Hauptmann Neidhardt kam mit drei Grenadieren zurück. Sie legten den Stöhnenden auf eine Zeltbahn. ‚I never shall forget your help', sagte er mit schwacher Stimme ... Neidhardt tippte an den Helm, stutzte, nahm ihn ab. An der rechten Seite war das Blech von einem Geschoß aufgerissen. Sein Lächeln war etwas verlegen."

Hauptmann Günter Hofé, an dem eine antifaschistische Einstellung oder Haltung nicht bemerkt worden war, und der als korrekter Kommandeur, gewissenhafter Soldat und Befehlsempfänger galt, wandelte sich zum sozialistischen Schriftsteller, der sich gegen den faschistischen Krieg wandte. Sein Ziel in dem Roman „Schlußakkord" bestand u.a. darin zu zeigen, daß Stalin im Januar 1945 durch eine Großoffensive dem westlichen Hilferuf nach Entlastung entsprochen habe und daß Antifaschisten in Hofés Division Beiträge zum Siege der roten Armee und damit zur Befreiung vom Faschismus leisteten. Offenbar vom Vertrauen der SED-Führung getragen, nahm Günter Hofé die Aufgabe des Direktors des Verlages der Nation in Ostberlin wahr.

Georg Schell:

Als Ladeschütze in der 13. Kompanie des Grenadierregiments 990 vor Elsenborn im Januar 1945 – Begegnungen mit Oberstleutnant Josef Bremm

Georg Schell: Gefreiter, Richtschütze am Infanteriegeschütz in der 13. Kompanie des Grenadierregiments 990 des Oberstleutnants Josef Bremm, wohnhaft in Aiching/Bayern

Im Januar 1945 befanden sich die Feuerstellungen der 13. Kompanie des GR 990, der Infanteriegeschützkompanie des Regiments, nicht sehr weit hinter dem Regimentsgefechtsstand im Höfener Forst. Auf einer Forststraße oder einem Waldweg zu unserer vorgeschobenen Beobachtungsstelle traf ich den Regimentskommandeur Oberstleutnant Bremm öfter an. Er suchte auch den Stabsfeldwebel Brüning auf, der einen IG-Zug unserer Kompanie führte, um die Stimmung seiner Kanoniere kennenzulernen. Unseren VB, Leutnant Otto aus Berlin, der unser Feuer in diesem Stellungskrieg lenkte, lobte er sehr. Manchmal habe ich den Chef täglich oder sogar mehrmals täglich gesehen. Meine Ehrenbezeugung hat er schon von weitem abgewunken. Ich habe ihn aber als Bayer immer mit „Grüß Gott!" angesprochen, ohne daß er daran Anstoß nahm. Er war stets freundlich zu mir.

Unsere 13. Kompanie bestand aus vier Zügen mit jeweils vier Infanteriegeschützen vom Kaliber 7,5 Zentimeter. Sie wurden von uns Infanteriegeschütz-Pak genannt, weil sie notfalls im direkten Schuß gegen Panzer eingesetzt werden sollten. Wegen der Granatsplittergefahr bestand ihre Bereifung aus „Vollschwamm". Die Geschütze wurden bei der Neuaufstellung unserer Division, der 277. Volksgrenadierdivision, in Ungarn nach und nach geliefert. Wir erhielten dort auch das neu entwickelte Sturmgewehr 44, einen automatischen Karabiner mit kurzem Lauf und auswechselbaren Magazinen in gebogener Form, die jeweils 30 Patronen faßten.

Die Geschützbedienungen mußten in Ungarn erst ausgebildet werden. Viele zu uns abkommandierte Kameraden waren keine reifen Kanoniere; einige kamen von der Luftwaffe oder von der Kriegsmarine. Sie hatten vom Dienst bei der Infanterie keine Ahnung.

Ich war Ladeschütze am Geschütz des Unteroffiziers Koch und hatte meine Lehren aus dem Einsatz in Rußland gezogen. Meine Aufgabe bestand darin, die Granaten in das Geschützrohr zu schieben, also das Geschütz zu laden und die Granathülsen nach dem Abfeuern zu entnehmen.

Unser Zugführer Stabsfeldwebel Brüning war an der Eifelfront meist mit einem Melder und dem Funktrupp auf der Beobachtungsstelle. Per Funk leitete er von dort unser Feuer. Sein Stellvertreter, Feldwebel Franz Wankhammer, führte den Zug in der Feuerstellung. Er gab uns das Feuerkommando und sorgte dafür, daß die Geschütze nicht verödeten.

Als die Amerikaner Ende Januar an der gesamten Front angriffen, kam es beim Forsthaus Wahlerscheid zu erbitterten Nahkämpfen. Dabei ist der VB-Leutnant Otto gefangengenommen worden. Wir konnten uns gerade noch Richtung Oleftal absetzen.

Die berühmt-berüchtigte Straßenkreuzung Wahlerscheid. Die Kreuzung wurde von den Amerikanern am 1. Februar 1945 eingenommen. Die Amerikaner bezeichneten diese Kreuzung als „Heartbreak Crossroads".

Kurt Schmidt:

Verteidigung in Rocherath-Krinkelt Januar 1945

Versorgungsfahrt nach Schöneseiffen

Der Tag war da, das Wetter herrlich, blauer Himmel, nur ein paar Wolken, ideal für die US-Airforce. Der Schnee knirschte, vom Forsthaus bis Waldesrand, die Entfernung konnte man schnell überwinden.

Im Wald selbst bis Wahlerscheid und noch weiter bis zum Waldesrand vor Schöneseiffen, gab es genügend Deckung. Das Gespann konnte ja auf der Straße fahren – die Begleitpersonen gingen einfach nebenan im Wald. Das war auch sehr riskant, lagen da noch Minen oder lagen da keine Minen oder Blindgänger – das war die große Frage! Dann besser in den Schlitten- bzw. Fahrspuren laufen.

Ganz prima waren die Kettenspuren von Panzern, RSOs o. Halbkettenfahrzeugen. Wenn unter dieser Spur eine Mine gelegen hatte, wäre sie bestimmt hochgegangen.

Vom Waldesrand Wahlerscheid bis Ortschaft Schöneseiffen sind etliche Kilometer freies Feld. Wo willst du hin, wenn da ein Jabo kommt? In den Straßengraben, hinter einen dicken Baum, aber: die dicken Bäume sind weit weg.

Zudem hinterläßt man ja auch im tiefen Schnee eine gut sichtbare Spur – dann sieht der da oben ja, wo man hingeflitzt ist. Also bleibst du in einem größeren Abstand hinter deinem oder vor deinem Fahrzeug. Wenn einer angreift – seitwärts ins Gelände; das war eine gesammelte Erfahrung der Rußland-Landser. Glück mußte haben!!

Auf der Hinfahrt hatten wir Glück – da war nix los in der Luft – Aber zurück...! Schwere Gespanne waren schon im Waldbereich, aber viele noch davor. Man hat die Jabos gehört – die Sonne stand tief – man hat sie aber erst im letzten Moment gesehen.

Die ‚Thunderbolts' waren etwas klobig – die ‚Lightnings' waren nur als Strich zu erkennen und hatten in der Rückseite der Kanzel noch einen Maschinengewehrschützen. Da haben ‚die' dann hineingehalten. Wir standen mit unserem Schlitten in etwa auf dem Höhepunkt der ansteigenden Straße in Richtung Wahlerscheid.

Meine Deckung war der Straßengraben ca. 20 Meter vom Schlitten. Paul sprang auf der anderen Straßenseite unter einen kleinen zugeschneiten Strauch.

Nach vorne ging nichts mehr – also zurück in den Ort, da war der Weg genauso weit wie zum Waldanfang Richtung Wahlerscheid; zudem mußte man ja mit weiteren Angriffen rechnen. Also erst mal abwarten! Nicht im Gelände herumlaufen!

Weiter südlich von unserem Standort waren ebenfalls Fliegerangriffe – es war am Motorengeheul zu hören – und man sah etliche schwarze Striche/ Rauchfahnen fast senkrecht zur Erde. Was ganz Neues!

Die Sache hatte auch schon einen Namen; das waren sogenannte ‚schwarze Pfeile' oder auch ‚Bunkerknacker'. Wir wurden über die Wirkung aufgeklärt: mit einer langen Stahlspitze durchdringen die Bomben die Bunkerdecke, um dann verzögert im Inneren zu explodieren. Der Bunker Wahlerscheid sei so zerstört worden, wurde uns gesagt.

In irgendeinem Bunker habe ich so einen Blindgänger gesehen, die Spitze ragte aus der Decke, unsere Pioniere hatten den Rest des Geschosses auf der Bunkerdecke weggesprengt.

Gegen Abend ging es dann weiter: Am Waldanfang sah es sehr schlimm aus. Viele Verwundete, etliche Tote. Tote Pferde waren schon in den Wald gezogen worden. Die Straße war voller Löcher. Etliche Gespanne waren stark beschädigt – ein oder zwei in die Luft geflogen (durch Munition?). Wieviele Flugzeuge an dem Angriff beteiligt waren, wußte auch keiner, bzw. keiner hat sie gezählt.

Vor dem Straßenknick Richtung Rocherath lagen auch mehrere Gespanne links und rechts im Straßengraben – einige Gespanne standen tief im Wald. Von den Landsern erfuhren wir, dic vorderen Gespanne seien ohne Fahrer einfach losgelaufen, bis den Pferden die Luft ausgegangen sei.

Bis zum Forsthaus waren auf dem langen Weg auch Marschkolonnen unterwegs, dort standen Halbkettenfahrzeuge mit leichten Kanonen, Abwehrgeschützen. Beruhigend war: Es sind ja noch andere Landser hier! Es wurde uns aber auch gesagt, daß der Ami ganz in der Nähe sein könne. Also, die Ohren spitzen! Es ging langsam weiter. Auf jeden Fall war es weit nach Mitternacht, als der Waldrand vor Rocherath erreicht wurde. Hier Richtung Forsthaus! Dort meinte man, wir wären in den Schlamassel hineingeraten – nein, wir hatten Glück.

Es wurde uns auch gesagt, wenn es hell wird, fahrt ihr weiter nach Rocherath. Der Gefechtsstand ist nicht mehr hier!

Saukalt und hoher Schnee. „Ihr fahrt die Eingangsstraße Rocherath bis rechter Hand zum Wasserturm. Von hier ca. 100 m weiter, rechte Straßenseite, Bauerngehöft – Winkelbauart, dort ist der neue Gefechtsstand."

Das Dach war zerschossen, Erdgeschoß relativ in Ordnung, der Keller trocken, dickes Mauerwerk. Unsere Ladung wurde ca. 100/200 m weiter an linker Straßenseite in einem zerschossenen Bauernhaus im Keller verstaut.

Beim Chef gemeldet und die Unterlagen von Schöneseiffen übergeben. Paul, Pferd und ich haben es uns im angrenzenden Stall und Scheune gemütlich gemacht – ein Quartier war uns noch nicht angewiesen. Wir waren nicht alleine in dem Stall. Da standen noch Kühe mit verletzten Hörnern und kleinen Verletzungen im Fell drin. In Rocherath-Krinkelt waren noch ältere Zivilisten, die nach dem Vieh sahen. Das Dach lag auch hier auf dem Heu und Stroh, und es war reichlich davon vorhanden. Ideal für unseren Hektor. Paul holte Wasser in einer Milchkanne. Er mußte bis in die Nähe des Wasserturmes, da kam es aus einem angeschossenen Hydranten, Tag und Nacht, solange ich in Rocherath und Krinkelt war.

Hektor hatten wir hoch mit Stroh und Heu angehäuft – für uns richtige dicke Unterlager für die Nacht gebaut. Bei der Saukälte konnte man doch nicht schlafen –

Hektor hatte sich umgelegt, und wir haben uns rangekuschelt, einfach ins Stroh gegraben – der Gaul hat sich nicht bewegt. Wie lange gepennt, ist nicht bekannt. Es gab Störfeuer, und wir gingen in den Keller im Gefechtsstand. Jaquet, 1-A Schulze, Ordonanz, Fahrer saßen mit uns bei Kerzenlicht, bis der Rummel vorüber war.

Morgens wurde mir ein Quartier zugewiesen, das war ganz in der Nähe der Krinkelter Kirche. Es hatte einen Hinterausgang zu den Koppeln und Wiesen Richtung Katzenbach und keine Feindeinsicht. Dort fand man auch ein sicheres Plätzchen, wenn man mal „mußte". Von der Parterre standen nur noch die Außenwände. Eine steile Treppe ging in den Keller. Zwei Räume waren schön groß, im hinteren qualmte ein Ofen.

Im Mannschaftsraum lag viel Stroh auf dem Boden, angemodert, und es stank ein wenig. Aber im Raum lagen Matratzen und standen Wandregale. Hier war noch Eingemachtes vom Herbst in geplatzten Gläsern mit Eisklumpen. Fing ein solcher Eisklumpen zu tropfen an, wurde er schnell richtig aufgetaut (Obst und auch Fleisch und Wurst).

Im vorderen Raum war eine kleine Telefonvermittlung hergerichtet (Strippenzieher-Materiallager, 2B38, Anodenbatterien, Funkgeräte aller Art). Der Nachschub kam aus dem Raum Schleiden per Troß (Gewehr- und Maschinengewehrmunition, Handgranaten, Milchkannen mit Wasser, aber keine Magazine für meine MP 38). Genügend K 98 waren im Mannschaftsraum – immer sofort greifbar. Der Raum hatte auch einen rückwärtigen Ausgang.

Der große Nachteil in Krinkelt war: Warme Verpflegung kam nicht regelmäßig, manchmal zwei Tage lang nicht.

Der Dienst hatte nicht mehr viel mit Funkmeisterei zu tun – pro Tag zweimal auf Wache, je nach Kältegrad eine Stunde oder auch weniger – es wurde oft unter den Kumpels ausgehandelt/abgesprochen. Nachts war das total beschissen, das Gerumpel von der Front. Nie war man sicher, daß man alleine ist – bei Mondschein die Fensterhöhlen der Ruinen – dann das Gefühl, da hat sich was bewegt. Es hatte sich aber nichts bewegt; alles Einbildung, hätte aber können sein – der Ami war ja nicht weit weg.

Das habe ich mal einem Landser im Keller gesagt; darauf er: „Wir können ja einen Draht in den Keller legen, da kommt ein Kochgeschirr dran. Wenn du dann mal wieder da oben in der Hausecke stehst und hast ein bißchen Bammel, ziehst einfach am Draht, dann kommt schon einer." Der Draht wurde gelegt – der lag noch, als wir abhauen mußten.

Auf der Talstraße Katzenbach bewegte sich nachts der Nachschub in Richtung Mürringen-Büllingen; tagsüber war der ‚Dachrutscher' da und hat alles beobachtet. Selbst hat er nicht geschossen, aber wenn sich etwas bewegte, hat er die ARI geleitet. Auffallend war auch hier, daß immer Fahrgeräusche von Panzern und Kettengeräusche aus dem Raume Elsenborn zu hören waren.

In den Abend hinein wurden die Funker in den Linien versorgt. Erst ein Telefonat: „Wie ist die Lage, Stör- oder Stoßtrupps unterwegs – können wir kommen?" Also

2B38 an einem Lederriemen um den Hals gehängt, Anodenbatterien im Transportsack über die Schulter, die MP 38 dazu und auf geht's! In den ersten Tagen ging einer der Strippenzieher mit, bis ich den Weg wußte.

Wichtig war auch, daß mich die Leute in den Linien kennenlernten. Per Telefon wurde denen der ungefähre Ankunftszeitpunkt mitgeteilt; das wiederum wußten dann die Wachtposten. Hauptrichtung war an einer Mühle vorbei Mürringen – eine andere mehr nach Wirtzfeld bzw. nördlich davon. Beschissene Gegend!

Mußte mehr als einmal mit einem Strippenzieher am Tage auf Störungssuche – ein ganz mulmiges Gefühl. Denn es war bekannt, daß es dabei viele Ausfälle gab. Feindeinsicht, Flugzeuge, Trichterfelder mit ihren Blindgängern. Man läßt sich ja den Draht durch die Hand laufen, bis die Bruchstelle erreicht ist, Telefon dran – mit der Vermittlung einen kurzen Kontakt. Jetzt das Gegenstück suchen – also in der näheren Umgebung rumlaufen, bis das Gegenstück gefunden ist. Haste es gefunden, auch hier Telefon ran – Kontakt mit der Gegenstation.

Wenn mehrere rumliegen, muß der richtige Draht gefunden werden. Bei der Wehrmacht wurden Eindrahtleitungen verlegt, beim Ami verdrillte Zweidrahtleitungen. Und von denen lagen bei Krinkelt genug herum. Fehlten an der Störstelle ein paar Meter Draht, wurde einfach ein Stück aus den Ami-Leitungen geschnitten und damit geflickt. Man war immer froh, wenn man wieder gut zurückgekommen ist.

Der Gefreite ...

Dann kam eines Tages ein Telefonanruf vom Gefechtsstand: „Der Grenadier Schmidt soll sich beim Chef melden!" Der Grenadier Schmidt hat sich dort gemeldet.

Der Fahrer hat mich empfangen mit der Bemerkung: „Der Chef hat was für dich!" Also hinein. Oberstleutnant Jaquet: „Her mit dem Schmidt – Grenadier Schmidt, für die letzten geleisteten Dienste und den persönlichen Einsatz bei den geleisteten Diensten befördere ich Sie hiermit zum Gefreiten!" (So oder ähnlich war die Ansprache oder der Text.)

Der Chef gab mir die Hand – die anderen gratulierten mir ebenfalls – wahrscheinlich wurde auch noch einer darauf getrunken. Dann wurde mir mitgeteilt, daß der Winkel unterwegs sei.

Zurück im Keller: „Leute, ich bin jetzt ein Schnäpser !" – kamen die schönsten Bemerkungen; soviel wie: „Adolf war auch einer." – „Jetzt werden die Milchreis-Bubis schon zum Gefreiten gemacht:" – „Du mußt dir einen Putzer halten!" –"Sollen wir vor dir strammstehen?" usw. – die hatten mich so richtig ‚verarscht'!

Vielleicht zwei, drei Tage später kommt der Fahrer vom Chef: „Schmidt, ich brauche dein Soldbuch, das muß zur Schreibstube in Reifferscheid, da werden die Daten eingetragen." Er hat mein Soldbuch mitgenommen. Den Gefreiten-Winkel und das Soldbuch habe ich bis zu meiner Gefangennahme nicht mehr bekommen.

(Anm.: Später ergab sich für mich in Weismes/Waimes eine kniffelige Situation: Ich muß auf den Vernehmungsoffizier der Amis aber einen glaubhaften Eindruck gemacht haben, als ich ihm den Werdegang erklärte. Noch etwas später auf der Festung Huy war auch meine Erkennungsmarke nicht mehr da.)

Rettung der Krinkelter Kirchengeräte

Ich wurde zum Gefechtsstand beordert: „Gefreiter Schmidt, Sie marschieren morgen nach Reifferscheid zum Pastor auf der Burg. Ihr Hiwi weiß schon Bescheid. Sie gehen von hier Richtung Ortsausgang (Krinkelt), die Straße macht eine Biegung nach links, von dort etwa 100 Meter auf der rechten Seite sehen Sie eine zerschossene Bäckerei. Sie melden sich dort beim Uffz. so und so.“ (Hinter der Kurve Richtung Mürringen/Losheimergraben) Die Bäckerei gefunden, den Keller gefunden, beim Uffz. gemeldet.

„Das Zeug hier schaffen Sie morgen nach Reifferscheid ins Kloster – jetzt müssen wir erst eine Bestandsliste erstellen. Die muß der Pastor unterschreiben, die Liste geben Sie dann im Gefechtsstand ab.“

Das Zeug waren Kirchengüter aus der zerschossenen Kirche in Krinkelt, welche vor unserem Gegenangriff oder schon beim Eintreffen der Amerikaner in der Bäckerei unter dem Mehllager versteckt wurden. Kruzifix, Monstranz, Kerzenständer, Gebetstücher, Kelche, Trinkbecher, Untersetzer, Bestecke, Altarschmuck, Umhänge, Kleidung und vieles mehr.

Gefunden wurden sie von einem Landser, der aus irgendeiner Erfahrung heraus wußte, daß die Bäcker ihre Mehllager oft über dem Backofen hatten. Er hatte unter dem zerschossenen Dachgebälk herumgewühlt und dabei diese Sachen gefunden, und einen Sack Mehl, der noch nicht durchgefroren war.

Kelche, Monstranz, Kerzenständer, etliches Kleinzeug, Gewänder, Schalen usw. – alles zusammen in drei schwere Säcke, alles einzeln verpackt in Stofflappen, Tüten und Tüchern. Die Bestandsliste mußte ich bewahren. Am nächsten Tag ging es morgens sehr früh los. Paul war pünktlich mit dem Schlitten da. Im Gefechtsstand regulär abgemeldet, Paul wußte schon, daß es nach Reifferscheid geht – und sagte mir, nicht über Schöneseiffen-Hellenthal, sondern besser Richtung Udenbreth – Rescheid – Giescheid – Oberreifferscheid, direkt zur Burg.

Er sei in den letzten Wochen den Weg schon öfter gegangen. Abends vordem Dunkelwerden waren wir in Reifferscheid. Alles abgegeben, vom Pastor quittiert. Es gab noch was zu essen, dann marschierten wir ins Quartier von Paul (Richtung Kammerwald). Darauf zum Küchenbullen wegen der Marschverpflegung und einer Tagesration. Von der Funkmeisterei war niemand mehr im Bunker, Krause auch nicht. –

Eine Waffenmeisterei hatte sich einquartiert (das war mein letzter Besuch in Reifferscheid). Am nächsten Morgen ging es zurück über Blumenthal, Hellenthal, hier mußte noch was geholt werden, an der Feldbäckerei vorbei. Es war nicht schwer geladen, denn beim Rückweg haben wir meistens auf dem Schlitten gesessen. Saukalt! Hollerath, am Knie abgebogen in Richtung Rocherath-Krinkelt. Im Gefechtsstand zurückgemeldet. Liste abgegeben!!

(Anm.: Auf einer Rückreise von Brüssel fuhr ich über Krinkelt, alles war wieder aufgebaut, die neue Bäckerei war ganz in der Nähe der ehemaligen alten. Das Pächterehepaar fragte ich, wo denn während des Krieges die alte Bäckerei gestanden hätte. „Da drüben sehen Sie einen neuen Bungalow, da gegenüber war die Bäckerei. Das ist der Weg nach Mürringen-Losheimergraben.“ Die Witwe des Bäckers (Frau Brüllier?), sollte dort wohnen.

Soll ich da mal hingehen – soll ich nicht?! Ich bin mit ganz gemischten Gefühlen hingegangen. Eine rüstige ältere Dame öffnete. Ich stellte mich vor; mein Anliegen sei ein Vorgang aus den letzten Kriegstagen, ob sie mir eine Auskunft geben könnte. Meine Frage war nur: „Sind die Kirchengüter wieder von Reifferscheid nach Krinkelt zurückgekommen und wenn ja, wann?“

Sie sah mich etwas verdutzt an und stellte die Gegenfrage, was ich damit zu tun hätte, woher ich das wüßte. Ich habe ihr dann den ganzen Vorgang erklärt, daß ich die im Januar 45 gefundenen Kirchengüter zum Pastor, Kloster Reifferscheid, gebracht hätte.

Wie das damals gewesen ist, mußte ich ihr erzählen. Dann ging sie zum Telefon, nach kurzer Zeit klingelte es an der Haustür und herein kam der Pastor (dessen Name mir leider entfallen ist).

Es wurde eine lange ausführliche Unterhaltung, bei Kaffee und Gebäck, wobei viele mir noch nicht bekannten Einzelheiten erwähnt wurden. Zum Beispiel: Wie die Amis mit der Zivilbevölkerung umgegangen sind – wohin man die Leute evakuiert hatte – wie sie dort von den eigenen Landsleuten behandelt wurden – wie sich die Amerikaner in dem deutschsprechenden Teil von Belgien danebenbenommen hatten und vieles mehr. Die Amis waren der Annahme, die Bevölkerung spricht deutsch, also sind wir schon in Germany.

Der Pastor bestätigte dann, daß die Krinkelter Kirchengeräte schon sehr schnell und auch kurz nach dem Kriege wieder in Krinkelt eingetroffen seien. Später kamen noch Bewohner von Krinkelt hinzu. Es war auf einmal eine ganz muntere Runde. Es wurde getrunken, gegen zehn Uhr wollte ich zu Hause sein, konnte/wollte aber nicht mehr fahren, rief Ingrid an, daß ich erst am nächsten Tag käme: Wäre in Krinkelt hängengeblieben. Kurz alles erklärt, habe in einem Gasthaus übernachtet. Später wollte ich mit meiner Frau nochmals hinfahren, dazu kam es aber aus familiären Gründen nicht mehr, ich konnte meiner Frau den damaligen Wirkungsbereich nicht mehr zeigen.

Ereignisse in Krinkelt im Januar 1945

Ein US-Stoßtrupp kam aus Richtung Büllingen am hellen Tage, keine Wolke am Himmel – im ganzen Ort Alarm – alle Landser, die verfügbar waren, ich gehörte dazu, mußten Munition für die Infanteriewaffen in die um Krinkelt liegenden Verteidigungsstellungen schaffen.

Es waren MG-Stellungen und einige Schützengräben. Der Stoßtrupp wurde total aufgerieben.

Die Amerikaner marschierten hinter den halbhohen Heckenrainen, diese reichten gerade in Brusthöhe, Oberkörper ragten darüber heraus. Die haben sich unterhalten, die Gewehre geschultert und Zigaretten geraucht. War denen nicht bewußt, daß sie hinter unseren Linien waren? Unsere MGs legten los; die Amis kamen überhaupt nicht zum Schuß. Das Ganze hat vielleicht 15 Minuten gedauert. Wir Munitionsträger waren entlassen und konnten gehen.

Die Amerikaner hatten bei ihrem Rückzug hinter der schon stark zerstörten Krinkelter Kirche zwei oder drei ihrer LKWs ‚geparkt'. Diese waren mit Minen und Sprengmaterial voll beladen. Von unserer Seite bestand der Befehl, dieses Material wegzuschaffen.

Die Pioniere gingen nicht daran, denn sie rechneten mit einer Sprengfalle. Eines Tages gab es auf einmal einen harten Knall – als die Rauchwolke weg war, war auch die Kirche ein noch größerer Trümmerhaufen als vorher; umliegende Ruinen waren nicht mehr zu sehen. Die aufkommende ‚Parole' besagte: „Sicher wollten unsere Pioniere entschärfen" oder: „Das war die US-Ari mit dem Störfeuer. Zufallstreffer!"

Seit einigen Tagen war unser NO. Lt. Erdmann wieder sichtbar. Wie lange er schon in Krinkelt war, weiß ich nicht. Er und sein Putzer waren ein Haus weiter untergebracht. Was ich heute noch nicht verstehe: Mußte ich irgendwo hin, kamen die Befehle vom Gefechtsstand oder vom Uffz./Fldwb. der Telefoneinheit, aber nicht vom Erdmann. Frage: Was hat der eigentlich gemacht?

Folgendes hat sich dann eines Morgens begeben: In aller Frühe ging ich mit einem Strippenzieher innerhalb Krinkelt/Rocherath auf eine Störungsuche – wir kamen zurück – im Keller hatte ich mir gerade mal die Schuhe ausgezogen, als der Putzer vom Erdmann in den Keller rief: „Schmidt, sofort zum Leutnant, wir müssen was holen gehen! Wasser, er will sich rasieren!" Meine Antwort an den Putzer: „Ich kenn ihn auch noch, wenn er nicht rasiert ist. Komme gleich, muß die Schuhe noch anziehen." Schuhe an und rüber ins andere Haus, der Putzer stand schon im Kellereingang mit der Milchkanne. Auf ging es zum Wasserturm, an den besagten Hydranten – Wasser war hier reichlich vorhanden – es lief ja einfach weg. Milchkanne gefüllt und zurück zum Erdmann. Es war blauer Himmel, saukalt. Die Kanne habe ich in den Erdmann-Keller gestellt, dann ging ich wieder in meine Behausung. Erdmann habe ich nicht gesehen.

Es kann der nächste Nachmittag gewesen sein, ein Anruf vom Chef: „Gefreiter Schmidt, sofort melden!" Auf zum Chef. Er erklärte mir, er hätte eine Beschwerde vorliegen von meinem NO. Erdmann. Ich hätte einen Befehl verweigert bzw. einen Befehl in Zweifel gezogen – einen Vorgesetzten lächerlich gemacht. Ich war ganz baff (sicher hat das Oberstlt. Jaquet erkannt). Der Chef hat mir die Beschwerde vorgelesen: Es war die Bemerkung, daß ich den Erdmann auch erkennen könnte, wenn er nicht rasiert sei.

Jaquets Worte: „Stimmt das? Und was machen wir denn da? Er hat eine Meldung geschrieben, die muß er als Kommandeur weitereichen oder gleich an Ort und Stelle ein Verfahren einleiten."

Ich habe den Chef alles erklärt, wie es aus meiner Sicht war, daß ich noch die Schuhe anziehen müßte, usw. usw. Er hat mich dann darüber aufgeklärt, wie man die Äußerung militärisch auslegen könnte.

Eine längere Pause. Der Chef ging weg, dann kam wieder: „Gefreiter Schmidt, Sie haben sich einem Vorgesetzten gegenüber nicht richtig verhalten/benommen und das im Frontgebiet; ich bestrafe Sie mit 21 Tagen Bau; die sitzen Sie ab, wenn Sie nach dem nächsten Heimaturlaub wieder in der Einheit sind. Einverstanden?" „Jawohl, Herr Oberstleutnant!"

Keiner war mir böse – ich glaube, es gab noch Zigaretten, Schnaps, Eßbares etc. nur dem Uffz. von den Strippenziehern habe ich die Sache erzählt, der meinte: „Hast ja ziemlich laut geredet, das hat der Erdmann vielleicht gehört."

Ich stellte mir hier die Frage: Ob der Chef schon wußte, daß es aus Krinkelt gar keinen Heimaturlaub mehr geben würde?

Ende Januar Befehl vom Telefon-Vorgesetzten: „In der Linie zwischen Wirtzfeld-Büllingen-Mürringen ist ein DORA-Gerät ausgefallen – der Schmidt und einer seiner Leute packen sich jeweils eine Kiste (18 Kilo) auf den Buckel – los geht's. Von den Funkern kommt euch einer entgegen – ihr trefft euch da und da!"

Aus Krinkelt raus in Richtung Katzenbach. Die Gegend war annehmbar, es gab ausreichende Deckung. Blauer Himmel, sehr kalt, geschwitzt vom Gewicht und dem flauen Gefühl im Magen.

Auf einmal ein harter Schlag, ein Knall, ich flog ein paar Meter durch die Luft – landete im tiefen Schnee – lag auf dem Rücken, unter mir der Kasten. Ich sah den Himmel – konnte mich bewegen – im Moment tat auch nichts weh. – Dann rief jemand meinen Namen. Es war mein Kumpel; der lag etwa zehn oder fünfzehn Meter von mir weg. Ich gab ihm Antwort, er mußte helfen, daß ich aus den Riemen von dem Kasten kam. Mit dem Gewicht konnte ich mich nicht umdrehen. Alles liegengelassen und ein paar Meter weiter ins Gestrüpp. Das war verdammt nahe! „Biste in Ordnung? Erst mal warten, bis das Zittern nachläßt!"

Einige Zeit später hörten wir Stimmen aus einiger Entfernung; es waren die Landser, welche uns am vereinbarten Punkt treffen sollten. Die mußten dort in der Deckung warten, bis die Jabos weg waren. Dann erzählten sie, daß die Jabos in Talrichtung Katzenbach geflogen waren, und man hätte die Bordkanonen gehört. Ihre Meinung: „Die haben auf euch geschossen!"

Die beiden haben dann unsere Kästen herangeholt. Bei meinem Kumpel war die Frontpartie des Senders eingedrückt. Bei meinem war auf der linken Seite ein Loch im Kasten, die Anodenbatterie in etlichen Stücken. Ein Stück vom Kastenboden fehlte auch.

Wir gingen zurück nach Krinkelt und die Kumpel haben dort andere Geräte bekommen. Am nächsten Tage schlotterten mir noch die Beine, und ich hatte ein ganz flaues Gefühl im Bauch. „Trink' mal einen ordentlichen Schluck Schnaps, dann wird's dir besser", war die Meinung der Alterfahrenen. Ich wurde getröstet: „Das ist so, das haben wir auch schon erlebt!"

Gegen Abend merkte ich ein Jucken und Brennen in der linken Nierengegend. Ein anderer mußte mal gucken, der sagte nur, geh mal zum Sani, da sind kleine Entzündungen. Der Sani sagte direkt, da sind Verletzungen, da steckt Stoff in der Haut – Koppelhöhe, evtl. Lederreste. Er hat dann alles mit der Pinzette operiert – viel Jod, gut abgeklebt. „In zwei, drei Tagen ist das abgeheilt, laß einfach das Koppel aus! Kannst ja noch mal vorbeikommen!" Kam aber nicht mehr dazu ...!

Wir hörten die Jabos nicht kommen; wir hatten uns unterhalten, aber doch immer auf die Geräusche der Umgebung geachtet: Kanonenabschüsse – Einzelfeuer von der Linie. Landser, die ähnliches erlebt hatten, waren der Meinung: „Der Schuß ist schneller als der Schall; der Pilot hat schon von weitem geschossen.

Von meinem Zipperlein hatte ich mich weitestgehend erholt. Wie die Kampfhandlungen in der Linie verliefen, war nicht bekannt, es wurde auch nicht danach gefragt. Wurde es brenzlig – die anderen Landser hatten dafür ein besonderes Gespür – erfuhren wir es von ihnen.

Auch mit den Zivilisten im Ort war kaum mehr ein Kontakt vorhanden, bzw. ich habe keine mehr gesehen. Die Aufklärer ließen bei dem schönen Wetter aus dem Seitenfenster der Kanzel Handgranaten fallen. Die Schnüre, die die Sicherungsstifte herauszogen, baumelten dann am Flugzeug.

Hatte eigentlich noch wenig mit dem Gefechtsstand zu tun, mußte den Telefonleuten zur Verfügung stehen. Der Funkkram war ja auch in unserem Keller verstaut. Nachschub kam zeitweise mit dem großen Troß. Mit der Verpflegung klappte es auch nicht gut; die kam oft nicht nach vorne, und wenn, war die Warmverpflegung meistens kalt, zum Teil gefroren.

Krinkelt, Ende Januar 45

Frühmorgens kommt ein Landser durch den Hintereingang gerannt: „Sofort alles raus, der Ami steht mit Panzer und Infanterie auf der Straße ...“ Das hieß Absetzen in den Krinkelter Wald. Hatte uns der Landser aus dem Schlaf gerissen oder nicht, weiß ich nicht mehr, aber draußen war es schon hell.

Wir waren nur zu dritt, der Uffz., ein Mann am Klappenschrank und ich. „Schmidt, pack deine Knarre (MP 38), noch ‘ne Decke und dann raus hier, bevor der Ami den Keller noch mit Handgranaten beackert.“ Es mußte alles schnell gehen, und trotzdem war eine gewisse Ruhe vorhanden. „Dort in Deckung“, war der Hinweis vom Uffz. Er rannte los, wir hinterher. Meine Uniform, der feldgraue Stahlhelm, die Schirmmütze darunter, die Tarnjacke, weiße Seite nicht mehr weiß, feldgraue Hose, Rückzugsgamaschen und hohe Schuhe. Alles Sachen, die im Schnee gut auffallen!

In erster Deckung die Frage: „Wer hat die Panzer kommen gehört? Normal hatte doch das Haus vibriert ...“ – Keiner hatte was gehört. Der Landser vom Klappenschrank hatte auch über das Telefon keine Hinweise erhalten. – Waren die Leitungen schon tot? Wußte er nicht. Der Uffz.: „Wir müssen im Tal über die Straße (Katzenbach) – und dann in das Gestrüpp, Hecken, Niederwald am anderen Bachufer.“

Gottfried Machata:

An der Front in Wirtzfeld – Jänner 1945

War als Fahnenjunker-Unteroffizier (ROB.Uffz) in der 5. Kompanie (Oltn. Prinz) des II. Batl. (Hptm. Schmidt), Rgt. 991 (Obstltn. Jaquet) zugeteilt. Am 8. Jänner wurde ich, da an der Front relative Ruhe herrschte, zur Ausbildungsabteilung Oltn. Wochner nach Kradenhöfel abkommandiert. Auftrag war die als Ersatz eingelangten Luftwaffen- und Marineleute auf den infanteristischen Einsatz vorzubereiten. Mein Quartier war in einem Westwallbunker auf einer kleinen Anhöhe in Kradenhöfel (den ich in den 80er Jahren wiedergefunden habe). Der zugeführte Ersatz war meiner Meinung vollkommen ungeeignet und ließ jede Bereitschaft zum Kampfeinsatz vermissen. Am ehesten schienen die Marinesoldaten geeignet. Es handelte sich fast durchwegs um (für mich) ältere Unteroffiziere und Feldwebel, die auch den körperlichen Strapazen offensichtlich nicht gewachsen waren. Der Schnellkurs umfaßte den Umgang mit dem Karabiner und der Panzerfaust sowie grundlegende infanteristische Taktik.

Am 16. Jänner wieder bei meiner Einheit, der 5. Kompanie, in Wirtzfeld. Stellungen in zerschossenen Gehöften und Erdlöchern. Der Divisionsgefechtsstand befand sich (nach meiner Erinnerung) damals im Forsthaus Wahlerscheid in der Nähe von Schleiden, der des Regiments in Reifferscheid, unser Bataillonsgefechtsstand in Udenbreth bzw. in Krinkelt.

Jeden Tag Artillerieduelle, die Amis schießen mit Phosphorgranaten (damit war uns die Möglichkeit genommen, Schnee zu schmelzen, um Trinkwasser zu erhalten). Die Einschlagskrater leuchten in der Nacht gespenstisch. Verpflegung kommt nur nachts (Eintopf, Dörrgemüse). Gelegentlich bekommen wir sogenannte „Frontkämpferpäckchen“ mit Zigaretten und Süßigkeiten von der Division.

Fast jeden Tag Spähtrupps der Amis und von uns. Verluste durch Handgranaten. Bei einem meiner Spähtrupps mit dem Auftrag, den Anschluß an unsere linke Division zu finden, bemerke ich, daß diese Flanke fast ungeschützt ist und eine große Lücke klafft, erreiche aber eine Einheit der Nachbardivision. In einem zerschossenen Haus in Wirtzfeld haust noch ein alter Bauer, der sich geweigert hatte, sein Haus zu verlassen. Er berichtet mir, daß er geblieben sei, um seine Kühe zu melken und zu versorgen. Bei unseren Spähtrupps hören wir die ungemolkenen Kühe in der Nacht brüllen.

In der Nacht ziehen auch vereinzelt V 1 in Richtung Lüttich ihre Bahnen. Einige Male werden wir von gut liegendem Granatwerferfeuer eingedeckt, das von niedrig fliegenden Aufklärungsflugzeugen geleitet wird. Wir haben jedoch keine Verluste, da wir uns Erdlöcher gegraben haben. Dafür werden von der Division kleine Kohleöfchen geliefert (eine Art mit Kohle beheizter Bügeleisen) um die Erdlöcher zu erwärmen. Mir als Naturwissenschaftler war aber klar, daß dieser Ofen die große Gefahr einer Kohlenmonoxydvergiftung im abgedeckten Erdloch bedeutete, und wies meine Leute an, die Öfchen erst nach dem Anzünden und Erlöschen des Feuers noch heiß in das Loch zu nehmen. Die Wirkung war aber sehr gering und hielt nicht lange an.

Uns wären die wattierten Uniformen der SS lieber gewesen, die besser gegen Kälte schützten und außerdem zweifarbig (weiß und Tarnfarbe) zum raschen Wenden ausgeführt waren.

Einmal habe ich sogar persönlich von Obstltn. Jaquet Päckchen für unsere Kompanie erhalten, als ich zufällig am Rgt.stab zu tun hatte, dabei hat Jaquet sich nach unserem Ergehen erkundigt und mir zum Abschied alles Gute gewünscht. In den Päckchen befanden sich nach meiner Erinnerung Zigaretten, Bonbons, Kekse und gepreßte große Tabletten aus Kaffee und Zucker (Marke „Linde").

Wir hatten aber nur selten Wasser zur Verfügung, da das Arifeuer der Amis mit Phosphorgranaten erfolgte und der Schnee in der Nacht deutlich leuchtete. Es war untersagt, Wasser aus Schnee zuzubereiten (gelegentlich wurde es dennoch gemacht). In unserer Kompanie wurden deshalb die „Kaffeetabletten" vielfach gegessen und schmeckten wegen des Zuckergehaltes sehr gut.

Der Mangel an Wasser zog natürlich nach sich, daß man sich morgens nur mit Schnee „waschen" konnte, rasieren war fast unmöglich. Nur wer Gelegenheit hatte, einmal kurz nach rückwärts zu gelangen, nutzte dies, um als höchsten Luxus ein Bad zu nehmen oder nur um sich zu waschen. An ein Bad in Schleiden erinnere ich mich noch heute. Diese Verhältnisse führten auch dazu, daß wir alle verlaust waren, und auch die Flöhe machten uns sehr zu schaffen.

Obstltn. Jaquet hatte für das Regiment eine Sturmkompanie gebildet, die nur aus geeigneten Infanteristen bestanden. Meine beiden Kameraden, die Fahnenjunker-Uffz. Tatzel und Schewe, waren dieser Kompanie (wie schon berichtet) von Gen.Mj. Viebig zugeteilt worden. Auch die Kompanien in unserem Rgt. bildeten solche Sturmzüge oder Sturmtrupps, kleinere Einheiten zum Einsatz bei Späh- und Stoßtrupps, mit Grenadieren, auf die unbedingt Verlaß war. Oltn. Prinz stellte mir jedes Mal bei einem Unternehmen die Wahl der Teilnehmer aus der Kompanie frei, und ich suchte mir natürlich die Verläßlichsten aus.

Bei Nacht mußten wir in Erdlöchern (Einmann-Löcher) mit Zeltplanen überdeckt in Stellung gehen, da die Stellungen im Dorf zu sichern waren und dies nur am Rand der Dörfer wegen der Sicht auf einen nahenden Angriff möglich war. Wichtig war auch, die Zeltplanen mit Schnee zur Tarnung zu bedecken.

Bei Tagesbeginn zogen wir uns auf die ersten Häuser zurück, weil dann Sicht und Schußfeld gegeben war. Oltn. Prinz, dessen Gefechtsstand in Wirtsfeld mitten im Ort (an der Straßenkreuzung) lag, stellte mir auch frei, jeden Tag einen meiner Männer zu seinem Gefechtsstand zu schicken, damit er sich aufwärmen und ausschlafen konnte. Es war unglaublich, wie erholt die Grenadiere jeweils von diesen „Urlauben" zurückkamen. Bei Tag konnte kaum geheizt werden, da Rauch sofort Granatwerferfeuer nach sich zog. Nur mit trockenem Holz (schwer zu erhalten) konnte gelegentlich ein rauchloses Feuer gemacht werden.

Mitte Januar hatten wir in der Nacht eine Berührung mit einem Stoßtrupp der

Amis am Rande von Wirtsfeld. Die ausgestellten Wachen hatten die Amis zu spät bemerkt, und es entwickelte sich ein kurzer, heftiger Kampf mit MP und Handgranaten. Es gelang uns sehr rasch, mit einem Stoßtrupp der Kompanie die Amis zurückzuschlagen. Wir hatten, soweit ich mich erinnern kann, einen Verletzten und einen Toten (durch Handgranaten) zu beklagen. Die Amis hatten zumindest einen Verletzten. Wir haben unseren Toten im Dorf begraben.

Eines Tages, als der Ami-Flieger besonders tief über unsere Stellung kreiste, hatte ich ein Magazin meines Sturmgewehres (MP 44) auf das Flugzeug abgefeuert. Ich hatte auch getroffen, das Flugzeug dürfte aber gegen Infanteriebeschuß gepanzert gewesen sein. Sofort wurden wir von heftigem Ari- und Granatwerferfeuer eingedeckt, so daß dieser Versuch nicht mehr unternommen wurde.

In dieser Zeit hatten wir auch einen Überläufer aus unseren Reihen. Wie ich erfuhr, ein Soldat aus der Eifelgegend, ein ehemaliger Belgier aus Eupen.

Noch auf belgischer Seite fanden wir eines Tages Flugblätter von uns. Ich erinnere mich noch an ein Bild des Todes (Skelett) mit Sense und dem englischen Text, der auf den strengen Winter in den Ardennen hinwies und sinngemäß sagte, ein Überleben und die Rückkehr in den warmen Süden der USA sei nur bei einem rechtzeitigen Überlaufen gesichert. Gute Behandlung wurde zugesichert.

Obstltn. Jaquet war über den zugeführten Ersatz an älteren (für mich) Luftwaffen- und Marinesoldaten erschüttert und sagte dies auch deutlich. An der Front konnten wir diese Leute nur als Wachen verwenden, und auch da mußten wir ständig kontrollieren, ob sie auf Posten waren. Ich habe bei keinen von mir geführten Unternehmen einen dieser Leute eingesetzt. Zwar erschienen mir die Marinesoldaten als verläßlich und tapfer, hatten aber naturgemäß nicht die geringste infanteristische Erfahrung. Den Umgang mit Handgranaten, Panzerfaust oder Maschinenpistolen traute ich ihnen im Ernstfall nicht zu. Das sollte sich auch beim Kampf um Krinkelt bestätigen.

Gottfried Machata:

Rückzug aus Wirtzfeld am 29. Januar – Aufgabe von Rocherath-Krinkelt – Tod von Oberstleutnant Jaquet am 31. Januar 1945

Unsere 5. Kp. war meines Wissens mit der 8. Kp zusammen in Wirtsfeld, wobei wir an der Straßenkreuzung (Kp. Gefechtsstand) und nordwestlich davon an den Straßen nach Bütgenbach und Elsenborn in Stellung waren (Hauptrichtung zu den Stauseen, wohin auch einige Spähtrupps gingen). Eine wechselseitige Ablösung durch das andere I. Btl. hat es nicht gegeben. Den Namen des Btl. Führers des I. Btl. ist mir nicht bekannt. Ich möchte noch ergänzen, daß meine Gruppe die letzte war (wie schon oft), die Wirtzfeld kampflos geräumt hat. Der Abmarsch war übrigens einige Tage vorher vom Rgt. schon angekündigt worden und wurde immer wieder verschoben. Das Regiment war bei unserem Eintreffen in Krinkelt schon in Stellung. Auftrag an die Kp. war die Verteidigung in Richtung Südwest.

Am 29. Jänner Befehl zum Rückzug nach Krinkelt-Rocherath. Ankunft um 21 Uhr. Meine Stellung ist bei der alten Mühle (im Osten von Krinkelt); neben uns befand sich ein VB der Ari. Das ganze Regiment geht in diesem Doppeldorf in Stellung. In der Frühe des 30. Jänner greifen die Amis an. Schwere Panzerkämpfe und Einzelkämpfe in den Häusern den ganzen Tag.

Die 5. Kompanie hatte den Auftrag, am Ortsende (westlich) in der Nähe der Mühle den Waldweg Richtung Hollerath zu sichern. Die Stellung bei einer Brücke und die Aufstellung meiner Gruppe habe ich mit Oltn. Prinz besprochen, und Prinz hat uns am späten Abend nochmals besucht. Wir verabredeten unser Vorgehen bei dem zu erwartenden baldigen Angriff. Prinz teilte mir mit, daß das ganze Rgt. und

Krinkelt - Ortsende, Stellung von Gottfried Machata, die alte Mühle, Straßen nach Wahlerscheid und Richtung Udenbreth zur Grenze

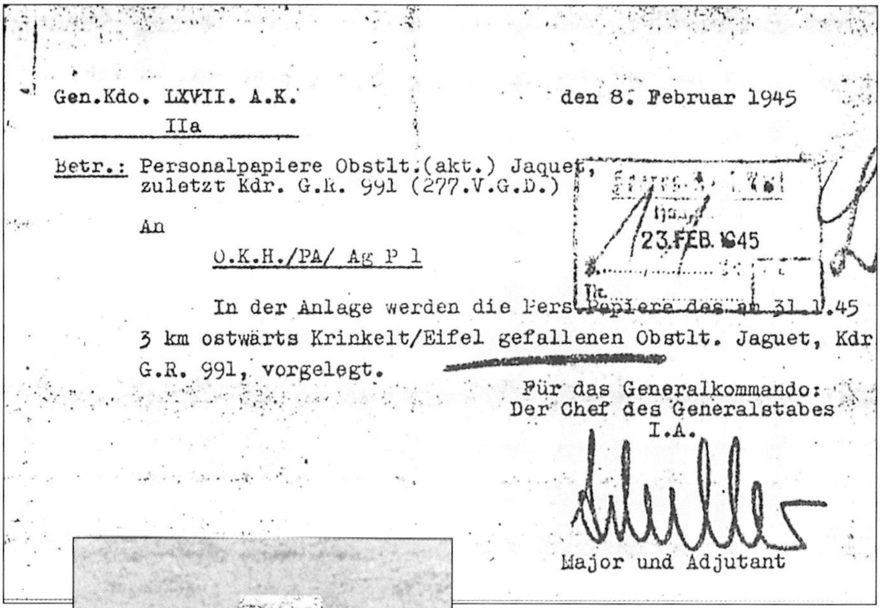

Gen.Kdo. LXVII. A.K. den 8. Februar 1945
IIa

Betr.: Personalpapiere Obstlt.(akt.) Jaquet, zuletzt Kdr. G.R. 991 (277.V.G.D.)

An
O.K.H./PA/ Ag P 1

23.FEB.1945

In der Anlage werden die Pers.Papiere des am 31.1.45 3 km ostwärts Krinkelt/Eifel gefallenen Obstlt. Jaguet, Kdr G.R. 991, vorgelegt.

Für das Generalkommando:
Der Chef des Generalstabes
I.A.

Major und Adjutant

Bild oben: Meldung über den Tod von Oberstleutnant Jaquet an das Heerespersonalamt. Der Unterzeichner, Major Hans Scheller, Adjutant des Generals Hitzfeld (IIa), wurde am 13.3.1945 wegen des Verlustes der Brücke von Remagen standrechtlich erschossen. Das Landgericht Landshut hob am 2.2.1962 das Todesurteil auf und sprach Major Scheller frei.

Bild links: Soldatenfriedhof Lommel (B): Hier sind rund 40.000 Soldaten beerdigt. Grab von Oberstleutnant Otto Jaquet.

das Sturmbataillon der Division in die Abwehr einbezogen sei. Ich habe ihn nach diesem Abend nicht mehr gesehen.

In unserer unmittelbaren Nähe befand sich ein VB der Ari, mit dem ich Kontakt aufnahm. Nach meiner Erinnerung hat aber unsere Ari in den Kampf um Krinkelt am nächsten Tag nicht eingegriffen, was ja bei dem Kampf Haus um Haus und der starken Verzahnung von Angreifern und Verteidigern gar nicht möglich war. Eine geschlossene Front existierte beim Kampf nicht. Wir kämpften in kleinen Gruppen Haus um Haus, Keller um Keller. Ich habe mit Mühe und Not meine Gruppe zusammenhalten können.

Reste des Regiments sammeln sich am 31. Jänner nachmittags im Osten von Krinkelt. Obstltn. Jaquet befiehlt Sammeln beim Regimentsgefechtsstand am Waldrand. Wir treffen dort um etwa 17.00 ein. Nach Lagebericht haben uns die Amis überrollt, und wir wollen den Durchbruch Richtung Hollerath erzwingen. Oltn. Prinz und fast die ganze 5. Kompanie nicht mehr vorhanden (Prinz soll in Gefangenschaft geraten sein).

Bei einbrechender Dunkelheit und Befehl von Jaquet: „Vorwärts, Marsch!“ setzt sich der erste Panzer (wir haben ihn als „Hetzer“ bezeichnet, dem Aussehen nach ein Sturmgeschütz) auf der Waldstraße in Bewegung. Dahinter folgen der Obstltn. in der Mitte und neben ihm Fj. Uffz. Tatzel, Fj. Uffz. Baschus und ich. Nach meiner Erinnerung etwa nach einem Kilometer wird unser Panzer von einem im Wald getarnt stehenden Sherman abgeschossen. Die Panzergranate tötet Jaquet und Baschus. Tatzel und ich werden vom Luftdruck in den Wald geschleudert und bleiben unverletzt. Ich habe noch Wochen später Gehörschäden.

Den Befehl übernimmt nun Hptm. Schmidt und beschließt, den Durchbruch (über Umwege durch den Forst) fortzusetzen. Die Toten müssen unbestattet zurückbleiben; für die nicht marschfähigen Verwundeten (auch aus den Kämpfen um Krinkelt) wird ein Sanitäter zurückgelassen (SanGfr. Gschwandtner, den ich in der Gefangenschaft wieder treffe). Wie ich später von Gschwandtner erfahre, marschierten die Verwundeten am nächsten Morgen nach Krinkelt und ergaben sich den Amis. Der Anmarsch der Verwundeten hatte anfänglich zur großen Aufregung und Alarm bei den Amis geführt, da diese zuerst an einen deutschen Angriff dachten.

Zur Schilderung des Panzerkampfes auf dem Waldweg in Richtung Hollerath, bei dem Obstltn. Jaquet neben mir fiel, möchte ich noch Folgendes nachtragen. Nach dem Abschuß unseres Panzers war in der danach eintretenden Stille ein lauter Ruf zu hören. „Panzerfaust nach vorne.“ Es könnte Hauptmann Schmidt gewesen sein. Von rückwärts kam als Antwort: „Wir haben keine mehr.“ Das dürfte den Tatsachen entsprochen haben, da bei dem geplanten Ausbruch zwar alles schwere Gepäck zurückgelassen worden war, von Waffen war natürlich nicht die Rede gewesen. Meistens hatte man den Ersatzleuten die Panzerfäuste zum Tragen anvertraut.

Wir haben, wie schon erwähnt, die Verwundeten und Nicht-Marschfähigen in der Waldschneise zurückgelassen (mit einigen Sanitätern, darunter auch Franz Gschwandtner aus meiner Kompanie), ich hatte aber den Eindruck, daß auch einige Männer, die unverletzt waren, zurückblieben. Kontrolle war in der Nacht nicht möglich.

Grab von Fj.-Uffz. Norbert Baschus in Lommel. Er fiel neben Oberstleutnant Otto Jaquet.

Ich konnte mich gerade um meine Leute kümmern. Der Abmarsch erfolgte bei einbrechender Dunkelheit über Schleichwege abseits der Waldwege unter Führung eines Soldaten aus dieser Gegend und war sehr beschwerlich. Wir sind daher auch erst am Morgen nach Umgehung der amerikanischen Sperren an der Straßenkreuzung von Hollerath angekommen.

Auch nach unserem Abzug aus dem Doppeldorf griff unsere Ari nicht ein. Ich habe schon vorher bei Gesprächen mit Ari-Mannschaften (bei meiner Fahrt mit einem LKW der Ari von Euskirchen nach Schleiden) schon von Munitionsmangel gehört, so daß nur bei dringenden Fällen das Feuer eröffnet werden sollte. In der Mühle haben sich dann in der Nacht die Reste des Rgt. und des Sturmbataillons getroffen und haben am nächsten Tag über einen Melder des Rgt. den Befehl zum Sammeln am Waldrand für den Ausbruch mit unseren verbliebenen Panzern erhalten.

Rückzug zum Hollerather Knie und in die Bunkerlinie des Westwalls vor Miescheid am 1. Februar 1945

Wir schleichen uns an der Panzerstellung vorbei (Panzerfäuste sind angeblich nicht mehr vorhanden) und mit ortskundiger Führung durch den dichten Wald und Unterholz, bei noch bis zu kniehohem Schnee. Dabei wiederholt Feindberührung; die Amis entdecken uns und belegen uns mit MG-Feuer. Die Glimmspuren der Geschosse sind deutlich erkennbar. Wir erwidern das Feuer auf Befehl nicht. Gelangen ohne Verluste gegen Morgen am 1. Februar an das Hollerather Straßenknie. Auftrag

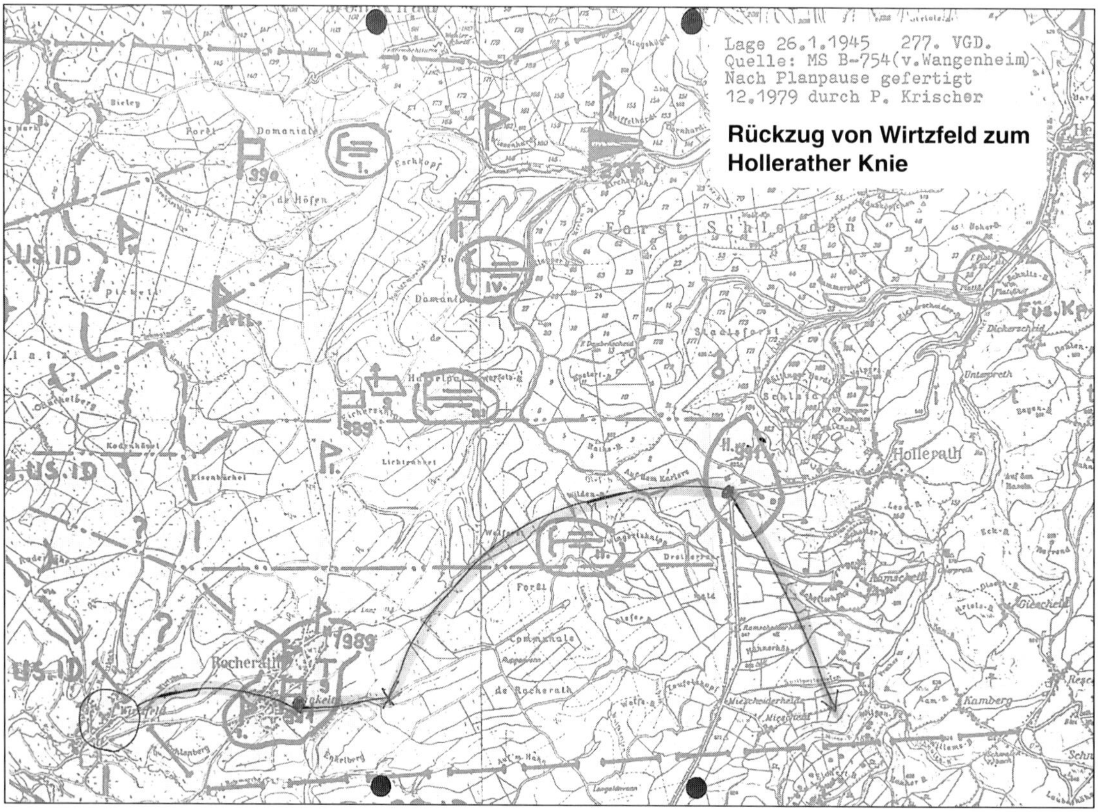

Rückzug von Wirtzfeld zum Hollerather Knie

von Hptm. Schmidt an mich, die Reste der 5. und 8. Kp. zu übernehmen (nur mehr etwa 10 Mann) und das Straßenknie zu verteidigen. Graben uns ein.

Die Stellung meiner Gruppe nach dem Durchbruch war direkt auf der Südseite des Hollerather Straßenknies und bestand aus den Resten der 5. und 8. Kp (nicht mehr als 10-12 Mann). In die Stellung wurde ich von Hptm. Schmidt eingewiesen und wir gruben uns ein. Zu Mittag des 1.2.45 kam es dann zum Gefecht mit dem Stoßtrupp der Amis, der von uns ohne Verluste abgewehrt werden konnte. Die Amis dürften einige Verwundete gehabt haben (man hörte Rufe). Beim befohlenen Rückzug auf die Westwallbunker in Richtung Udenbreth/Mieschcid lagen wir unter Ari-Feuer, hatten aber keine Verluste oder Feindberührung. Ziehen uns am Abend befehlsgemäß Richtung Miescheid zurück. Wir werden um etwa 23 Uhr in die von Ersatzeinheiten besetzten Westwallbunker eingewiesen, da alle am Durchbruch Beteiligten am Ende ihrer Kräfte sind.

Kurt Schmidt:

Aufgabe von Krinkelt – Rückzug auf den Westwall

Der Uffz. ging vor, auf sein Zeichen sollte ich folgen – dann der andere Kumpel. Wenn Flugzeuge kommen, volle Deckung, wo man steht – nicht bewegen, die sehen alles. Auch auf der Talstraße war nichts los. Sein Zeichen – ich kam gut bei ihm an, dann folgte der Mann vom Klappenschrank (Vermittlung). Wir gehen immer nur in Etappen von hundertfünfzig bis zweihundert Metern, bis wir am höheren Wald sind. Immer wieder längere Pausen eingelegt – gehorcht, geguckt, ist was in der Nähe, kommt nichts von oben?

Kurz vor dem eigentlichen Wald war die letzte Lagebesprechung. Da unsere Landser Posten stehen, müssen wir uns bemerkbar machen, uns zu erkennen geben, damit sie nicht losballern. Also: „Ich gehe los (Uffz.), ihr wartet, bis ich zurückkomme – alles klar – bleibt in der Deckung.“ Es dauerte nicht sehr lange, er kam zurück, wir können kommen. Wir waren im „Forst Krinkelt“. Von hier konnte man Krinkelt und Rocherath einsehen; dort gab es keine Bewegung.

Wo waren die anderen Landser aus unserem Keller? Wer kam noch alles aus Krinkelt/Rocherath heraus? Keiner wußte was.

„Geht mal bis zu der breiten Straße, von hier führen kleine Querstraßen tiefer in den Wald, dort sind links und rechts Erdbunker. Da findet ihr was.“ Die Bunkerwände waren mit Stammholz gestützt – die Decken mit etlichen Lagen Stammholz abgedeckt. Hier hausten Soldaten mehrerer Waffengattungen, die aus den unterschiedlichsten Richtungen kamen.

Gespräche und Fragen: „Kommen noch mehr von da drüben?“, „Habt ihr den Ami gesehen?“ Für mich waren hier nur fremde Gesichter. Wo war eigentlich der Erdmann und sein Putzer, wo war der Jaquet mit seinen Leuten – wie sind die herausgekommen? „Suche mal jemanden in dem Wald hier“, meinten die Landser.

Einer wußte aber was ganz Erfreuliches: „Auf der breiten Straße, ca. 300 Meter nach rechts, dort ist der Küchenbulle – es gibt noch Null-Acht-Fuffzehn-Verpflegung, geht mal hin!“ Wir gingen – aber es waren nur noch Reste einer Suppe übrig – Hauptsache warm. Kommißbrot war auch genügend da, aber gefroren. Kein Problem! Und Beutel mit Kommißbrot, die altbekannte Notverpflegung (eiserne Ration). „Teilt es euch ein“, war seine Empfehlung, er wisse nicht, wann Nachschub käme. Hier fiel mir auf, daß ich meinen Brotbeutel nicht mehr hatte.

Was stand alles auf der breiten Waldstraße, die parallel zum Waldrand verläuft, und in den kleinen Querstraßen: Feldhaubitzen auf Selbstfahrlafetten, kleine Kettenfahrzeuge, Autos, Motorräder mit Beiwagen und vieles mehr. Panzer habe ich nicht gesehen. Der ganze Fuhrpark war ganz neu – letzte Woche aus der Fabrik! Kein Kratzer dran, ‚Balkenkreuz‘ in frischer Farbe. Die Soldaten hatten neue Uniformen. Da konnte man glotzen! Alles war gut getarnt. Abends mit mehreren Landsern an einem markanten Punkt auf Wache gezogen. Das war die erste Nacht im Krinkelter Wald!!

Nächster Tag im Krinkelter Wald ...

Wir sind nur ca. 1,5 bis 2,0 km vom Westwall entfernt. Es ist geplant, von hier in Richtung Udenbreth rauszukommen. Aber dort an der Straße und in einem schmalen Waldstreifen soll der Ami schon mit Panzern stehen. Ein Spähtrupp hatte das festgestellt – dort kommen wir nicht durch.

Nächste Parole: Da vorn an der Kreuzung (Ruppenvenn) steht der Ami mit Panzern und Infanterie – wenn der Weg frei ist, geht's Richtung Norden nach Hollerath.

Keiner wußte was Genaues. „Wir bleiben hier sitzen, bis uns der Ami holen kommt“, war auch zu hören. Mit mehreren Landsern waren wir am Waldrand mit Sicht auf Krinkelt/Rocherath verteilt (Katzenbach), dort hat sich kaum etwas bewegt. Sind dort noch Panzer – oder stehen die schon am Westwall? Sehr unangenehm wurde es, als dann die ersten Einschläge im Geäst der Bäume erfolgten. Der Ami hatte mit seinen sogenannten Spuckern den Waldrand eingedeckt. Von wo schossen die? In der Tallage Katzenbach war kein Mensch zu sehen, Krinkelt/Rocherath war zu weit weg.

Es wurde auch befürchtet, daß der Ami nach dem Beschuß mit Stoß- oder Spähtrupps in den Wald sickern würde. Es war eine gewisse Unruhe in unserer Ecke. Was ist noch vorhanden an Waffen und Munition. Einer fragte mich, wieviel Magazine ich zu meiner Spritze hätte: „Nur das eine, das steckt ja in der MP.“ Hab ich oder er dumm aus der Wäsche geguckt? „Gib das Ding mal her!“ Er machte das Schloß auf und fragte: „Haste mit dem Ding schon mal geschossen?“

Ich habe ihm dann erzählt, wie ich zu der MP gekommen bin. Seine Antwort: „Mit der kannste gar nicht mehr schießen – da ist ja die Rückzieherkralle abgebrochen oder der Schußsitz nicht mehr in Ordnung.“ Er besorgte mir ein anderes Schießeisen – es war eine Nullacht und zwei Hände voll Munition – die hat er dann einfach in die Taschen meiner Tarnjacke verteilt.

Es wurden überall Doppelposten aufgestellt – in der Nacht hat kaum einer geschlafen – wie es weitergehen soll, wußte ja keiner. Nachts stand der Mond am Himmel. Es war sternenklar und saukalt; man konnte die Schneeflächen vom Katzenbachtal bestens übersehen.

Der nächste Tag ...

Eine neue Parole: „Der Regimentskommandeur von 991 ist im Wald; er plant einen Ausbruch – die wollen die Kreuzung freischießen – dann geht's dort raus.“ Sonst nichts mehr – also abwarten. Von den Spuckern war nichts zu hören – Dachrutscher und Jabos waren in der Luft – haben aber das Waldgebiet nicht angegriffen.

Mittags oder schon nachmittags gabs Alarm: „Ein US-Stoßtrupp ist im Wald – er kommt in unsere Richtung – alles in Deckung gehen – es wird nicht geschossen.“

Ich lag vielleicht mit fünf, sechs Mann hinter einem gefällten dicken Baumstamm, tief im Schnee. Die Kumpels hatten ruck zuck zwischen Stamm und Boden den Schnee weggeräumt, so konnte man den kleinen Querweg übersehen. Zu mir gewandt: „Mach dir ja nicht in die Hosen – und wenn die nahe kommen, bleibste schön mit dem Arsch im Schnee. Kapiert!!“

Die Amis kamen – die spazierten auf dem Querweg an uns vorbei – redeten, rauchten, Gewehre geschultert – Abstand zu uns etwa 15 bis 20 Meter. Kein Schuß fiel – dann waren sie weg – allgemeines Aufatmen.

Weiter Doppelposten, wechseln öfter, damit jeder sich mal hinhauen kann. Beim Küchenbullen gabs auch nicht mehr viel – mal irgendeine warme Brühe. Von den Mini-Kommißbroten wurde gelebt. Schnaps war auch da. Die Stimmung war schlecht.

Was wird? Einfach abwarten!!

Der nächste Tag ...

Keine Wolke am Himmel, wir sollten uns zur großen Querstraße nach Udenbreth bewegen – von den Amis sind da vorne nicht mehr viele (Ruppenvenn), nur noch ein paar Panzer und wenig Infanterie. Wir brechen dort aus. Abstand zur Straße etwa 100 Meter.

Das Ganze war auf Überraschung aufgebaut. Nach einem Feuergefecht sollten wir die Straße überqueren, uns im Wald verteilen und in kleinen Gruppen zur Reichsgrenze durchschlagen. Die direkte Richtung Udenbreth war ja versperrt.

Unsere Gruppe war höchstens 50 Meter von dem Straßenkreuz entfernt, der Wald war hier schon sehr licht, auf der gegenüberliegenden Straßenseite waren keine Bewegungen festzustellen. US-Panzer waren im anderen Waldgebiet getarnt versteckt. Alles ruhig.

Fahrzeugmotoren heulten auf. Es kam ein Feuerwerk von beiden Seiten, alles volle Deckung, Schnauze in den Schnee; mehr war als Deckung nicht vorhanden. Bei den Amis hat es stark gequalmt – auf unserer Seite standen ein oder zwei Fahrzeuge in Flammen – und jeder hat darauf gewartet, daß es los geht.

Es ging aber nicht los – keines unserer Fahrzeuge bewegte sich zur Kreuzung. Es kam kein Befehl. Dann sickerte durch, in einem der vordersten Fahrzeuge sei der Kommandeur von 991 abgeschossen worden und tot. (Jaquet) Langsam zogen wir uns Mann für Mann aus unserer Warteposition zum früheren Standort zurück. Es wurde damit gerechnet, daß der Ami in unser Waldgebiet eindringen würde. Kam aber nicht – kein Beschuß.

Ein neuer Befehl wurde durchgegeben: „Wenn's dunkel ist, gehen wir von unserem Standort in Richtung Gelände an der Katzenbach über die Freiflächen nach Norden."

Dann kam der Hammer: „In diesem Gelände liegen noch unsere Minen!" Der Ausbruch wird von Pionieren geführt, die wüßten die Durchgänge. Ein Himmelfahrtskommando? Die Rußlanderfahrenen meinten, das sei gar nicht so gefährlich; durch den hohen Schnee und die Kälte gingen die nicht so leicht los.

Es wurde dunkel, das Unternehmen begann!

Das Minenfeld

Vorher eine Belehrung: „Alles, was rappelt, Kochgeschirre, Gasmasken usw. bleiben hicr. Nur die Knarre geht mit. Die Pioniere gehen vor und stecken die Gassen ab. Wir folgen in Gruppen von ca. 10 Mann – immer auf die Fußabdrücke des Vordermannes achten – und ja nicht danebentreten."

Die Fußstapfen waren bestens zu sehen, denn der Mond stand am Himmel. Abstand der Gruppen nur so weit, daß man sich per Flüstern und Handzeichen noch verständigen kann.

„Wir bewegen uns zwischen dem Waldrand und der Talstraße am Katzenbach. Wir umgehen da vorne die Kreuzung am Waldeingang (Ruppenvenn) – dann geht es weiter auf der Straße zum Hollerather Knie."

Bei jedem Trupp ist noch ein Vorgesetzter, der das Sagen hatte. „Es darf nicht geredet werden, wenn wir draußen sind!" – und immer wieder der Hinweis, auf die Fußstapfen zu achten. „Sollte jemand gegen eine Mine stoßen, einfach stehenbleiben – dem Hintermann zeigen, wohin der treten muß. Also Zeichen geben. Den Fuß dann langsam seitlich von der Mine schieben – keine hektischen Bewegungen machen. Die Pioniere werden schon den sicheren Weg herausfinden."

Wir marschierten noch etwa zweihundert Meter auf der breiten Waldstraße, dann links ab an den Waldrand, hier wurde eingeteilt, wann eine Gruppe losgeht. Abstand ca. zehn bis zwanzig Meter, und alles langsam. Von Mann zu Mann vielleicht vie oder fünf Meter im Gänsemarsch. Vor uns waren etwa schon sechs oder sieben Gruppen, die Fußstapfen waren schon tief in den Schnee getreten. Auch wurden die einzelnen Abdrücke immer länger – wer hat solche großen Schritte gemacht? Kam aber dadurch, daß man automatisch mal ein Stück zu kurz, dann etwas weiter getreten ist.

Ich glaube nicht, daß irgendeiner gefroren hat – nämlich jeder hat Angst gehabt und gehofft, daß nichts passiert. Die Pioniere hatten ja Pläne von dem Minenfeld – vielleicht auch verschieden Markierungen oder Zeichen gesetzt. Wenn aber dreißig bis vierzig Zentimeter Schnee darüber liegen, ist es mit der genauen Orientierung sicher nicht mehr weit her. Was warm hielt, war die Angst, daß der nächste Schritt der letzte gewesen sein könnte.

Dann mitten im Gelände: „Das Ganze halt – abwarten!“

So weit sind wir doch nicht mehr von der Kreuzung weg – dann ging es wieder weiter – aber nicht auf die besagte Kreuzung zu, sondern nach links in Richtung Forsthaus Rocherath.

Die Kreuzung hatten wir schon hinter uns, da kam der Flüsterbefehl: „Nach etwa dreihundert Metern geht's rechts in den Wald – dort ist das Minenfeld zu Ende.“

Bis jetzt ist alles ohne einen Zwischenfall abgegangen – es ist kein Schuß gefallen – keine Mine hochgegangen – dann schaffen wir auch noch das letzte Stück. Wir waren in dem Wald. Warum nicht hinter der Kreuzung zum Hollerather Knie? Ging nicht, der Weg war mit frischen Panzerspuren aufgefahren. Demnach ist der Ami schon Richtung Höckerlinien unterwegs. Wir müssen versuchen, weiter nördlich vom Knie in die Bunkerlinien zu kommen. Über Wahlerscheid geht es auch nicht – dort wäre der Ami schon vor Tagen eingedrungen. Es ging wieder weiter – angeblich Richtung ins Oleftal – teils über Waldwege – teils direkt durch den Wald. Immer im Gänsemarsch. Absolute Ruhe, damit man Geräusche hören kann.

Achtung, Panzer!

Es wurde heller, der Morgen kam, der Ami war vor uns – die Kettenspuren waren ganz frisch. An ganz bestimmten Stellen war der Waldweg von unseren Pionieren mit Panzerminen geladen, in einem versteckten Plätzchen saß dann einer unserer Pioniere, der die Minen beim Anrücken der Amerikaner scharf machen sollte. Die wußten natürlich auch, daß noch unsere Truppen in dem Waldgebiet auf dem Rückzug waren. Daher immer wieder die Frage: „Seid ihr die Letzten oder kommen noch welche? Vor euch ist der Ami schon mit drei Panzern hier durch – ich darf die Dinger aber erst scharf machen, wenn keine Landser mehr kommen!“

Dann der Hinweis: „Da vorne kommt ihr auch nicht in den Westwall – der Ami ist schon auf der Hauptstraße!“

Dann jaulten wieder Panzermotore auf. – „Geht in Deckung, die kommen wieder zurück! Alles in die Schonung/junge Tannen, etwa zwei Meter hoch. Tief hinein, in dem weichen Boden können die Panzer nicht fahren. Unter die Tanne, an den Wurzeln in Deckung gehen.“

Das Motorengeräusch wurde immer stärker – hörte dann abrupt auf – der Ami stand in unserer Höhe auf der Straße, wo wir mit dem Pionier geredet hatten. Flüsterdurchsage: „Alles bleibt in voller Deckung – die wissen, daß wir hier sind!“

So war es – dann eröffneten die Panzer mit den Maschinengewehren das Feuer und schossen in die Schonung – so in zwei Meter Höhe in die Tannenspitzen. Einzelne Feuerstöße mit längeren und auch kürzeren Pausen. „Alles bleibt liegen – immer die Schnauze unten halten!“

Nasse Uniform bis über den Nabel, die Hosen waren bis zu den Knien schon gefroren, also die Beine zusammengeschlagen, daß das Eis abplatzen konnte. Rußlandpraxis: Die ‚Rückzugsgamaschen‘ ausziehen, mit einem leichten Stock das Eis kleinschlagen; durch die nun unten offene Hose fällt es ja heraus. Füße und Zehen immer bewegen, massieren und abwarten. Es war schon heller Tag – dann kamen Motorengeräusche und Kettengeknirsche aus der hinter uns liegenden Gegend. Es wird nichts unternommen, abwarten, vorne wollen sie einen anderen Rückweg erkunden – wir sind zwischen den US-Panzern. Nichts selbst unternehmen. Alles bleibt hier.

Das Motorengeräusch hinter uns wurde stärker – ein harter Schlag, der Boden wackelte, ein Feuerschein. Sicher hat einer der Pioniere die Panzerminen scharf gemacht, und der Ami ist draufgefahren. Es kamen noch ein paar Feuerstöße von den vor uns stehenden Panzern – dann wurde es wieder ruhig – aber weggefahren sind die nicht. Die Dämmerung begann, und wir lagen immer noch in der Schonung.

Es war schon dunkel, als ein neuer Flüsterbefehl kam: Nördlich vom Knie liegen die Bunker sehr dicht hinter der Höckerlinie. Also: „Auf geht's!" Weiter im Wald – mal an einen Bachlauf – mal durch Hecken. Oft lange Pausen eingelegt. Wenn es ruhig war, ging es wieder mal ein paar hundert Meter weiter. In den Pausen mal an einen Baum gelehnt und ein kurzes Nickerchen gehalten – im Stehen geschlafen.

Vor dem Westwall ...

Es wurde wieder Morgen und wir waren immer noch nicht auf dem Reichsgebiet. Aber auch nicht mehr weit vom Westwall. Durch den lichter werdenden Wald konnte man schon vereinzelte Höcker sehen. Da müssen wir hinüber. Wir waren im Gebiet ‚Dreiherren-Wald' mit ‚Wengertsknepp'. Das Knie war etwa 500 bis 700 Meter östlich von unserem Standort. Vor der Höckerlinie, auf belgischer Seite, war ein Feldweg entlang der Höckerlinie. Hinter der Höckerlinie, also auf deutscher Seite, zugeschneites Buschwerk, niederer Bewuchs, das Gelände leicht ansteigend. Und Minenfelder!

Wann geht's weiter? Flüsterpropaganda: „Ein Stoßtrupp will weiter nördlich durch den Westwall, um Kontakt mit unserer Linie aufzunehmen." Andere Landser wußten: „Vom Knie in Richtung Miescheid steht der Ami an der Straße." Die hatten recht. Dann die nächste Aufregung; über den Feldweg vom Knie her kam ein amerikanischer Stoß- oder Spähtrupp – alles wieder sofort zurück in tieferes Waldgebiet und abwarten.

Saukalt, blauer Himmel, hundemüde, die Uniformhose bis über den Hintern gefroren und schwer – die Nullacht und Munition in den Tarnjackentaschen waren ein Klumpen. Die Decke und Zeltplane über den Kopf gezogen, den Stahlhelm (‚Hurratüte') darauf. Hat man überhaupt noch gefroren?

Es gab von deutscher Seite her ein Feuergefecht in unsere Richtung – das galt dem US-Stoßtrupp. Darauf die nächste Parole: „Gegen Abend kommt der Ami bestimmt nicht mehr – bis dahin wissen unsere Kumpel auf der anderen Seite sicher Bescheid – dann gehen wir auf dem Feldweg am Knie in den Westwall."

Wieder im Westwall

Es dunkelte, ein neuer Flüsterbefehl: „Langsam in Richtung Knie bewegen, immer einen gewissen Abstand zum Feldweg halten!" Die Höckerlinie machte einen

Bogen entlang der Reichsgrenze; wir waren ganz kurz vor dem Knie. Im Gänsemarsch auf dem besagten Feldweg, fünfzig Meter noch, dann waren wir vor unseren Minensperren auf der Hauptstraße. Eine Gasse war von den Pionieren abgesteckt – hindurch – wir waren im Reichsgebiet!

Irgendein Sani-Vorgesetzter sagte mir: „Du gehst mit dem Verwundeten in Hollerath zum Verbandsplatz – in der Nähe der Kirche. Du mußt immer mit ihm reden; der hat eine Kopfverletzung." Er hatte einen ganz alten Verband um den Hals – hatte Brot und Zigaretten dabei – konnte den Stahlhelm aber nicht absetzen.

Die Straße ging etwas bergan, die ersten Ruinen – Gespanne und Landser. Der Verbandsplatz war in zwei Kellern untergebracht. „Woher kommt ihr denn?" – „Vom Hollerather Knie soll ich ihn hierherbringen!" – „Wo seid ihr vorher gewesen?" – „Ich komme aus Krinkelt." – „Fehlt die auch was?" – „Nur kalt!"

Irgendein Landser kam mit einem warmen Getränk und Brit. In einer Ecke war ich eingeschlafen. Es kann aber nicht lange gewesen sein, als es wieder Krach in der Bude gab. Unsere Feldpolizei (‚Kettenhunde') sahen nach den Verletzten – „Alles was nicht viel hat, meldet sich im Keller vom Hollerather Hof." Dort war ein Auffangkommando eingerichtet.

Ich wurde dem Bunker 201 zugeteilt. „Da hinten sind noch mehr, die auch diese Richtung müssen!" Verpflegungsempfang, umhauen, in zwei, drei Stunden geht's los.

Im Bunker 201

Es ging los in der Morgendämmerung, etwa zwei Kilometer zum Bunker 201 oberhalb des Hollerather Knies. Von der Hauptstraße auf einen Feldweg, von dem ging ein Schützengraben zum Bunker 201. Posten standen im Gelände – wir waren vielleicht vier oder fünf Mann, durch den Schützengraben, dann die Treppen runter. „Meldet euch beim Alten (Hauptmann)!"

Es war warm! Und viele Hindenburglichter! Einer von der Bunkerbesatzung fragte: „Was habt ihr an Waffen dabei?" Tarnjacke auf den Tisch gelegt und die Eisklumpen aus den Taschen genommen. Der Kram kam in einen Stahlhelm und wurde am Ofen aufgetaut. Die Schuhe aus, die Hose aus; der Schmidt kam in Decken und mußte erst mal richtig auftauen. Ich durfte schlafen. Wie lange, weiß ich nicht mehr.

Einer weckte mich: „Schmidt, aufstehen, bist mit der Wache dran!" Uniformhose, Uniformrock und einen viel zu großen Mantel mußte ich anziehen, weil meine Sachen noch gar nicht trocken waren. Es war Bunkermaterial.

Sicher habe ich dann auch noch etwas gegessen – dann ging es jedenfalls durch den linken Ausgang im Schützengraben nach rechts – immer die Rübe unten halten! „Da unten meldeste dich beim Uffz. so und so. Karabiner brauchste nicht, da draußen stehen welche – der Uffz. sagt dir alles!" Vielleicht war es auch so ein „Oberschnäpser". Seine erste Frage: „Biste Infanterie?" – „Nein Nachrichten!" – „Warste schon mal in der HKL?" – „Nur, wenn ich Nachschub dahin bringen mußte. Keine Kampfhandlungen.

Erste Wache als Infanterist

„Also, in dem vor uns aufgeworfenen Erdreich sind Schießscharten – dahinter turnste nicht herum – das sehen die von da drüben (der Ami). Die haben Scharfschützen. Im Graben nur geduckt bewegen, Kopf nicht über die Oberkante. Fünf Meter weiter steht noch ein Posten, wenn was wissen willst, den kannste fragen. Nur Flüstern. Geschossen wird nur auf Befehl!" – Das war meine Einweisung als Infanterist. In einer Stunde wirste abgelöst! Es war heller Tag. Das Gelände bis zu den Höckerlinien war vermint.

Von unserem Standpunkt konnten wir das Hollerather Knie bis zu der leichten Kurve vor den Miescheider Höfen einsehen. Ebenfalls Konturen von Hollerath, und genau vor uns die Höckerlinie, die am Knie die Straße überquerte und sich in Richtung ‚Auf dem Karlers' zog. Vor zwei Tagen haben wir noch dort im Wald gestanden und wußten nicht über die Höckerlinie zu kommen. Überall stand schon der Ami. In Richtung Norden waren nur Hecken, Sträucher und zugeschneites niederes Baumwerk zu sehen.

Der andere Posten sagte mir dann: „Da in den Hecken ist die Kuppel von dem Bunker – die ist eingefahren und gut getarnt. Der Alte ist der Bunkerkommandant, ein ‚Zwölfender', die anderen Landser sind die Besatzung!"

Nach der Wache ein Gespräch mit dem Hauptmann: „Sie sind Nachrichtler, Telefon oder Funk?" – „Beides in Rocherath und Krinkelt gemacht – Ausbildung Funk!" – „Kennen Sie was vom Bunkernetz?" – „Nur so viel, daß ich in Reifferscheid mal das beschädigte Bunkerkabel reparieren mußte." Er stellte mir einen Leutnant vor: „Dieser ist VB von unserer Ari. Der wird Sie einweisen!"

Ein neues Aufgabengebiet ...

Ein neues Aufgabengebiet: Telefondienst, Verbindung halten mit rückwärtigen Abschußstellungen unserer Artillerie, Querverbindungen mit den Nachbarbunkern 200/199/198 in Richtung Miescheid – 202/203/204 Richtung Dauberscheid.

„Wenn Sie auf Wache ziehen, melden Sie sich bei mir ab!" – „Jawoll, Herr Leutnant!" Über das Bunkernetz konnte bis zu einer Postvermittlung in Köln durchverbunden werden. Im Raum vom ‚Alten' war ein Nebenapparat – die Leitungen waren meist blockiert – also überlastet. „Schmidt, die Vermittlung solange immer wieder anrufen, bis ich meine Gesprächspartner habe!" (Das waren Gefechtsstände, Versorgungsstellen, der Nachschub usw.)

Die anderen Landser hatten auch ihre Beschäftigungen, rumorten in den anderen Räumen – hatten mit Waffen zu tun. Diese wurden ja in den Mannschaftsräumen gepflegt.

Verpflegung war auch genug da, warm und kalt. Der Pimpf (Schmidt) in der Gruppe mußte wieder aufgepäppelt werden.

Der Bunker – Eine Beschreibung

Die Decke war etwa zwei Meter dick, hatte einen U-Eingang (Treppen) mit Quergang, von diesem zwei getrennte Eingänge in die Mannschaftsräume. Aus den Mannschaftsräumen konnte man durch Seh- und Schießschlitze die Eingangstreppen und das kurz dahinterliegende Gelände einsehen. Die Schießschlitze konnten von innen mit einer ca. 40 mm dicken Stahlplatte geschlossen werden. Darin war ein Spion eingebaut – zum Gucken brauchte man die Stahlplatte nicht zu öffnen.

Dieser U-Eingang hatte am Beginn des Querganges vor den Zugängen zu den Mannschaftsräumen auf beiden Seiten schwere Stahltüren mit Innenverriegelungen und Spionen, daß man erkennen konnte, wer vor der Tür stand.

In der Mitte des Querganges war noch eine Stahltür, um den Quergang hälftig zu schließen. Von den beiden Hälften des Querganges kam man in die Mannschaftsräume, auch hier nur durch starke Stahltüren mit Spionen. Die Mannschaftsräume selbst waren hinter den Eingängen wiederum durch eine Stahltür zueinander abzusperren.

Die Mannschaftsräume waren mit Wandklappbettengestellen ausgerüstet, jeder Raum hatte einen Ofen mit Absperrventilen in der Ofenrohrleitung. Jeder Raum hatte einen Ventilator, der handbetrieben Frischluft von außen ansaugte. Dieser konnte in der Saugleitung ebenfalls mit Ventilen abgesperrt werden. Der Ventilator hatte große Handräder. Das Rohrsystem war schätzungsweise 200 bis 250 mm dick.

Von dem rechten Mannschaftsraum kam man in einen kleineren Raum. Hier waren der ‚Alte' und sein Leutnant untergebracht. Der Telefonanschluß befand sich in einer Ecke des Mannschaftsraumes.

Vom linken Mannschaftsraum ging's durch eine schwere Stahltür zu einem Rundraum mit etwa vier Meter Durchmesser. Dieser Raum war etwa fünf bis sechs Meter hoch, mit Rostpodesten in ca. zwei Meter Höhe ausgestattet. Die Decke dieses Raumes war die Bunkerkuppel. Über eine Stahlleiter, die an einer Wandseite befestigt war, konnte man hochsteigen. In der Mitte der Podeste befanden sich große Löcher und eine Rutschstange von der Kuppelhöhe bis zum Erdboden, die als schneller Fluchtweg gedacht war.

Gegenüber oder neben dem Rundraumeingang war eine weitere Stahltür, dahinter war der Munitionsraum, voll bis an die Decke.

Vom linken Mannschaftsraum ging es durch eine leichtere Stahltür zum Notausgang. Das war ein rechteckiger Betonstollen, der angeblich zum nächsten Bunker oder irgendwo dazwischen ans Tageslicht führte. Er war abgesoffen!

Aus einem der beiden Mannschaftsräumen kam man ebenfalls durch eine schwere Stahltür in den Raum der Sperrverpflegung. Im fünften Kriegsjahr noch voll bis an die Decke mit Konserven: Afrika-Brot eingeschweißt, Schweinefleisch in Aspik, Gemüse aller Art, Zigaretten und Süßigkeiten, Schnaps in Flaschen, Verbandszeug und vieles mehr. Sollte einmal die Verpflegung nicht rechtzeitig kommen, mit der Sperrverpflegung konnte man es schon ein paar Tage aushalten. Den Schlüssel dazu hatte unser ‚Alter', der Herr Hauptmann.

Die Beleuchtungen bestanden aus Hindenburglichtern und Petroleumlampen. Zum allgemeinen Wohlbefinden mußte jeder mal für Frischluft sorgen, also den Ventilator drehen. Das Ding ging sehr schwer – fünf Minuten pro Einsatz reichten, denn lieber einen warmen Mief als einen kalten Durchzug. In den dreckigen Klamotten hat sowieso jeder vor sich hingestunken, die Toilette war im freien Gelände – Richtung Reich, an einem Platz, den der Ami nicht einsehen konnte.

Die Kuppel ...

war auf/oder in dem Mauerwerk des Rundraumes montiert. Das Stahlgebilde schätzungsweise zweieinhalb bis dreieinhalb Meter hoch, die Decke gewölbt. Der Standboden war ein Stahlpodest, an der Kuppel befestigt. Die Waffen waren auf einen Lafettenring montiert, dieser ebenfalls an der Innenwand der Kuppel befestigt. Die Laufmündungen konnten von innen verriegelt werden.

Das Loch an der Außenwand der Kuppel war nicht groß, es reichte für die Mündung der Waffen; man konnte auch noch mit der Zieleinrichtung hindurchsehen.

Diese Schießscharten waren rundum angeordnet in einer Höhe bis zur Decke vielleicht 70/80 cm. Die Mannschaften mußten sich dort in gebückter Haltung bewegen.

Die Waffen selbst waren auf einem Lafettenring nach beiden Seiten fahrbar. Man konnte sie von der einen zur anderen Schießscharte bewegen; und jede Schießscharte konnte besetzt werden.

In der Decke der Kuppel war noch eine Öffnung mit stabiler Verriegelung. Hier konnte ein Sehrohr (Periskop oder langes einrohriges Scherenfernrohr) ausgefahren werden. Bei abgesenkter Kuppel konnte man rundum das Gelände beobachten. Das Sehrohr wurde nur bis zu den umliegenden Heckenspitzen ausgefahren. Zusätzlich zu den Wachtposten in den Gräben war auch das Sehrohr besetzt. Mit ihm konnte man das weiter zurückliegende Waldgelände heranbringen (zoomen) und dort den einzelnen Mann erkennen. Es war der Lieblingsplatz des Leutnants als VB unserer Ari.

Vor dem Schießen wurde die Waffe vor das geöffnete Bullauge gefahren – mit der Mündung bis vor die Außenwand der Kuppel nach draußen geschoben, dann auf dem fahrbaren Lafettenunterbau verriegelt. Dadurch wurde auch der übliche Rückstoß abgefangen. So ein Maschinengewehr MG 38 u. MG 44 (‚Hitlersäge') konnte man leicht bewegen.

Vom Schußknall hörte man in der Kuppel nur wenig. Die Schußgase und der Pulvergeruch kamen aber durch das Bullauge herein. Meine Aufgabe bestand darin, dem Ladeschützen aneinander gekettete Munitionsgurte zuzureichen. Die Gurte wurden auf das oberste Podest hochgegeben.

Eines Tages – die Sonne stand am Himmel – wollten Amerikaner unsere Stellung in der „Siegfried-Linie" erkunden. Als sie ein MG aufbauten, wurden sie von uns erkannt. Einer unserer Scharfschützen traf den Mann am MG. Als ihm drei oder vier Amis zu Hilfe kamen, setzte unser Feuer ein, diese Amis sind nicht mehr nach Hause gekommen. Das Ganze, von uns durch das Bullauge beobachtet, hat vielleicht eine halbe Stunde gedauert. Am nächsten Morgen war die Stelle geräumt.

Außer den Maschinengewehren befanden sich noch 3,7 cm-Maschinenwaffen im Bunker. Es wurde gesagt, damit könnten noch Ziele an den Miescheider Höfen genau getroffen werden.

Die US-Luftwaffe flog inzwischen lange Wege über unsere Stellungen, und es gab Zunder. Die Lightnings tobten sich über Miescheid, Udenbreth und das Hinterland aus. Unser Nachschub rollte aber aus Reifferscheid und Hellenthal heran.

Wir waren vorderste Linie, hier war Ruhe. Keine Schießerei, höchstens mal ein vereinzelter Schuß. Zudem bestand ja Schießverbot. Aber höchste Wachsamkeit war befohlen. Zeitweise wurden die Posten alle halbe Stunde gewechselt, d. h. stand einer in der Nähe des Zufahrtweges von der Hauptstraße, also am Ausgang der dortigen Schützengräben, mußte er mit einem tauschen, der am Abhang zum Straßenknie stand.

In den Waldgebieten vor der Höckerlinie waren Tag und Nacht Motorengeräusche von Autos und Panzern zu hören. Unser ‚VB' hätte dort gerne etwas unternommen, er saß in der Kuppel und telefonierte mit seinen rückwärtigen Ari-Stellungen. Aber scheinbar war kein Ziel so groß, daß man mit der spärlichen Munition was ausrichten könnte. Geflüstert wurde nur, hier sind wir nicht mehr lange, der Ami holt uns hier raus!

Was man so mitbekommen konnte, war: zu wenig schwere Waffen zur Panzerabwehr.

Nachts war es ganz beschissen: Es mußte damit gerechnet werden, daß US-Stoßtrupps durch unsere Linien sickerten. Das Gelände hat man ja vom Tageslicht her gekannt; man wußte, wo ein großer Strauch oder Buschwerk stand – aber nachts?

Bewegung an den Ramscheider Höfen ...

Morgens bei Hellwerden kam ein Posten und meldete, daß sich etwas in der Höhe der Ramscheider Höfe tut. Das Gelände rechts der Straße vom Knie bis zur ersten Kurve/Biegung war bis zum Wald nur schwach bewachsen. Auf dem freien Gelände standen zwei oder drei Panzer. Alle Wachen wurden verstärkt, jede Kleinigkeit vor unserer Höckerlinie sofort melden!

Es gab Leben in der Bude – der ‚Alte' hat viel herumtelefoniert. Unser VB wollte gleich mit der Ari loslegen. Das Ganze sah aber nicht nach einem Angriff aus – also Schießverbot. Von den Bunkern vor Udenbreth/Miescheid wußten wir, daß der Ami schon seit ein paar Tagen vor den Höckerlinien herumturnte. Es dauerte nicht lange an diesem Morgen, da kamen auch die Panzer in halber Höhe zwischen Knie und Biegung aus dem Wald. Drehten ihre Rohre nach allen Richtungen, es fiel kein Schuß. Die standen vielleicht bis in den frühen Mittag und fuhren dann rückwärts wieder in den Wald hinein. Außer den Kettenspuren war nichts mehr zu sehen.

Jetzt unsere Propaganda: „Die Straße ist vermint, da kommen die nicht rüber."

Die kommende Nacht war sehr ruhig, es wurde viel herumtelefoniert; alles in Alarmbereitschaft, gepennt in voller Uniform. Über Nacht wurde Munition auf allen Podesten im Kuppelraum gestapelt, Panzerfäuste und Ofenrohre kamen in den Quergang des Ausganges.

Von den Miescheider und Udenbrether Bunkern kamen die ganze Nacht Meldungen, daß starke Motoren- und Panzergeräusche vor der Höckerlinie zu hören seien. Sehen konnte man nichts, also abwarten.

Die Wachen in den Gräben mußten alle Viertelstunde Meldung machen bzw. wurden alle halbe Stunde abgelöst. Es war äußerste Unruhe im ganzen Haufen.

Straßenübergänge Damscheider Höfe

Schon im Morgengrauen waren vor den Miescheider Höfen Lichtreflexe zu sehen – die Udenbrether haben das auch bestätigt. Vor unseren Höckern war nichts festzustellen noch irgendwas zu hören. Die meisten von uns waren in den Schützengräben.

Dann, nach ein paar Minuten, war zu erkennen, was sich bis zur Straßenbiegung vor den Miescheider Höfen getan hat: Auf der rechten Freifläche bis zum Wald standen Panzer neben- und hintereinander.

Was hat der Ami vor? Es wurde viel telefoniert. Die Udenbrether konnten das Geschehen gar nicht richtig einsehen, kam die Meldung. Der ‚Alte' hat dann die militärische Lage geschildert.

Es dauerte nicht lange, dann gingen Sprengladungen hoch; es kamen weitere Panzer aus dem Wald. Sie hatten aber keine Kanonen, sondern Räumschilde vor dem Turm. Die haben das Erdreich mit ihren Schilden immer hin und her zur Hauptstraße geschoben; es wurde nicht geschossen. Von uns gesehen, haben sie vier Übergänge kurz vor der Straßenbiegung hergestellt.

Wir haben seelenruhig zugeguckt, wie diese Übergänge immer höher wurden. Die Arbeitspanzer drückten das Erdreich über die Straße ins anschließende Gelände. Die Aufschüttungen wurden länger und höher, die gassenbildenden Panzer rückten immer nach. Es war heller Tag. Vereinzelt waren auch US-Soldaten zu sehen. Es wurde aber nicht geschossen.

Am Nachmittag gab es Bewegung; die Arbeitspanzer und auch vereinzelt Kampfpanzer zogen sich in den Wald zurück. Vor unserer Linie war nichts zu sehen oder zu hören. Gegen Mitternacht gab es Richtung Miescheid, vielleicht 200 Meter vor dem Knie, Panzergeräusche.

„Der Ami macht einen Panzerangriff am Knie", kam der Alarm – Panzerfäuste und Ofenrohre also in die Gräben Richtung Knie.

„Da kommt der doch nicht durch; das Knie ist total vermint, mindestens 100 Meter land oder länger!" Unsere Nachbarbunker konnten auch nichts sehen, haben aber die Panzergeräusche sehr laut wahrgenommen.

Beim Morgengrauen ging's am Knie weiter: Die Amis beobachteten mit Ferngläsern unseren Geländeabschnitt. Ihre Kanonenrohre waren in unsere Richtung auf den Straßenanstieg nach Hollerath gerichtet. An den Miescheider Höfen fuhr der Ami ungestört mit Panzern, Autos, leichten Waffen über die aufgeschütteten Übergänge.

Neuer Befehl: „In den Gräben nur schleichend bewegen – kein Ziel geben – die Rübe nicht über die Deckung heben!" Im Bunker gab es angeregte Unterhaltungen:

„Hier müßte Panzerabwehr heran." – „Haben wir aber nicht; die kommen sowieso nicht ans Knie; die werden schon vorher abgeschossen."

Unser VB-Leutnant wurde aktiv – hier muß die Ari helfen. Er könnte ja das Feuer aus der Kuppel leiten. „Schmidt, der Deckname ‚x-y-z' ist die Feuerleitstelle, durchschalten in die Kuppel und sagen Sie denen gleich, daß das hier eine Standleitung ist!" Der „Alte" hat das Gespräch mitgehört. Der ‚VB' gab die Koordinaten durch – die hinten haben gerechnet – dann kam die Antwort, er, der ‚Herr VB', solle sich in einer Stunde nochmal melden.

Der ‚Alte' war auf ‚1000': „Leutnant, sofort bei mir melden! Was machen die dahinten, warum sollen wir warten? Der Ami kann also ganz ruhig weitermachen." Von hinten kam dann eine Meldung, unsere Situation wäre nicht vordringlich – sobald sich ein Panzeraufmarsch einstellt, nochmal melden. Meinung des VB: „Wir haben zu wenig Munition!" Stimmung im Arsch!!

Es müßen zum gleichen Zeitpunkt die Waffen in der Kuppel besetzt gewesen sein. Jedenfalls wurde mit einer 3,7 cm ein Magazin leergeschossen.

Es gab einen Schreckmoment! Der ‚Alte' schimpfte, der ‚VB' schimpfte; der ‚Alte' brüllte in den Turmraum: „Den Kerl stelle ich an die Wand!" Der ‚Alte' war noch nicht richtig fertig, da kam schon Antwort von den Amis. Die hatten das Mündungsfeuer gesehen und voll draufgehalten. Es klingelte und krachte, alles vibrierte – der Mannschaftsraum war direkt voll Staub. Zwei oder drei Mann kamen aus dem Turmhaus, Tür zu, verriegelt – alles in den nächsten Mannschaftsraum, Tür zu, verriegelt – der Kuppelraum steht noch voll Munition – wehe, wenn die hochgeht. Die Posten aus den Gräben haben sich auch in den Bunker begeben. „Warum habt ihr geschossen? Da draußen war doch gar nichts los."

Der Feuerüberfall war vorüber – nach meinem Empfinden hat das eine halbe Stunde gedauert, der ‚Alte' belferte weiter. Einer der Waffenfritzen erklärte dann, daß es beim Durchladen der Waffe passiert sei. „Hatten Sie ein Ziel?" – „Nein, Herr Hauptmann!"

Auswirkungen des Beschusses im Innern des Bunkers

Jetzt mußte sofort die restliche Munition aus dem Kuppelraum. Sie wurde in den Mannschaftsräumen gelagert. Der ‚Alte' und der VB sahen sich die Kuppel von innen an – das Ergebnis: „Da ist nichts mehr zu machen!" Beim Verlassen ihres Kampfstandes hatte einer der Leute noch auf den Absenkknopf gedrückt. Die Kuppel hing schief in den Lagern. Sie ließ sich nicht mehr ganz absenken. Löcher in der Kuppelwand – freie Sicht ins Gelände. Das oberste Podest total verbogen. Einer nach dem anderen durfte sich die Sache ansehen. Wir waren kampfunfähig. Die Bunkerbesatzung demontierte die Waffen in der Kuppel. Sie wurden im Mannschaftsraum untersucht, ob noch was damit anzufangen sei. Die Läufe waren verbogen, einzelne Schloßteile noch brauchbar. In der Munitionskammer standen noch ein MG 38 und MG 44, die nicht für den Kuppeleinsatz vorbereitet waren.

Auch die gegurtete und im Kuppelraum lose herumliegende Munition wurde von den ‚alten Landsern' sehr genau untersucht. Wir wußten ja nicht, wie lange die Munition ausreichen sollte. Die allgemeine Meinung war: „Mit Nachschub können wir nicht mehr rechnen."

Die noch in Kisten verpackten MG-Gurte und die verpackte Munition für die schweren Waffen hatten keine Fehler; etliche Kisten waren angebrannt.

Es war die Rede von zwanzig Treffern oder mehr. Verschiedene Bullaugen waren herausgerissen.

Gegen Abend hatte sich die Spannung weitestgehend gelegt. Die Stimmung war sehr gedrückt, der Bunker konnte sich nicht mehr wehren. Unter den Kumpels wurde geflüstert: „Wir wären besser in Belgien sitzengeblieben. Wie soll das hier weitergehen?"

Es wurde viel herumtelefoniert mit rückwärtigen Gefechtsständen – wegen Nachschub und Verstärkung – soviel war herauszuhören, daß mit einem Angriff gerechnet werden muß. Die Vorbereitungen, die der Ami durchführte, zeigten dies deutlich. Wenn der ‚Alte' oder VB telefoniert haben, konnte man die Gespräche hören und aus der Rede und Antwort die entsprechenden Schlüsse ziehen.

Die Sperrverpflegung war geöffnet; Konserven standen herum, Marmelade, Obst, Wurst, Schweinefleisch in Aspik, große ovale Dosen, Brot aus Afrika, Zigaretten, Tabak, usw. Die Sachen wurden portioniert – wie lange sie reichen sollten, wußte niemand. Mit dem naheliegenden Hollerath bestand keine Telefonverbindung mehr. Die General-Ringleitung war aber noch intakt. So ungefähr alle Viertelstunde wurde einmal durchgeklingelt – ein kurzes ‚Hallo', und dann wurde auf ein ‚Gegenhallo' gewartet. Unser Bunkerhauptmann hat mich in der Nacht ins Gebet genommen: „Schmidt, wenn's klingelt, nicht einfach unseren Decknamen nennen, erst in die Leitung hineinhören – der andere wird ja fragen, wer dran ist. Dann die Ohren spitzen, ob der ein gutes Deutsch redet – denn wir müssen damit rechnen, daß der Ami schon Bunker besetzt hat und auch die Ringleitungen und Nebenleitungen abhört. Also, nicht gleich in die Hosen pissen, verstanden!"

Wer gerade nichts zu tun hatte und nicht schlafen durfte, mußte als Posten in die Gräben. Beim kleinsten Verdacht sofort Meldung! Am Knie hörte man den Ami. Mit dem Schnee als Hintergrund konnte man Konturen erkennen – aber zu trennen waren die Einzelheiten nicht. Auch kein Lichtschein war auf der Feindseite zu sehen. Mündungsblitze am Horizont, Granatenüberflug und dumpfe Einschläge im Hinterland waren die Geräuschkulissen nachtsüber.

Nebel

Ich war nicht auf Wache, als mich einer wachgerüttelt hat: „Die Posten melden, das ganze Gelände um den Bunker sei voll Nebel; man könnte höchstens fünf Meter weit sehen."

Höchste Alarmstufe – der Ami hatte Nebel geschossen. Die Wachen wurden eingezogen, die Eingangstüren verriegelt, die Schießscharten zu dem U-Eingang besetzt.

Nachbarbunker links und rechts angerufen: „Wie sieht es bei euch aus? Könnt ihr noch euer Gelände übersehen? Bei uns ist alles zu – Nebel!"

Von der Miescheider Seite wurde bestätigt, unsere Gegend sei voller Wolken. „Könnt ihr mal in den Nebel schießen?" – Die haben nicht geschossen.

Es hatte nicht mehr lange gedauert, da gab es einen dumpfen Schlag. Einer schrie: „Weg von der Tür zum Kuppelraum!" Da kam schon ein grauer Qualm aus dem Bodenritz. Tränengas? Die erfahrenen Landser eine Decke in den Qualm und mal daran gerochen – es war kein Tränengas.

Einer der Amis hatte eine Nebelladung in die Kuppel geschmissen. Und dann begannen auch gleich neue Aktivitäten von der Feindseite; die klopften mit einem Hammer auf die Kuppel und riefen durch die Löcher, wir sollten uns ergeben. „Ergeben Sie sich, Deutschland kaputt!" Dann hat es gerattert und scharf gezwitschert. Einer hat mit seiner MP in die Kuppel geschossen.

Wir saßen in den Mannschaftsräumen – was nun? Die höheren Dienstgrade mußten zum Chef; Tür zu, das sollten wir sicher nicht hören. Aber man hörte trotzdem – es ging auf einmal sehr lautstark zu. Die Tür ging auf, und unser VB-Leutnant kam wütend heraus, er hatte seine Pistole in der Hand und schrie den Hauptmann-Bunkerkommandant an: „Das ist ja ‚Vaterlandsverrat'! Ich bringe Sie vors Kriegsgericht, Sie Volksschädling, Sie Feigling; man sollte Sie gleich umlegen. Ich (VB) übernehme das Kommando; wir brechen aus, da draußen werden wir noch gebraucht!"

Der Chef kam hinzu: „Wo wollen Sie hier noch einen Gegenangriff loslassen? Wir sitzen in der Scheiße – stecken Sie Ihre Waffe weg, sonst gibt es noch ein Standgericht. Wir können nur noch eins: zusehen, daß wir mit heiler Haut hier rauskommen – und nicht auch noch ins Gras beißen!"

Mir war nicht aufgefallen, daß einige unserer älteren Landser (Bunkerbesatzung) mit Karabiner unter dem Arm vor dem VB standen! Er steckte seine Waffe weg. Irgendeiner aus der Reihe fragte ihn, wie alt er sei und ob er noch weiterleben möchte – oder ob es ihm leid täte, daß er in diesem Kriege kein Lametta mehr erobern könnte – er (der VB) sollte mal dort riechen, wo er (der Landser) in Rußland und im Westen schon überall hingeschissen hätte. Der VB hat sich dann verkrümelt – der ‚Alte' hatte sich auch zurückgezogen. Einer erzählte, der ‚Alte' wäre überzeugt: „Für uns ist der Krieg aus – wir gehen in Gefangenschaft!"

Beklemmende Ruhe!

Kurt Schmidt:

Das Ende im Bunker 201

Unsere Lage – Ausbruchbesprechungen

Der Chef löste die Spannung. Er besprach unsere Lage und erwog die Möglichkeiten, aus 201 herauszukommen – entweder von hinten kommt ein Gegenangriff, womit er nicht mehr rechne, oder wir versuchen einen Ausbruch in ganz kleinen Gruppen, wobei nicht geschossen wird. Eventuell bei Nacht – ist aber riskant: Man kann einen Gefahrenpunkt nicht früh genug erkennen. Aber der Ami hat ja das ganze Gelände bis Hollerath sicher schon besetzt. Vorerst ruhig verhalten – der Ami meldet sich bestimmt. Es wird nicht geschossen!

Was macht der Ami? Sitzt er noch im Gelände? War eigentlich noch Tag oder schon Nacht?

Es wurde wieder herumtelefoniert. Einige Nachbarbunker meldeten sich schon nicht mehr, weitabgelegene Bunker wußten nichts Genaues über die Lage! Ganz leise hat sich dann unser VB eingefunden und telefonierte mit seiner Ari-Einheit. Er sprach mit einigen der Leute und brachte den Gedanken vor: „Wir können hier noch raus; wir brauchen Feuer auf den eigenen Standort. Nach dem letzten Einschlag muß es dann ganz schnell gehen!"

Er besprach es mit dem Chef – der meinte: „Haben die denn genug Munition, und was ist das für ein Kaliber?" Das muß er überlegen – wenn, dann erst morgen in aller Frühe!

Es gab wieder Redereien: „Ja, das wäre eine Möglichkeit." – „Woher wissen wir, wann der letzte Schuß da ist?" Der VB meinte, er könne das Feuer ja übers Telefon leiten – die geben mir den Abschuß durch – ca. 15 Sekunden später ist der hier! Es wurde noch telefoniert; die Ergebnisse wurden nicht bekannt. Die Sperrverpflegung war offen, also zugreifen. Die Frischluftzufuhr war noch intakt; es war nicht kalt im Bunker, aber ein unbeschreiblicher Gestank.

201, die letzte Nacht – und Ausbruch

Es war unsere letzte Nacht im Bunker 201 am Hollerather Knie. Im Morgengrauen war der Ami schon aktiv, es rummste in dem Kuppelraum – war sicher eine Handgranate oder ein Sprengsatz. Der Bunker klingelte und zitterte – der Ofen zog auch nicht richtig; der Rauch kam nach innen. Also wurden die Türen der Eingänge etwas aufgemacht und die Ventile der Abzugsrohre zugedreht.

Unser VB hing am Telefon, rief noch den Hauptmann, der quasselte auch noch was. Dann kam eine kurze Ansprache: „Also Männer, wir brechen aus. Unsere Ari gibt Feuer auf den eigenen Standort – nach dem letzten Schuß gehen wir in Gruppen von vier bis fünf Mann durch den rechten Eingang in Richtung Feldweg, der weiter vorne zur Hauptstraße führt. Am Ende des Schützengrabens ist genug Gebüsch zur Deckung; von dort bewegen wir uns Richtung Hollerath, aber immer im dichten Waldgebiet!"

Gegenstimmen: „Der Ami schießt uns ab wie die Hasen." – „Der Schützengraben ist vor dem Feldweg schon so flach, daß man bis zum Gebüsch auf freiem Gelände steht." – „Im Schnee kommt man doch nur langsam voran."

Der VB erhob die Stimme: „Unsere Ari pustet um den Bunker alles weg – da wird sich kein Ami in der Nähe aufhalten. Wir haben höchstens zehn Minuten; dann müssen wir dort in der Deckung sein!"

Gruppen wurden eingeteilt; ich war ziemlich bei der letzten; ich schätze, wir waren fünfzehn bis zwanzig Mann. „Steckt noch Brot und andere Freßware ein – sonst geht nichts mit außer Waffen und Munition!" Ich hatte einen Karabiner mit Patronentaschen an einem Riemen, meine Null-Acht, dazu die Munition in einem alten Strumpf mit einem Leinentuch umwickelt in der Tarnjacke.

Der VB rief seine Einheit an: „In drei Minuten geht der Zauber los – warten!" Alles war nervös. Der ‚Alte' meinte: „Das schaffen wir schon – Kopf hoch!"

„Abgefeuert", rief der VB. „Absolute Ruhe – Achtung, jetzt ..." 1. Einschlag, der Schuß war zu weit. Er brüllte neue Daten ins Telefon ... „Abgefeuert – Achtung, jetzt ..." ... 2. Einschlag, ... vielleicht 20 Meter vor dem linken Eingang ... Sein Gebrülle: „Weiter so! Abgefeuert – Achtung, jetzt ..." 3. Einschlag, in Richtung des Feldweges ... Er brüllte neue Befehle: „Abgefeuert – Achtung, jetzt ..." Der Bunker wackelte, Treffer ... 4. Einschlag ... im Ziel! „Weiter ... Abgefeuert – Achtung, jetzt ..." 5. Einschlag, alles wackelte. „Weiter so", sein Gebrülle, „Abgefeuert – Achtung, jetzt ..." 6. Einschlag, lag wieder vor uns ... Er brüllte noch was ins Telefon, dann zum ‚Alten': „Wir müssen raus, das war der letzte Schuß"!

Die ersten Gruppen rannten die Treppen hoch und rein in den Schützengraben, danach die nächsten. Dann waren wir dran. Treppe hoch, wir waren am Anfang vom Schützengraben, da ging das Feuerwerk von den Amis los.

Die schossen, was das Zeug hielt, und riefen: „Ergeben Sie sich! Ergeben Sie sich!" Die Einschläge lagen oberhalb des Grabens in den aufgeworfenen Deckungen; der Dreck flog einem um die Ohren. Handgranaten wurden nicht geworfen; und das war unser großes Glück. Vorne konnten die überhaupt nicht die Deckung verlassen. Es kam der Befehl: 2Alles in den Bunker zurück, marsch, marsch!"

Alles kehrt, die Treppe mehr heruntergefallen als gelaufen. Von hinten wurde gedrängt und geflucht, geschrieen, gedrückt. Der ‚Alte' war der letzte, der reinkam. Türen zu, Posten an die Schießscharten: „Es wird nicht geschossen!"

Gefangenschaft

Es hatte zwei Leichtverwundete gegeben, Streifschüsse oder Splitter – nicht schwer, der Sani hat sie verarztet

Einen Satz habe ich bis heute nicht vergessen. „Herr Leutnant, was nun?" fragte der Bunkerkommandant – er ging ans Telefon und fragte, wer noch in unserer Nähe wäre – ob irgendeine Besatzung Kontakte mit den Amerikanern hätte. Das war nicht der Fall; darauf rief er nochmal im Hinterland an und meldete die Besatzung von Bunker 201 militärisch ab. Die Worte konnte jeder mithören. Er hat dann auch seinen Entschluß mit uns allen besprochen: „Wir können nichts mehr machen – für uns ist der Krieg aus!"

Seine Befehle: „Weißes Zeug aus den Schießscharten hängen – die Waffen werden unbrauchbar gemacht – Schlösser raus, Läufe verbiegen!" Die Waffen wurden mit der Munition in den abgesoffenen Notausgang geworfen. Es war ja noch früher Morgen, alle Hindenburglichter angezündet, die Verpackungen der restlichen Sperrverpflegung geöffnet. „Leute, denkt daran, daß uns der Ami wahrscheinlich nicht gleich was zum Fressen gibt – nehmt mit, was sich ein paar Tage hält!" Das waren die Kommißbrote – des Landsers Glück!

„Laßt keine Zigaretten und Tabak liegen!" Waldorf-R6, sauber verpackt in großen Mengen. In den Schachteln konnte man nicht viel mitnehmen, aber in leere Konservendosen konnten viele verstaut werden. Ich fand eine Teedose mit Klappdeckel, die war schmal und hoch. Die habe ich bis oben hin voll gemacht.

„Wir müssen schnellstens mit den Amis Kontakt aufnehmen" – hat er mit dem VB besprochen. „Wer geht als Parlamentär? Sind welche an den Eingängen zu sehen?" Dann kam eine weitere Bescherung: Der Ami klopfte wieder auf die Kuppel und schoß mit Maschinenpistolen hinein – das übliche ‚Ergeben Sie sich!'

Schmidt als Kriegsgefangener in der Normandie 1946. Links und rechts zwei Polen als Wachposten.

Helle Aufregung, Meldung von dem Posten an der linken Schießscharte: „Der Ami hat einen ‚Jeep' rückwärts auf die Grabendeckung gefahren – da liegt ein gelbes Faß drauf." Einer schrie: „Das ist Dynamit! Die rollen das in den Eingang und lassen es hochgehen ...!"

Gleichzeitig schrie einer aus dem anderen Mannschaftsraum: „Qualm aus der Lüftung – Gasmasken aufsetzen – schließt die Rohrventile!" Wurde gemacht. (Die Fachleute unter uns wußten sofort, daß die mit einem Flammenwerfer in das Ansaugrohr gespritzt hätten.)

Das war der Moment: Der Bunkerkommandant und Sani gingen auf die Treppe des rechten Ein-/Ausganges. Der Kommandant rief etwas auf englisch, der Sani mit ‚Rotem Kreuz' auf Brust und Rücken ging mit erhobenen Händen langsam die Treppe hoch bis Anfang Schützengraben. Die Amis standen auf der Grabendeckung. Der ‚Alte' folgte – es wurde dort was beredet – der ‚Alte' kam zurück – der Sani blieb draußen. „Zuerst die beiden Verwundeten", der ‚Alte' ging wieder mit – es wurde nochmals herumgeredet – dann kam er wieder herunter: „Leute, alles herhören! Wir gehen einzeln in einem Meter Abstand und erhobenen Händen nach oben – keine Aufregung – ich habe mit deren Kommandeur Waffenruhe vereinbart."

Einer nach dem anderen, Hände hoch, die Treppen hoch, durch den Schützengraben bis kurz vor den Feldweg, der zur Hauptstraße führt.

Hier standen einige US-Offiziere und viele US-Mannschaften, dabei unser Bunkerkommandant. Wir mußten einzeln an ihm vorbei – jeden hat er mit militärischem Gruß verabschiedet/entlassen/ gedankt. Ganz am Schluß kam auch unser VB-Durchhalte-Leutnant.

Von dem Punkt aus gingen wir direkt abwärts bis zur Hauptstraße. Es war heller Sonnenschein, aber saukalt und alles voll Schnee. Lauter Amis um uns herum. Die haben geguckt, wir haben geguckt. Die Straße war voll Panzer, soweit man sehen konnte, LKWs, Kesselwagen mit Benzin, dazwischen Artillerie mit Zugmaschinen. Von den Miescheider Höfen bis nach Hollerath hinein, einer hinter dem anderen. Die Panzer waren warm, da liefen die Motoren, wir durften uns dagegenlehnen. Hinter den Türmen hatte jeder Panzer eine orange Plane – Kennzeichen für ihre Flieger. Da standen wir nun. US-Landser mit einem ‚MP' am Helm haben uns dann nach Waffen untersucht. Einer fand auch meine Zigaretten, machte den Deckel auf: „Oh Zigaretts", den Deckel zu, und steckte sie mir in die Jacke. So standen wir weiter mitten in der US-Army, kurz vor dem Hollerather Knie.

Es kamen irgendwelche Gespräche auf, jedenfalls war jeder von uns erstaunt, was der Ami alles zur Verfügung hatte. Die Sonne schien immer noch – wir warteten, was da noch kommt. Es war auch keine Bewegung in der Kolonne.

Wir standen bis in den späten Mittag zwischen dem Hollerather Knie und Hollerath, aber dann kam Bewegung in den Laden.

Deutschsprechende Amerikaner und deutsche Offiziere gingen durch den Haufen.

In Kriegsgefangenschaft in Beleme/Frankreich 1946.
Schmidt vorne links

Wir mußten Richtung Knie gehen. Dort fand ein Zählappell statt. Den Höckern entlang marschierten wir Richtung Daubenscheid. Von unserem Bunker war bald kaum noch etwas zu sehen. Starke Bewachung rundum, aber keine Pöbelei und keine Beschimpfung! Die Amis rauchten, wir rauchten – dann die Belehrung: „Zigaretten in der hohlen Hand halten – Handrücken nach oben", damit man die Glut nicht sehen konnte. Die Amis machten uns klar, daß ihre Flieger auf alles schössen, was sie sähen – ok!

Als einer der Bewacher eine Zigarette von mir haben wollte, hielt ich ihm meine geöffnete Dose hin. Er nahm eine, zündete sie an und rauchte vielleicht drei Züge. Dann schimpfte er und warf die Zigarette in den Schnee. Aus seiner Tasche holte er ein angebrochenes Zigarettenpäckchen, steckte es in meine Jacke, sagte: „Ok" und ging. In Weismes habe ich dem Vernehmungsoffizier diesen Vorgang erzählt, als beim „Filzen" die US-Zigaretten bei mir gefunden wurden. Die Sache blieb für mich ohne Folgen.

Im Bunker 201 war nun meine militärische Laufbahn zu Ende. Alle Knochen noch heil! Das Vergangene mußte aber erst mal verdaut werden.

Ein beruhigender Gedanke erfüllt mich bis heute: Während meiner Zeit als Soldat kam ich nie in die Situation, auf einen anderen Menschen (Feind) schießen zu müssen!

Mein Weg führte mich in die Gefangenschaft nach Weismes, Huy, Namur, Laon und Attichy. Nach zwei Jahren in Nordfrankreich wurde ich im Herbst 1947 in Langenselbold/Hanau entlassen. Im November des Jahres wurde ich 21 Jahre alt!

Wingolf Scherer:

Rückeroberung des Eichenberges westlich Blumenthal am 5. Februar 1945 – Begegnung mit amerikanischen Gefangenen

Im Zuge des amerikanischen Großangriffs ab Ende Januar 1945 zogen sich die beiden Bataillone des Grenadierregiments 990, zur 277. Volksgrenadierdivision gehörig, die bis dahin ihre Stellungen im Raume Hohe Mark – Schwalmbach vor Elsenborn gehalten hatten, etappenweise auf das obere Oleftal zurück. Sie richteten sich dann westlich der Straße Hellenthal – Blumenthal – Oberhausen – Wiesgen zur Verteidigung ein. Die 2. US-Infanteriedivision drang aus Schöneseiffen gegen das Oleftal und Schleiden vor.

Als Einheiten dieser Division den Eichenberg besetzten, bestand akute Gefahr, daß das Oleftal gesperrt würde. Offenbar hatten die schwachen Kräfte der 8. Kompanie des II. Bataillons 990 unter Oberleutnant Jakobs zur erfolgreichen Verteidigung nicht ausgereicht. Der Regimentskommandeur Oberstleutnant Josef Bremm erschien im Bataillonsgefechtsstand in einem Bunker nordostwärts der Straße durch Blumenthal, um den Bataillonskommandeur Major Peter Jäkel und mich als dessen Adjutanten anzuweisen, den Eichenberg durch einen entschlossenen Angriff zurückzugewinnen. Ohne Major Jäkel eine Wahl zu lassen, erteilte Bremm diesen Auftrag mir und befahl die sofortige Ausführung.

Aus einigen Soldaten des Bataillonsstabes bildete ich einen kleinen Stoßtrupp, der sehr bald den unteren Abhang des Eichenberges jenseits der Olef erreichte. Der Versuch, mit Oberleutnant Jakobs Verbindung aufzunehmen, scheiterte zunächst, da der Kompanieführer selbst einen Gegenstoß vorbereitete. Am halben Hang kam der Kontakt zustande, und wir verständigten uns auf einen gemeinsamen Angriff. Trotz der Steilheit des Berghanges und des Abwehrfeuers der wohl doch überraschten Amerikaner kamen wir gut voran. Als ich dabei in ein Erdloch sprang, prallte ich auf einen GI, der sich dort verborgen hatte.

Unsere wechselseitige Überraschung endete schnell damit, daß er sich gefangen gab, und zwar ohne Aufforderung meinerseits. Die Amerikaner räumten den Berggipfel und zogen sich zurück. So kamen auch in ihre Gefangenschaft geratene Soldaten der 8. Kompanie frei. Unter unseren Gefangenen, die dem 38. Infanterieregiment der 2. US-Division mit dem Abzeichen eines Indianerkopfs angehörten, befand sich auch ein Arzt, der die Rotkreuz-Armbinde trug.

Im Bataillonsstand zurück, meldete ich dem Kommandeur die Ausführung des Befehls. Major Jäkel informierte nun seinerseits den Regimentsgefechtsstand. Jetzt wurden die Gefangenen gebracht und kurz verhört, soweit das möglich war. Bei der Durchsuchung stellte sich heraus, daß einige blutbefleckte deutsche Geldscheine bei sich trugen. Die Bewacher waren empört; man hörte Rufe wie „Verwundetendiebstahl, Leichenfledderei!" Die Gefangenen wurden sehr ängstlich, sie fürchteten wohl, zur Verantwortung gezogen zu werden. Der Sanitätsoffizier bangte um sein Leben; ein anderer Gefangener wies Fotos von seiner Familie vor, um seine Bewacher milde zu stimmen. Daß die Gefangenen mit dem Schlimmsten rechneten, ließ erkennen, mit welchem Feindbild sie propagandistisch indoktriniert worden waren. Bedurfte es solcher Mittel, um ihren Kampfgeist und Widerstandswillen zu stärken? Die Gefangenen beruhigten sich unter Dankesbezeugungen, als ihnen mitgeteilt wurde, dass sie nun nach rückwärts gebracht würden.

Der Eichenberg ging übrigens durch einen Angriff an Zahl und Bewaffnung weit überlegener Kräfte bald wieder verloren.

Unter Feinddruck mußten die schwachen, auf Zugstärke geschrumpften Kompanien des II. Bataillons auf Bunker östlich der Straße Hellenthal-Schleiden zurückgehen. Der Gefechtsstand von Oberstleutnant Bremm befand sich in Dommersbach. Der Frontabschnitt der 277. Volksgrenadierdivision reichte am 8. Februar 1945 von Wiesgen bis hart südlich Kamberg. Südlich Hellenthal verlief die Hauptkampflinie am Prether Bach; sie wurde allerdings der ungünstigen Lage wegen nur durch Vorposten gesichert. Im Anschluß an das II. Bataillon waren neben dem I. Bataillon 990 die restlichen Einheiten der Grenadierregimenter 989 und 991 eingesetzt (von rechts nach links).

Die Front beruhigte sich überraschend, bis dann ab 27. Februar 1945 der amerikanische Angriff Richtung Schleiden, Hönningen-Reifferscheid und Giescheid-Rescheid fortgesetzt wurde.

In unserem Gefechtsstands-Bunker genossen wir die eingekehrte Ruhe, die nur durch leichtes Artillerie-Störungsfeuer unterbrochen wurde. Als ich neben dem Bunker die Landschaft betrachtete, drang ein Granatsplitter durch den Stiefel; er riß ein Loch, ohne mich ernsthaft zu verletzen. So wurde man an die Gefahren des währenden Krieges erinnert. Im Bunker lebten außer dem Kommandeur, unseren Meldern und mir der Ordonnanzoffizier und als „Artillerieverbindungskommando“ ein Oberleutnant mit Funker. Oberleutnant der Art. Walter Redl, geb. 24. Okt. 1919 in Wien, mokierte sich über den Befehl zur absoluten Verteidigung und führte den Spruch im Munde: „Tapfer san mer net, aber fesch!“ Gern imitierte er die Sprechweise des bekannten Schauspielers Hans Moser und erheiterte damit nicht nur den Kommandeur. Hin und wieder besuchte ich die Führer unserer 6., 7. und 8. Kompanie in ihren Stellungen, die Leutnants Santjer und Hackel sowie Oberleutnant Jakobs.

Am 14. Februar traf als letzter „Überlebender“ des IG-Zuges der Füsilierkompanie – der Zug war bei den Rückzugskämpfen im Raum Wahlerscheid Ende Januar verlorengegangen – Gefreiter Waldbauer ein. Zu seiner Freude konnte ich ihn in den Bataillonsstab nehmen.

Vom Regimentskommandeur Oberstleutnant Bremm erfuhr ich, daß für mich Aussicht auf ein Kommando über schwere Infanteriegeschütze auf Selbstfahrlafetten bestehe, die jetzt eingetroffen seien. Als sich am 18. Februar mein verwundeter, jetzt genesener Vorgänger Leutnant Simon zurückmeldete, verließ ich das Bataillon nicht ungern.

Das Bataillon mußte Anfang März beim Rückzug im „großen Sprung“ seine Stellungen aufgeben.

Wingolf Scherer:

Besuch im Lazarett Kloster Steinfeld am 19. Februar 1945 – Gespräch mit dem abgeschossenen US-Fliegerleutnant Al Zlaten

Am 17. Februar 1945 endete meine Kommandierung als Adjutant bei Major Jäkel, dem Kommandeur des II. Bataillons des Grenadierregiments 990. Ich verabschiedete mich im Gefechtsstand, einem Westwallbunker ostwärts Blumenthal, und meldete mich beim Regimentskommandeur Oberstleutnant Bremm als zur Führerreserve der Division versetzt. Über die Division wurde ich zum Führer des Ersatzbataillons nach Steinfeld-Heistert geleitet.

Hier wohnte ich mit einem Sonderführer zusammen, der sehr anschaulich von seinem Einsatz beim Afrikakorps Rommels und seiner wunderbaren Errettung erzählen konnte. Von ihm erfuhr ich, daß auch Major Jäkel in Afrika gekämpft habe. Nun verstand ich besser, wie sehr diese Erfahrungen mit einem weit überlegenen Gegner den Major zu jenem behutsam besonnenen Offizier geformt hatten, der um den Ausgang des verlorenen Krieges wußte und deshalb Schaden von seinen Soldaten abzuwenden suchte, wo immer das möglich war.

Von Heistert aus unternahm ich am 19. Februar 1945 einen Spaziergang zum unweit gelegenen Kloster Steinfeld, in dem das Hauptlazarett meiner Division, der 277. Volksgrenadierdivision, eingerichtet war. Mein Besuch galt einem Kameraden, Leutnant Scheel, der im Forsthaus Platiß bei Hellenthal für den schon am ersten Tage der Ardennenoffensive ausgefallenen Leutnant Mach aus Wien die Führung des 1. Zuges der Divisionsfüsilierkompanie übernommen hatte.

Als ich mich im Klostergebäude zu Leutnant Scheel durchgefragt hatte, stellte sich bald heraus, daß im Nebenbett ein amerikanischer Fliegeroffizier lag, der sichtbar auf dem Wege der Besserung befand. Er war, hinter unseren Linien abgeschossen, nach längerem Umherirren aufgegriffen und wegen seines geschwächten Zustands in das Lazarett Steinfeld eingeliefert worden. Wir kamen ins Gespräch.

Er beklagte, daß er einen Einsatz nicht hätte beenden können, der mit einer besonderen Prämie verbunden gewesen sei. Von Geldprämien zu erfahren, die für Feindflüge gezahlt wurden und sich dazu je nach deren Anzahl steigerten, war für mich völlig neu. Als er ergänzend mitteilte, die Prämien seien für sein Studium bestimmt – so habe ich jedenfalls verstanden – schien mir seine Enttäuschung begreiflich. Meine Verwunderung wuchs aber an, als er fragte, welche Prämie ich denn für mein Eisernes Kreuz erhalten hätte. Mein Hinweis, dafür werde nichts gezahlt, löste nun seinerseits Erstaunen aus.

Von beiden Offizieren verabschiedete ich mich mit besten Wünschen für eine baldige Genesung und eine glückliche Heimkehr. Auf dem Rückwege nach Heistert wurde mir erst recht klar, welch gegensätzliche, jeweils fremde Auffassungen vom soldatischen Dienst am Vaterlande in dem Gespräch aufeinander getroffen waren. Es war also möglich, das Dienen mit dem Verdienen zu verbinden. Eben dies ließ aber die preußische Tradition nicht zu, die doch immer noch unser Denken und Handeln bestimmte.

Die hier zu Tage tretende Fremdheit zu überwinden, dauerte lange Zeit.

Wer mein Gesprächspartner gewesen war, erfuhr ich erst mehr als 50 Jahre später von Axel Paul und Frank Güth. In ihrem Buch „Vom Feindflug nicht zurückgekehrt", Helios-Verlag Aachen 2001, findet sich ein von Frank Güth verfaßtes Kapitel mit der Überschrift: „Al Zlaten, ein Pilot hinter den feindlichen Linien". Dieser 1st Lieutenant (Oberleutnant) Al (Alexander) Zlaten begegnete mir im Lazarett Steinfeld.

Al Zlaten in seiner Maschine kurz vor dem Start

Der am 13. August 1921 in Coloredo geborene Al – somit gut zwei Jahre älter als ich – trat im Januar 1943 in das US Army Air Corps ein. Im September 1944 kam er per Schiff in Liverpool an, um dann in Schottland für den Angriff auf Bodenziele mit Bordwaffen ausgebildet zu werden. Mit dem Vordringen der amerikanischen Armeen nach der gelungenen Invasion in Frankreich wurde er über Paris und Reims auf einen Flugplatz in der Nähe von Brüssel verlegt. Von hier aus nahm Zlaten an Einsätzen teil, die ihn u.a. nach Köln, Düren, Euskirchen, St. Vith und Schleiden führten. Am 6. Februar 1945 startete er zu seinem letzten Flug nach Deutschland.

Als er weit hinter der Front in seinem Jagdbomber (Jabo) vom Typ Thunderbolt einen Angriff auf eine deutsche Fahrzeugkolonne flog, geriet er in das wirkungsvolle Abwehrfeuer leichter Flak (Flugabwehrkanonen) und mußte notlanden. Er versuchte nun, sich zur eigenen Front durchzuschlagen, ohne zu wissen, wo er sich befand. Mit Hilfe seines Kompasses machte er sich vier Tage und fünf Nächte auf den Weg nach Westen. Dann erreichte er einen Fluß, vermutlich die Olef, in dessen Nähe er sich einige Tage aufhielt. Als er in einem Hühnerstall von einem Mädchen entdeckt

Treffen mit dem ehemaligen Kriegsgegner auf der Dahlemer Binz (v.l.n.r.): Axel Paul, Paul Müngersdorff, Al Zlaten, Wolfgang Meyer, Frank Güth, Greg Klipstein

wurde, das ihn mit Kuchen versorgte, machte er sich davon. Dabei wurde er von drei Sanitätssoldaten, Österreichern der 277. Volksgrenadierdivision, entdeckt und gefangengenommen. Nach der Vernehmung durch deutsche Offiziere, wohl Hauptmann Kunisch, Ic (Feindnachrichten) der 277. VGD und Sonderführer Ziak oder Braun als Dolmetscher, wurde er mit einem Pferdegespann in das Lazarett Steinfeld gebracht.

Über sein weiteres Schicksal berichtet Zlaten so: „Dort wurde ich ein paar Tage aufgepäppelt und dann mit dem LKW nach Roggendorf in die dortige Schule verbracht, wo ich wieder einige Tage verblieb und auch von einem anderen Offizier verhört wurde. Jedoch diesmal auf die harte Tour. Nachdem ich mehrere Stunden verhört worden war, kamen wir wieder auf den LKW und wurden dann nach Köln verbracht, von wo aus es dann in Richtung Hemer weiterging. Hier im Dulag (Durchgangslager) wurde ich dann am 23.4.1945 durch die vorstoßende amerikanische Armee befreit."

Unsere Darstellung widerlegt im übrigen die Behauptung, Jagdbomberpiloten seien wegen ihres „terroristischen Verhaltens" generell von der Zivilbevölkerung und auch von deutschen Soldaten brutal verfolgt und behandelt worden.

Lieutenant Alexander Zlaten kurz nach seiner Entlassung aus der Gefangenschaft mit diversen „Mitbringseln"

Wingolf Scherer:

Meldung bei Major Scheller, dem Verteidiger der Brücke von Remagen, am 21. Februar 1945 in Rohr – Sein Tod in Rimbach am 13. März 1945

Major Scheller

Seit dem 18. Februar 1945 gehörte ich der Führerreserve der 277. Volksgrenadierdivision in Steinfeld-Heistert (Steinfelderheistert) an. Schon am 20. Februar erhielt ich den Befehl, mich beim Generalkommando des 67. Armeekorps des Generals Hitzfeld zu melden, um die Funktion des Kurier- und Verbindungsoffiziers zur 5. Armee des Generals von Manteuffel wahrzunehmen. Über den Weg dorthin, nach Falkenberg-Rohr, berichtete ich in einem Feldpostbrief an die Eltern so: „Im Augenblick (Anm. d. Hrsg.: das ist 21. Februar) suche ich noch den Sitz dieser angesehenen Behörde und wechsle vom Pferdefahrzeug zum Kraftwagen, laufe auch wieder ein Stück zu Fuß. In Amerika nennt man das ‘trampen’ und den, der dies tut, einen ‘Tramp’. Unter diese Kategorie bin ich nun auch geraten.“

Noch am 21. Februar konnte ich mich bei Major Hans Scheller, dem Adjutanten (IIa) des Kommandierenden Generals, und Major Höptner, dem 1. Generalstabsoffizier (Ia), melden. Da meine Hoffnung, wieder zu „meiner Waffe“ versetzt zu werden, also ein Kommando über Infanteriegeschütze zu erhalten, enttäuscht worden war, befand ich mich in einer Stimmung, die nicht zuließ, die mir jetzt übertragene Aufgabe als Auszeichnung zu verstehen. Deshalb lautete meine Meldung bei Major Scheller – durchaus einer Zurechtweisung gewärtig: „Leutnant Scherer, 277. Volksgrenadierdivision, als Bleistiftspitzer zum Generalkommando versetzt!“ Der Major musterte mich, zunächst ausdruckslos, dann freundlich amüsiert, und erwiderte: „Seien Sie nicht zu keck gegenüber einem älteren Kameraden!“ hieß mich willkommen und reichte mir die Hand. Meine Überraschung über diesen „menschlichen Empfang“ ließ ich mir kaum anmerken.

Ansonsten verlief diese Vorstellung mit dem üblichen Zeremoniell: Hackenklapp mit leisem Sporenklirren, Verbeugung und Gruß mit ausgestrecktem Arm. Weil ich hin und wieder noch reiten konnte, trug ich Sporen, die ich dann ablegte. Der Gruß mit ausgestrecktem Arm hatte nach dem Attentat auf Hitler am 20. Juli 1944 als Bekundung nationalsozialistischer, führertreuer Gesinnung den militärischen Gruß durch Anlegen der rechten Hand an die Kopfbedeckung abgelöst. Ich meldete mich dann bei Oberstleutnant Elmar Warning, dem Chef des Stabes, und am Abend bei Generalleutnant Otto Maximilian Hitzfeld, der, in ein Gespräch mit seinem Ordonnanzoffizier Dr. Engel vertieft, ob der Störung sehr unwillig reagierte. Es war ihm in seiner eindrucksvollen Erscheinung deutlich anzumerken, daß er das Eindringen eines jungen Leutnants in sein Quartier als Dreistigkeit betrachtete, gekennzeichnet von mangelndem Respekt.

Meine Tätigkeit bestand darin, ausgestattet mit einem Kurierausweis, Meldungen und Berichte zum Armeeoberkommando in den Bunkern des ehemaligen Führerhauptquartiers in Münstereifel-Roderath zu bringen sowie dort Befehle und Weisungen des Oberkommandos der 5. Armee an das 67. Armeekorps entgegenzunehmen. Dabei hatte ich einmal Gelegenheit, General von Manteuffel im Kreise von Offizieren zu sehen, als er, offensichtlich erregt, Kritik übte an ihm übermittelten Befehlen.

Wegen der Gefahr von Jagdbomberangriffen, die sich bei Tage häuften, fuhr ich in der Regel im Kurier-PKW gegen 18 Uhr in Rohr Richtung Tondorf zum Hauptbüro des Armeeoberkommandos in Roderath ab und kehrte gegen 23 Uhr zurück. Die Übergabe der in der am Handgelenk angeketteten Kuriertasche befindlichen Schriftstücke und Anlagen gestaltete sich jeweils zum bürokratischen Akt. Mein Verhältnis zu den Majoren Höptner und Scheller wie zu meinem Fahrer erwies sich als angenehm.

Schon die dargestellte Begrüßung durch Major Scheller hatte mir einen überraschenden Eindruck von diesem Stabsoffizier verschafft. Er kehrte nicht im Befehlston den Vorgesetzten heraus; er blieb auch einem Zwanzigjährigen gegenüber freundlich und verständnisvoll. Seine menschlich-verbindliche Art, die wohl seinem eigentlichen Charakter entsprach, ließ sich meiner Einschätzung nach kaum jener soldatischen Härte zuordnen, auf die seine Tapferkeitsauszeichnungen hinzudeuten schienen. Vielleicht hatte auch sein Wissen um die höchst bedenkliche Kriegslage, insbesondere an dem ihm unmittelbar genau bekannten Frontabschnitt, Zweifel erweckt, ob der starre Gehorsam noch eine Wende bringen könne gegenüber Befehlen, die immer unverständlicher wurden.

Als der amerikanische Angriff in Richtung auf den Rhein Anfang März 1945 deutlich an Boden gewann, befahl General Hitzfeld, abweichend von der bisher zögerlichen Entschlußschwäche, seinen stark angeschlagenen Divisionen, der 89. Infanterie- und der 277. Volksgrenadierdivision, dann auch der 272. VGD, eine Absetzbewegung im „großen Sprung". Die Truppenteile zogen sich ab 6. März unter Feinddruck Richtung Ahrtal zurück. Der Korpsgefechtsstand wurde an den Rand von Bad Tönnisstein verlegt. Gleichzeitig hatte General von Zangen, Oberbefehlshaber der 15. Armee – das 67. AK war Ende Februar von der 5. zur 15. Armee getreten –, Hitzfeld angewiesen, die Brücke von Remagen vor den vorwärts drängenden amerikanischen Divisionen zu schützen.

Daraufhin beauftragte Hitzfeld seinen Adjutanten Major Scheller mit der Aufgabe, die Brücke von Remagen so lange wie irgend möglich offen zu halten, und ernannte ihn zum Kampfkommandanten des Verteidigungsbereichs Remagen mit allen Vollmachten. Am 7. März um 2.45 Uhr verließ Scheller den Korpsgefechtsstand, um mit seinem Kübelwagen Remagen zu erreichen. Durch zum Rhein strebende Kolonnen und kontrollierende Feldpolizei- und SS-Streifen immer wieder aufgehalten, traf er erst gegen 11.30 Uhr in Remagen ein. Den letzten Teil des Weges hatte er zu Fuß zurückgelegt. Zu dieser Zeit stand eine Kompanie der 9. US-Panzerdivision, von Mechernich kommend, bereits vor Remagen. Scheller ließ die Brücke zur Sprengung vorbereiten und behielt sich den Befehl zur Sprengung ausdrücklich vor. Die Hauptleute Bratge und Friesenhahn, die mit wenigen Soldaten verhindern sollten, daß die Brücke in die Hand des Feindes fiel, bedrängten ihn, diesen Befehl zu erteilen. Als die ersten amerikanischen Panzer die westliche Brückenzufahrt beschossen, ließ Scheller um 14.35 Uhr die Rampe sprengen. Damit war das Befahren der Brücke nicht mehr möglich. Was aber hatte zu geschehen, wenn amerikanische Infanterie die Brücke angriff?

15.35 Uhr stürmte die Kompanie des US-Leutnants Timmermann die Brückenrampe.

15.40 Uhr erfolgte die Detonation der Sprengladungen unter der Brücke. Der erwartete Erfolg blieb jedoch aus. Die zur Verfügung stehende Menge des Donarits hatte für die beabsichtigte Zerstörung nicht ausgereicht!

15.45 Uhr stürmten Timmermanns GI trotz des deutschen Abwehrfeuers aus Infanteriewaffen weiter vor, und um 16 Uhr stand Karl Heinz Timmermann als erster amerikanischer Offizier jenseits des Rheins. Im Tunnel hinter dem östlichen Brückenende unter dem Erpeler Ley befanden sich außer deutschen Soldaten etwa 100 Zivilisten, darunter viele Frauen und Kinder. Der Tunnel sollte notfalls den deutschen Verteidigern den Rückzug und den Ausbruch landeinwärts ermöglichen.

Gegen 16.30 Uhr entfernte sich Major Scheller durch den östlichen Tunnelausgang; Hauptmann Bratge ergab sich mit seinen wenigen Soldaten auch mit Rücksicht auf die Zivilpersonen. Die Amerikaner bildeten jetzt einen Brückenkopf.

Generalleutnant Hitzfeld und General von Zangen, die ihre Hauptquartiere nach Dedenbach und Brohl am Rhein verlegt hatten, erfuhren lange vom Verlust der Brücke nichts. Major Scheller irrte im Westerwald umher, um einen Kommandeur zu finden, der bereit und in der Lage wäre, Truppen für einen Gegenstoß auf die Remagener Brücke bzw. den östlichen Brückenkopf anzusetzen. Da er erfolglos blieb, versuchte er von Kalenborn aus, Generalleutnant Hitzfeld zu finden.

Auch unter dem Eindruck des Verlustes der Brücke von Remagen entließ Hitler den Feldmarschall Gerd von Rundstedt als Oberbefehlshaber West und ersetzte ihn durch Feldmarschall Kesselring. Er berief General Rudolf Hübner als obersten Gerichtsherrn des „Fliegenden Standgerichts West" mit dem Auftrag, alle am Verlust der Brücke von Remagen Schuldigen zu ermitteln, zu verurteilen und hinrichten zu lassen.

General Hitzfeld hatte am 9. März den Rhein von Brohl nach Rheinbrohl überquert und seinen Befehlsstand in Altwied eingerichtet. Hier traf am Abend des 10. März Major Scheller ein. Feldmarschall Model kam dazu. Nachdem Scheller berichtet hatte, ließ er ihn unter Bewachung nach Rimbach bringen, wo das „Fliegende Standgericht" mit den Verhören begann. Am 12. März wurden unter anderen der abwesende, in Gefangenschaft befindliche Hauptmann Bratge und Major Scheller zum Tode verurteilt. Am nächsten Tage fand in einem Wäldchen bei Rimbach gegen

10.15 Uhr Schellers Hinrichtung durch Erschießen statt.

Generalleutnant Hitzfeld war als Befehls- und Auftraggeber im Falle Scheller überhaupt nicht befragt worden. Der über das Verfahren des Standgerichts und die nicht eingeräumte Berufungsmöglichkeit empörte Feldmarschall Model mag dafür gesorgt haben, daß die „Hübner-Bande" seinen Befehlsbereich verlassen hat.

Frau Scheller mußte 16 Jahre um die Rehabilitierung ihres Mannes kämpfen. Erst am 2. Februar 1962 sprach das Landgericht Landshut Major Scheller frei und hob das Todesurteil auf. Scheller traf keine Verantwortung dafür, daß der quantitativ und qualitativ nicht ausreichende Sprengstoff die Brücke von Remagen nicht zerstören konnte und die zur Verfügung stehenden Soldaten nicht in der Lage waren, die Erstürmung der Brücke zu verhindern. Fraglich bleibt, ob Major Scheller gut daran tat, seine Untergebenen zu verlassen, um im Hinterland eine geeignete Truppe für den Gegenstoß zu finden. Aus späterer Sicht wäre es sicher besser gewesen, wie Hauptmann Bratge als letzte Möglichkeit die Gefangenschaft in Kauf zu nehmen, auch um Leben und Gesundheit der Zivilpersonen im Tunnel zu schonen.

Generalleutnant Otto Hitzfeld

Öfter ist gefragt worden, ob General Hitzfeld mit Major Scheller die richtige Wahl getroffen habe, um einen so schwierigen und heiklen Auftrag durchzuführen. Der dreiunddreißigjährige Adjutant, bisher im Westen und Osten als tapferer Artillerieoffizier bewährt, verfügte nicht über Erfahrungen im Infanterie- und Panzerkampf mit amerikanischen Gegnern und nicht in der Führung von Infanteristen. Seine Funktion als Adjutant in einem Armeekorps konnte diesen Mangel nicht ausgleichen. Die menschlichen Qualitäten dieses Soldaten standen zudem im Widerspruch zu jeder Form militärischer Brutalität und übertriebener Härte. Warum Hitzfeld nicht an Stelle seines Adjutanten an einen draufgängerischen, kampferfahrenen Troupier der Infanterie wie den ihm gut bekannten und erreichbaren Oberstleutnant Bremm gedacht hat, Kommandeur des Grenadierregiments 990 der 277. VGD und nach deren Vernichtung im Kampf vor dem Rhein Führer einer Kampfgruppe noch im Harz, läßt sich nur vermuten. Aber das soll hier nicht geschehen.

Generalleutnant Hitzfeld und Oberstleutnant Bremm sind im übrigen als letzten Soldaten der Wehrmacht die Schwerter zum Eichenlaub des Ritterkreuzes zuerkannt worden.

Ich selbst wurde am 2. März 1945 zur 277. Volksgrenadierdivision rückkommandiert und übernahm in der Bunkerlinie bei Kradenhöfel zwischen Oberreifferscheid und Oberwolfert die Führung der 4. (schweren) Kompanie des Grenadierregiments 989. Die Kompanie zog sich als Nachhut, teilweise unter starkem Feinddruck, ab 6. März über Wildenburg, Marmagen, Nettersheim, Zingsheim nach Osten zurück. Sie erreichte über Buir, Niederadenau, Kempenich, Weibern, Glees, Burgbrohl. Am 9. März marschierte sie über Namedy nach Andernach, wo sie am späten Nachmittag bei der Verteidigung der Stadt ihr Ende fand. Im Kompaniegefechtsstand im Hause Martinsberg 69 geriet ich gegen 18 Uhr in Gefangenschaft.

Erna Thar:

Meine Verwundung bei einem amerikanischen Bombenangriff auf Rohr – Zwei Soldaten helfen

Erna Thar geb. Müller, 1944/45 mit ihrer Mutter in Rohr, jetzt Hausfrau in Rohr (= „Das Mädchen aus Rohr“ in der Publikation „Gefallen und vergessen“)

Im Februar 1945 waren in Rohr, unserer Ortschaft, viele deutsche Soldaten untergebracht. Sie gehörten – wie ich heute weiß – zu einem hohen Stab, der von General Hitzfeld kommandiert wurde. Ältere Leute fürchteten sich deshalb vor feindlichen Bombenangriffen. Ich war damals sieben Jahre alt und spielte gern mit meinem Hund. So auch am 22. Februar nachmittags in der Nähe unseres Hauses. Plötzlich sah ich Flugzeuge vorbeifliegen und spürte sofort einen heftigen Schlag gegen meinen Oberschenkel. Ich schleppte mich ins Nachbarhaus, wobei ich die krachenden Einschläge der Bomben kaum hörte. Soldaten haben mich dann nach Hause getragen. Meine Mutter verband mich notdürftig und flehte die Soldaten an, mich in ein Lazarett zu bringen. Schließlich nahm mich ein junger Offizier mit, der in seinem PKW nach Münstereifel fahren mußte. Er brachte mich ins Lazarett, wo ich dann versorgt wurde. Bei Luftangriffen wurde ich jedesmal in den Keller getragen.

Nach drei Tagen durfte ich das Lazarett verlassen und kehrte nach Rohr zurück. Unsere Soldaten zogen sich vor den angreifenden Amerikanern zurück, die Anfang März 1945 in Rohr einrückten. Meine immer noch eiternde Wunde wurde von einem amerikanischen Sanitäter versorgt. Dieser nette Soldat, der sah, daß ich Angst hatte, war ein Farbiger. Er schenkte mir Kaugummis und sprach beruhigend auf mich ein. Ich verstand ihn nicht und fürchtete mich, weil ich noch nie einen Schwarzen gesehen hatte. Der Sanitäter sorgte dann dafür, daß ich nach Vussem ins Krankenhaus kam. Hier wurde mein Bein von der Ferse bis zu den Hüften eingegipst. In Höhe der Wunde befand sich ein Sichtfenster, wodurch die Behandlung erfolgte. Meine Mutter wußte drei Wochen lang nicht, wohin man mich gebracht hatte. Ihr wurde gesagt, die Soldaten würden mich dort lassen, wo die Aufnahme möglich sei. Die amerikanische Truppe zog schon bald in Richtung Rhein weiter. Nun machten sich Verwandte mit Fahrrädern auf, um nach mir zu suchen. Sie fanden mich in Vussem. Nach meiner Entlassung aus dem Krankenhaus mußte ich zunächst, auf zwei Stöcke gestützt, wieder gehen lernen. Die Narben der Verwundung sind heute noch gut sichtbar, machen mir aber keine Beschwerden.

Anfang 2003 hörte ich, daß in dem Buch „Gefallen und vergessen?“ von Wingolf Scherer ein Kapitel enthalten sei mit der Überschrift: „Das Mädchen von Rohr“. In dem unbekannt gebliebenen Mädchen von Rohr erkannte ich mich. Nach 58 Jahren sah ich dann den Leutnant wieder, der mich trotz des strengen Verbots, Zivilpersonen in einem Kurierfahrzeug der Wehrmacht mitzunehmen, in das Lazarett nach Münstereifel gebracht hatte.

Gern erinnere ich mich der beiden Soldaten, des deutschen und des amerikanischen, die mir geholfen haben. Sie taten etwas, das man eigentlich nicht von ihnen erwarten konnte.

Erna Thar mit dem Herausgeber der Publikation Wingolf Scherer, 2003

Gottfried Machata:

Gefangennahme in einem Bunker vor Miescheid am 2. Februar 1945

Mit mir in den Bunker kommen nur zwei meiner Leute, die anderen werden auf andere Bunker aufgeteilt. Haben seit Wirtsfeld keine Verpflegung erhalten und keinen Schlaf gehabt. Die Besatzung des Bunkers sind Luftwaffensoldaten (lauter Feldwebel und Unteroffiziere). Habe kein gutes Gefühl und kontrolliere die vom verantwortlichen Ofldw. eingesetzten Wachen noch um Mitternacht und um 4 Uhr früh.

Am 2. Februar, vor 7 Uhr, einige Schüsse vor dem Bunker und Geschrei: „Die Amis sind da, wir ergeben uns.“ Die Tür zum Bunker wird von innen geöffnet und die Besatzung läuft ohne Gegenwehr mit erhobenen Händen ins Freie. Meinen Leuten und mir bleibt nur übrig, zu folgen, da der Bunker offen war und die Amis an der Tür standen. Die Amis (Indian-Head am Ärmel) empfangen uns draußen mit angeschlagenem Gewehr (hatten nach meiner Beobachtung keine Pionierwaffen oder Sprengstoff mitgehabt) und beginnen, uns sofort auszurauben. Abgenommen werden Uhren, Ringe, Ketten und auch persönliche Dinge wie Geld, Orden und Brieftaschen. Alle meine Papiere werden nach Durchmusterung in den Schnee geworfen (auch mein Soldbuch). Wir werden über die Höckerhindernisse nach Westen getrieben.

Verhör in einer Hausruine (Mürringen?): Da ich nichts aussage, wird mir die Auslieferung an die Russen angedroht und zum Verhör ein als Russe adjustierter Soldat beigezogen, der mich grimmig anblickt und einige russische Worte spricht. Die russische Uniform war aber für mich als nicht echt erkennbar, und ich vermute später, daß es sich um einen gefangenen Hiwi gehandelt hat. Ich sage weiter nicht aus und werde mit Kolbenstößen nach draußen getrieben, mit dem deutschen Befehl, mich zu erledigen. Einige Schüsse wurden hinter meinem Rücken abgegeben, dann wurde ich nach neuerlichem ergebnislosen Verhör zu den anderen Gefangenen geführt. Den Gefangenen wird befohlen, den Schutt aus dem Keller des Hauses auszuräumen.

Wir mußten den Schutt mit den Händen in unsere Wintermäntel schaufeln und nach oben befördern. Beschleunigt wurde dieser Vorgang durch Kolbenstöße. Danach erneutes Verhör nach kurzem Fußmarsch in einem Blockhaus-Bunker. Das Verhör bezog sich im wesentlichen auf die Fragen nach der Stärke der Ausbildungseinheit Wochner, der Stärke des Rgt. 991 und besonders darauf, was ich über den Gasschutz (Gasmasken, Filter, Schutzmaßnahmen, neue Kampfstoffe) wisse. Dies dürfte damit zusammenhängen, daß ich als Zivilberuf Student der Chemie angegeben hatte.

Amerikanische Gefangenschaft in Huy, Namur, Lüttich, Seraing le Chateau, Ampsin und Nürnberg vom 2. Februar 1945 bis 5. Dezember 1945/2. Februar 1946

Über einige weitere Stationen, bei denen wir jedes Mal gründlich gefilzt und der letzten noch verborgenen Wertsachen beraubt wurden, gelangten wir auf LKW verladen, über Malmedy nach Huy (etwa 500 Mann, verladen auf 10 LKW). In Huy wurden alle Gefangenen zu je 50 Mann in die Zellen dcr alten Festung verbracht. Die Zellen hatten ein Ausmaß von etwa 30 m² (ich habe sie in den 80er Jahren nochmals besichtigt), und wir verbrachten die Nacht stehend (kein Wasser, keine Austrittsmöglichkeit). Hier hatten wir die erste Verpflegung erhalten, je eine „schwere und leichte Konservenbüchse“, wie wir sie nannten. Es waren die sogenannten „Ten in One Ration“ der Amis (für zehn Mann an einem Tag oder für einen Mann zehn Tage). Diese Packungen wurden später als sogenannte „Care-Pakete“ bekannt. In Huy traf ich einige Kameraden des Regiments wieder.

Am 4. Februar, etwa 16.00 Uhr erfolgte der Abmarsch zum Bahnhof in Huy, mitten durch die haßerfüllte Bevölkerung, so daß wir von der Bewachung gegen Angriffe geschützt werden mußten (Tätlichkeiten, Steine). Dabei sind die Bewacher (ausschließlich Schwarze von Transporteinheiten) lobend zu erwähnen. Bahntransport in Viehwagen (je 70 Mann) nach Namur. Ankunft etwa 21 Uhr in der verdunkelten Stadt (V1 und V2 Beschuss) und Marsch zum Lager (PWE 18). Dort wird uns das Letzte abgenommen (immer wieder gelang es einzelnen, etwas am Körper zu verbergen). Hier machten sich bereits die sogenannten „Capo's“ (Gefangene, die von der Lagerleitung als Aufseher bestimmt worden waren) unangenehm bemerkbar, vor allem da sie uns mit den Rufen „Kommt ihr endlich, ihr deutschen Schweine“ begrüßten und die Amis bei weitem übertrafen, wenn es um das ausrauben und Schikanieren ging.

Huy (Festung vom Maasufer gesehen)

Arbeitseinsatz von deutschen Kriegsgefangenen in Lüttich

Wenig Essen im Lager, hungern, frieren, systematische Verhöre. Wandern durch die Einzellager A und C. Die Verhöre hier entsprachen halbwegs dem Kriegsrecht und dürften der Summe nach kaum ergiebig gewesen sein (wie mir in Namur ein emigrierter Ami aus Wien erzählte).

Ich meldete mich nach Anfrage freiwillig zur Arbeit und bekam ein Arbeitskommando von 100 Mann zugeteilt und wurde in das Lager B überstellt. 5 Einheiten werden gebildet, geführt von jeweils einem Unteroffizier mit einem Sanitäter. Mir wurde mein alter SanGfr. Gschwandner aus unserem Regiment zugeteilt

15. Februar: Abfahrt mit LKW nach Lüttich (Liège) und Ankunft etwa 14.00 Uhr im „Grand Maison de Gros" im Zentrum Lüttichs, direkt an der Maas gelegen. Dieses ehemalige, nun leerstehende Warenhaus wird von uns als Lager eingerichtet. Das erste warme Essen seit 29. Jänner. Ich wog 41 kg bei einer Körpergröße von 174 cm (Postwaage in Lüttich, in Hemd und Hose ohne Schuhe). Eine Woche später kommen nochmals 500 Mann zur Verstärkung. Unsere Aufgabe war es, die mit Frachtkähnen durch den Albertkanal aus Antwerpen kommenden Güter auf LKW umzuladen. Der Umschlag an Nachschub war ungeheuer und für uns kaum vorstellbar. Antwerpen und Lüttich waren ja das Ziel der Ardennen-Offensive gewesen, und wir sahen nun mit eigenen Augen die Bedeutung Lüttichs für den Nachschub.

Der Abmarsch zum Entladen erfolgte für die einzelnen Abteilungen jeweils getrennt am Abend und die Rückkehr in der Frühe. Es war ja noch Krieg, Lüttich war

Die deutschen Kriegsgefangenen wurden zum Be- und Entladen von Bezinkanistern in Lüttich eingesetzt

verdunkelt, und in der Nähe schlugen noch V2 ein. Verladen wurden meistens Benzinkanister und Lebensmittel. Nach Kriegsende wurde bei Tag gearbeitet und entsprechend erfolgte der Abmarsch in der Frühe, abends rückte die Abteilung wieder ein. Dazwischen gab es immer wieder besondere Einsätze, z. B. im sogenannten Postzug, ferner in der Bäckerei, in der Feldküche der Amis und im Benzinlager.

Eines Tages verlangte der Aufsicht habende Leutnant von mir, ich sollte mit meiner Abteilung singend zum Hafen marschieren. Mein Einwand bezüglich der feindlichen Bevölkerung wischte er hinweg und meinte, seine Leute würden für Schutz sorgen. Ich ließ nun meine Leute antreten, ausrichten und gab die gewohnten Kommandos zur Aufstellung im Exerzierton (alles auf offener Straße), und nach dem Befehl: „Im Gleichschritt Marsch", das Kommando: „Ein Lied!". Wir sangen (zuerst mit meinen Männern abgesprochen) den „Westerwald" und dann „Erika" mit allen Strophen. Wir konnten sogar das Gebrüll der Zuschauer übertönen, und den Bewachern gelang es, alle Angriffe fernzuhalten. Es blieb aber bei diesem einmaligen Ereignis. Der Leutnant hatte wahrscheinlich den Befehl erhalten, diesen Versuch nicht zu wiederholen. Sehr traurig aber waren unsere Bewacher (lauter Schwarze), die dem Singen nachtrauerten.

Die Verpflegung im Lager war halbwegs in Ordnung. Unser Brot wurde in einer Feldbäckerei gesondert gebacken, wobei auch Belgier mitarbeiteten. Durch einen Sabotageakt gelangte einmal eine Menge Quarzsand in das Mehl und damit in die Backwaren, so daß wir eine Woche lang nur sandiges Brot bekamen. Die äußerst haßerfüllte Bevölkerung (Steinwürfe und Beschimpfungen wie „sales boches" und die Gesten des Halsabschneidens und des Aufhängens waren alltäglich) demonstrierte täglich vor unserem Lager am Maasufer. Ab Juni 1945 erfolgte ein überraschender Stimmungsumschwung; da kamen nämlich die ersten belgischen Kriegsgefangenen aus Deutschland zurück und berichteten von ihrer Gefangenschaft. Ich wurde in Folge auch einige Male auf der Straße durchaus freundlich angesprochen und nach unserem Befinden befragt. Sogar ein katholischer und evangelischer Geistlicher boten sich an, Gottesdienste bei uns zu halten, was ich annahm.

Ein weiterer Einsatz war im Mai 1945 das sogenannte „Gräberkommando" meiner Abteilung. Das hatte die Aufgabe, in der Eifel (auf belgischer Seite) Gefallenen zu bergen. Das Kommando (etwa 20 Mann, Freiwillige) durchstreiften die Wälder und barg, auch nach Hinweisen aus der Bevölkerung, die Gefallenen, die von den Amerikanern identifiziert wurden und getrennt nach Deutschen oder Amis abtransportiert wurden. Wohin die Gefallenen befördert wurden, war mir nicht bekannt. Die Deutschen vielleicht nach Lommel.

Auf Wunsch der Amis übernahm ich am 26. Mai ein kleines Spezial-Kommando von 20 Mann (ich sprach etwas Englisch), bestehend aus Mechanikern, je einem Elektriker und einem Schreiner sowie zwei Köchen. Wir wurden der 3756th Quatermaster Truck Compagnie zugeteilt, die zum Nachschub nach Deutschland eingeteilt war. Die Einheit wurde gemeinsam mit uns in einem Wasserschloß in Seraing le Chateau (etwa 15 km im Norden von Huy) untergebracht, und meine Leute erledigten Instandsetzungsarbeiten an den Trucks. Wir hatten in dem Schloß den Turm für uns allein besetzt (amerikanische Feldbetten) und lebten dort praktisch ohne Bewachung.

Wir wanderten mit der Einheit mit (ausgezeichnete Behandlung, Armeeverpflegung und Marketenderware wie Zigaretten und Seife). Trotz Anordnung von der Division, für Gefangene ein sehr minderwertiges reduziertes Essen zu verabreichen (die Rationen wurden sogar vorgeschrieben) erhielten wir die gleiche Kost wie unsere Bewacher (das heißt Armeeverpflegung mit 3500 Kalorien täglich). Am 22. Juni zogen wir nach Ampsin (im Maas- Tal, etwa 5 km östlich von Huy) und in Etappen am 6. November nach Nürnberg in die Gebäude der ehemaligen Nüralwerke.

Am 5. Dezember Entlassung in Ochsenfurth bei Würzburg (wurden mit kompanieeigenen LKW hin- und auch zurückgebracht). Blieb noch, bis der letzte meiner Männer eine Möglichkeit für eine Rückkehr zu seiner Familie gefunden hatte, in Nürnberg bei unserer Einheit. Am 2. Februar Abfahrt von Nürnberg nach München und Ankunft am 6. Februar in Wien.

Überbrachte die Todesnachricht von Uffz. Baschus seiner Mutter in Wien, die am gleichen Tag auch die Nachricht vom Tod ihres Mannes an der Ostfront erhielt.

Zu meiner Abkommandierung von Lüttich mit einer Sondereinheit an Gefangenen zu der 3756th Quatermaster-Truck-Kompanie wäre noch nachzutragen: Ich war Vorgesetzter meiner Leute und hatte von den Amis die Befehlsgewalt. Ich bemühte mich auch, ein zivilisiertes militärisches Regime einzurichten. Unabhängig von unseren Bewachern war Wecken um etwa 6.00 Uhr (ich hatte ja keine Uhr und richtete mich nach den Amis), im Winter um 7.00 Uhr, Morgenappell und allenfalls Krankmeldungen, Antreten zum Frühstück und dann Abmarsch (mit LKW) zur Arbeit. Mittags Rückkehr zum Essen, dann Nachmittagsarbeit und schließlich Abendessen. Appell am Abend zum Austausch der Neuigkeiten und Befehlsausgabe für den nächsten Tag und Nachtruhe.

Einmal in der Woche gab es einen Film für die Kompanie. An der Vorführung konnten wir teilnehmen. Es waren durchaus nette und spannende Filme, meistens zur Unterhaltung, und ich habe einige davon nach der Entlassung in der Heimat in deutscher Übersetzung gesehen. Nur einmal wurde ein übler Hetzfilm gezeigt. Deutsche Soldaten als entsprungene Gefangene ziehen raubend und mordend durch Texas. Die Hauptrollen waren von Deutsch-Amerikanern besetzt, wie Peter Lorre, Leo Askin und anderen, so daß ein Teil der Dialoge in deutscher Sprache erfolgte (der Film hatte den Titel „Escape in the Desert"). Ich habe mich bei unserem Major beschwert, der abfällig meinte: „Kriegspropaganda". Wir haben auch später keinerlei derartige Filme mehr gesehen. Auch von den KZ-Filmen sind wir verschont geblieben (die im Hauptlager gezeigt wurden).

Jeden Abend berichtete ich über Neuigkeiten der Weltlage und insbesondere über Vorgänge in der Heimat, soweit ich Informationen aus den Zeitungen hatte. Als Betten hatten wir amerikanische Feldbetten (zusammenklappbar), Decken und einen Schlafsack ausgefaßt. Ich habe bei der Kompanie Unterwäsche für uns angefordert und auch anstandslos bekommen. Wir erhielten pro Mann jeweils 3 bis 4 Garnituren zu unserer eigener Wäsche, ebenso Handschuhe, Taschentücher und Handtücher, die wir selbst in heißer Seifenlauge waschen konnten. Ebenso erhielten wir Marketenderware, bestehend aus Toiletteseife, Zahnbürsten und -paste, Rasierzeug, Tabak und Zigaretten. Auch Oberbekleidung wurde ausgegeben, Overalls für die Arbeit und amerikanische Uniformstücke ohne das übliche „PoW" mit schwarzer Farbe auf der Rückseite. Der Major entschuldigte sich augenzwinkernd bei mir, er hätte keine schwarze Farbe zum Markieren, und hat mir bei der Entlassung dies schriftlich bestätigt, damit ich nirgends Schwierigkeiten bekäme (die Bestätigung habe ich noch). Lediglich die Hautfarbe und die Mütze unterschied uns von unseren Bewachern. Ich habe den Befehl gegeben, unsere Kopfbedeckung ständig zu tragen, um uns erkennbar zu machen. Wenn andere Amis aus fremden Einheiten zu uns gekommen sind, hätte es vielleicht für unseren Major Schwierigkeiten geben können. Wenn ich ausfuhr, habe ich immer meine Uniform mit allen Rangabzeichen getragen. Die Ausstattung war schließlich so umfangreich, daß ich je Mann einen Seesack angefordert und auch bekommen habe.

Das Essen wurde gemeinsam mit unseren Bewachern eingenommen (gleiches Essen), wir PoW saßen immer zusammen an den Tischen. Meine Exekutivgewalt bestand darin, daß ich bei Subordination mir gegenüber jeden meiner Leute aus dem Kommando entfernen konnte (in das Hauptlager zurück), was einer schweren Bestrafung gleichzusetzen war. Ein solcher Fall trat während der ganzen Gefangenschaft innerhalb eines Jahres niemals auf. Anfang März wurde uns gestattet, normierte Briefe und Karten mit Mitteilungen an unsere Angehörigen zu schreiben. Meine Post ist etwa im November 1945 in Wien bei meinen Eltern eingelangt und war zensiert.

Es kam natürlich auch gelegentlich zu Krankmeldungen. Bei der ersten Meldung fuhr ich mit dem Betroffenen in das amerikanische Lazarett (General Hospital) nach Lüttich. Ein dort anwesender Stabsarzt, der fließend deutsch sprach (er hatte in Hei-

Ampsin (im Maastal, westlich von Huy, geräumtes Fabrikgebäude, wo Machata mit seiner Kompanie als Kriegsgefangener interniert war, die Amis hatten unter den gleichen Bedingungen im selben Gebäude Quartier und wohnten einen Stock darunter)

delberg studiert), unterhielt sich lange mit mir und schlug mir vor, Bagatellfälle selbst zu behandeln. Er versorgte mich mit etwa 1000 Tabletten Acetylsalicylsäure (Aspirin), dieselbe Menge an Sulfonamidtabletten, Verbandsmaterial, Hautsalbe und Desinfektionsmitteln. Bei Krankmeldungen wie Kopfschmerzen oder Übelkeit bekam nun jeder zwei Tabletten Aspirin, kam noch Fieber hinzu, zwei Tabletten Sulfonamide.

Bei den häufig auftretenden Furunkeln entfernte ich die mit Hilfe einer Zugsalbe und der Desinfektionslösung. Ich mußte das Lazarett nur sehr selten bei Zahnextraktionen, einer Brandverletzung und einem Oberlippenfurunkel in Anspruch nehmen. Ich selbst habe mir eine Brille verpassen lassen. Dies war aber nur während des Kriegs möglich. Zu einem späteren Zeitpunkt, als einer meiner Männer dies ebenfalls versuchte, wurde abgelehnt. Da galt das Genfer Abkommen über Kriegsgefangenen für uns anscheinend nicht mehr. Das es natürlich andere Verhaltensweisen der Amis gab, zeigte die Antwort eines Sanitätsoffizier zu einem der Gefangenen, der an starken Zahnschmerz litt: „Einem deutschen Soldaten plombiere ich keinen Zahn, nur Reißen!"

Die durchwegs schwarze Kompanie der Amis hatte zwei weiße Offiziere, bei denen ich in ihrer Messe speisen konnte, wenn ich wollte. Das Verhältnis weiß/schwarz ist am besten durch ein Ereignis geschildert: Ich fuhr mit unserem Spieß (1st Sergeant), der Spann hieß, aus irgendeinem Grund nach Lüttich. Das heißt, er fuhr im Jeep und ich saß daneben und hielt sein Gewehr. Unterwegs auf einer einsamen Landstraße versagte unser Wagen den Dienst; wir hielten an und versuchten ein Militärfahrzeug zu stoppen. Ein Jeep hielt an, darinnen zwei Offiziere, die uns nach dem Begehr fragten. Nach kurzer Unterredung erklärte der eine Ami, ein Major, nur mich mitnehmen zu wollen, und lud mich in den Jeep ein. Ich hatte gerade noch Zeit, Spann sein Gewehr zu übergeben. Ich habe dann in Lüttich Hilfe besorgt und bin wieder zu meinem „Bewacher“ zurückgefahren. Eine andere Erinnerung möchte ich noch festhalten: Der Krieg lag in den Endzügen. Über die amerikanischen Armee-Zeitungen erfuhren wir vom Tod Roosevelts.

Einige Zeit später ließ mich Oltn. (First Lieutenant) Purvis kommen und beglückwünschte mich zu seinem neuen Präsidenten Truman. Auf meine erstaunte Frage, was dafür der Grund sei, meinte er, dies sei für ganz Deutschland und auch für alle Gefangenen viel besser. Mit Purvis hatte ich später noch viele Diskussionen über den Krieg und die Lage danach. Einmal sagte ich ihm wörtlich: „Die Amis werden uns noch kniefällig um Waffenhilfe gegen ihre Feindc bitten.“ Damals begannen sich ja die ersten Risse im Ost-West-Bündnis abzuzeichnen, und an Latrinenparolen, daß ein deutsches Kontingent gegen Rußland gebildet werden sollte, war in allen Lagern kein Mangel. Ich habe leider keine Adresse mehr von Purvis und würde ihn gerade in dieser Zeit an meine Aussage erinnern.

Das Verhältnis zu unseren „Bewachern“ war gut. An Flucht wurde niemals gedacht, da die extrem feindliche Bevölkerung dies verbot. Außerdem wußte niemand, was uns in der Heimat erwarten würde. Eine Besichtung oder Kontrolle unseres Lagers durch das Rote Kreuz fand niemals statt; im großen Lager in Lüttich soll eine Kommission gewesen sein. Unsere Amis, die mit den LKW öfter nach Deutschland fuhren, berichteten uns von den schweren Zerstörungen in den Städten, vom Mangel an Nahrungsmitteln und der Not der Bevölkerung. Die Bilder und Berichte, die wir in den Zeitschriften sahen, vervollständigten das traurige Bild unserer Heimat. Die Zeitungsausschnitte (speziell über Wien und Österreich) habe ich gesammelt und bis heute aufbewahrt.

An uns allen nagte die Ungewißheit über das Geschehen in der Heimat, und niemand wußte über seine Angehörigen Bescheid. Während an der Front fast nie politisiert wurde (im Gegensatz zu manchen Berichten), da stand das Überleben und der nächste Tag im Vordergrund, haben wir in der Gefangenschaft viel diskutiert. Das Schicksal unserer Heimat, die Beatzungszonen, unsere Angehörigen waren Dauerthemen. Auch was mit uns geschehen sollte. Nach Kriegsende drohte uns eine Auslieferung an die Franzosen oder Belgier (was vielfach gegen das Kriegsrecht auch geschehen ist), und dies hätte Arbeit im Bergwerk, Fremdenlegion oder Minenräumen bedeutet. Auf alle Fälle aber eine massive Verschlechterung der Bedingungen der Gefangenschaft.

Charles D. Curley:

Von Wirtzfeld nach Hellenthal, Heimbach und Gemünd – 30. Januar bis 4. März 1945

Aus Curleys Buch „How a ninety-day wonder survived the war. The story of a rifle platoon leader in the Second Indianhead Division during World War II“, Richmond (VA) 1998 (Übersetzt und zusammengefaßt mit Genehmigung des Autors vom 09.01.2004 von Karl Josef Lüttgens, Schleiden.)

Rückeroberung von Wirtzfeld und Rocherath-Krinkelt 30./31. Januar 1945

Neue Befehle besagten, wiederum vorzugehen, und so ging es durch Wirtzfeld nach Rocherath. Der Widerstand war gering. Es herrschte große Kälte, und der Schnee war tief.

Mich plagte ein schlimmer Durchfall, so daß ich alle 100 Yards in die Hocke gehen mußte, wobei mein Hintern mit dem Schnee in Berührung kam. Ich trug zwei Hosen und außerdem noch einen sogenannten Kombi, und man kann sich denken, daß es nicht einfach war, dies alles schnell für das „Geschäft“ zu richten. Manchmal ging es nicht schnell genug, und das weitere läßt sich denken. Das Schlimmste aber war, daß meine Leute warten mußten. Jedenfalls gehörten diese Tage zu den schlimmsten meines Lebens.

In den Außenbezirken von Krinkelt bauten wir eine Verteidigungslinie auf, und dabei fanden wir auch Schneehöhlen vor, in denen sich die Deutschen vor der großen Kälte zu schützen versucht hatten.

Wir kamen eine Nacht in einer Scheune unter, wo ich auf dem nassen Boden die Nacht verbringen mußte und sofort einschlief. Am Morgen starrte ich beim Hellwerden in das Gesicht eines toten Deutschen, dem der halbe Kopf weggerissen worden war. Meine Männer meinten, es sei sehr komisch, neben einem Toten geschlafen zu haben. Ich allerdings konnte nichts Komisches daran finden.

Hellenthal 2. bis 4. Februar 1945

Ende Januar ging es endlich voran. Wir folgten den anderen Einheiten unserer Division, und so ging es zum zweiten Mal durch den Westwall, und zwar an Wahlerscheid vorbei in Richtung Schöneseiffen und Harperscheid. Ersteres Dorf erreichten wir in einer Nacht. Ich wurde eingewiesen und erhielt eine Landkarte der Gegend, die unser 2. Pionierbataillon angefertigt hatte.

Außerdem erhielt ich noch zwei Luftaufnahmen von Hellenthal, bevor wir uns auf den Weg machten. Diese Aufnahmen gaben mir ein wesentlich differenzierteres Bild der Ortschaft als die Landkarte.

Das 3. Bataillon sollte mit der Kompanie „L“ auf der rechten und die Kompanie „K“ auf der linken Seite auf der nach Hellenthal führenden Straße angreifen. Wir sollten den Ort nehmen und die Höhenrücken im Nordwesten besetzen. Das 2. Bataillon sollte auf unserer linken Flanke angreifen, durch den Ort vorrücken und die Höhenrücken um West besetzen. Mein Zug ging an der linken Flanke der Kompanie vor. Wir sollten eine Maschinengewehrstellung am Waldrand oberhalb des Ortes einrichten.

Danach sah der Plan ein Vorrücken durch die Ortschaft, die Überschreitung der Olef und die Besetzung des Höhenrückens westlich der Ortschaft vor.

Im Dunkeln, gegen 4.00 Uhr, starteten wir und gingen in weit auseinandergezogener Schützenlinie auf eine Waldkante zu. Glücklicherweise waren die gegnerischen Maschinengewehre abgezogen worden, oder die Deutschen schliefen noch. Jedenfalls erhielten wir kein Feuer.

Nachdem wir im Wald, wo es pechschwarz war, ca. 200 Fuß vorgerückt waren, kam von hinten (im Flüsterton) der Befehl, anzuhalten. Einer meiner Sergeanten kam angerannt. Er berichtete von einem Zelt, ca. 75 Yards zu unserer Linken, und neben dem Zelt stehe etwas, das aussehe wie ein Mensch. Ich schaute ihn an und sagte ihm, wenn ich mich recht erinnere, seine Phantasie sei wohl mit ihm durchgegangen. Wir rückten weiter vor, und später stellte es sich heraus, daß es doch ein Zelt war.

Auf dem Weg zur Waldkante oberhalb von Hellenthal erreichte uns ein Funkspruch, aufzupassen, da die Kompanie „K“ bereits im Ort sei. Wir sahen etwas, das aussah wie Leute, die mit Taschenlampen herumliefen. Ich sagte meinen Leuten, weiter vorzugehen, bevor die Kompanie „K“ die gesamte Initiative an sich riß.

So traten wir aus dem Wald heraus und gingen den terassenförmig angelegten Abhang hinunter. Im Gebiet der eben erwähnten Kompanie zu unserer Linken wurde geschossen. Ich benachrichtigte den Sergeanten des Maschinengewehrzuges. Dieser war uns für unseren Vormarsch zugeteilt worden und sollte uns Feuerschutz bei unserem Vorrücken geben.

Heftiges Gewehrfeuer war an unserer linken Seite zu hören, als wir die restliche Gefällstrecke im Dunkeln zurücklegten. Als eine der Gruppen meines Zuges sich einem Haus am Fuß des Abhanges näherte, hörte ich einen Schuß, und ein Mann begann zu schreien.

Kurze Zeit später stellte sich heraus, daß eine Frau, als einer unserer Männer die Haustür zu öffnen versuchte, diese Tür von innen aufriß und mit einer kleinkalibrigen Pistole auf den Kopf des Soldaten zielte. Ich rief nach jemandem, diese Frau zu erschießen, bevor sie erneut schießen konnte. Ich weiß nicht, was geschah, aber sie gab keinen Schuß mehr ab. Bei der Untersuchung des angeschossenen Soldaten stellte sich heraus, daß die Kugel durch den (offen stehenden) Mund eindrang und durch eine Wange wieder austrat, ohne auch nur einen Zahn zu treffen. Der Mann war natürlich verletzt, konnte aber in unserer Situation zunächst nicht abtransportiert werden.

Beim weiteren Vorrücken vom Haus zu einem kleineren Bach erhielten wir Feuer von links hinten. Im Halbdunkel fanden wir die kleine Brücke, doch diese war gesprengt worden. Es schien aber, daß wir das Flüßchen trotzdem überqueren konnten, und so versuchten wir es denn.

Plötzlich lag Maschinengewehrfeuer auf der Umgebung der Brücke, das uns zur Eile antrieb. Beim Durchwaten des Bachs fiel ein Mann ins Wasser, kam aber wieder hoch und verlor so nicht den Kontakt zu uns. Als die letzte Gruppe den Bach durchqueren wollte, nahm das Maschinengewehrfeuer an Stärke zu, so daß nach kurzer Besprechung entschieden wurde, diese Gruppe solle zunächst abwarten.

Nun begann auch unsere eigene Artillerie in die Ortschaft und ihre Umgebung zu schießen. Ich teilte dem kommandierenden Offizier durch Funk mit, daß ich mit der Gruppe bereits im Ort sei und das eigene Feuer gefährlich nahe liege.

Mein Kompaniechef jedoch beharrte darauf, daß ich nicht in Hellenthal sein könne, da er sich im Kampf mit deutschen Kräften befinde, und zwar genau auf der Anhöhe, von der ich heruntergekommen war. Bei dem Versuch, dem eigenen Artilleriefeuer zu entgehen, stolperten wir in der Dunkelheit herum, bogen nach rechts in eine Straße ein, gingen in ein Haus und suchten nach einem Keller. Unglücklicherweise hatte dieses Haus keinen.

Als es hell wurde, sahen wir auf kurze Entfernung ein Geschützrohr mit einer Mündungsbremse an dessen Ende. Motorgeräusche kamen von dorther, so daß wir überzeugt waren, es mit einem Panzer zu tun zu haben. Das Bazooka-Team war nicht bei uns, sondern zusammen mit einer Gruppe auf der anderen Bachseite geblieben, so daß wir keine entsprechenden Waffen zur Panzerabwehr hatten.

Wir versuchten, dem Kompaniechef unseren Standort durchzugeben, und ich fragte ihn, ob er Häuser sehen könne. Als er bejahte, warf ich eine Nebelgranate in der Hoffnung, daß er den Rauch sehen könne. Tatsächlich sah er uns und wollte unbedingt erfahren, wie wir das wohl geschafft hätten. Wir erhielten die Anweisung, dort zu bleiben, wo wir gerade waren.

Auf der Straße war nun Gewehrfeuer zu hören. Wir schauten aus der Haustür und sahen deutsche Soldaten. Zwei von ihnen kamen die Straße heraufgerannt und stellten sich in die Türöffnung der Hinterseite des Hauses, in dem wir waren. Einer feuerte gerade auf etwas im Berg, als einer unserer Männer, der sich herangeschlichen hatte, ihm auf die Schulter klopfte.

Wenn nur jemand den Ausdruck völliger Überraschung gesehen hätte, als er und sein Kamerad sich umdrehten und sahen, daß sie von Amerikanern umgeben waren! Es war gerade wie im Kino. Wir nahmen ihnen die Waffen ab und bedeuteten ihnen, sich mit dem Rest unserer Leute auf den Boden des Zimmers zu setzen.

Einer meiner Leute rief mir zu, ich solle doch einmal an das Fenster an der Bergseite „unseres" Hauses kommen. Ich sah etwas wie das Dach eines Bunkers bzw. Unterstandes in dem Berg. Zwei Deutsche standen auf diesem Dach und suchten mit Ferngläsern die Gegend ab.

Einer unserer Soldaten wollte schon auf die beiden schießen, doch ich riet ihm, das nicht zu tun, er solle vielmehr dann schießen, wenn das Maschinengewehr unten auf der Straße das auch tue. So geschah es, aber trotzdem verfehlte unser Mann sein Ziel. Die Deutschen verschwanden nun, und ich kann mir nicht denken, daß sie wußten, woher der Schuß kam.

Über Funk berichtete ich von diesem Bunker/Unterstand, und diese Nachricht ging über das Bataillon und das Regiment zur Division. Mir wurde später bedeutet, ich möchte nie mehr über Bunker vor dessen genauer Inspizierung berichten. Was war passiert? Nach dem Fall von Hellenthal kam ein Team, um einen Bunker genau unter die Lupe zu nehmen, und was fand man? Einen Wasserbunker bzw. -speicher!

Bald kamen noch mehr Gefangene aus den Häusern bzw. Stellungen, und darüber waren wir recht froh, denn wenn wir wußten, daß nicht mehr gekämpft wurde, brauchten wir auch keine Angst mehr zu haben, auf die Straße zu gehen, wo wir anderenfalls in eigenes Feuer geraten konnten, obwohl die Kompanie doch wußte, wo wir waren.

Nach Einbruch der Nacht hörte die Schießerei auf, und bald kamen auch die Männer des Zuges, die vorher nicht den Bach durchqueren konnten, und nahmen ihre Positionen links von uns ein. Wir gingen nun den Weg auf der Straße zurück, von wo wir gekommen waren. In der Ortsmitte fanden wir eine 7,5 cm-Pak, die verlassen auf der Straße stand. Am Rohrende saß die Mündungsbremse, und das hatten wir vorher für einen Panzer gehalten. Bei Dunkelheit besetzten wir mehrere Häuser und warteten weitere Befehle ab.

Am nächsten Morgen drangen wir weiter in der Ortschaft vor. Wir gingen in Schützenlinie auf beiden Seiten der Straße an den Häusern entlang. Als wir um eine große Wasserlache herumgehen mußten, überholte uns kurz davor ein Jeep mit vier Mann. Sie riefen uns zu, daß sie nicht gerne nasse Füße hätten, und ein Wort gab das andere.

Plötzlich sahen wir, wie der vordere Teil des Jeeps sich mitten in der Wasserpfütze nach vorne neigte und das Fahrzeug halb im Wasser versank. Die Insassen hatten Mühe, schnell auszusteigen, und waren natürlich klatschnaß. Sie mußten sich zu allem Unglück auch noch den Spott meiner Leute anhören. Die Ursache für den Beinahe-Untergang des Jeeps: Ein großes Bombenloch hatte sich mit Wasser gefüllt und eine Riesenpfütze gebildet, so daß man den eigentlichen Trichter nicht mehr sehen konnte. Ich sage es nur ungern, aber meine Leute waren für den Rest des Tages äußerst gut gelaunt.

Wir gingen nun weiter der Hauptstraße entlang und kamen in die Kampfzone des 2. Bataillons. Mein Zug wurde diesem Bataillon zugeordnet, und wir lagen in der Nähe des Hellenthaler Postamtes. Im Keller dieses Amtes richtete ich meinen Gefechtsstand ein und brachte meine Leute in Häusern rechts und links des Postamtes unter. Das Land steigt hinter den Häusern an, so daß wir kein gutes Schußfeld hatten. Ein anderer Zug ging weiter über das Postamt hinaus in die dortigen Häuser.

Die Deutschen hatten sich auf die Höhenrücken um die Ortschaft zurückgezogen und feuerten zeitweilig mit Granatwerfern in die Ortschaft.

Nach einigen Nächten fingen die Deutschen mit Spähtruppunternehmungen an, um unsere Stellungen auszukundschaften. Ich war eines Nachts gerade dabei, die Antenne des Funkgeräts herauszuziehen und die Frequenz 536 einzustellen, in der Hoffnung, etwas Musik zu hören, was manchmal möglich war, als eine deutsche Stimme aus der Hörmuschel ertönte, und zwar so laut und klar, als ob der Sprecher draußen vor der Tür stand. Ich erschrak ziemlich und entsandte Melder, die die Gruppen dringend darauf hinweisen sollten, jederzeit gut aufzupassen.

Telefonisch sprach ich mit dem Kompaniegefechtsstand und sagte, sie möchten doch einen Deutsch sprechenden Mann ausfindig machen, der den Funk abhören und verstehen könne, was da gesprochen wurde.

Nun hörten wir Granatwerferfeuer, und über das Telefon kam die Warnung vor einem deutschen Spähtrupp, der sich im Gebiet des 3. Zuges aufhielt. Es könnten aber noch andere Späher unterwegs ein. Was die deutsche Stimme im Kopfhörer anging, so wurden wir davon in Kenntnis gesetzt, daß man nach Abhören des gegnerischen Funkverkehrs herausfand, wo die Deutschen sich aufhielten. In der Nähe eines Gebäudes mit einem hellgrünen Dach. Aber es blieb ruhig, und die Deutschen verzogen sich, so daß man nichts mehr von ihnen hörte.

Drei Tage Urlaub in Verviers im Februar 1945

Ich wurde zum Bataillonsgefechtsstand beordert. Der Kommandeur sprach mir seinen Dank dafür aus, daß ich mit meinem Zug so früh in Hellenthal war.

Gewissermaßen zur Belohnung sagte er mir, ich könne drei Tage der Erholung in Verviers verbringen, mich dort ordentlich duschen und neu einkleiden.Der S1 würde alles weitere regeln. Mit dem Jeep brachte mich ein Fahrer dorthin, und es war wohltuend, keinen Gefechts- bzw. Waffenlärm zu hören.

Baden und duschen konnte man zwar, aber neue Kleidungsstücke gab es nicht. Ich aß in der Messe der Stabsoffiziere der Division und wurde angeschaut, als ob ich die Lepra hätte.

Am Tisch saß ich mit Offizieren in schönen Uniformen, und während sie sich lebhaft unterhielten, fragte mich auch nicht irgendeiner, wie es dort aussah, wo der Krieg wirklich stattfand. Ich fühlte mich nicht wohl.

Beim Bataillon hatte man mir gesagt, mir und meinem Fahrer würde ein Schlafplatz zugewiesen. Die dafür zuständige Person aber fand ich nicht. Die einzigen Schlafplätze, die ich finden konnte, befanden sich auf dem Boden eines ungeheizten Speichers.

Nach drei Tagen Ruhe und Erholung in Verviers war ich doch froh, wieder zu meinem Zug nach Hellenthal zurückkehren zu können, Es mag sein, daß Angehörigen von Kampftruppen diese etwas rüde Behandlung in Verviers deshalb zuteil wurde, um den Wunsch nach baldiger Rückkehr an die Front wach zu halten.

Der Rückweg mit dem Jeep war eine einzigartige Erfahrung: Ich fuhr über Straßen, die durch Panzer und LKW restlos zerstört worden waren. An manchen Stellen waren diese Straßen nur noch ein einziger Morast. Ich konnte mir nicht vorstellen, daß sie jemals wieder in Ordnung kamen.

Vor der Fahrt nach Verviers übrigens erfuhr ich von meinem Bataillonsarzt, daß ich unter Umständen in England einen Urlaub verbringen könne, Als ich aber nach einer Woche oder mehr nichts mehr davon hörte, fragte ich den Arzt, wie es denn damit stehe. Er sagte mir darauf hin, er hätte gedacht, daß ich bereits darüber benachrichtigt worden sei. Es werde jemand anderes nach England geschickt, weil ich bereits einmal dienstlich in Paris war. Das war ein wenig entmutigend, aber mit der Zeit wurde ich damit fertig.

Rurübergang in Heimbach und Bunkerkämpfe bei Gemünd 28. Februar bis 4. März 1945

Kurz nach meiner Rückkehr von Verviers wurden wir nach Camp Elsenborn verlegt und auf die Fortsetzung des Vormarschs Richtung Osten bzw. den Rhein vorbereitet.Als Teil der Task Force S verlegte das 38. Regiment in die Nähe von Schmidt. Wir marschierten auf die Rur zu, die im Sektor der 78. Division lag, und gruben uns für die Nacht auf dem Höhenrücken über dem Fluß ein (28.2.1945).

Es war ein kalter Tag gewesen, und der Abend war noch kälter. Genau zum Zeitpunkt des Eingrabens erhielten wir Granatfeuer.Das zum Ausheben und Bau von Löchern und Gräben in gefrorenen Böden mitgeführte TNT zündeten meine Männer zur gleichen Zeit, so daß überall Steine und kleinere Felsstücke herumflogen. Ich glaube, wir hatten dadurch mehr Verwundete als durch das Artilleriefeuer des Gegners. Wir alle lernten daraus.

Am nächsten Tag zogen wir auf der kurvenreichen Straße von Schmidt ins Rurtal nach Heimbach hinunter. Die Schäden, die durch die Flutwelle aufgrund der Sprengung des Rurdamm-Sperrstollens an Häusern in Heimbach entstanden waren, konnte man gut sehen. Die 78. Division hatte eine Bailey-Brücke über die Rur geschlagen, und wir überquerten den Fluß in guter Verfassung (1.3.1945).

An dem Tag, an dem wir die wiederum kurvenreiche Straße von Heimbach zum Kloster Mariawald hinaufgingen, war es ein bißchen wärmer. Irgendein GI an der Spitze der Kolonne hatte seine Gummi-Überschuhe ausgezogen und an den Straßenrand geworfen. Minuten später lagen Hunderte von Überschuhen neben der Straße. Ich warf meine nicht weg und sagte meinen Leuten, sie sollten das auch nicht tun, indem ich energisch auf nasse Füße bzw. sog. Grabenfüße hinwies. Später dankte ich Gott dafür, daß ich die Schuhe nicht weggeworfen hatte.

Weiter ging es den Berg hinauf, und nach etwa einer Meile kam der Befehl, einen links von der Straße verlaufenden Waldweg zu benutzen. Dort bedeckte ein dünner Schleier von Schnee den Waldboden. Plötzlich gab es eine kleine Explosion, und einer meiner Männer rief nach einem Sanitäter. Uns wurde auf diesem Waldweg mulmig. Einer auf der rechten Seite des Pfades rief auf einmal, wir sollten nicht weitergehen, der Wald sei voll von Minen.

Ich hatte einen Sanitäter angefordert und sagte meinen Leuten, sie sollten vorsichtig auf dem Waldpfad auf die Straße zurückgehen, von wo wir gekommen waren. Ich ging nach vorne, um nach dem Mann zu sehen, als es noch eine Explosion an meinem Fuß gab.

Mit der Kante meines rechten Überschuhs war ich auf eine Holzmine (Schützenmine) getreten, aber die Explosion traf genau die dickste Stelle an meinem Überschuh, und mein Fuß war infolgedessen überhaupt nicht verletzt. Das Schlimmste sollte aber noch kommen. Die angeforderten Sanitäter kamen schnell unter Führung eines mir bekannten Offiziers des Sanitätswesens. Irgendwie stolperte er und fiel hin. Mit dem Kinn oder einem Teils seines Gesichts brachte er eine weitere Mine zur Explosion, und als ich ihn danach sah, war sein Gesicht eine einzige breiig-rohe Masse.

Nach dem Kriege traf ich diesen Mann in einer Offiziersmesse in Texas wieder. Er fragte mich, wie er meiner Meinung nach damals wohl ausgesehen hatte.Nun aber hatte die plastische Chirurgie ihm wieder zu einem guten Aussehen verholfen.

Wir kamen nun zu einem anderen kleinen Ort, der weiter oben an der Straße lag (Anm. d. Übers.: Wolfgarten). Die Aufgabe von Kompanie „L“ war es nun, einige Bunker zu machen und zu nehmen, die sich auf der Höhe nördlich von Gemünd befanden. Mein Zug sollte dabei eine unterstützende Funktion übernehmen. Doch wenig später stellte sich heraus, daß mein Zug infolge einer Umgruppierung nun die Angriffsspitze bilden solle. Nun ging es auf einem kleinen Pfad, der in einen anderen Weg mündete, zurück, und nach etwa einer halben Meile gab die Spitze des Zuges ein Zeichen. Ich ging nach vorne und hörte Stimmen, deutsche Stimmen. Ich kroch durch das Gebüsch und sah ca. 50 Yards vor mir auf die Rückseite eines Bunkers. Gleichzeitig stellte ich fest, daß ich beim Robben mit den frischen Hinterlassenschaften eines Menschen in Berührung gekommen war, und ich schrieb es meiner Müdigkeit zu, daß ich die Duftwolke und noch etwas mehr an meiner Uniform nicht sofort bemerkte.

Ich sah nun auf zwei Öffnungen einer großen Betonmasse. Jemand führte drinnen hinter der Türöffnung ein lautes Gespräch. Ich forderte das Bazooka-Team und einen Mann mit einem Raketenwerfer an. Das Team sollte in die linke und der Mann in die rechte Öffnung feuern. Jeder sollte auf mich sehen, denn ich würde das Zeichen zum Feuern geben, und zwar aus dem Grunde, daß die Treffer zur gleichen Zeit erfolgten und die Besatzung herauskommen konnte. Gerade, als die Bazooka feuerte, trat ein Mann mit einem Telefon in der Hand in die Türöffnung, und ein Geschoß traf ihn in die Brust. Er war sofort tot. Das war nicht beabsichtigt. Drei weitere Deutsche kamen nun wie betäubt aus dem Bunker. Ich schickte sie nach hinten und kroch weiter vor, wo wir noch mehr Bunker sehen konnten. Alles in allem nahmen wir drei Bunker und machten fünf Gefangene.

Am folgenden Tag kam ein Melder und ließ mir sagen, ich müsse zum Kompaniechef kommen. Ich ging zum ersten Bunker, den wir genommen hatten. Dort waren ca. vierzehn Mann, die gesamte Kompanieführung, versammelt.

Der Chef zeigte auf die Bunkertüren, wo der tote Deutsche lag, und bedeutete mir, ich solle mit einigen Leuten „dies da“ sauber machen. Damit meinte er den toten Soldaten. Er möchte in diesem Bunker seinen Gefechtsstand einrichten.

In mir stieg die Wut auf: „Mein verfluchter Job war es, ihn zu töten. Ich glaube aber nicht, daß es irgend eine Vorschrift gibt, den Toten wegzuschaffen. Warum, in Dreiteufelsnamen, kann das nicht die Gruppe tun, die bei Ihnen ist? Ich werde keinem meiner Männer den Befehl dazu geben, wenn dieser etwas von mir fordert, was ich selbst auch nicht täte. Wenn Sie mir dies befehlen, werde ich sofort zum Bataillonskommandeur gehen und mich beschweren.“ Damit stürmte ich zurück in meinen Bunker und war wütender als die Hölle. Die Angelegenheit war damit erledigt, denn es kam nichts hinterher.

Am nächsten Tag stießen wir auf Gemünd zu und besetzten die den Ort umgebenden Höhen (4.3.1945).

Der Kompaniechef ließ mich rufen und sagte mir, die Kompanie befinde sich hinter einer Reihe von Bunkern, von denen aus man aufgrund ihrer Anordnung die Straße nach Schleiden einsehen könnte. Diese Bunker müßten angegriffen werden. Er zeigte mir die Lage der Bunker auf einer Landkarte und versicherte mir, er werde auf unsere eventuelle Anordnung hin den Feuerschutz koordinieren.

Ich schaute mir die Karte an und sagte ihm, daß dies nicht unsere Ziele sein könnten, und zeigte auf die von mir als richtig erkannte Position, was ihm überhaupt nicht paßte. Er bitte um Entschuldigung, aber er könne eine Karte lesen und wisse, wo er sich befinde. Diese Behauptung wurde durch einen Kraftausdruck unterstrichen. Ich konnte darauf nur erwidern, daß ich bei dem Angriff auf die Bunker keine Artillerieunterstützung haben möchte, wenn es nicht möglich sei, eine Karte korrekt zu lesen.

In diesem Augenblick kam der Sergeant wie gerufen, schaute auf die Karte und zeigte unserem Chef, wo wir uns seiner Meinung nach befanden, und dies war mit meiner Feststellung identisch. Die schlechte Laune unseres Kompaniechefs kam wohl noch von der Auseinandersetzung um die Beseitigung des toten Deutschen.

In Schützenlinie gingen wir den Abhang hinunter. Wir wußten nicht, was uns erwartete, wenn wir in den Ort kommen sollten. Der Spitzenmann machte ein Zeichen zu halten und zeigte auf eine Betonmasse auf einem Hügel unterhalb unserer Position. In diesem Augenblick sahen wir zwei Deutsche auf dem Pfad unter uns. Ich schoß auf sie, traf aber keinen, und die beiden rannten weg in eine Deckung, d.h. einen Bunker oder Unterstand.

Jetzt erst merkte ich, daß es nicht mein Gewehr war, denn es hatte einige kleinere Schäden an der Zielvorrichtung, wie ich erst jetzt bemerkte.Ich schaute in die Runde und schimpfte über das Gewehr, aber die einzige Reaktion war ein Lachen über meinen Fehlschuß.

Unterwegs ergaben sich zwei Deutsche. Bei Dunkelheit erreichten wir Gemünd, und ich erinnere mich, daß wir dort über umgestürzte Bäume in den Straßen kletterten und auch durch Wasserpfützen gingen. In der Nacht lösten uns Einheiten der 28. Infanteriedivision ab. Östlich von Gemünd sammelten wir uns und wurden dann auf Fahrzeugen nach Kommern gebracht, wo wir die Nacht blieben.

Vormarsch ins Ahrtal und über den Rhein – Begegnung mit Soldaten der Roten Armee in Pilsen am 7. Mai 1945 – Rückkehr in die USA

Dann ging es zu Fuß über Holzheim nach Ahrweiler, einer schönen, alten Weinstadt. Die herrliche Zeit in Ahrweiler dauerte einen Monat. Über Göttingen, Leipzig, Querfurt, Grimma und Waldmünchen erreichten wir Pilsen. Dort ließen wir es uns beim berühmten Bier gut sein. Wir traten auch auf russische Soldaten, unsere damaligen Verbündeten. Sie fuhren Lastwagen der Marke Studebaker und Ford-Jeeps, und als ich sie bei ihren Besuchen der Brauerei darauf hinzuweisen versuchte, daß diese Fahrzeuge und unsere identisch seien, da sie in derselben Fabrik in den USA hergestellt worden waren, sagten sie: „Nyet, nyet, Russky!“ Ford und Studebaker waren für sie offensichtlich russische Namen. Dann kam die Stunde des Abschieds.

Über Regensburg, Frankfurt, Kaiserslautern, Saarbrücken, Reims und Metz ging es nach Le Havre. Dort schifften wir uns auf der US-Monticello ein, einem ehemaligen italienischen Linienschiff, das uns nach New York brachte. Die Tränen kamen mir, als ich die Freiheitsstatue wieder erblickte. Am 5. Dezember 1945 wurde ich aus der Armee entlassen.

Wingolf Scherer:

Rückzug aus der 2. Linie des Westwalls bei Kradenhövel nach Andernach am Rhein vom 5. bis 9. März 1945

Begegnung im Schloß Schweppenburg

Nach meiner Rückkommandierung zur 277. Volksgrenadierdivision wurde ich am 3. März 1945 als Führer der 4. Kompanie zum Grenadierregiment 989 unter Major August Johe versetzt. Ich übernahm die Kompanie in den Westwallbunkern bei Kradenhövel im Raum zwischen Oberreifferscheid und Oberwolfert. Diese sogenannte schwere Kompanie verfügte über schwere Maschinengewehre sowie leichte und schwere Granatwerfer vom Kaliber 8 und 12 Zentimeter; sie gehörte zum I. Bataillon des Hauptmanns Schlegel.

Als sich die 277. Volksgrenadierdivision ab 5. März erstmals im „großen Sprung" vor dem amerikanischen Großangriff nach rückwärts absetzte, hatte die Kompanie als Nachhut in ihren Stellungen kämpfend zu verbleiben mit dem Befehl, erst bei starkem Feinddruck nach Osten auszuweichen.

Diese Situation trat am Nachmittag des 5. März ein. Deshalb erfolgte der Rückzug in der Nacht zum 6. März. Bei Tage wurde über Marmagen und Nettersheim Zingsheim erreicht, wo in aller Eile eine stützpunktartige Verteidigungsstellung entstand. Feindliche Panzer brachen gegen 17 Uhr in den Ort ein; hinhaltender Widerstand mit sMG und Granatwerfern schaffte etwas Luft. Das Absetzen sollte im Schutz der Nacht erfolgen. Der Abmarsch gelang unter Feinddruck, dennoch konnte der sMG-Zug aus der Einschließung nicht mehr befreit werden.

Über Buir, wo es kurz vor dem Gefechtsstand zum verlustreichen Nahkampf kam, in dem ich nur um Haaresbreite der Gefangenschaft entging, Falkenberg und Hümmel konnte Schuld im Ahrtal erreicht werden. Amerikanische Lautsprecherdurchsagen forderten zur Einstellung des aussichtslosen Kampfes auf. Dennoch gelang es, über Niederadenau und mit Hilfe eines einheimischen Führers über die Hohe Acht zu entkommen. Am späten Morgen des 8. März trafen wir in Kempenich ein und rasteten im Kloster, in dem ein Lazarett eingerichtet war.

Eine verständnisvolle Rotkreuzschwester ermöglichte mir ein Bad und einige Stunden Schlaf. Als bekannt wurde, daß der Bataillonsstab bereits eiligst abgerückt sei und amerikanische Panzer, von Infanterie gefolgt, kurz vor dem Angriff ständen, alarmierte ich die Kompanie. Wir strebten im Eilmarsch auf Weibern zu. Unser Tempo hing allerdings von den uns noch verbliebenen pferdebespannten Fahrzeugen ab, auf denen Waffen und Munition transportiert wurden. Die Wagen boten die Möglichkeit, daß übermüdete und erschöpfte Soldaten zeitweise aufsitzen konnten, um dann von anderen abgelöst zu werden. Erschwert wurde der Marsch insbesondere durch ermüdete ältere und meist nur bedingt kriegsverwendungsfähige Soldaten, die mit dem letzten Ersatz zugewiesen worden waren. Darunter befanden sich Familienväter – von uns scherzhaft GPU = Grand papa uniformé genannt – die sich angestrengt und pflichtbewußt bemühten, mit ihren jüngeren Kameraden Schritt zu halten. Ich riet ihnen, sich trotz ihrer Bedenken allen überflüssigen Gepäcks zu entledigen, sich also auf das Notwendigste zu beschränken.

Dennoch blieben Ältere, zudem magenkranke Soldaten zurück. Bei einem vor Glees eingelegten Halt erklärte ich, daß nur noch mitkommen solle, wer könne und wolle. Wer nicht zurückbleibe, müsse sich die anstrengende Fortsetzung des sich beschleunigenden Rückzugs zutrauen und sich als zuverlässiger Soldat erweisen. Über Burgbrohl, wo wir Kontakt mit Resten der 272. Volksgrenadierdivision gewannen und auf Zusammenarbeit angewiesen wurden, zogen wir nach Brohl und kamen am späten Nachmittag des 8. März auf Schloß Schweppenburg unter.

Hier machten wir Rast, um am nächsten Morgen weiterzuziehen. Verbindung mit unserem Bataillon und dem Regiment bestand nicht mehr. Ein Offizier der 272. Volksgrenadierdivision gab den Hinweis, im Raume Andernach sei vielleicht der Übergang auf die andere Rheinseite möglich. Ich gewann den Eindruck, daß die gewohnte Befehlsstruktur völlig zusammengebrochen sei und wir auf uns selbst gestellt, einen eigenen Weg zu gehen hätten.

Diese chaotische Situation vermittelte mir gleichwohl ein Gefühl ungeahnter Freiheit. Ich war bereit, die daraus erwachsende Verantwortung auf mich zu nehmen. Schon am Abend wurde ich auf die Probe gestellt.

Als ich mich bei der Burgherrin vorstellte, vielleicht Mutter des am 1. Juli 1944 als Befehlshaber der Panzergruppe West in Frankreich entlassenen Generals Freiherr Geyr von Schweppenburg, wurde ich zum Abendessen eingeladen. In Begleitung der alten Dame erschien ihr Hausarzt.

Dieser erging sich in heftigen Äußerungen über die Unfähigkeit der wahnsinnigen obersten Führung, die immer noch nicht die völlige Aussichtslosigkeit der Fortsetzung des bereits verlorenen Krieges, insbesondere im Westen, begreifen wolle. Seine Sorge bestand auch darin, daß ich als befehlshöriger Offizier das Schloß Schweppenburg gegen die bald anrückenden Amerikaner verteidigen könnte. Schließlich bedrängte er mich, den Kampf einzustellen und zu kapitulieren, er wolle die Übergabe mit den Amerikanern vereinbaren. Zudem könne man mich im Schloß verbergen, bis alles vorüber sei.

Obwohl die alte Dame zu begütigen und zu vermitteln versuchte – so könne man selbst mit einem jungen Offizier nicht umgehen – verteidigte er seine Meinung immer aggressiver bis hin zur fast persönlichen Beleidigung.

Das Ansinnen empörte mich, meine Kameraden ohne aktuelle Notlage der Gefangenschaft zu überantworten und mich zugleich in die Sicherheit eines Verstecks davonzustehlen. Ich erklärte, daß wir gemeinsam abrücken würden, um uns am Rhein in die Verteidigungsfront einzugliedern. Dabei war mir angesichts der Erfahrungen beim Rückzug nicht wohl; ich befürchtete, das erlebte Chaos werde sich auch am Rhein fortsetzen. Der nächste Tag bestätigte diese sich verdichtende Annahme.

Die alte Dame verabschiedete sich mit guten Wünschen für mein und meiner Kameraden Soldatenglück. Ihr Begleiter entfernte sich grußlos.

Natürlich wurden Sicherungsposten aufgestellt; die Nacht verlief aber ruhig und erholsam.

Am Morgen des 9. März zogen wir zur Rheinuferstraße und über Namedy Richtung Andernach. Die Lebensgeister waren wieder erwacht, und wir hofften, von Jaboangriffen wie bisher verschont zu bleiben. Die etwa noch 50 Soldaten ordneten sich ganz selbstverständlich in Dreierreihen und nahmen Gleichschritt auf. Feldwebel und Unteroffiziere marschierten vorn und hinten. In den ersten Reihen kam die Frage auf: „Singen wir?“ Frage des Oberfeldwebels an mich: „Ein Lied?“ Antwort: „Wenn ihr singen wollt, dann singt!“ Daraufhin marschierte die Kolonne mit lautem Gesang in einen Tag mit höchst ungewissem Ausgang hinein. Wollten wir uns Mut machen oder trotziger Unerschütterlichkeit Ausdruck geben, der ein Hauch von Galgenhumor beigemischt war? Ich jedenfalls erinnerte mich an eine lateinische Sentenz aus meiner Schulzeit: „Si fractus illabatur orbis, inpavidum ferient ruinae“ (Wenn der ganze Erdkreis zusammenbricht, sollen die Trümmer einen Unerschrockenen antreffen). Befürchtung und Wunschbild zugleich!

Am Mittag des 9. März erreichten wir Andernach. Hier herrschten wilde Hektik und Aufregung. Ein Kampfkommandant vereinnahmte unter Drohungen und Beschimpfungen regellos zurückflutende Soldaten. Meine „intakte“ Einheit wurde zur Straßensicherung am Westrande der Stadt eingesetzt.

Als „Kampfgruppenführer“ sollte ich insbesondere einen Hohlweg gegen Panzer verteidigen, obwohl keine panzerbrechenden Waffen zur Verfügung standen. Mir war klar, daß nun das Ende bevorstand. Um 15 Uhr tauchte die amerikanische Panzerspitze vor uns auf. Wir setzten uns mit unseren Infanteriewaffen mit der Folge zur Wehr, daß die Panzer langsam und vorsichtig vorfühlten und die begleitende Infanterie beidseits der Straße vorging. So wurden wir überflügelt und schließlich von den Seiten wie von rückwärts angegriffen. Als der Gefechtsstand im Hause Martinsberg 69 eingeschlossen und von Panzern blockiert war, stellten wir gegen 18 Uhr den Widerstand ein. Hinter uns flackerte nur noch vereinzelt Gefechtslärm auf.

Als Offizier wurde ich sofort abgesondert und unter starker Bewachung zum Kommandanten der amerikanischen Einheit gebracht. Dieser verlangte von mir, den noch Widerstand leistenden Soldaten die Einstellung des Kampfes zu befehlen, was ich ablehnte. Der einheimische Dolmetscher (Arzt?) ließ seine Befriedigung über die Einnahme dieses Teils seiner Heimatstadt deutlich erkennen, kritisierte aber meine ablehnende Haltung nicht.

Die amerikanischen Verbände setzten am Morgen des 10. März 1945 ihre Angriffe fort und besetzten die Stadt.

Horst Freiherr von Wangenheim:

Letzter Gruß eines deutschen Soldaten am Tage meiner Gefangennahme, dem 9. März 1945 in Niederlützingen

Oberstleutnant i. G. von Wangenheim war der erste Generalstabsoffizier – Ia – der 277. Volksgrenadierdivision

Ein Erlebnis am 9. März 1945 ist für mich das demütigendste gewesen. Unter diesem leide ich heute noch (1985) zu weilen.

General Viebig und ich fuhren in einem offenen Jeep, vorn ein US-Major mit Pistole in der Manteltasche, ein richtiger Kindskopf, daneben der Fahrer, wir hinten, Richtung Nürburgring zum US-Korps nach Andernach.

Unterwegs sahen wir an verschiedenen Stellen nach Osten marschierende einzelne (deutsche) Soldaten im Gelände. Die meisten nahmen von dem Jeep überhaupt keine Kenntnis. Ich dachte noch: Was machen wir jetzt, wenn einer schießt, um den deutschen General zu befreien? Es schoß aber niemand; das ging ja noch. Zuletzt kam aber einer und erwies eine Ehrenbezeugung. Diese Ehrenbezeugung war die letzte, die ich von einem deutschen Soldaten entgegennehmen durfte.

Viebig und ich waren fertig, viel betroffener als bei unserer Gefangennahme! Übrigens war es nur gut, daß wir der festen Überzeugung waren, bis dahin richtig gehandelt zu haben. Es gab ja den Führer-Befehl, daß der Rhein nicht überschritten werden dürfe, obwohl die Lage hoffnungslos war. Unter was für unermeßlich großen Führungsfehlern der oberen Führung haben wir gelitten! Was wurde da für ein Mist befohlen, der uns so viele so brave Soldaten gekostet hat! Ich bin froh, daß wir den Rhein nicht mehr überschritten haben; es wäre drüben noch unsinniger geworden. Und was sollte denn die Fortführung des Kampfes auf der östlichen Rheinseite? Warum ließ man nicht den Amerikaner so schnell wie möglich und ohne Schaden anzurichten den Russen entgegen marschieren?

Tagebuch Dr. Engel, Ordonnanzoffizier im Stabe des LXVII. Armeekorps des Generals Hitzfeld, vom 3. bis 24. März 1945

Dr. Engel: Ordonnanzoffizier von Generalleutnant Otto Maximilian Hitzfeld, Kommandierender General des LXVII. Armeekorps. Historiker aus Würzburg, Verbleib unbekannt.

Das aus der Handschrift übertragene und erstmals veröffentlichte Tagebuch erlaubt tiefe Einblicke in die Hektik und betriebsame Geschäftigkeit einer hohen Kommandostelle während des Rückzugs an und über den Rhein. Dabei wird das Führungspersonal der Heeresgruppe B, der 15. Armee und des LXVII. Armeekorps vielfältig sichtbar. Die genannten Orte lassen Art und Tempo des amerikanischen Vormarsches erkennen. Die Aufgabe des Ahrtals und der Verlust der Brücke von Remagen – Fall Major Scheller – spielen wie die Besuche von Feldmarschall Model und General von Zangen eine bedeutsame Rolle. Der anschauliche Bericht vom 9. März schildert den Übertritt des Korpsstabes auf die rechte Rheinseite. Die Eile des Rückzuges wird aus den Verlegungen des Stabes ersichtlich. Der Korpsgefechtsstand befand sich bis zum 7. März 1945 in Falkenberg, am 9. März in Bausenberg/Niederzissen, am 9. März bei Bad Tönnisstein, vom 9. bis 14. März in Altwied, vom 14. bis 23. März in Muscheid und ab 23. März 1945 in Elgert.

3. März — Falkenberg (K.G. = Kommandierender General = Gen. Hitzfeld) 16.30 – 17.45 Teilnahme K.G. an NSFO-Lehrgang-Abschluß. 19.00 – 19.10 Eingänge. 20.45 – 0.30 Herrenabend mit Vortrag Major Scheller „Die biologische Lage“.

4. März — Gegen 1.00 Uhr Anruf OB: General zum General der Infanterie befördert. 10.00 Abfahrt K.G. + 01 zu 89. ID. Ankunft 11.30. Besprechung K.G. – Div.führer GenMajor Bazing: Kampfführung. 12.15 Weiterfahrt zu 277. V.G.D. 13.00 – 14.10 Bespr. Kampfführung. 15.00 Rückkehr nach Falkenberg. 17.00 Besprechung K.G. – Chef d. Stabes (Oberstleutnant i.G. Warning): taktische Lage. 19.00 – 0.30 Herrenabend – Beförderungsfeier im kleinen Kreis

5. März — Ab 9.30 Vorlage der Eingänge. Gratulationskur. Krisenlage im Raum Euskirchen. Laufend taktische Gespräche, Beratungen, Maßnahmen, Orientierungen bis gegen 0.00.

6. März — Ab 8.30 wieder zahlreiche taktische Ferngespräche. 10.00 Vortrag Ic. 12.30 Vortrag Chef d. St. + Ia (Major Höptner). Gegen 13.15 Anruf OB Gen. v. Zangen: bevorstehende Umgruppierung, Umzug. 16.00 Besprechung KG-Chef d. St. 17.00 Abfahrt KG nach Schothen Mühle bei Holzmülheim (Erholungsheim): Besprechung Gen. Major Viebig + Ia (Oberst-

leutnant i. G. Freiherr von Wangenheim) 18.00 Abfahrt KG nach Mahlberg (Forsthaus) zu Gen.Major Bazing 89. ID. 20.15 Rückkehr nach Falkenberg. 22.00 – 23.30 Besprechung KG Ia, 01 (Leutnant Dr. Engel) beide Div.Kdre (Viebig und Bazing). Inzwischen Einzug des LXVI. A.K. (Gen. Lucht). Zusammenrücken im „Schloß“. Erster Auszug der eigenen Teile. Gegen 23.00 Ankunft Gen. Lucht.

7. März 0.10 – 0.50 Besprechung der beiden K.G. Anschließend Besprechung KG, Ia. 7.20 Abfahrt KG nach Altenahr; erste Besprechung mit Gen.Major Viebig. Weiterfahrt nach Dernau; Besprechung KG – Rgtskdr. 272. ID über Lage bei Niederesch. Rückfahrt nach Altenahr; Besprechung KG-Gen.Major Viebig, Oberstlt. Bremm, 277. ID. Fahrt über Ahrweiler-Dedenborn zu Forsthaus Dachsbach bei Sinzig. 13.30 – 14.20 Besprechung KG-Gen.Major König Kdr. 272. ID: Lage im Ahr- und Rheintal. Fahrt nach Waldorf zu 15. A.O.K.: Besprechung KG-Armeechef-OB Gen. v. Zangen. 16.00 Abfahrt KG nach Ramersdorf. Erneute Besprechung KG.-Gne. Viebig – Chef d. St. 18.00 Eintreffen KG in Dedenbach (Schulhaus). 18.10 – 18.50 Besprechung KG-Chef d.St. im Forsthaus (chaotische Tageseindrücke: Kolonnen ...) 20.00 – 20.20 Besprechung KG-Chef d. St. aufgrund Anruf OB: nächste Aufträge.

8. März 9.00 – 9.45 Besprechung KG-Chef d.St.-Ia: taktische Lage südlich der Ahr. 10.10 Abfahrt KG nach Bad Tönnisstein zu Gen. v. Zangen. 10.30 – 12.10: Besprechung OB, Armeechef, KG, Gen. Metz. 12.45 Rückkehr zum Erholungsheim Bausenberg über Niederzissen. Ab 13.00 Besprechung KG-Chef d.St.-Ia. 14.10 Abfahrt KG + Ia zu Gen.Major Viebig und Gen.Major König: Besprechung der taktischen Lage; neue Einbrüche. 17.00 Rückkehr. Ab 19.00 laufend Besprechungen und taktische Gespräche: OB, Armeechef, Arko (Artilleriekommandeur), Chef d. St.: taktische Lage, Artillerieeinsatz, Reserven, Abwehr. Besprechungen: Arko, Ord.Offz. der Armee. Gegen 1.00 Schluß.

9. März Gegen 7.30 Abfahrt zum „Heilbrunnen“ zwischen Bad Tönnisstein und Brohl. Notgefechtsstand. Funkverkehr. Sorgen. Ungewißheiten. Gegen 11.30 Entschluß: Räumung unter Verbrennung des Notwendigsten und Hinterlassung aller Fahrzeuge und Groß-Stücke. 11.45 Abmarsch zu Fuß über den Berg nach Namedy. Rührender Empfang durch die Bevölkerung (Äpfel, Milch, Kaffee). Gegen 14.00 Abfahrt KG und Chef d.St. zur Armee. Inzwischen Korpsstab übersetzt im Schlauchboot nach Leutesdorf. Geruhsame Stunde im Pfarrhaus. Ungewißheit über linke Rheinseite. Sorgen um KG und Chef. d.St. Das seltsame Quartier an der neuen Schule. Der scharfe Werferbeschuß gegen 18.00 in Anwesenheit von General Metz (Harko = Höherer Artilleriekommandeur). Wachsende Sorge um KG; totale Übermüdung des Ia (Major i.G. Höptner). Gegen 21.00 Eintreffen des Ord.Offz. des Arko; Übermittlung des KG-Befehls: Umzug nach Altwied, Umgruppierung, Aufträge. Gegen 23.00 Abmarsch zu Fuß

von Leutesdorf nach Altwied über die Höhen. Stockdunkle Nacht. Regen. Artilleriestörungsfeuer. Irrwege.

10. März Gegen 7.00 Eintreffen in Altwied. Quartier im Pfarrhaus. Todmüde. Gegen 11.00 Eintreffen von KG und Arko. Beratungen mit Chef d.St. und Ia: taktische Lage, Brückenköpfe, Abwehrmaßnahmen, Gliederung: König-Kokott-Bazing. 13.00 Offz.-Versammlung: Bestandsübersicht des Korps-Personals. Ab 16.30 taktische Gespräche: KG-OB, KG-GFM (Generalfeldmarschall) Model, Armeechef u.a. Ab 17.30 Besprechung bei KG: Chef d.St., Ia 89. ID: taktische Lage in den Brückenköpfen. Anschließend 19.10 Vortrag Armee-Pi(onier)führer Oberst Bujard: Brücken- und Fährenprobleme. Bis 21.50 taktische Gespräche: Brückenköpfe, Rheinufersicherung.

11. März 8.40 – 9.00 Vortrag Ic: Feindlage. 9.30 Abfahrt KG nach Gladbach aufgrund vorheriger Besprechungen mit Chef d.St. nach Eintreffen von Gen.Major Höcker (325. VGD). Besprechung auf Gef.Std. 89. ID (Senffabrik) mit Gen.Major Bazing und Ia Major Woeste: Gliederung des Rheinabschnittes, Stärken, Artillerie, Munition, Gef.St.-Wechsel. 10.00 Weiterfahrt KG nach Niederbieber zu Gef.Std. 326. VGD: Besprechung mit Ia Major Milchsack über gleiche Fragen. 11.50 Rückfahrt KG nach Altwied zur Auswertung mit Chef d.St. 12.10 Weiterfahrt KG nach Datzeroth – Besprechung mit Gen.Major Kokott, Kdr. 26. VGD, über gleiche Fragen. 12.40 Eintreffen Gen. d.Inf. Lucht, KG LXVI. AK. 13.40 – 14.10 erneute Besprechung mit Chef d.St. 16.00 Erscheinen von Gen.Major Tolsdorff. Ab 16.50 Besprechung KG, Gen.Lt. H. Gen.Major Tolsdorff, Chef, d.St.: Lage. 17.50 Eintreffen Gen. Lucht, Oberstlt. Bremm 272. ID – (richtig: 277. VGD): Berichte über die Ereignisse der letzten Tage, Ende der Brückenköpfe, Erlebnisberichte. 18.00 Meldung Oberst Schinzel, Kdr. Fallsch.Jg.Div. 5. Gegen 21.20 Schluß des Wirbels.

12. März 5.30 Meldung der Ankunft Gen.Feldmarschalls Model für 7.30. Teilnehmer: KG, General Lucht (KG LXVI. AK), Gen.Lt. Höcker (326. ID), Gen.Major Tolsdorff (340. ID), Chef d.St. 8.50 Eintreffen GFM + H.Gr. IIa Oberst Filling. 8.55 – 10.20 Besprechung: Lage, Gliederung, Stärken, Auffangmaßnahmen, Brückenfragen, Kriegsgericht, Vernehmung von Major Scheller wegen Brückenkopfs Remagen. 10.25 Abfahrt GFM. 10.30 – 11.05 anschließende Einzelbesprechung der Beteiligten. 11.10 – 12.20 KG-Chef d.St. und zwei Armeerichter: Fall Brücke Remagen, Major Scheller. Ab 12.20 Einzelvernehmung Oberstlt. Bremm (277. VGD). Gemeinsames Mittagessen. Weitere Vernehmungen bis gegen 17.00. Ab 18.30 taktische Gespräche mit OB, Gen. König, Ia 277. VGD (richtig 272. VGD): Einbruch am Hubertushof bei Leutesdorf. 19.30 – 20.30 Beratung KG, Chef, Ia: Abriegelung des Einbruchs, Reserven, Gliederung.

13. März Ab 7.00 taktische Gespräche, Bearbeitung der Eingänge. 11.30 Vortrag Ic. 13.30 – 16.00 KG-Armeerichter-Gen. König – Chef d.St.: Brückenkopfprobleme. 16.05 – 16.20 KG-Gen.Lt. Gercke, H.Gr.-Nachrichten-

führer: Beschaffung Nachr.gerät. 15.20 – 16.50 Oberst Zimmermann, Heeresstreifen Kdr.: Erschießung Versprengter. 16.30 -–19.45 Besprechung KG Ia-Chef d.St. Gegen 21.00 Nachricht von der Erschießung Major Schellers (IIa) – Brückenkopf Remagen. Ab 21.00 anhaltendes starkes Artilleriestörungsfeuer auf Altwied; KG im Keller des Pfarrhauses. Starker Beschuß.

14. März Bis gegen 6.00 anhaltendes Artilleriestörungsfeuer 6.50 Besprechung KG-Chef d.St.-Ia. 7.45 Abfahrt KG nach Försterei Friedrichsthal. 8.10 – 8.20 Besprechung KG-Gen.Major Kokott: Lage, Gliederung, Stärken, Rheinstützpunkte. 8.40 Weiterfahrt KG nach Niederbreitbach zu Gen.Major König (272. VGD): gleiche Probleme. Nochmals Einkehr in Friedrichsthal. Besprechung KG-Gen.Major Kokott-Oberstlt. Schriefer (IR 77): Probleme Bonn und Remagen. 11.20 Rückkehr KG nach Altwied, Teilnahme an der Ia-Besprechung. 12.30 Eintreffen Gen.Lt. Botsch, Führer LIII.AK. 16.45 Abfahrt KG nach Niederbieber, Besprechung mit Gen.Lt. Hoecker: Lage, Gliederung, Sorgen. 17.50 Weiterfahrt KG nach Hör-Grenzhausen zu Gen.Major Bazing (89. ID): Besprechung (wie vor). 19.10 Weiterfahrt KG ins neue Quartier Muscheid bei Dierdorf (nördlich der Autobahn). Gegen 22.00 Ankunft. Letztes Tel.Gespräch mit Chef (Warning).

15. März 9.10 Meldung Gen.Major Kaschner, 325. ID, bei KG. 9.40 Abgang. 10.45 Vortrag NSFO Hptm. Vasel: Ereignisse Remagen; dazu ab 11.00 Chef d.St.: Lage, Sorgen. 17.00 Abfahrt KG nach Dauffenbach; 17.10 – 17.55 Besprechung mit Arko Oberst: Stärke, Gliederung, Aufträge. 18.45 – 19.50 Besprechung KG-Chef d.St.-Ia: die Feindeinbrüche, offene rechte Flanke, Abwehrmaßnahmen. 20.10 – 21.50 Besprechung KG-Gen.Lt. Flörke, Führer LVI.AK. Dazwischen lange taktische Gespräche.

16. März 8.10 – 9.35 Besprechung KG-Heeres-Gr.(uppen)Chef General Wagener, Chef d.St.: taktische Gesamtlage. 9.40 Abmeldung Oberlt. Scho..(?) (Reit- und Fahrwesen). Laufend taktische Gespräche: Gen. v. Zangen (OB), Armeechef (Oberst Reinhard), Generale Kokott, König. Beratung KG-Chef d.St.: Krisenlage in Hönningen, Druck auf das Wiedtal. 15.20 – 16.20 Meldung Gen.Lt. Hoecker bei KG. 15.50 Eintreffen Gen.Lt. Botsch und Oberst Bodenstein, 16.20 Abgang. 18.45 – 19.30 Besprechung KG-Ia-Chef d.St.: Lage. Eingangsbearbeitung bis 23.20.

17. März 8.30 Abfahrt KG nach Kurtscheid; 9.05 – 9.55 Besprechung KG-Ia, 277. VGD, Major Uhl, Oberstlt. Bremm: Lage, Stärken, Gliederung, Angriffsvorbereitungen gegen Mahlberg, hohe Verluste. Weiterfahrt nach Friedrichsthal bei Altwied. 10.30 – 11.20 Besprechung KG-Gen.Major Kokott (26. VGD): Lage, Aufträge, Angriffsvorbereitungen, Stärken. 11.25 Rückfahrt über Wolfenacker (Höhenstraße, herrlicher Überblick) nach Muscheid. 12.05 – 12.55 Besprechung KG-Chef d.St.-Oberst Grötschke, Kdr. 5. Fallsch.Jg.Div.: Lage, Aufträge, RAB (Reichsautobahn)-Sprengungen. Ab 14.00 taktische Gespräche: Verlust von Hönnin-

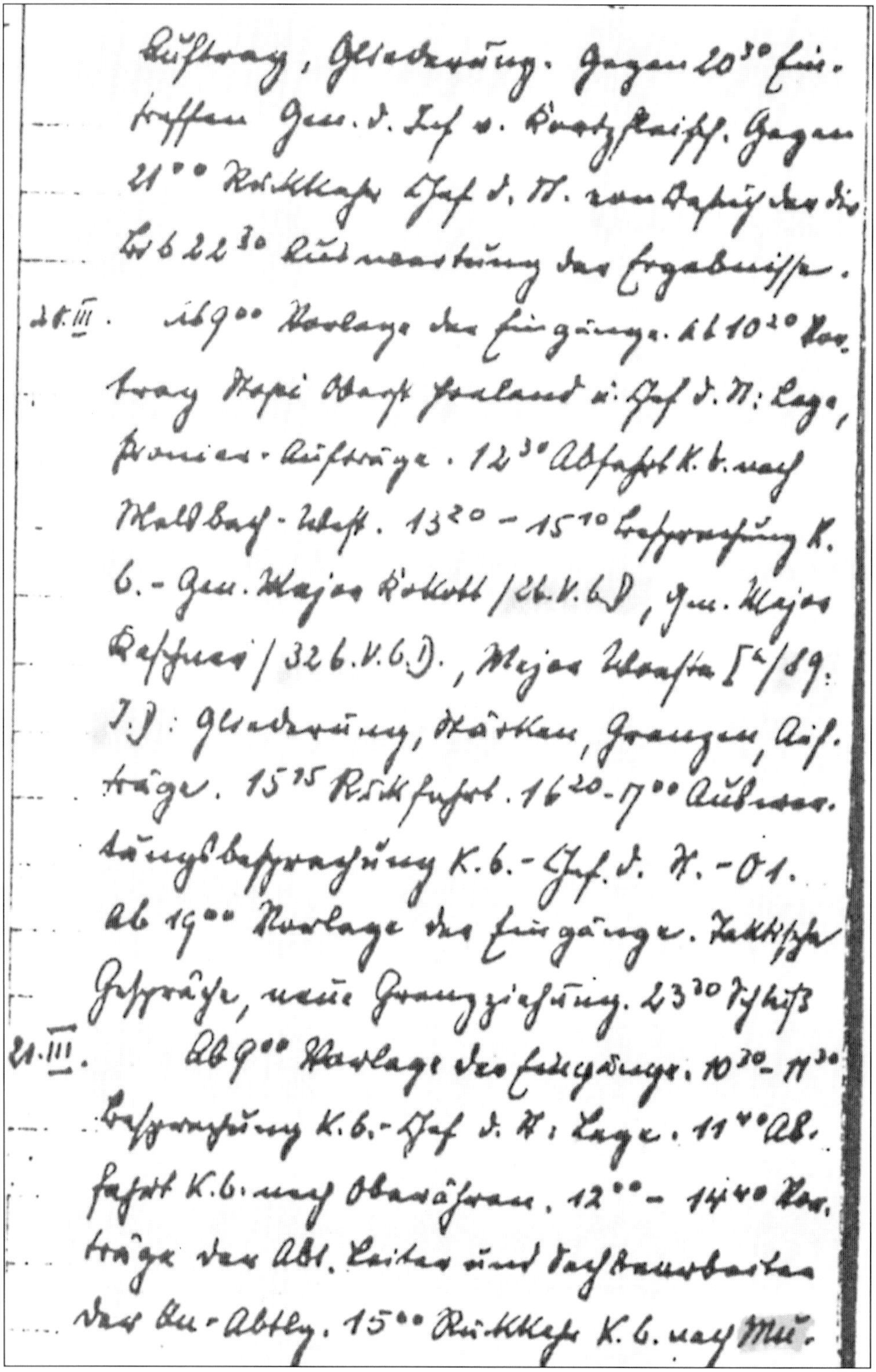

Auftrag, Gliederung. Gegen 20³⁰ Eintreffen Gen. d. Inf. v. [illegible]. Gegen 21⁰⁰ Rückkehr Chef d. St. vom [illegible] 22³⁰ Auswertung des Ergebnisses.

20.III. Ab 9⁰⁰ Vorlage der Eingänge. Ab 10²⁰ Vortrag [illegible] u. Chef d. St.: Lage, Pionier-Aufträge. 12³⁰ Abfahrt K.G. nach [illegible]. 13²⁰–15¹⁰ Besprechung K.G. – Gen. Major Kokott (26. V.G.D.), Gen. Major [illegible] (326. V.G.D.), Major [illegible] (Iᵃ/89. I.D.): Gliederung, Stärken, Grenzen, Aufträge. 15¹⁵ Rückfahrt. 16²⁰–17⁰⁰ Auswertungsbesprechung K.G. – Chef d. St. – O1. Ab 19⁰⁰ Vorlage der Eingänge. Taktische Gespräche, neue Grenzziehung. 23³⁰ Schluß

21.III. Ab 9⁰⁰ Vorlage der Eingänge. 10³⁰–11³⁰ Besprechung K.G. – Chef d. St.: Lage. 11⁴⁰ Abfahrt K.G. nach [illegible]. 12⁰⁰–14⁴⁰ Vorträge der Abt. Leiter und Sachbearbeiter der Qu.-Abtlg. 15⁰⁰ Rückkehr K.G. nach Mügen, neue Lage. 20.00 Nachricht von der Wegkommandierung des Chefs d.St. Oberstlt. Warning, Zukommandierung Oberst Bodenstein. Ab 20.30 Vorlage der Eingänge.

18. März 8.30 – 10.30 Besprechung KG-Chef d.St.: taktische Lage, Aufhebung der Kommaniderung Chef d.St. Ab 15.30 Vorlage der Eingänge. 16.30 Vortrag NSFO, 17.00 QM (Quartiermeister), 17.40 Ic (Feindaufklärung). Ab 19.0 Vorlage der Eingänge, taktische Gespräche. 19.30 – 20.00 Uhr Besprechung KG-Chef d.St.-Armeechef Oberst Reinhard: Lage der Front.

19. März ... 12.55 – 15.00 Besuch Gen.d.Inf. von Kortzfleisch: Fragen der Rheinstützpunkte. Ab 13.10 Teilnahme von Ia Major Höptner. Bis gegen 16.00 laufend taktische Meldungen: Lage Rheinbrohl. 19.00 Eintreffen Gen.Major Kaschner, Kdr. 326. VGD: Lage, Auftrag, Gliederung. 20.30 Eintreffen Gen. v. Kortzfleisch. Gegen 21.00 Rückkehr Chef d.St. vom Besuch der Div(isionen). Bis 22.30 Auswertung der Ergebnisse.

20. März ... Ab 10.20 Pionieraufträge. 12.30 Abfahrt KG nach Malsbach-West. 13.20 – 15.10 Besprechung KG-Gen.Major Kokott (26. VGD)-Gen.Major Kaschner (326. VGD)-Major Woeste, Ia 89. ID: Gliederung, Stärken, Grenzen, Aufträge. 15.15 Rückfahrt. 16.20 – 17.00 Auswertungsbesprechung KG-Chef d.St.-01. Ab 19.00 Vorlage der Eingänge, taktische Gespräche, neue Grenzziehung. 23.30 Schluß.

21. März ... 11.40 Abfahrt nach Oberöhren. 12.00 – 14.40 Vorträge der Abt.Leiter und Sachbearbeiter der Qu-Abtlg. 15.00 Rückkehr KG nach Muscheid ...

22. März 11.35 – 13.40 Besprechung KG-Chef d.St.-Ia-Arko: Lage. 16.20 – 17.00 takt. Gespräche: Einbruch Hüllenberg, Wollendorf, Irlich. 18.10 – 20.15 Besprechung KG-Chef d.St.: Lage, Einbruch, Abriegelung. 20.20 Abfahrt KG nach Kommersdorf. 21.20 – 23.10 Besprechung KG-Gen.Major Kaschner-Major Jung: Lage, Aufträge. 23.25 Rückkehr nach Muscheid.

23. März 0.05 – 1.50 Besprechung KG-Chef d.St.: Lage, Aufträge, Abriegelung, Angriff. Ab 8.30 laufend taktische Gespräche: Einbruch Oberbieber-Neuwied ... 11.15 Abfahrt KG nach Oberhonefeld. 11.35 – 12.10 Besprechung KG-Ia 277. VGD Major Uhl: Lage; Hptm. Marsberg: Erlebnisse als Parlamentär bei den Amerikanern (Waldbreitbach);; neue beträchtliche Feindeinbrüche in Kurtscheid und Rengsdorf. 12.15 Weiterfahrt KG nach Jahrsfelder Mühlen, 12.35 – 13.10 Besprechung KG-Gen.Major Kokott: Lage. 13.45 Rückkehr nach Muscheid. 13.50 – 14.40 Besprechung KG-Chef d.St. – Oberst Reichhelm, Heeresgr(uppe) B Ia: Lage. 17.00 – 17.45: KG-Chef d.St.: Lage. 18.00 Meldung Sturm-Gesch-Kdr. Hptm. Montag. 19.10 – 20.20 Besprechung KG-Gen.Major

Abbildung auf Seite 202: Auszug aus dem Tagebuch von Lt Dr. Engel, Ordonnanzoffizier im Stab des LXVII AK.
Quelle: Jakob Weiler, Bad Hönningen

König: Lage, Maßnahmen. 20.50 Abfahrt in neues Notquartier Elgert. 22.40 – 1.35 Beratung KG-Chef d.St.: Feindlage, Abwehr Maßnahmen, Angriffspläne, Sorgen, Gedanken.

24. März ... 9.00 Eintreffen General Metz (Harko): Artillerielage. 9.15 Abfahrt KG + Harko + Arko nach Isenburg. 9.40 – 11.10 Besprechung mit Gen.Major Kaschner, Major Graf, Ia 326. VGD mit Zwischengesprächen KG-Chef d.St.: Lage um Oberbieber, Engers, Neuwied. 11.15 Abfahrt KG + Harko + Arko nach Hollsmühle bei Thalhausen. 11.45 – 13.05 Besprechung mit Gen.Major Kokott: Lage, Einbrüche, Abwehrmaßnahmen. 13.10 Weiterfahrt nach Ellingen. 13.40 – 14.25 Besprechung mit Gen.Major König, Oberstlt. Drager, Kdr. „Feldherrnhalle": Lage, Angriff gegen Benefeld-Rengsford. 14.55 Rückkehr nach Elgert. 15.00 – 15.55 abschließende Besprechung KG-Harko-Arko-Chef d.St.: Gesamtlage, Luftlandung am Niederrhein. 18.40 – 21.50 Besuch OB General v. Zangen: Lage, Aufträge, „Remagen", Ahrtal. 21.40 – 22.25 Meldung Gen.Major König: Lage, „Ahrtal". 22.30 – 23.20 KG bei Ia, Chef d.St.: Lage, Auftrag.

Ernst-Detlef Broch/Hertha Broch:

Von Kloster Steinfeld bis Puderbach – Oktober 1944 bis März 1945

Berichte, Briefe und Kalendereintragungen von Hertha Broch (1908-1987). Zusammengestellt von Ernst-Detlef Broch, Köln; Erinnerungen (Aufzeichnungen 1974)

Ernst Detlef Broch/Hertha Broch: Oberstleutnant der Bundeswehr d.R., Schulrat, wohnhaft in Köln, Sohn von Hertha Broch, die 1944/45 als notdienstverpflichtete Sozialarbeiterin im Kloster Steinfeld (Leiterin der Nähstube) im Divisionslazarett der 277. VGD tätig war. / Emil Weyerstall (1902-1945), Stabsfeldwebel in der Sanitätskompanie der 277. VGD.

Ich war bis September 1944 im Betrieb Hillenblink & Co., einer Printenfabrik in Kohlscheid, als soziale Betriebsarbeiterin tätig, und mein Gehalt betrug 250 Reichsmark brutto. Am 28.9.44 verließ ich Kohlscheid, weil ich notdienstverpflichtet wurde. Die Notdienstverpflichtung vom 27.9.44 des „Gauleiters und Reichsverteidigungskommissars für den Gau Köln-Aachen", ausgefertigt von einer „Gaufrauenwalterin der Deutschen Arbeitsfront in der Hansestadt Köln" galt ab 28.9.44 für den Baueinsatz Westgrenze.

28.09.1944: Ankunft im Lager Oberhausen. In der Nacht kamen 350 Ostarbeiterinnen in dem Lager an ... Die Arbeiterinnen wurden zu Lagerarbeiten und zu

Küchenarbeiten herangezogen; eine Arbeiterin erkrankte an Grippe und blieb einige Tage im Revier ... Am 03.10.44 kamen wir nach Harperscheid. ... Wir stellten fest, daß mancher Westbauarbeiter keine Wäsche zum Wechseln mitgenommen hatte.

Um ihre Wäsche zu säubern, beantragten wir bei der Kreisleitung einige Braunhemden, die wir den Leuten für den Tag, an dem ihre Wäsche gesäubert wurde, zur Verfügung stellten ...

10.10.1944: Da die Bevölkerung räumen mußte, war es notwendig, auch die Büroräume, die bisher von den einzelnen Wohnungsbesitzern selbst in Ordnung gehalten wurden, durch die Ostarbeiterinnen putzen zu lassen ...

11.10.1944: Das einzige, was uns fehlte, war ein geeigneter Trockenraum, da bei der jetzigen Witterung die Wäsche nicht schnell genug trocknet. Durch Zusammenarbeit mit dem Quartiermacher war es möglich, in unserem Hause einen heizbaren Raum freizumachen ... Nach Rücksprache mit dem zuständigen Arzt der Revierstube Harperscheid wird uns das noch verwendungsfähige Verbandszeug zum Waschen gebracht, und somit kann manches Material erspart bleiben ...

12.10.1944: In der Nacht zuvor setzte ein starker Artilleriebeschuß auf das Dorf ein. Wir waren fast die ganze Nacht im Keller; nur wenn es ruhiger wurde, gingen wir mal nach oben, um etwas zu essen oder etwas Warmes zu trinken ... Als wir morgens dann heraus kamen und alles sahen, wurde es einem doch bewußt, daß wir wieder mal großes Glück gehabt hatten!

In dieser Nacht waren die meisten Schanzer geflohen, die Unterkünfte, Küche, Büro, sahen trostlos aus ... Alles, was wir so mühsam aufgebaut hatten, war zerstört! Nun mußten wir alles zusammensuchen, was noch heil war, also die Unterkünfte und Säle nachsehen nach Eßgeschirren, Wolldecken usw. Die Schusterwerkstatt mit ihrem ganzen Inhalt wurde auf der Straße zusammengetragen ... ein schweres Stück Arbeit. Die Männer luden alles auf einen großen Lastwagen mit Anhänger. – Ich stand zwischen großen Kesseln und einem halben Schwein eingekeilt, nur weg, das war das wichtigste ...

Wir waren alle hundemüde und trotzdem sehr froh, sogar tüchtig gesungen haben wir! Auf einmal kamen die Flieger; wir bekamen Angst. So eingekeilt wie wir waren, hätten wir gar nicht von dem Wagen gekonnt; aber es ging gut. Gegen Abend fuhren wir dann in den Hof vom Kloster Steinfeld ein. Zunächst ging es in einen großen Speisesaal; es war dort zunächst noch die Partei; erst später wurde unsere Nähstube von der Wehrmacht übernommen. Wir hatte so viel Arbeit; dauernd kamen Soldaten, die etwas ausgebessert haben wollten ...

14.10.1944: Kloster Steinfeld. Besichtigung der Küche, Waschküche und Bügelzimmer, Unterbringung der Ostarbeiterinnen. Einrichtung der Nähstube und Annahme von Wäsche. Die einzelnen Hundertschaften lieferten uns die Wäsche in Kameradschaften getrennt, gebündelt und mit Zettel versehen ...

16.10.1944: Instandsetzung der Oberkleidung, Stopfen von Wäsche und Strümpfen. Die Nähstube in Steinfeld unterstand erst noch der Partei ... Die Mädels und ich bekamen damals noch unser Gehalt und die Verpflegung, dazu noch pro Dekade eine Zuteilung an Zigaretten und Schnaps genauso wie die Männer der Partei und des Volkssturms; dazu gehörte noch Herr Philipp, der die Jacken und Mäntel ausbesserte; er war Schneider von Beruf ...

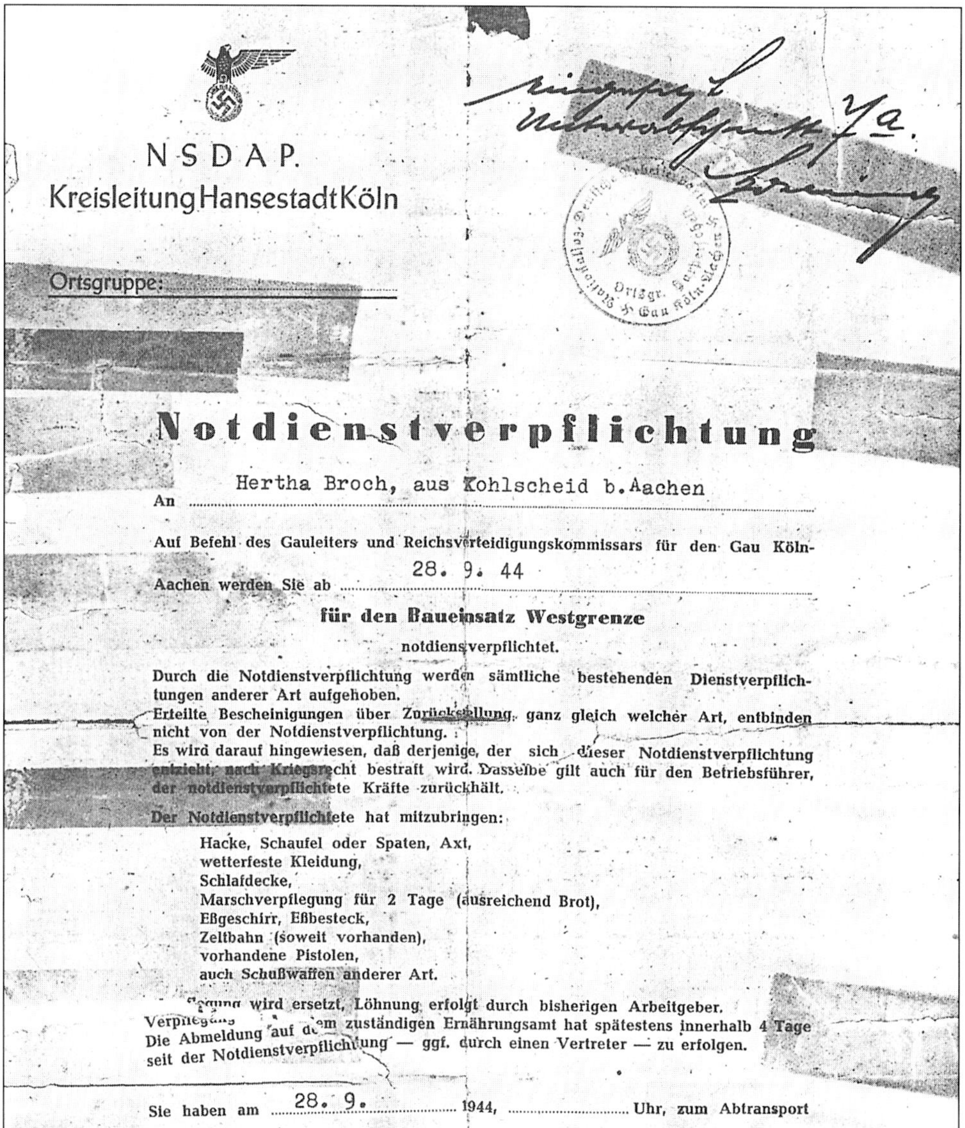

N S D A P.
Kreisleitung Hansestadt Köln

Ortsgruppe: ....

Notdienstverpflichtung

An .... Hertha Broch, aus Kohlscheid b.Aachen ....

Auf Befehl des Gauleiters und Reichsverteidigungskommissars für den Gau Köln-Aachen werden Sie ab .... 28. 9. 44 ....

für den Baueinsatz Westgrenze

notdienstverpflichtet.

Durch die Notdienstverpflichtung werden sämtliche bestehenden Dienstverpflichtungen anderer Art aufgehoben.
Erteilte Bescheinigungen über Zurückstellung, ganz gleich welcher Art, entbinden nicht von der Notdienstverpflichtung.
Es wird darauf hingewiesen, daß derjenige, der sich dieser Notdienstverpflichtung entzieht, nach Kriegsrecht bestraft wird. Dasselbe gilt auch für den Betriebsführer, der notdienstverpflichtete Kräfte zurückhält.

Der Notdienstverpflichtete hat mitzubringen:

Hacke, Schaufel oder Spaten, Axt,
wetterfeste Kleidung,
Schlafdecke,
Marschverpflegung für 2 Tage (ausreichend Brot),
Eßgeschirr, Eßbesteck,
Zeltbahn (soweit vorhanden),
vorhandene Pistolen,
auch Schußwaffen anderer Art.

Verpflegung wird ersetzt, Löhnung erfolgt durch bisherigen Arbeitgeber.
Die Abmeldung auf dem zuständigen Ernährungsamt hat spätestens innerhalb 4 Tage seit der Notdienstverpflichtung — ggf. durch einen Vertreter — zu erfolgen.

Sie haben am .... 28. 9. .... 1944, ... Uhr, zum Abtransport

....

bereitzustehen.

Köln, den .... 27. 9. ....

(T... h n)
Gaufrauenwalterin der DAF.

IX. 44 I/0529

Notdienstverpflichtung

Als nun die Wehrmacht die Nähstube übernahm, bekamen wir keine Verpflegung mehr, das heißt: Wir sollten sie selber bezahlen! Dazu war ich aber nicht bereit; ich fand das mehr als ungerecht, zumal die russischen Hilfskräfte ihre Verpflegung bekamen. Die Mädels meinten nun: „Das ist nicht schlimm, wir wollen unser Essen schon selber bezahlen!“

Ich habe mit verschiedenen Herren deswegen gesprochen; sie meinten eben, es wäre ja kein böser Wille, aber sie wüßten ja nicht, wie sie das verbuchen sollten. Ich ließ aber nicht locker. Da holte man dann noch den Oberzahlmeister, und der hatte dann eine gute Idee. „Wie viele Nähmaschinen haben Sie hier?“ Ich sagte: „Vier oder fünf.“ ... „Wir bezahlen dann Miete für diese Maschinen“, und so kam unsere Verpflegung dann heraus, und die Freude der Mädels war groß ...

Berichte an die Kreisleitung in Schleiden über die Einsatzarbeit im Kloster Steinfeld

Dekade 26.10. bis 05.11.44: Folgende Gegenstände wurden für die SanKp 277 und die zivilen Hilfskräfte in Ordnung gebracht: 223 Paar Strümpfe, 53 Oberhemden, 44 Unterhosen, 57 Unterhemden, 21 Nachthemden, 302 Taschentücher, 97 Handtücher, 35 Kragen, 32 Arbeitsanzüge, 12 Fußlappen, 31 Pullover, 52 Schürzen und Kittel ... für das Lazarett 83 Teile Bettwäsche, 80 Nachthemden, 67 Oberhemden, 43 Pullover, 124 Unterhemden und Unterhosen, 102 Paar Strümpfe ...

26.10.44: Die letzten Ostarbeiterinnen verlassen das Lager Kloster Steinfeld. Sie werden durch eine Ordonanz zur Kreisleitung nach Schleiden geschickt. Eine der Ostarbeiterinnen, die bereits seit einigen Tagen erkrankt war, wurde dem Krankenhaus Mechernich gemeldet und von der Kreisleitung nach dorthin weitergeleitet. Als Ersatz für die Ostarbeiterinnen wurden verschiedene Kindergärtnerinnen, deren Kindergärten wegen der derzeitigen Verhältnisse geschlossen sind, zugewiesen. Wir sorgten zunächst für ein ordentliches Quartier für die Mädel, die am gleichen Tag noch eintrafen. Weiterhin Flick- und Stopfarbeiten.

27.10.44: Zugang von zwei BDM-Mädeln aus Urft, die morgens um acht Uhr mit der Arbeit beginnen und abends um 17.30 Uhr das Lager verlassen, um vor Dunkelheit zu Hause sein zu können. Fertigstellung der Wäsche für die Kreisleitung.

28.10.44: Zugang der beiden Kindergartenhelferinnen und der Kindergartenleiterin aus Wahlen, die auch zu Hause schlafen können ... Die Mädel sind in den Stunden, in welchen sie bei der Wäschestation nicht unbedingt notwendig sind, in der Küche, der Waschküche und im Bügelzimmer eingesetzt ...

29.11.44: Unterstellung San Kp 277 VGD

30.11.44: Besprechung mit dem Divisionsarzt und dem Kompaniechef (der SanKp) über die Nutzung der Nähstube.

In der Nähstube im Kloster Steinfeld arbeiteten neben dem Schneider Philipp aus Bonn insgesamt neun Helferinnen, diese Kindergärtnerinnen und BDM-Mädchen wurden notdienstverpflichtet.

Der nächste Bericht von Hertha Broch behandelt die Zeit kurz nach Beginn der Ardennenoffensive ab dem 16.12.1944.

Es gab vor Ende des Krieges noch mal so etwas wie einen Aufschwung – aber es war wirklich das Ende und hat noch vielen tausenden Soldaten und der Zivilbevölkerung hohe Verluste gebracht. Steinfeld wurde ein großes Lazarett; es kamen dauernd neue Verwundete. Emil hat manche Nacht die Verwundeten mit ausgeladen. Ich schrieb Dir auch mal, als die ersten Soldaten starben, daß wir Mädels noch die Kränze gebunden haben ... Jeden Tag gab es viele Tote, und wenn ich morgens zu Emil kam, standen wieder viele Holzkreuze da für die Gefallenen.

Einmal, als wir alle in der Nähstube waren, ruft eines der Mädel: „Komm mal schnell ans Fenster!" Dann geschah das Furchtbare; ein großer Leiterwagen holperte über den Hof, mit einer Plane zugedeckt; aber ab und zu sah man an einer Seite ein Bein oder einen Arm heraushängen, der ganze Wagen voller toter Soldaten. So wurden sie von den Russen begraben. Das Schwanken des Wagens war ein gräßlicher Anblick, den ich nie vergessen werde. Abends, als ich Emil (Weyerstall, Anm. d. Hrsg.) das erzählte, war ich empört: „Wie ist das denn möglich, so nackt kommen sie in die Erde, noch nicht mal irgendetwas an, kein Nachthemd; wenn die Eltern und Angehörigen wüßten, wie ihre Lieben hier beerdigt werden!"

Darauf sagte Emil: „Beruhige dich und höre mir mal zu. Hier im Lazarett wurde alles Menschenmögliche für die Soldaten getan, Schwestern und Ärzte haben bis zur Erschöpfung alles getan, um zu helfen. Du sagst, noch nicht mal ein Nachthemd hätten sie. Du mußt wissen, daß wir die Wäsche noch dringend gebrauchen für die, die noch leben! Dann erzählte er mir einiges von Rußland, wo sie die Verwundeten mitnahmen. Da konnten wir nur die mitnehmen, die man noch retten konnte, die anderen blieben liegen, und die schrien dann: 'Nehmt mich doch mit!' Sieh mal, im Gegensatz zu hier hat man alles versucht, um ihnen zu helfen. Ich mußte das auch einsehen, so schwer mir das als Frau war. Ich habe im Krieg so viel Schreckliches gesehen, in Bonn, Köln und Aachen, aber das von Steinfeld hat mich doch sehr erschüttert ... Man hat selber so viel Glück gehabt. Neben meinem Bett ging ein Geschoß von einem Jabo in den Nachtkasten; es hätte mich genauso treffen können."

Im Dezember 1944 sollte Emil mit einem Kameraden nach Schleiden, um im Schloss einen Verbandsplatz einzurichten. Sie waren mit einem San-PKW unterwegs, mit rotem Kreuz gekennzeichnet. Auf der Rückfahrt wurde das Auto beschossen, Emil hatte einen Durchschuß am Fuß, er rettete den Kameraden aus dem brennenden Auto und warf sich mit ihm in den Straßengraben. Der Kamerad hatte starke Verbrennungen.

In Steinfeld hatten die Soldaten ein Orchester gegründet, wo jede Woche einmal ein „Wunschkonzert" unter der Leitung von Richard Scharf ... mit dem später berühmt gewordenen Geiger Helmut Zacharias stattfand ... Das war immer eine nette Abwechslung, und der Saal war immer voll besetzt; auch die Nonnen waren zahlreich vertreten ...

Weihnachten 1944: Emil sorgte im Wald für einen hübschen Weihnachtsbaum; ich war kurz vorher in Bonn und habe im Keller nach ein paar Kerzenresten gesucht und auch gefunden. Einer von den Kameraden sägte einen Holzständer für unser Bäumchen. Vom Kloster Steinfeld bekamen wir einen großen Teller voll Gebäck!

Auch unsere Zuteilung, eine Flasche Schnaps und Zigaretten, bekamen wir, und so hatte ich für Emil ein Geschenk. Am heiligen Abend war unsere „Familie“ sehr klein, da alle Mädels zu Hause waren bis auf Ursel und Anneliese. Das arme Mädel hatte kurz vorher seine Mutter durch einen Bombenangriff verloren, und ihr Haus wurde fast völlig zerstört. In den Tagen vorher haben wir neben unserer Arbeit kleinere Handarbeiten aus Resten gearbeitet und uns bei unserer kleinen Adventsfeier geschenkt ...

Anfang des Jahres 1945 mußte ich wegen verschiedener Dinge nach Bonn, deshalb hatte ich mir vom Gau einige Tage Urlaub geben lassen. Mit der Fahrerei war es sehr schlecht; man konnte nicht sagen, mit welchem Zug man zurückfuhr; nur den Tag konnte ich angeben ... Nun war es damals eine richtige Himmelfahrt, um wieder nach Steinfeld zu kommen. In Bonn war Alarm, und ich mußte erst mal in den Bunker. Gegen Abend kam ich dann müde und verfroren in Steinfeld an; damals gab es ja kaum eine heile Fensterscheibe in den Zügen! Irgendwie war ich auch etwas gereizt; zuerst ging ich zur Nähstube ...

Autogrammkarte von Helmut Zacharias, Dezember 1944

Der Spieß Karl hatte im Januar 1945 seinen dreißigsten Geburtstag und das wurde in Steinfeld groß gefeiert. Es waren viele Soldaten dabei und auch unsere Mädels. Es gab für die damalige Zeit ein sehr gutes Abendessen und auch zu trinken. Sicher haben die Schwestern vom Kloster dabei tüchtig geholfen. Es war an dem Abend eine fröhliche Stimmung; es wurde gesungen und gelacht, Spiele gemacht usw.; jedenfalls wurde ein altes Grammophon organisiert, auch einige Schallplatten. Sonntags nachmittags habe ich dann meinen Mädels Tanzen beigebracht, und an dem Abend wurde auch etwas getanzt. Nun hätte ich gern einmal mit Emil getanzt, und ich habe nie vergessen, was er mir auf dem Fest sagte: „Hertha, sei mir nicht böse; aber es gibt Dinge, die ich einfach nicht tun kann. So lange noch im anderen Teil des Klosters die Verwundeten liegen, kann ich nicht tanzen.“ Emil war an dem Abend ganz vergnügt und hatte auch allerhand getrunken, so daß er gar nicht merkte, daß ich inzwischen mal zur Nähstube ging. Aber ich habe ihn doch gut verstanden und seine Haltung sehr geschätzt!

Unbekannte Rot-Kreuz-Helferin, Dez. 1944, Kloster Steinfeld

Steinfeld 24.1.1945: Hier ist soweit noch alles in Ordnung, amerikanische Flieger haben mit Bordwaffen hier herumgeschossen, ausgerechnet oben bei unserer Nähstube; aber es ist noch gut gegangen. Eine Scheune ist verbrannt, und es gab acht Verletzte. Man sieht also, daß ein H.V.P. (= Hauptverbandsplatz) nicht geachtet wird.

Augenblicklich bin ich in großer Sorge um meine Angehörigen oben in Gnesen; hoffentlich sind sie noch herausgekommen.

... Ende Januar 1945 bekamen wir das Deutsche Schutzwall-Ehrenzeichen verliehen. Aus diesem Anlaß wollte ich mit den Mädels eine kleine Feierstunde veranstalten ... Der Stabsarzt meinte, die Feierstunde könnten wir doch in der Mittagspause abhalten. Darauf entgegnete Stabsfeldwebel Weyerstall, wenn ein Soldat ausgezeichnet würde, geschähe das ja auch nicht in der Mittagspause; jedenfalls setzte er das durch; einige Soldaten waren auch anwesend. Anschließend haben wir im Klostergarten Fotos gemacht ... und alle zusammen zwei Flaschen Wein getrunken.

28.02.1945: Ich will versuchen, die Fahrt von Kloster Steinfeld nach Linz zu berichten! Damals waren nur noch Ursel und ich in Steinfeld. Wie man hörte, sollte nun alles aufgelöst werden, und die Sankas mit den Soldaten sollten zum Westerwald kommen!

01.03.1945: Gründliche Säuberung aller Zimmer!

02.03.1945: Wir hatten vor, in Linz den Peter Feltes im Lazarett zu besuchen. So viel ich noch weiß, gab es gewisse Schwierigkeiten. Scheinbar sollten Ursel und ich nicht mitfahren dürfen; aber Emil hat das auch geregelt; wir durften mit, und zwar in einem PKW. Es war noch ziemlich kalt, Ende Februar, und ich sah gegen 3 Uhr morgens Emil am Lastwagen stehen; er sah sehr schlecht aus! ... In Linz haben wir dann

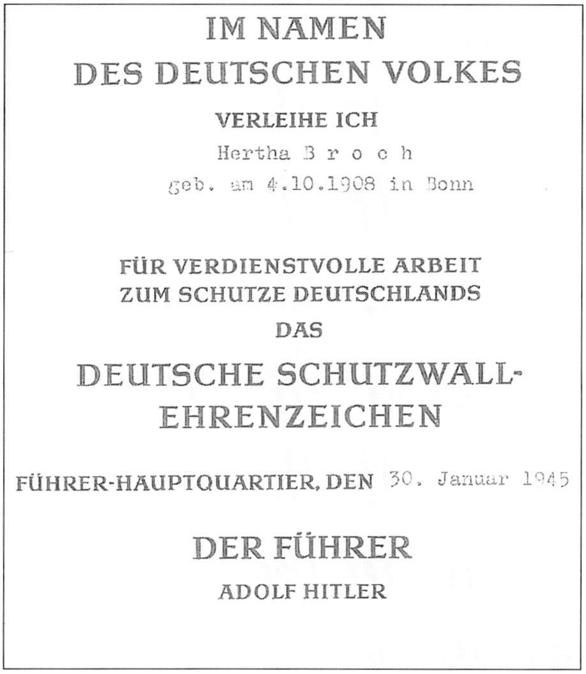

IM NAMEN
DES DEUTSCHEN VOLKES
VERLEIHE ICH
Hertha B r o c h
geb. am 4.10.1908 in Bonn

FÜR VERDIENSTVOLLE ARBEIT
ZUM SCHUTZE DEUTSCHLANDS
DAS
DEUTSCHE SCHUTZWALL-
EHRENZEICHEN

FÜHRER-HAUPTQUARTIER, DEN 30. Januar 1945

DER FÜHRER
ADOLF HITLER

Urkunde zur Verleihung des Schutzwall-Ehrenzeichens

den Peter besucht; er hatte sich doch sehr gefreut, daß wir kamen, aber so viel ich mich erinnern kann, gab es dort dauernd Fliegeralarm, und wir mußten in den Keller.

Später hat dann Emil für uns ein Quartier gesucht; wir kamen bei einer netten alten Frau unter; wir saßen unten in einem kleinen Wohnraum, haben dort etwas gegessen und saßen dann zusammen. Uns allen war das Herz schwer ... wer ahnte damals, daß es ein Abschied für immer war!!

03.03.1945: Dauernd Alarm. Gegen Morgen Auto nach Bonn. Mit Ursel in Bonn, dort geschlafen, Bücher geholt und frühmorgens über die Brücke.

Ernst-Detlef Broch:

Auszüge aus Feldpostbriefen des Sanitätsstabsfeldwebels Emil Weyerstall, des Sanitätsunteroffiziers Johann Treyer und aus Notizen des Sanitätsfeldwebels Hans Jahoda

Auszüge aus Feldpostbriefen des Sanitätsstabsfeldwebel Emil Weyerstall

Emil Weyerstall (1902-1945), Stabsfeldwebel in der Sanitätskompanie der 277. VGD.
Kellnerlehrling im Lloyd-Hotel in Hamburg; versch. Berufe, u.a. Bergmann, Bankbote; ab 1923 Polizeibeamter in Hamburg, Revieroberwachtmeister, Vereidigung 13.11.1923; Mitglied der SPD und des Reichsbanners Schwarz-Rot-Gold, 1933 aus politischen Gründen aus der Ordnungspolizei entlassen; 1933 mehrmonatige „Schutzhaft", Gastwirtsgehilfe, Kellermeister und selbständiger Bierverleger; Wachmann; August 1939 freiwillig zur Wehrmacht, als Unteroffizier übernommen, Ausbilder in einem Ersatzregiment der 225 I.D., Zugführer einer Panzerjägerkompanie in Frankreich; 1942-44 Rußlandkrieg, ab 1943 Sanitätsfeldwebel SanKp 45, ab Oktober 1944 San Kp 277 als Stabsfeldwebel, gef. 23.03.1945 Puderbach/Westerwald, ¨24.03. Ailertchen/Westerwald, Umbettung 1954 Ehrenfriedhof Montabaur; Winterschlacht-Medaille und Verwundetenabzeichen Schwarz 1942 und Silber 1944; Infanterie-Sturmabzeichen Silber 1944; Demjansk-Schild 1943, Kriegsverdienstkreuz II. Kl. m. Schwertern 1943.

28.09.1944 (Bad Reichenhall): ... Ich werde in den nächsten Tagen fortkommen ... Ich selbst komme mit meinen Leuten erst mal in das Land, wo die Kinder mal waren (= Ungarn), wo es von dort hingeht, ist nicht bekannt. Ich habe jetzt nicht mehr die 45., sondern 277 ... (San Komp. Nr. 277); ich denke, daß ich am Sonntag hier abfahre.

Hoffentlich habe ich weiterhin so viel Soldatenglück wie bisher. Ich schicke diesen Brief mit einem Kameraden, der nach Neustadt/Holstein in Urlaub geht und später zu uns nachkommt ... Schreibe mir auch sofort, wenn endlich die Gehaltszulage von meiner Beförderung ankommt. Ich habe durch die hiesige Dienststelle alles regeln lassen ... Ich selbst habe jetzt viel Arbeit und wenig Zeit zum Schreiben ...

10.10.1944 (Pebete/Ungarn): ... Ich werde so ein komisches Gefühl nicht los, ich weiß, daß ich alt geworden bin ... Wenn alles klappt, fahre ich nächste Woche nach Budapest ... Kaufen kann man hier wohl noch manches, aber sehr sehr teuer. Da man aber kein deutsches Geld umgewechselt bekommt und der Wehrsold sehr knapp ist, ist es für mich fast ausgeschlossen, irgendetwas zu kaufen ... Wenn nur erst dieser

Steinfeld, Klostergarten, links Hertha Broch, rechts Weyerstall

Winter vorüber wäre, dieses wird wohl das entscheidende Jahr sein. Wenn wir diesen Winter überstehen, wird der Krieg bestimmt gewonnen, sonst sieht es böse aus. Dann gibt uns kein Mensch mehr was, für all das, was wir verloren haben ...

18.11.1944 (Steinfeld): Wir liegen hier in einem schönen Kloster. Es ist hier eine wunderbare Gegend. Alles Berge und viel Wald. Es mutet einem, wo man so lange im Ausland war, ordentlich komisch an, daß alles deutsch spricht. Es ist doch schöner, wenn man sich mit allen Leuten richtig verständigen kann. Wir hoffen ja auch bestimmt, daß wir es schaffen können, unser schönes Deutschland vor dem Einbruch zu bewahren. Auch die Zivilbevölkerung ist hier sehr zuversichtlich. Die Leute bleiben auch alle hier, weil sie immer die Hoffnung haben, daß alles gut ausgeht. Wäre auch schade um diese schöne Gegend. Unsere Front ist verhältnismäßig ruhig. Wir haben schon schlechtere Zeiten gehabt ...

08.02.1945: ... Hier ist die Lage so ernst, daß jeder, der nur irgendwie eingesetzt werden kann, hier bleiben muß. Ich hoffe ja noch, daß bald etwas Entscheidendes kommt, damit es bald ein siegreiches Ende nimmt. Ich gehe schon wieder am Stock gestützt. Meine Wunde ist noch nicht verheilt, aber man wird dringend gebraucht ...

Auszüge aus Briefen von Johann Treyer, Provinzial der Lazaristen, Graz 12.09.1977 und 16.09.1978, damals Unteroffizier San. Kp. 277. VGD über Stabsfeldwebel Emil Weyerstall

Weyerstall kam mit uns nach der Auflösung der 45. I. D. nach der Katastrophe von Bobruisk mit unserem Kompaniechef Dr. Konrad Heintschel ... nach Westen, wo wir in Steinfeld eingesetzt waren. Dort erlitt Weyerstall auch eine Knieverletzung durch einen Jabo. Am 23. März 1945 waren wir in einem RAD-Lager, das wir zu einem Hauptverbandsplatz eingerichtet hatten. Dieses wurde nun an diesem Abend beschossen und dabei wurde Weyerstall tödlich getroffen. Wenige Minuten vorher habe ich noch mit ihm gesprochen, hatte dann die Einsprechung wegzugehen, sagte

Emil noch, er solle in den Ort hinunter gehen, wo er geschützter wäre. Er blieb noch bei einem Kameraden stehen und auch dieser wurde tödlich getroffen. In der Nacht bekamen wir noch den Abmarschbefehl ...

... Wir standen an jenem besagten 23. März 1945 mit noch einem Kameraden bei meiner Baracke, wo ich die „Schreibstube" untergebracht hatte. Eine innere Stimme sagte mir, ich müsse von dort fortgehen. So habe ich mich zur Küchenbaracke begeben, um dort verladen zu helfen. Der Chef war nicht hier und so mußten wir noch für einen Aufbruch warten. Da Emil durch eine Verwundung in der Eifel ohnedies nicht einsatzfähig war, sagte ich ihm, er soll in den Ort gehen, dort wäre er sicherer. Ich gab ihm noch meine Zigaretten und ging weg. Innerhalb von vielleicht einer Viertelstunde kam es dann zur Katastrophe. Ich war vom Rückweg von der Küche vielleicht noch 50 Schritte von der Stelle weg, wo ich Emil verlassen hatte. Als ich nach der Detonation hinlief, war er zu Tode getroffen. –

Ich wurde erst Juni 1944 Unteroffizier ... Vor den letzten Wochen unserer Gefangenschaft – wenige Tage vor der Kapitulation – meinte unser Kompaniechef, wir könnten noch die Russen zurückjagen und sind in Eilmärschen nach Osten gezogen. Wir kamen über die Elbe. Hinter uns wurden die Brücken abgebrochen. Erst nach langen Verhandlungen war es uns dann möglich, mit Kähnen wieder über den Fluß in amerikanische Gefangenschaft zu gehen, wo wir noch einen Verbandsplatz aufmachten. Von dort kamen wir in das Lager. Nach einigen Wochen ging ich von dort aus stiften und kam nach einer Woche nach Österreich.

Klostergarten, Kloster Steinfeld, SanKp 277 rechts SanFw Pattey, links vermutlich Treyer

Sanitätsfeldwebel Hans Jahoda, Briefe vom 08.05.1974 und 16.12.1974

... Ich kann mich noch genau an den Artillerieüberfall in Puderbach erinnern, wo von Hausen aus die Amis uns mit Granaten eindeckten und wo unter den Gefallenen auch Stabsfeldwebel Emil Weyerstall dabei war. Wir waren in einem Arbeitslager in Puderbach untergebracht und die Ari (=Artillerie) war auf dieses Lager eingeschossen. Beim ersten Einschlag rannten wir aus dem Lager ins Freie, doch sofort folgte ein zweiter, dritter ... Ich lag eine Weile auf dem Bauch in Deckung unweit von Unteroffizier Riedel, welcher ebenfalls dabei den Tod fand ... Wir mußten mit einer provisorischen Überfahrt aus Benzinfässern gebastelt über die Elbe schwimmen, da alle Brücken gesprengt waren und wir nicht in die russische Gefangenschaft kommen wollten ...

Grab StFw Emil Weyerstall 1955 (vor der Umbettung nach Montabaur)

... Ich war ja noch in Steinfeld, als der Fliegerangriff war und habe auch mit Helmut Zacharias musiziert mit meiner Gitarre. Zacharias hat mich auch im Jahre 1951 in Linz besucht und hat hier auch Gastspiele gegeben ... schade, daß alle meine Aufnahmen von Emil und den gefallenen Kameraden in der Gefangenschaft abgenommen wurden ...

Notizbuch Sanitätsfeldwebel Hans Jahoda aus Linz/Österreich über den Weg der SanKp 277 VGD in den letzten Kriegstagen:

05.03.1945 Abfahrt von Kloster Steinfeld, über Nettersheim, Wershofen nach Hausen im Westerwald.

12.03.1945 bis 19.03.1945 Urbach/Westerwald

20.03.1945 bis 23.03.1945 Puderbach/Westerwald

23.03.1945 Artillerievolltreffer, Rattey, Riedel, Weyerstall, Hagen, Stockmann, Kronawitter, Weichselbaumer, Köhler gefallen.

24.03.1945 Begräbnis in Ailertchen durch Divisionspfarrer

26.03.1945 Altenkirchen. Über Michelbach, Wolfershausen, Eiterhagen nach Escherode/Harz

01.04.1945 Ostersonntag. Schachtebich, Osterode, Urftrungen

13.04.1945 Harzgerode. Kapitulation der Division (Kampfgruppe) 277.
Teilung der Kompanie in zwei Gruppen. Eine mit den Verwundeten geht in amerikanische Gefangenschaft, eine zweite (kleinere) Gruppe von ca. 30 Soldaten will sich auf eigene Faust Richtung Österreich durchschlagen.

14.04.1945 Nach der Kapitulation in einem Gutshof in Harzgerode, Durchbruch der Reste San Kp 277 nach Sköna und Alsleben, Übergang über die Saale.

15.04.1945 Sköna – Bitterfeld.

21.04.1945 Übergang über die Eibe bei Ziersdorf

22.04.1945 Domitsch und Korgau in Sachsen

29.04.1945 Waldlager Junkerswerke, Beförderung von Oberfeldwebel Krois zum Stabsfeldwebel

06.05.1945 Über die Eibe! In amerikanischer Gefangenschaft

10.05.1945 Gefangenenlager Gardelegen

20.05.1945 Gefangenenlager Mehmingen/Hannover, Kriegsgefangenenlazarett in einer Munitionsfabrik.

Wingolf Scherer:

Standrechtliche Erschießung des Grenadiers Günter Hinrichs am 23. März 1945

(Die Darstellung bezieht Hinweise ein von Ernst-Detlef Broch und von Jakob Weiler, Bad Hönningen, der den Zeitzeugen Peter Buchholz befragt hat.)

Nachdem der Divisionsstab der 277. Volksgrenadierdivision, insbes. Generalmajor Wilhelm Viebig, Oberstleutnant i. G. Horst Freiherr von Wangenheim und Hauptmann Otto Kunisch, sich am 9. März 1945 in Niederlützingen in amerikanische Gefangenschaft begeben hatte, gelang es nur noch wenigen Restteilen der Division, den Rhein zu überschreiten. Auf dem Ostufer wurden diese Teile unter dem Befehl von Oberstleutnant Josef Bremm, Kommandeur des Grenadierregiments 990 der 277. Volksgrenadierdivision, zur Kampfgruppe Bremm zusammengefaßt. Freiherr von Wangenheim beschreibt seine Beurteilung der damaligen Situation so: „General Viebig und ich sahen keinen großen Sinn darin, große Menschenopfer gegenüber den Amerikanern zu bringen, wo der Russe längst auf deutschem Boden stand. Natürlich konnten wir nicht eigenmächtig die Front öffnen und ... die Amerikaner hereinlassen. Aber wir konnten doch dann am Rhein, als der Wahnsinn vollständig wurde und auch dann keiner über den Rhein durfte, als die Amerikaner über die Remagener Brücke strömten, unseren Krieg einstellen. Oberstleutnant Bremm dagegen war anderer Meinung und setzte als Führer der Reste der Div. den Krieg bis in den Harz fort. Wie man das heute allgemein sieht, war das zwar tapfer, aber nicht nützlich. Die Amerikaner stießen dadurch zu langsam an die Elbe vor.“ (Briefliche Mitteilung vom 30.8.1981 an E.-D. Broch)

Der Grenadier Hinrichs gehörte der 2. Kompanie des Grenadierregiments 990 an und geriet nach der Rheinüberquerung in das Räderwerk der Rachejustiz eines Standgerichts. Der Zeitzeuge Peter Buchholz, Bauer in Krumbach, berichtete davon. Danach fand der 19jährige Soldat, geboren am 6. November 1925 in Zinkendorf, wohl am 20. März 1945 Einlaß in ein Wohnhaus in Asbach-Parscheid und, bat, da er Hunger und Durst verspürte, die Hausfrau um etwas Eßbares und Wasser. Im Gespräch ergab sich, daß die Gastgeberin und der junge Soldat aus Nachbardörfern stammten. Nachdem der Gast gegessen und getrunken hatte, forderte die Frau ihn auf, noch etwas zu bleiben. Da er übermüdet war, schlief er für einige Stunden ein. Dann verließ er das Haus und begab sich auf die Suche nach seiner Einheit. Im nahe gelegenen Krumbach wurde er von einer Streife der Feldpolizeit, den berüchtigten „Kettenhunden“ – sie trugen auf der Brust ein ovales beschriftetes Schild, das mit Ketten am Hals befestigt war – aufgegriffen. Er wurde festgenommen und dem Standgericht der 340. Volksgrenadierdivision zugeführt. Kommandeur dieser Division war Generalmajor Theodor Tolsdorff, dem am 18. März 1945 als 25. Soldaten die höchste deutsche Auszeichnung verliehen worden war: die Brillanten zum Ritterkreuz mit Eichenlaub und Schwertern. Als einer der jüngsten Offiziere der Wehrmacht erhielt er mit 35 Jahren zugleich die Beförderung zum Generalleutnant. (Anm. d. Hrsg.: Zu Tolsdorff vgl. Tagebuch Dr. Engel: Eintragungen vom 11. und 12. März sowie vom 13. März 1945 zur Erschießung Versprengter)

Das Standgericht, dessen Gerichtsherr Generalleutnant Tolsdorff gewesen sein kann, verurteilte den Grenadier Hinrichs wegen Fahnenflucht und Feigheit vor dem Feind zum Tode. Die beiden Feldwebel, die das Urteil vollstrecken sollten, haben angeblich die Ausführung des Hinrichtungsbefehls zunächst verweigert. Erst als sie selbst mit Erschießung bedroht worden seien, hätten sie dem Befehl entsprochen, und zwar am 23. März 1945. Günter Hinrichs wurde in Niedermühlen beigesetzt (Erstgrablage).

General Tolsdorff wie auch Oberstleutnant Bremm, dem als letztem Soldaten der Wehrmacht mit Wirkung vom 9. Mai 1945, also einem Tage nach Kriegsende, die Schwerter zum Eichenlaub des Ritterkreuzes zuerkannt wurden, gehörten zu den Soldaten, die sich noch am Ende eines total verlorenen Krieges gehalten sahen, unter vollem Einsatz ihrer Person das zu tun, was sie für ihre Pflicht hielten.

Erich Hönen:

Schicksale des Jagdhauses Rocherath insbes. während der Besetzung durch deutsche und amerikanische Truppen 1944/45

Zur Vergangenheit einer Grenzregion, dargestellt an der Geschichte eines Jagdhauses und seiner Bewohner.

Der Bau des Jagdhauses und der Wechsel vom deutschen Reich zu Belgien

Das Jagdhaus wurde um 1905 von der Gemeinde Rocherath erbaut. Die damaligen Jagdpächter stammten aus dem Ruhrgebiet. Ihr Jagdaufseher Paul Schulze bewohnte das Haus mit seiner Familie bis 1920.

Sein Enkel, Klaus Schulze, ist Förster in Britz, in der Nähe von Eberswalde. Von ihm habe ich Fotos des Jagdhauses, das damals „Forsthaus Weidmannsheil“ hieß.

Das Jagdhaus lag am Waldrand, 300 Meter rechts der Straße nach Wahlerscheid, am Weg Richtung Hasselpath-Hellenthal. Die Entfernung zum Dorf betrug 3 km.

Das Haus war ein fester Steinbau mit Obergeschoss und ausgebautem Speicher und hatte sieben Schlafzimmer. Nebenan waren Stallungen, eine Scheune und Garagen.

Als Rocherath und seine Wälder 1920 durch den Versailler Vertrag belgisch wurden, wurde der Jagdvertrag aufgelöst und die Familie Schulze zog weg. Jetzt wurde das Haus die Dienstwohnung des Revierförsters Wack. Es war das erste Haus in Rocherath, das an das Fernsprechnetz angeschlossen wurde, und führte die Nr. 1. Aus familiären Gründen bezog Wack um 1927 eine Wohnung im Dorf.

Die damaligen Jagdpächter waren R. Lefort, ein Stahlbaron aus Lothringen, und die Familie Solvay, Eigentümerin des gleichnamigen Chemiekonzerns. Sie übernahmen 1932 das Jagdhaus sowohl für die eigene Unterbringung während der Jagdzeit als auch als Wohnung für ihren Jagdaufseher Leo Hönen, meinen Vater. Unsere Vorfahren sind schon seit Generationen mit dem Rocherather Wald und Wild verbunden. So war mein Ururgroßvater Paul Hönen in der Zeit von 1840 bis 1870 Förster in meinem heutigen Revier.

Während der Jagdzeit führten die Schwestern meines Vaters den Haushalt mit den zahlreichen Gästen.

Als meine Eltern im Jahr 1938 heirateten, übernahm meine Mutter diese Aufgabe. Die kleine Landwirtschaft und der Garten versorgte die Familie und die Jagdgäste stets mit frischen Lebensmitteln.

Die damaligen Jagdpächter, die wahrscheinlich intensive Geschäftsbeziehungen zum englischen Sprachraum hatten, nannten das Forsthaus jetzt „Sam suphy“; es ist die Lautschrift in englischer Sprache für den französischen Begriff „Ça me suffit“, auf deutsch „Das genügt mir“.

Wenn die Jäger während der Jagdzeit anwesend waren, wurde die belgische Fahne gehisst. Dies geschah teils aus Patriotismus, teils um die anderen Waldnutzer von der Anwesenheit der Jäger in Kenntnis zu setzen.

Mein Vater war Jahrgang 1907 und hatte seine belgische Wehrpflicht im Jahre 1928-29 bei einer Artillerieeinheit in Lüttich und Antwerpen abgedient.

Anfang Januar 1940 deutete es immer mehr auf einen drohenden Krieg hin. Die belgische Regierung veranlasste die Generalmobilmachung. Auch mein Vater wurde wieder nach Antwerpen eingezogen.

Leo und Franziska Hönen, Januar 1940. Er ist zu diesem Zeitpunkt belgischer Soldat.

Im Jagdhaus wurden einige Soldaten einquartiert, die das Waldgebiet Rocherath sichern sollten. Sie legten Baumsperren an und zerstörten Brücken und Wege. Wegen seiner Ortskenntnisse wurde mein Vater Ende Januar wieder nach Rocherath überstellt und ging nun täglich mit seinen Kameraden auf Patrouille an der grünen Grenze entlang der Olef und des Krokkesbach. Das Verhältnis zu den deutschen Grenzposten war eher freundlich.

Kriegsbeginn und erneuter Wechsel der Staatszugehörigkeit

So waren natürlich alle geschockt, als am 10. Mai, gegen 5.30 Uhr, plötzlich deutsche Truppen angriffen, die Straßensperren mit Gewalt räumten und einige belgische Grenzposten gefangennahmen.

Meinem Vater gelang die Flucht bis Büllingen, wo er in Gefangenschaft geriet. Nach zwei Wochen Zwangsarbeit im Militärlager Elsenborn wurde er freigelassen. In Büllingen wurde am 10. Mai auch der erste Rocherather, der Zivilist Franz Rauw, an einer Straßensperre durch deutsche Soldaten erschossen.

Der legendäre Jagdflieger Adolf Galland (links) als Gast des Gauleiters Florian (Mitte) vor dem Jagdhaus Rocherath

Das Jagdhaus blieb in diesen Tagen unbehelligt. Meine Mutter war mit meinem Bruder Manfred, geboren 1939, im Jagdhaus geblieben. Sie ist heute noch beeindruckt von der Menge Soldaten und Fuhrwerke, die in diesen Tagen am Jagdhaus vorbeizogen.

Am 18. Mai wurde per Führererlass das Gebiet Eupen-Malmedy in das deutsche Reich eingegliedert. Die Gemeinderäte wurden neu besetzt, und noch im gleichen Sommer wurde die Gemeindejagd zur Verpachtung ausgeschrieben. Der Gauleiter von Düsseldorf, Friedrich-Karl Florian, wurde neuer Jagdpächter. Er übernahm das Jagdhaus und auch meinen Vater als Jagdhüter. Meine Mutter sollte weiterhin den Haushalt führen und die Jagdgäste betreuen.

Meine Mutter kann sich noch gut an einige illustre Gäste erinnern, so an Prinz August Wilhelm von Preußen, den Sohn des letzten Kaisers, und an Adolf Galland, den hochdekorierten deutschen Jagdflieger. Im Januar 1942 wurde meine Schwester Zita geboren.

Mein Vater als deutscher Soldat

Am 8. April 1942 erhielt mein Vater den Stellungsbefehl zur Luftwaffe. Meine Mutter hat sein Soldbuch aufbewahrt, und so habe ich einige Informationen zu seiner Soldatenzeit. Nach der Ausbildung in Gladbach, Detmold und Lippstadt wurde seine Einheit in den Kaukasus verlegt. Nach einem Lazarettaufenthalt in Eforia erhielt er im November 1942 einen 14tägigen Genesungsurlaub.

Am 1.2.1943 wurde er zum Gefreiten und am 1.12.1943 zum Obergefreiten befördert.

Im Januar 1945 erhielt er einen Sonderurlaub wegen „Bombenschäden", d.h. wegen Auswirkungen der Ardennenoffensive auf sein Heimatdorf.

Bei der Ankunft am Kölner Hauptbahnhof erlebte er die Bombardierung der Stadt in einem Bunker in der Nähe des Doms. Mit dem Zug kam er dann bis Kall oder Hellenthal, und von dort zu Fuß durch den Wald nach Rocherath. Im Waldgebiet zwischen Hollerath und Rocherath erhielt er schon den ersten Eindruck der Verwüstungen. Überall lagen Tote und zerstörte Fahrzeuge; am Dreiherrenwald konnte er den Absturz eines amerikanischen Bombers beobachten. In Rocherath angekommen, war er fassungslos angesichts der Zerstörung. Das Jagdhaus war zerstört, und so zog

Soldbuch von Leonard Hönen

er zu seinem Elternhaus, wo sein Vater, wie einige andere Männer im Dorf, als Viehversorger geblieben war. Die meisten Familien, auch meine Mutter mit den Kindern und ihrem alten Vater, waren im Oktober durch die Amerikaner nach Malmedy und dann weiter nach Innerbelgien evakuiert worden. In Malmedy erlebte sie die Bombardierung durch amerikanische Bomber am 23., 24. und 25. Dezember. Dabei wurden viele Zivilisten und US-Soldaten getötet.

Um das Vieh im Nachbarhaus zu versorgen, musste mein Großvater eine Lücke zwischen den Häusern überqueren. Diese 25 Meter breite Stelle wurde durch amerikanische Artilleriebeobachter eingesehen, und jeder Versuch, die Stelle bei Tageslicht zu durchqueren, wurde sogleich durch Beschuss verhindert. Erst das nächtliche Anbringen von Bettlaken brachte Abhilfe.

Mein Vater musste sich jeden Tag bei der Kommandantur im Haus Palm Nikolaus melden.

Die Feldgendarmerie gab ihm gleich zu verstehen, dass es schlecht um seinen Vater bestellt sein würde, wenn er nicht zu seinem Truppenteil zurückkehren würde. Beim Rückzug nahmen die deutschen Truppen alle noch im Dorf vorhandenen Zivilpersonen mit nach Blumenthal bei Schleiden.

Mein Vater kehrte zu seiner Einheit zurück und geriet Mitte März in amerikanische Gefangenschaft. Nach einigen Monaten Gefangenschaft in den berüchtigten Rheinwiesen bei Remagen wurde er im Sommer 45 über Brüssel und Mons in die Heimat entlassen.

Über seine direkten Kriegserlebnisse ist mir nichts bekannt. Leider verstarb er schon im Jahre 1968.

Das Jagdhaus in der Zeit von 1943 bis zum 6. Oktober 1944

Nach der Einberufung meines Vaters zog die unverheiratete Schwester meiner Mutter zu ihr ins Jagdhaus.

Zusätzlich zu den Jagdgästen waren jetzt auch einige Ausgebombte aus Köln und Düsseldorf im Jagdhaus untergebracht.

Hiervon weiß meine Mutter manche Anekdote zu berichten.

Eine junge Frau aus Köln wunderte sich, dass es hier auf dem Dorf im Frühjahr schon so leckeren Salat und Spinat zu kaufen gäbe. Als meine Mutter sie aufklärte, dass der Salat aus Löwenzahn und Spinat und Suppe aus Brennnesseln hergestellt würden, kam sie aus dem Staunen nicht mehr heraus.

Eine Mutter mit ihrer Tochter war ebenfalls im Jagdhaus evakuiert. Eines Tages kam die Tochter, 5 Jahre alt, in den Stall und sah meine Mutter beim Kühemelken. Ganz erschrocken rannte sie zu ihrer Mutter und erzählte ihr, dass die Frau Hönen der Kuh etwas Weißes aus dem Schwanz zöge. Als die Mutter ihr erklärte, dass dies Milch sei, hat sie keinen Tropfen Milch mehr angerührt.

Anfang September 1944 rückte die Front immer näher. Täglich zogen fliehende Truppen Richtung Deutschland. Die US-Fliegerangriffe forderten Tote und Verwundete; im Dorf brannten einige Häuser ab. Viele Soldaten hielten am Jagdhaus für eine kurze Rast.

Das Jagdhaus 1940

Ein Brief, den meine Mutter meinem Vater am 5.9.44 schrieb, wurde nicht mehr weggeschickt, weil das Dorf von der Front überrollt wurde. Meine Mutter hat ihn aufbewahrt, und er ist ein einzigartiges Zeitzeugnis.

„... Mit Onkel Mies hatte ich gerade die Rinder gewechselt auf der hinteren Wiese, da kam ein Unteroffizier, ob er etwas Warmes trinken könnte; die hielten mit einem Auto unten an der Straße, hatten 2 Räder platt, kamen von Frankreich, waren dem Amerikaner noch so gerade entkommen. Da waren 8 Soldaten und 2 Frauen vom Theater bei.

Der Flicken hielt nicht auf dem Reifen, um 9 Uhr abends hatten sie kein Flickzeug mehr. Um halb zwölf haben sie dann beim Förster Veiders (Forsthaus etwa 800 Meter zum Dorf hin) angerufen, um Gummilösung und Flickzeug zu bekommen. Maria (die Schwester meiner Mutter) ist dann mit einem hingegangen, und ich habe denen mal Kartoffeln gekocht und ein Ei gebacken, und um 1/2 2 nachts fuhren sie ab.

Am Montag war ich zum Dorf wegen der Exequien für Fexen Gerhard. Hier war alles in Aufregung, Truppen, überall Truppen. Alle waren am Einpacken und Vergraben. Die Pferdefuhrwerke mit Mann mußten zur Verfügung stehen, um Militär nach Hollerath zu fahren.

Als ich zurückkam, lag die Straße voll Militär, die machten Halt hier, und wir hatten die reinste Kaffeewirtschaft. Wir haben den Hausrat eingepackt und in der Garage vergraben und das andere in den Keller gestellt.

Gestern kam Befehl, um 7 Uhr müsste das ganze Vieh aus dem Dorf beim Haus Wellems zusammengetrieben werden, und um 8 Uhr müssten alle Leute mit Wagen und Rädern das Dorf verlassen in Richtung Hollerath.

Aber die Leute sind doch meistenteils zuhause geblieben. Aber Mathes H. ist mit zwei Fuhrwerken, voll beladen mit Kästen, Kisten und Betten, und das Vieh vor sich hertreibend, ausgezogen Richtung Euskirchen. Der alte Ühm und die Luise haben bitterlich geweint; sie würden Rocherath ja nie mehr wiedersehen.

Auch Johann M. ist mit Frau, Kindern und Vieh ausgewandert. Der K., Jakob und Johann K. sollten auch heute fahren, aber die Frauen haben nicht mitgewollt.

Einige Kühe von Mathes H. haben heute morgen die Straße voll gemuht; sie waren allein zurückgekommen. Heute sind die Wirtzfelder weggezogen, 150 Stück Vieh vor sich hertreibend, Frauen und Kinder bitterlich weinend auf den Wagen.

Nun sitzen wir hier und sind bange, der Amerikaner käme. Brot und Mehl gibt es ja nicht mehr zu kaufen; um ein Brot zu bekommen, stehen die Leute vier bis fünf Stunden an, und dann ist es doch umsonst. Noch zwei Tage, dann ist gar kein Brot mehr da. ..."

Aber die Amerikaner ließen noch auf sich warten. Täglich kamen versprengte deutsche Truppen, die auf der Flucht waren. Am 9. September machte eine Gruppe von 250 Soldaten, ohne jede Verpflegung, Rast am Jagdhaus. Den ganzen Tag kochte meine Mutter und ihre Schwester Pellkartoffeln, die die Soldaten auf den umliegenden Feldern herausholten. Beim Weiterzug nach Hollerath ließen sie zwei schöne Arbeitspferde als Entgelt zurück.

Manche Soldaten, die das Forsthaus besuchten, waren durch Flucht und Kampfgeschehen geschockt. An einem Nachmittag im September erschien ein Soldat und verlangte mit vorgehaltener Waffe Milch und Brot. Meine Mutter musste dazu die Kuh auf der Hauswiese melken. Der Soldat stand wortlos daneben, immer mit der Waffe im Anschlag. Schließlich wurde es meiner Mutter zu bunt, und sie wies ihn in heftigem Ton daraufhin, dass ihr Ehemann auch deutscher Soldat an der Ostfront sei. Nun ließ er zwar von seiner drohenden Haltung ab, blieb aber weiterhin schweigsam. Er war meiner Mutter unheimlich, und sie war erleichtert, als er nach dem Essen grußlos in den Wald verschwand.

Die Tagebuchaufzeichnungen meiner Tante, Maria Palm

Es ist eine unglaubliche Zeit, die die beiden Frauen mit den 2 Kindern im Jagdhaus erlebten. Die Schwester meiner Mutter hat Tagebuch geführt über die Ereignisse jener Tage.

Hier einige Auszüge:

Samstag, 9.9.44: Nachmittags Fliegerangriff auf eine Autokolonne unten an der Straße, 6 Wagen mit Anhänger und Munition verbrannt. Ich war noch zum Dorf, musste aber einen Umweg über die Felder machen; die Straße ist gesperrt. Im Haus Lienen sind die Fenster kaputt, und beim Haus Hanspitteren wurde ein Kalb getötet.

Sonntag, 10.9.44: Unser Pferd auf eine Waldwiese gebracht. Auf einem Feld ist ein Rind ausgebrochen; ich gehe dahin; unterwegs muß ich im Haus Schangen in den Keller wegen Fliegerangriffs.

Montag 11.9.44: Gegen Mittag kommen 45 Mann, die versuchen über Wahlerscheid wegzukommen, aber vergebens; sie kommen zurück und schlafen in der Scheune. Während wir essen, kommt ein SS-Mann mit vorgehaltener Pistole und setzt sich an den Tisch. Wir geben ihm Bratkartoffeln und Kaffee; er spricht aber fast gar nicht, ein unheimlicher Mensch. Zum Glück kommen die anderen Soldaten zurück; er macht sich schnell fort.

Dienstag 12.9.44: Die 45 Mann sind weg Richtung Hollerath. Um 9 Uhr kommt eine Gruppe, um Bäume zu sprengen. Sie müssen aber warten bis morgen, und so schlafen sie in der Scheune.

Willy Kleinöder aus Oberhausen, Günther Schilz und Heinz Krautz aus Düren sind schon einige Tage Stammgäste im Jagdhaus. Sie liegen in Hellenthal und kommen auf Patrouille und sind glücklich und dankbar für Bratkartoffeln und Milchsuppe. Sie bringen uns Brot mit.

Mittwoch 13.9.44: Um 8 Uhr werden die Bäume an der Straße gesprengt. Unseren drei jungen Soldaten Kaffee gemacht; sie wollen noch zum Dorf, um Zigaretten zu holen, kommen aber rasch zurück; der Ami ist schon im Dorf. Es kommen noch sieben alte Soldaten in aller Angst, sagen, der Feind sei hinter ihnen her, nehmen sich kaum Zeit, Wasser zu trinken. Dann sechs SS, auch abgehetzt, von Elsenborn, gerade den feindlichen Panzern entkommen, aber noch siegessicher. Als wir uns nach den Amerikanern erkundigen, wird einer frech, zieht die Pistole und will uns vor sich her mit nach Hellenthal nehmen, anstatt auf den Amerikaner zu warten, wie er sagt. Die anderen sind aber vernünftig und sagen, er soll die Frauen lassen, sonst würden die Amis ihn bekommen. Uff, da waren wir froh, als die abhauten. Dann kommen noch fünfzehn Mann und lassen sich Reis kochen; bis zum Abend kommen noch immer versprengte Gruppen. Sie machen, dass sie wegkommen, denn der Amerikaner ist im Dorf.

Donnerstag, 14.9.44: Im Dorf hat eine Gruppe Soldaten einen Zusammenstoß mit den Amerikanern. Sie machen vier Gefangene und ein US-Soldat stirbt. Von Hellenthal kommt ein Stoßtrupp zum Jagdhaus, um im Dorf die Papiere und Andenken ihrer Kameraden zu holen.

Unsere drei Jungs sind auch dabei und bringen uns Brot mit; sie sind schon gar nicht mehr so siegessicher.

Freitag, 15.9.44: Die Soldaten graben Stellungen am Haus. Gegen vier Uhr nachmittags hört man Panzer anrollen, die dann die Baumsperren beschießen. Unsere Soldaten ziehen sich in den Wald zurück, damit wir nicht gefährdet würden. Sie raten uns, schön im Keller zu bleiben, bis alles ruhig sei, und die Amerikaner gut zu behandeln, dann würden die uns nichts tun.

Samstag, 16.9.44: Um 10 Uhr kommen die ersten Amerikaner vorbei. Einige durchsuchen Stall und Heuboden. Den ganzen Tag fahren Autos die Straße auf und ab. Einige Male gibt es kleinere Gefechte im Wald. Zwei Autos kommen mit je einem Gefangenen zurück. Die scheinen nicht sehr traurig zu sein, und winken uns im Vorbeifahren zu, sicher welche, die vorher bei uns waren.

Sonntag, 17.9.44: Andauernd Schießereien; Spähtrupps fahren auf und ab; um 14 Uhr gehen Geschütze zwischen Haus und Stall in Stellung. Bei jedem Schuss zittert das ganze Haus. Für fünf Eier bekommen wir eine Portion Schokolade und allerlei Bonbons. Es fehlen uns schon sieben Hühner, ein Hähnchen und eine Flasche Wein.

Montag, 18.9.44: Die Kinder bekommen viele Süßigkeiten. Nachmittags mit dem Rad zum Dorf. Viele traurige Nachrichten. Einige Personen verhaftet. Viele Vieh- und Geländeschäden.

Dienstag, 19.9.44: Die Amis ziehen sich zurück bis zum Forsthaus Veiders, etwa 800 Meter zum Dorf hin. Als ich Wäsche aufhänge, fangt ein Maschinengewehr an zu schießen. Wir laufen in den Keller. Ein Auto kommt angefahren, und ein US-Soldat holt sich Möhren und Porree. Nachher kommt er mit einem zurück, der französisch spricht. Der sagt, die Amis wären schon bis Bonn; er nimmt beim Wegfahren ein halbes Kilo Butter mit.

Mittwoch, 20.9.44: In der Nacht wird viel geschossen. Im Dorf werden mehrere Häuser zerstört. Wieder fallen Schüsse, als ich die Wäsche aufhänge.

Donnerstag, 21.9.44: Viele Fahrzeuge; ich bin zu bang, um noch mal Wäsche aufzuhängen. Täglich kommt einer Butter holen.

Freitag, 22.9.44: Veiders Maria bringt schlimme Nachricht: Im Dorf sind drei Personen durch Minen getötet worden, darunter unsere Schwägerin Agathe Hönen. Mehrere Leute werden verhaftet. Die Parteifrauen müssen putzen. Wir wollen Bohnen einmachen, aber da geht die Schießerei wieder los. So eine Angst habe ich noch nie gehabt. Wie lange mögen wir noch im Kampfgebiet liegen? Im Dorf die Amerikaner und im Wald die Deutschen.

Samstag, 23.9.44: Im Dorf wieder einige Häuser zerstört. Ein deutscher Minenleger bei Nolden Gasse und ein Fallschirmjäger bei der Kirche kommen in Gefangenschaft. Drei Granaten gehen in der Nähe nieder, eine Scheibe kaputt.

Sonntag, 24.9.44: Die ganze Nacht im Keller zugebracht. Morgens will ich mit dem Rad zur Kirche, aber es fängt wieder an zu schießen, und ich kehre um.

Montag, 25.9.44: Beerdigung der drei Minenopfer. Den Gang zum Dorf nutzte Franziska (Anm. v. Erich Hönen: das ist meine Mutter) auch, um Geld abstempeln zu lassen, denn mit einem Stempel versehen, wurden Reichsmark zu belgischen Franken. Ebenfalls brachte sie Fleisch mit; denn täglich wurde Vieh durch Granaten oder Minen getötet. Um halb neun gehen wir wieder zum Keller; es schießt schrecklich. Die Amerikaner haben Verstärkung bekommen am Hasselpather Weg. Ein deutscher Stoßtrupp war hier.

Dienstag, 26.9.44: Man schläft besser im Keller. Die Amis kommen Butter holen; sie sind letzte Nacht ganz nah von Deutschen beschossen worden. Sie haben sich etwas zurückgezogen. Wir liegen immer mehr in Gefahr.

Mittwoch, 27.9.44: Franziska fährt mit dem Rad zum Dorf Fleisch holen. In einem Haus sind die Mädchen von Russen überfallen worden. Bei Veiders sind durch eine Granate alle Fenster zerbrochen.

Donnerstag, 28.9.44: Heute ist es etwas ruhiger. Mehr als 500 Bomber fliegen nach Deutschland.

Freitag, 29.9.44: Wieder etwa zehn Einschläge ums Haus. Franziska war bei ihrer Schwester und dem Vater nach Büllingen. Halmes Franz soll mit dem Lastwagen unsere Möbel in Sicherheit bringen; er ist aber zu bang.

Samstag, 30.9.44: Im Dorf sind wieder mehrere Häuser zerstört worden. Gegen 11 Uhr kommt ein deutscher Stoßtrupp ins Haus gestürmt. Reißen die Küchentür auf und stehen mit Maschinenpistolen vor mir; hab' ich mich vielleicht erschreckt. Die gehen aber wieder, als sie keine Amerikaner finden. Unten am Weg haben sie ein Gefecht mit den Amis; Franziska, die gerade auf dem Heimweg war, liegt die ganze Zeit im Graben.

Sonntag, 1.10.44: Ich gehe zur Kirche, komme aber gleich wieder zurück. Nachmittags kommt ein Auto mit 2 Gefangenen vorbei. Die Amis ziehen sich noch weiter zurück. Nun haben wir aber Angst.

Montag, 2.10.44: Franziska muß zum Dorf, weil die Adressen der Soldaten im Büro gemeldet werden müssen. Ühm Mies kommt mit einem Soldaten der Weißen Armee (Anm. v. Erich Hönen: belgische Widerstandsgruppe), der die Pferde von der Waldwiese holen will. Die Stute lassen sie aber da, und abends holt Ühm Mies sich auch den Hengst wieder zurück.

Dienstag, 3.10.44: Morgens kommen zwei Amerikaner und sagen, wir müssten hier weg. Nach langer Diskussion können wir bleiben, dürfen aber nicht mehr zum Wald. Nachmittags kommt Frau Schröder, die Hebamme, Kaffee trinken; sie gräbt Kartoffeln auf einem nahen Feld aus.

Mittwoch, 4.10.44: Ich drehe gerade die Milch in der Zentrifuge, da geht die Schießerei ums Haus wieder los, und wir laufen in den Keller. Nachher kommen Amerikaner mit einem Gefangenen und durchsuchen das Haus, ob wir keine Deutschen versteckt hätten. Franziska fährt ein Fuhrwerk Hausrat zum Dorf. Ühm Mies kommt den Ochsen holen. Die Amerikaner bauen Stellungen in den Wiesen und zerschneiden den Stacheldraht, und eine Kuh geht durch. Aus der Garage holen sie das ganze Stroh.

Donnerstag, 5.10.44: Nachmittags kommen wieder Amerikaner und wollen sich aufwärmen. Gegen halb acht gehen sie auf dem Heuboden zum Schlafen. Gegen 8 Uhr kommen zwei deutsche Soldaten herein: das Haus wäre mit dreißig Mann umstellt und wo die Amis wären. Wir haben nichts verraten. Einer wollte noch gemütlich eine Zigarette rauchen, aber der andere meinte: „Komm, lass uns gehen, damit die Frauen nicht noch mehr in Gefahr kommen; es ist ja nicht zu verstehen, dass Frauen und Kinder mitten im Frontgebiet sind. Weiß Ihr Mann überhaupt, dass Sie noch hier sind? Wenn ich denke, daß meine Frau in der Lage wäre, ich hätte keine Ruhe." Wir sind die ganze Nacht im Keller geblieben und haben gebetet.

Freitag, 6.10.44: Die Deutschen haben die Amerikaner nicht gefunden. Die hatten sich im Heu versteckt, hätten sich aber nicht kampflos ergeben. Gegen 11 Uhr erhalten wir Bescheid, dass wir weg müssen. Wir haben eine halbe Stunde Zeit zum Packen. Wir packen einen Handwagen und den Kinderwagen voll. Franziska holt die Kühe mit zum Dorf. Der Förster Veiders muß auch mit der Familie weg. In den Feldern begegnen wir noch einem deutschen Stoßtrupp, etwa 10 Mann.

Samstag, 7.10.44: Wir haben die Nacht in unserem Elternhaus verbracht, die ganze Zeit im Keller. Um 14 Uhr müssen wir an der Kirche sein. Mit Lastwagen werden wir nach Malmedy gefahren.

Jetzt beginnt die bittere Zeit der Evakuierung. Diese Erlebnisse, die Bombardierung von Malmedy bei der Ardennenoffensive und die anschließende Flucht bis nach Brüssel würden ein weiteres Buch füllen.

Das Jagdhaus während der Ardennenoffensive

Im Oktober und November drängten die Amerikaner die deutschen Truppen immer weiter in den Wald hinein. Frontlinie wurde jetzt das Oleftal bis vor Wahlerscheid und das Waldgebiet nordöstlich des Truppenübungsplatzes Elsenborn.

Das Jagdhaus wurde zum Gefechtsstand der Kampfgruppe RCT, (Regiment 9 der 2. und Regiment 395 der 99. US-Inf. Div.), die am 13. Dezember die Straßenkreuzung Wahlerscheid und an der Olef die Westwallstellungen bei Daubenscheid und Wiesenhardt angriffen.

Am 16. Dezember begann die Ardennenoffensive. Um der Einkesselung und Gefangennahme zu entgehen, mussten die US-Truppen sich schnellstens zurückziehen. Das Jagdhaus wurde aufgegeben und wahrscheinlich zu diesem Zeitpunkt zerstört.

Einige Tage später wurde es der Gefechtsstand von Oberstleutnant Jaquet, dem Kommandeur von Regiment 991 der 277. Volksgrenadierdivision. Es diente auch als Verbandsplatz und Sammelstelle für Gefangene.

Der US Sergeant Emanuel Rind, Komp. B, 1. Battail., Reg. 394, 99. Inf. Div., wurde am 15. Januar 1945 mit seinem Spähtrupp im Waldgebiet am Rande des Truppenübungsplatzes verwundet und dann gefangen genommen. Er erkundete hier die Stellungen der 5. und 6. Komp., Reg. 991, 277 VGD. Vier Sanitäter trugen ihn auf einer Bahre bis zum Jagdhaus, das Rind als seinen früheren Gefechtsstand wiedererkannte. Er war ernstlich verwundet, und bei der Befragung stellte er sich ohnmächtig. Er wurde versorgt und dann mit einem LKW zum Lazarett im Kloster Steinfeld gebracht. Er überlebte.

Der Gefreite Kurt Schmidt, Funker bei Kommandeur Jaquet, war im Januar 45 mehrere Tage im Jagdhaus. Er kann sich noch an das Eintreffen von Gefangenen erinnern. (Vgl. den Beitrag vor Kurt Schmidt: Verteidigung in Rocherath-Krinkelt im Januar 1945)

Ende Januar wurden Rocherath und das Jagdhaus wieder von den Amerikanern erobert. Jetzt ging der Angriff aber weiter über Wahlerscheid in Richtung Dreiborn und Schöneseiffen. Das Jagdhaus spielte nun keine Rolle mehr.

Erst am 22. März kam die Schwester meiner Mutter mit den ersten Rückkehrern nach Rocherath. Bis Stavelot kam sie mit dem Zug und von dort in zwei Tagen zu Fuß bis Rocherath. Sie musste feststellen, dass das Jagdhaus zerstört und geplündert war. Alle vergrabenen Sachen waren verschwunden. Mit einem Fuhrwerk brachte sie noch die letzten Möbel und Türen bei Verwandten in Sicherheit. Einige Kisten mit Porzellan standen zum Abtransport bereit, aber der Dieb hatte alles stehen lassen. Wann und weshalb dies geschah, war nicht mehr zu ergründen. Diese Teller werden heute noch zu besonderen Anlässen benutzt. Im Garten und im Straßengraben waren zahlreiche Gräber von gefallenen Soldaten.

Am 25.03.45 musste sie aber wieder zurück. Im Dorf war es noch zu unsicher, die Felder und Wege waren vermint; es lagen noch viele tote Soldaten in den Wiesen, und nur einige Häuser waren bewohnbar.

Das weitere Schicksal der Familie Hönen

Im Frühjahr und Sommer kehrten die ersten Rocherather Soldaten aus der Gefangenschaft zurück. Die nicht ganz zerstörten Häuser wurden notdürftig instand gesetzt, und mehrere Familien lebten zusammen auf engstem Raum.

Meine Mutter mit den zwei Kindern und ihre Schwester lebten jetzt in Mont bei Malmedy. Sie halfen bei Bauern in Feld und Haushalt.

Der Vater meiner Mutter war am 20.1.45 in der Evakuierung in Braine-l'Alleud (bei Waterloo) verstorben. Im Juli 1945 ließ sie den Leichnam nach Rocherath überführen. Am Tag der Beerdigung, am 9. Juli, erhielt meine Mutter die Nachricht, dass sie meinen Vater im Gefängnis in Mons abholen könnte. Auf der Gemeinde erhielt sie die amtliche Bescheinigung, dass er keiner Organisation oder Partei angehört hatte.

Sie lieh sich einen Herrenanzug, denn ohne Zivilkleidung würde er nicht freigelassen. So fuhr sie nach einigen Tagen mit anderen Frauen über Lüttich nach Mons. Die Freude war riesengroß, und die ganze Familie kehrte nach Rocherath zurück. Aber im Elternhaus meines Vaters wohnte außer seinem Vater noch seine Schwester mit Ehemann und drei Kindern, ein Bruder mit Ehefrau und eine ledige Schwester. Hier war kein Platz mehr für eine weitere Familie, und so mussten sie sich wieder trennen. Mein Vater blieb im Elternhaus, und meine Mutter mit den 2 Kindern ging wieder in die Jugendherberge Trôs-Marets in Mont bei Malmedy. Mein Vater hatte ein Fahrrad gefunden und fuhr jedes Wochenende dorthin auf Besuch.

Während der Woche arbeitete er im Wald, wo die Stämme aus den Bunkerstellungen aufgearbeitet wurden.

Im März 1946 konnte die Familie dann gemeinsam eine Holzbaracke beziehen, d.h. drei Zimmer, denn die Baracke diente noch mehreren Familien als Unterkunft.

In dieser Zeit mussten viele deutsche Kriegsgefangene im Wald und Dorf Aufräumarbeiten verrichten, Straßen ausbessern und beim Aufbau helfen. Ein Gefangener, der schon einige Tage in der Nähe der Baracke arbeitete, fragte eines Tages meine Mutter um Hilfe zur Flucht.

Sie besorgte ihm Zivilkleidung und erklärte ihm den Weg durch den Wald nach Deutschland. Sie besitzt heute noch ein Foto, das der junge Soldat ihr mit der Widmung: „In steter Erinnerung, Kurt Dietze“ hinterlassen hat. Über sein weiteres Schicksal hat meine Mutter nie etwas erfahren.

Die durch den Krieg unterbrochene Jagdpacht wurde wieder den Franzosen zugesprochen, und mein Vater übernahm wieder die Funktion des Jagdhüters. Am 12. März meldete er den Pkw der Jäger ordnungsgemäß bei der Gemeindeverwaltung an, einen Personenwagen der Marke Nash.

Als der Familie im April 1947 eine Steinbaracke zugewiesen wurde, war das Glück vollkommen, besonders als am 21. August ein zweiter Sohn geboren wurde, – und das war ich.

Die Gemeinde ließ das Jagdhaus nicht wieder aufbauen. So baute mein Vater in 1948 ein neues Haus, das ich jetzt mit meiner Familie und meiner Mutter bewohne. In 1949 wurde meine Schwester Agathe geboren.

Nachtrag

Zwei der im Tagebuch vom 12.9.44 erwähnten Soldaten haben sich nach dem Krieg nochmals gemeldet. So schreibt Willy Kleinöder von Oberhausen, Rhld., am 26.2.47, wie für ihn und seine Kameraden der Krieg zu Ende ging, und erinnert sich: „... Wie oft haben wir damals, als es uns dreckig ging, an das stille Forsthaus mit seinen lieben Menschen gedacht. Ja, das waren Zeiten, und trotz des Krieges, schöne Stunden, die wir bei Ihnen verleben durften. Jetzt denke ich oft mit Wehmut an die leckeren Schinkenbrote und Bratkartoffeln, sowie die Milchsuppen, die wir in Ihrem Hause bekamen, zurück. (Ach, war das lecker!) Ja, hier ist die Not sehr groß, kaum dass man weiß, was esse ich heute. ...

... Eine Bitte, kleben Sie bitte mehrere Sorten Briefmarken auf den Brief, mein kleiner Bruder sammelt und freut sich immer auf neue Marken. ..."

Auch Heinz Krautz von Düren beantwortet am 5.3.1947 einen Brief meiner Tante: „ ... Es ist jammerschade, dass Rocherath so zusammengeschossen wurde. ... Nachdem ich von Ihnen abgerückt bin, als die Amerikaner uns beschossen (vom zweiten Forsthaus aus), wurde ich aus der Eifel nach Posen abkommandiert. ...

... Weil Düren durch die Bombardierung wie vom Erdboden verschwunden ist, habe ich mir jetzt in Eschwege einen Lederwarenfabrikationsbetrieb zugelegt."

Beide Briefe hat meine Mutter aufbewahrt, aber die Kontakte sind später nicht mehr weitergeführt worden.

Der Jagdpächter in den Kriegsjahren, der Gauleiter von Düsseldorf, Karl-Friedrich Florian, wurde am 17. April in Düsseldorf verhaftet und musste mehrere Jahre im Gefängnis verbringen.

In einem Brief vom 2.4.1952 an meinen Vater spricht er von der langen Zeit in Einzelhaft:

„Geistig fühlte ich mich dennoch frei wie einst im paradiesischen Jagdrevier von Rocherath. Dass ich in Gedanken sooft dort auf der Pirsch war und all die herrlichen Stunden, die ich dort in mich aufnehmen konnte, wiedererleben durfte, können Sie mir glauben. ...

... Als damals die Kämpfe im alten Jagdrevier tobten, erbat ich bei dem zuständigen Generalfeldmarschall (von Rundstedt) eine Patrouille, die die Verhältnisse im und um das Jagdhaus feststellen sollte. Der Offizier, der diese Patrouille geführt hat, konnte nur berichten, daß von Ihnen und Ihrer Familie nichts zu ermitteln und dass das Jagdhaus zerstört sei. ...

... Es würde mich mit großer Freude erfüllen, wenn ich Sie einmal wiedersehen und sprechen könnte. Vielleicht bietet sich bei Herrn Weckmann (der Förster von Wahlerscheid), den ich herzlich zu grüßen bitte, im Laufe des Herbstes, wenn die Hirsche schreien, dazu die Gelegenheit.

Von meiner Frau und meiner Tochter ebenfalls liebe Grüße und beste Wünsche.

Mein einziger Sohn ist am 1. März 1945 als Jagdflieger über Düsseldorf gefallen."

Diese Verbindung hat weiter bestanden, und ich kann mich erinnern, dass Herr Florian noch bis Anfang der 60er Jahre jeden Herbst nach Rocherath zur Hirschbrunft kam und Gast in unserm Haus war.

Die Ruinen des Jagdhauses wurden 1958 abgerissen und eingeebnet und das Areal den umliegenden Wiesen beigefügt.

Im Jahre 2002 hatte der Landwirt die Wiese gepflügt. Ich konnte die Lage der Fundamente feststellen, und fand zahlreiche Granatsplitter, deutsche und amerikanische Munition und Kleinkram aus Küche und Haushalt.

Erich Hönen:

Skelettfunde im Rocherather Forst im Jahre 2003 – Entdeckung eines deutschen und eines amerikanischen Soldaten

Am 14. September 2003 hat eine Suchgruppe um J. L. Seel, die seit 1988 schon zehn US-Soldaten gefunden hat, einen weiteren Fund gemacht. Dieses Mal war sie eigentlich nur vor Ort, um Angaben von US-Veteranen zu überprüfen, die sich auf die Lage von deren ehemaligen Stellungen bezogen (Schützenlöcher, Befehlsstand usw.). Sie stieß neben der Straße Rocherath-Wahlerscheid plötzlich auf US-Mörsergranaten sowie auf Munitionskästen und Blindgänger von Granaten. Bei der weiteren Suche fand sie noch einen Munitionskasten, ein paar Meter entfernt den Deckel des Kastens und darunter in einer kleinen Mulde die sterblichen Überreste eines US-Soldaten. Seine Erkennungsmarke wies ihn als Angehörigen der 99. US-Infanteriedivision aus.

Er gehörte wahrscheinlich der Einheit an, die am 13. Dezember 1944 am Angriff auf die Kreuzung Wahlerscheid beteiligt war. Nach heftigen Kämpfen und der Einnahme einiger Bunker musste sie sich nach Beginn der Ardennenoffensive am 16. Dezember 1944 zurückziehen, um nicht von deutschen Truppen abgeschnitten zu werden. (Vgl. den Beitrag von Richard Kuno Blankennagel: Die Kämpfe bei Wahlerscheid, Rocherath-Krinkelt, Hellenthal vom 16. Dezember 1944 bis 3. Februar 1945)

In aller Eile wurde eine Flankensicherung östlich der Straße Wahlerscheid-Rocherath eingerichtet. So wie die Soldaten eintrafen, wurden sie eingesetzt. Sie nahmen sich nicht die Zeit, tiefere Schützenlöcher auszuheben, sondern bauten gleich ihre Maschinengewehre und Granatwerfer auf. Einige Panzerabwehrgeschütze gingen an der Straße in Stellung, hinter einer Buchenhecke versteckt. Am nächsten Tag entdeckten die Geschützbedienungen Bewegungen in etwa 800 Meter Entfernung. Sie eröffneten das Feuer und nahmen dabei eigene Soldaten unter Beschuss. Drei GI wurden getötet und mehrere verwundet!

Kurz danach mussten sie sich eiligst zurückziehen. Die Toten blieben an Ort und Stelle. Die fliehenden Soldaten kannten einander kaum; keiner wusste so recht Bescheid über den Verbleib des anderen. Daher sind die Angaben über Ort und Datum der Todesfälle sehr ungenau. Auf den Meldungen sind Daten von Hand geändert, und als Ort ist Camp Elsenborn angegeben.

Da in dem betreffenden Waldstück in den Nachkriegsjahren größere Erdbewegungen erfolgt sind, ist es möglich, dass die anderen Soldaten nie mehr gefunden werden bzw. schon als „unbekannt“ auf einem US-Soldatenfriedhof bestattet worden sind. Entsprechende Nachforschungen sind eingeleitet.

So konnte Gustav Palm, Rocherath, Jahrgang 1930, berichten, er habe im Sommer 1945 an der Böschung eines Waldweges, 25 Meter unterhalb der jetzigen Fundstelle, einen toten US-Soldaten gesehen. Dieser wurde im Spätsommer 1945 durch den Gräberdienst geborgen. Bei der Überprüfung der Fundstelle Ende September 2003 wurden noch Uniformteile, Munition, Taschenspiegel, Seifendose und ein gläsernes Tintenfaß mit noch flüssiger Tinte entdeckt. Die Identität des Fundes vom 14. September 2003 ist zwar durch die Erkennungsmarke bekannt, aber durch die zuständige US-Behörde noch nicht zur Veröffentlichung freigegeben. Am 19. Dezember 2003 wurde im Wald in der Nähe des Hollerather Knies ein deutscher Soldat gefunden. Eine Suchgruppe um J. M. Roth entdeckte den Toten in der Grabenböschung eines Waldweges in etwa vierzig Zentimeter Tiefe.

Ob er in einem Schützenloch gelegen hat, das nach dem Kriege mit dem Aushub des Straßengrabens aufgefüllt wurde, lässt sich nicht mehr ermitteln. Letzteres ist wahrscheinlich der Fall, denn der Tote trug noch seinen Helm, und die Erkennungsmarke ist noch zweiteilig. Verschiedene Merkmale des Skeletts deuten darauf hin, daßsser schon etwas älter war. Zudem trug er einen Trauring.

Konnte ein Gefallener nicht zurückgebracht werden, wurde – falls die Kampfsituation dies zuließ – eine Hälfte der Erkennungsmarke mitgenommen. Schlitze in

Die Erkennungsmarke des Gefallenen

der Mitte der Marke ermöglichten die rasche Teilung. Nummerierung und Beschriftung beider Hälften stimmen völlig überein. Die Inschrift der geborgenen Marke lautet: 8070 0 (= Blutgruppe) STAMMKP. G.E.B. II/130 (= Stammkompanie Grenadierersatzbataillon II/130). Die Deutsche Dienststelle für die Benachrichtigung der nächsten Angehörigen von Gefallenen der ehemaligen deutschen Wehrmacht in Berlin ist zur Zeit mit der Identifizierung des Toten befasst.

Möglicherweise handelt es sich um einen Angehörigen des Grenadierregiments 991 der 277. Volksgrenadierdivision, das beim Rückzug aus Rocherath-Krinkelt ab 31. Januar 1945 unter starkem amerikanischen Druck über das Hollerather Knie die Bunker des Westwalls zu erreichen suchte. Der Kommandeur des Regiments 991, Oberstleutnant Otto Jaquet, ist am 31. Januar 1945 bei Krinkelt gefallen. Auch seine Leiche musste zurückgelassen werden. In beiden Fällen bestand wohl wegen der rasch nachdrückenden Angreifer keine Möglichkeit, die Gefallenen zu bergen oder auch nur eine Hälfte der Erkennungsmarke sicherzustellen. (Vgl. den Beitrag von Gottfried Machata: Tod von Oberstleutnant Jaquet)

Alle Beteiligten hoffen, dass der tote deutsche Soldat identifiziert werden kann und Angehörige gefunden werden, denen das Ende einer fast sechzigjährigen Ungewissheit ein später Trost sein mag.

Fundstelle des Gefallenen

Anmerkung des Herausgebers:

Nachdem ich die von Hauptförster Hönen mitgeteilte Beschriftung der umseitig abgebildeten Erkennungsmarke an die Deutsche Dienststelle Berlin mit der Bitte um möglist rasche Zuordnung weitergegeben hatte, bemühten sich dort insbesondere Frau Villbrandt und Herr Wolfgang Berendt um schnelle Klärung. Am 13. Juli 2004 teilte dann Herr Berendt mit, der Gefallene sei der Gefreite Friedrich Kindler aus Wien und habe der 6. Kompanie des Grenadierregiments 991 (Oberstleutnant Jaquet) angehört. Weiter war zu erfahren, daß der Sterbefall des Gefreiten bereits 1949 in Wien beurkundet worden sei. Geburts- und Todesdatum könne aus Datenschutzgründen nicht mitgeteilt werden. Das obliege dem Deutschen Bund für Kriegsgräberfürsorge, dessen Bauftragter in Belgien für die Bestattung der sterblichen Überreste zuständig sei.

Da der Gefreite Kindler wenige Meter neben der heutigen Grenze, also auf belgischem Territorium gefallen ist, dürfte die Beisetzung auf den nahegelegenen deutschen Friedhöfen in Schleiden oder Oberreifferscheid auf Schwierigkeiten stoßen. Friedrich Kindler wird sein Grabkreuz wohl auf dem deutschen Soldatenfriedhof in Lommel/Belgien erhalten.

Anhang:
Reaktionen - Leser erinnern sich an Vorgänge in ihrer Heimat im März 1945 - Besetzung des Brohltales

Im Kapitel „Rückzug aus der 2. Linie des Westwall bei Kradenhövel nach Andernach am Rhein vom 5.-9. März 1945" wird davon berichtet, dass die 4. Kp. des GR 989 der 277. VGD als Nachhut, d.h. als letzte Einheit am Feinde, u.a. über Kempenich, Weibern, Glees Richtung Brohl marschiert sei. Im Kloster Kempenich habe sie am 8.3. rasten können, um dann kurz vor der Besetzung durch Einheiten der 11. US-Panzerdivision den eiligen Rückzug zum Rhein anzutreten. Dazu meldeten sich jetzt Reinhard Degen, Weibern, und Uwe Kruse, Hausten, mit Informationen und Fotos, die hier wiedergegeben werden. Das Foto des Klosters Marienburg in Kempenich aus der Zeit um 1928 entspricht dem Zustand im Frühjahr 1945. Hier fand der Führer der 4. Kp. mit seinen erschöpften, übermüdeten Soldaten für einige Stunden erholsame Aufnahme, betreut von hilfsbereiten Schwestern! Über die Besetzung von Kempenich berichtet die Schulchronik (Bd. IV., S. 59/60):

„Gestern, Donnerstag den 8. III. nachm. gegen 18. Uhr werden unsere Truppen regelrecht überrollt. Es gab ein furchtbares Durcheinander. Fahrzeuge, Autos, Geschütze bleiben verlassen stehen und werden in der Nacht von Bürgern ausgeräumt. Kleider, Wäsche, Eß- und Rauchwaren, Hafer, Mehl, Brote finden stürmische Abnehmer. Sprengungen, Brände, eine furchtbare Nacht! Gewehre, Helme, Munition usw. liegen überall.

Heute Freitag, den 9. III., gehen ganze Trupps übermüdeter deutscher Soldaten, aus Wäldern und Verstecken herbeigeströmt, in amerikan. Gefangenschaft. Sie werden recht kameradschaftlich zur Sammelstelle Hohenleimbach verwiesen. Der Glau-

Kloster Marienburg in Kempenich (Archiv Uwe Kruse)

be an Sieg ist längst geschwunden und hat widerstandsmüde gemacht. Es soll sich um eine Division handeln, die hier Widerstand leisten sollte. Nun hört man Kampf in Richtung zum Rhein.

Viele Häuser haben weiße Tücher gehisst. Ein ununterbrochener Strom motorisierter Truppen braust Tag und Nacht dem Rheine zu auf der 'Neue Straße'. Bei dem diesignassen Wetter bricht die Straßendecke auf und wird kaum fahrbar."

In Kempenich teilte sich der „linke Arm" der 11. US-Panzerdivision in die Kampfgruppen Wingard und Sasgaser. Die Gruppe Wingard stieß über Hannebach, Niederzissen, Weiler, Niederlützingen vor; die Gruppe Sasgaser über Weibern, Wehr, Glees, Burgbrohl ebenfalls in Richtung Brohl.

Bei Hannebach drangen die amerikanischen Panzer in die Stellungen des Artillerieregiments der 277. Volksgrenadierdivision ein. Ludwig Bläser aus Hannebach erinnert sich daran so:

„In den ersten Märztagen wurden bei Hannebach 16 Geschütze verschiedenster Kaliber in Stellung gebracht. Die Schussrichtung war zunächst nach Norden gerichtet, offensichtlich hatte man den Feind aus Richtung Ahrweiler erwartet und wollte den Zugang zum Brohltal verteidigen. Am Donnerstag, den 8. März wurde plötzlich die Schussrichtung nach Kempenich hin gewechsel. Die amerikanischen Panzer waren von der Hohen Acht aus über die heutige B 412 im Vormarsch. Am späten Nachmittag wurden die anrückenden Panzer von den deutschen Geschützen unter Feuer genommen. Die amerikanischen Panzer erwiderten das Feuer umgehend, dabei wurden in Hannebach zwei Scheunen in Brand geschossen, ein Stallgebäude durch einen Volltreffer schwer beschädigt, auch die einklassige Volksschule wurde in Mitleidenschaft gezogen. Ebenfalls wurden mehrere Getreide- und Strohschober in Brand geschossen (die Getreideschober konnten in den vergangenen Monaten wegen der ständigen Fliegergefahr nicht gedroschen werden.).

An der Abzweigung nach Spessart wurde ein amerikanischer Panzer in Brand geschossen. Bedingt durch die starke deutsche Gegenwehr, zogen die Panzer sich bei Anbruch der Dunkelheit in Richtung Kempenich zurück.

Die deutschen Soldaten verließen ihre Geschütze und schlugen sich in Richtung Rhein durch. Sie ließen die gesamte Ausrüstung und ca. 60-70 Pferde zurück. Die Amerikaner haben in der Nacht Hannebach besetzt. Es waren 4 oder 5 deutsche Soldaten gefallen. Zivilpersonen kamen nicht zu Schaden. In der gleichen Nacht wurden ca. 20-30 Personen, Soldaten der Wehrmacht und Einwohner von Hannebach, in ein Waldstück unterhalb des Dorfes getrieben. Im Wald angekommen, mussten sich alle in einer Reihe aufstellen, vor ihnen wurde ein Maschinengewehr in Stellung gebracht, es sah so aus, als ob sie alle erschossen würden. Auf Befehl von einem Offizier wurden dann alle Zivilisten freigelassen. Die deutschen Soldaten wurden als Gefangene abgeführt. Am Freitag, den 09. März mussten fast alle Bewohner ihre Häuser verlassen, sie wurden in zwei Häuser einquartiert. Morgens und abends durften sie je eine Stunde ihr Anwesen betreten, um das Vieh zu versorgen. Nach 9 Tagen zogen die Truppen ab, und alles ging wieder seinen gewohnten Gang.

Verschiedentlich hatte es auch Ärger mit den Besatzern gegeben, weil in beschlagnahmten Häusern Parteiuniformen, Hitlerbilder oder Hakenkreuzfahnen gefunden wurden. Eine kluge Bauersfrau hat die erbosten Soldaten mit Erfolg zu besänftigen versucht, in dem sie eine Schüssel frisch gelegter Hühnereier spendierte. In und um Hannebach lagen 54 tote Pferde, die von den Einwohnern in Bombentrichtern vergraben werden mussten.“

Über den fluchtartigen Rückzug deutscher Restverbände findet sich in der Schulchronik von Weibern (Bd. 1937-1946) folgender aufschlussreicher Eintrag: "7. März 1945. An diesem Tage hörte man früh morgens Kanonenschüsse und Maschinengewehrgeknatter, das immer näher rückte. Gegen Mittag kamen die ersten deutschen Truppen rückwärts, eine Aufregung, regellos. Es sah einer Flucht ähnlicher als einem Rückzug. Eilig drängte alles vorwärts, ohne Rücksicht. Da wußte ich, daß es auch jenseits des Rheins kein Halten mehr gab! Alles Hinderliche und Entbehrliche warfen die Soldaten weg oder ließen es einfach stehen."

Hier sprengten deutsche Soldaten einer unbekannten Einheit vor ihrem Abzuge am 8.3. zwei Flakgeschütze vom Kaliber 8.8 cm, wobei nahe Häuser von Splittern beschädigt wurden. Reinhard Degen konnte die Geschützrohre bergen und im ehemaligen Stall seines Anwesens einbauen. In der Mauer seines Grundstücks beließ er bis heute das von einem Splitter gerissene Loch „als Andenken an die letzten Kriegsereignisse“. (Mit-

Reinhard Degen vor der Mauer mit dem Splitterloch (Foto Michael Degen)

Die Rohre der gesprengten Geschütze im ehemaligen Stall des Anwesens Bahnhofstr. 18 in Weibern (Foto Reinhard Degen)

teilung vom 22.8.2007). Zusammen mit Werner Müller aus Wassenach hat er zudem die Erinnerung an die Ermordung des Unteroffiziers Gerhard Lafeldt durch Soldaten der 11. US-Panzerdivision am 8. März 1945 in besonderer Weise gewahrt: In der Nähe des Tatorts wurde ein Gedenkstein errichtet. Er schreibt: *„Der Vorgang wurde vom Hotel Waldfrieden aus beobachtet* [Das Hotel liegt über dem Laacher See an der Straße nach Nickenich, Anm. d.V.]: *Ein deutscher Soldat kam über den Parkplatz vom Hotel Waldfrieden gelaufen und wollte noch schnell über die Straß in den angrenzenden Wald flüchten, als die Spitze der amerikansichen Panzer schon die Straße hochkam. Diese schossen sofort mit MGs auf ihn; doch er kam unverletzt auf die andere Seite und ließ sich in den Straßengraben fallen. So lag er in Deckung vor den MG-Garben. Als der erste Panzer an die Stelle kam, hielt er an. Der deutsche Soldat richtete sich auf und hob die Hände hoch. Der Turmdeckel öffnete sich, und ein Soldat erschoss ihn, der mit erhobenen Händen dastand. Er wurde nachher dort beerdigt; später ist er auf den Ehrenfriedhof in Bad Bodendorf umgebettet worden.*

Als Werner Müller mir das erklärte, sagte ich, da müsste man einen Gedenkstein erreichten. Er war sofort dafür. Obwohl er schon schwer krank war, wollte er das noch schaffen. Er hat auch alles in die Wege geleitet. Zwei Tage vor seinem Tode im September 2002 wurde das Basaltkreuz fünf Meter neben der Todesstelle aufgestellt. So hat es Werner doch noch erlebt."

Augenzeugen konnten u.a. in Weibern ebenfalls einen Verstoß amerikanischer Panzersoldaten gegen die Bestimmungen der Genfer Konvention über die Behandlung von Kriegsgefangenen beobachten. Deutsche Gefangene wurden gezwungen,

Gedenkkreuz für den ermordeten Unteroffizier Gerhard Lafeldt, geb. in Liegnitz * 1.5.1919, † 8.3.1945) (Foto Reinhard Degen)

sich auf den vordersten Panzer zu setzen. Sie sollten als Schutzschild für die Angreifer missbraucht werden in der berechtigten Annahme, dass deutsche Soldaten nicht auf ihre Kameraden schießen würden. Dieser Missbrauch blieb aber ohne Folgen.

Reinhard Degen formuliert in seinem o.g. Schreiben: *„Es ist sehr interessant, den ehemaligen Offizier, der mit seiner Kompanie als letzter durch das Amt Kempenich und auch Weibern gekommen ist, sprechen zu können. Vielleicht haben sie mich sogar als kleinen Jungen, der den Soldaten zugewinkt hat, am Straßenrand gesehen.“* Das ist sicher nicht auszuschließen - eine anrührende "Erfahrung" nach nunmehr 62 Jahren.

Der im Buch häufig genannte Kommandeur des GR 990 und Kampfgruppenführer Oberstleutnant Josef Bremm, dem als letztem Soldaten der Wehrmacht die Schwerter zum Eichenlaub des Ritterkreuzes des Eisernen Kreuzes zuerkannt worden sind, wurde nach dem Kriege in Monreal/Eifel sesshaft. Dort ist er am 21. Oktober 1998 gestorben und am 26. Oktober beigesetzt worden. Die nachstehenden Fotos zeigen ihn bei der Übergabe der Ehrenbürgerurkunde in Gondorf nach der Verleihung des Eichenlaubes zum Ritterkreuz vom 23.12.1942, seinen Sarg mit Kränzen in der Kirche von Monreal am 26.10.1998 und seine schlichte Grabstätte auf dem dortigen Friedhof.

Oberstleutnant Josef Bremm nimmt die Ehrenbürgerurkunde der Gemeinde Gondorf vom 22.1.1943 entgegen
(Archiv Reinhard Degen)

Der Sarg von Oberstleutnant a.D. Josef Bremm in der Kirche von Monreal/Eifel am 26.10.1998
(Archiv Reinhard Degen)

Die Grabstätte auf dem Friedhof in Monreal (Archiv Reinhard Degen)

Ortsregister

Personenregister

Wingolf Scherer

Vergeblicher Widerstand

Das Ende der Heeresgruppe B zwischen Rhein, Ruhr und Sieg

Tod des Feldmarschalls Walter Model März/April 1945

Dieses Buch beschreibt Kampf und Untergang der Heeresgruppe B im sog. Ruhrkessel im März/April 1945 und den Freitod des Oberbefehlshabers, des Generalfeldmarschalls Walter Model.

Es geht dabei nicht um eine flächendeckende Darstellung aller Vorgänge, sondern vielmehr um die Herausarbeitung der wesentlichen Verläufe: Einkesselung durch zwei amerikanische Armeen, Verkleinerung und Spaltung des Kessels, Erlöschen des vergeblichen Widerstandes in den beiden Teilen im Osten und Westen. Dieses dramatisiche Ende wird exemplarisch veranschaulicht durch Erinnerungen an Erlebnisse und Erfahrungen von Soldaten beider Seiten und von Zivilisten, darunter natürlich auch von Frauen und Kindern, die als Augenzeugen in das Geschehen handelnd oder/und leidend einbezogen waren. Es geht u.a. um die Bombardierung und Beschießung, die Besetzung oder Übergabe von Städten und Dörfern, Zerstörung und Beschädigung, Verhalten in Extremsituationen, Tod und Verwundung von Soldaten und Zivilpersonen, auch deren Ermordung durch deutsche und amerikanische Täter.

Die Sicht von oben und von unten aus dem Blickwinkel von Führern und Geführten, von allseits Betroffenen erlaubt die Einordnung lokaler Ereignisse und persönlicher Erfahrungen in den jeweiligen größeren Zusammenhang.

Fotos und Karten, Dokumente und Übersichten, auf den Text unmittelbar bezogen, sorgen für Anschaulichkeit und erleichtern das Verständnis für die Vorgänge, die im Frühjahr 1945 das Schicksal der Menschen zwischen Rhein, Ruhr und Sieg bestimmt haben.

festgebunden, *17x23,5 cm, 236 Seiten, 159 Abb., 11 Karten,*
ISBN 978-3-938208-50-2; **€ 24,90**

Helios Verlags- und Buchvertriebsgesellschaft
Postfach 39 01 12, 52039 Aachen • Telefon: 0241 55 54 26 - Fax: 0241-55 84 93
eMail: Helios-Verlag@t-online.de • www.helios-verlag.de

Bitte Gesamtprospekt anfordern

versandkostenfreie Lieferung

Horst Siegel

„Vergebens war aller Mut“ 1944/45

Aachen, Stolberg, Hürtgenforst, Rurfront: Düren, Jülich, Linnich, Lindern

In dieser Dokumentation, die als subjektiv-erfahrungsgeschichtliche Chronik angelegt ist, werden die Abwehroperationen der Wehrmacht im Westen dargelegt. Detailliert werden die Kämpfe auf dem Heimatboden nachgezeichnet. Sie reichen von der Schlacht um Aachen, den extrem verlustreichen Kämpfen im Hürtgenwald (Hürtgenforst), den Gefechten im Stolberg-Korridor, bis hin zu den Panzerduellen an der Rur (Rurfront) zwischen Düren, Jülich, Linnich und Lindern. Deutsche Feldmarschälle, Kommandeure und einfache Soldaten kommen ebenso zu Wort wie ihre alliierten Gegenspieler Eisenhower und Patton. Diverse Karten, Skizzen, viele unveröffentlichte Fotos und Anlagen mit Darstellungen der beteiligten Truppen, ein militärisches Abkürzungsverzeichnis geben dem Text Anschaulichkeit und erleichtern das Verständnis.

***Großformat, festgebunden,** 23x28 cm, 146 Seiten, 227 Abb., Karten, ISBN 978-3-938208-48-9;* **€ 29,70**

Michael Schadewitz

Zwischen Ritterkreuz und Galgen

Skorzenys Geheimunternehmen Greif in Hitlers Ardennenoffensive 1944/45

Bei dem Unternehmen Greif sollten deutsche Soldaten, als Amerikaner getarnt und mit Beutefahrzeugen ausgestattet, Brücken über die Maas handstreichartig nehmen und für die nachfolgenden Panzerdivisionen der 6. Panzerarmee offen halten.

In vielen Einzelheiten – ausgehend von der Idee Hitlers und seiner persönlichen Auftragserteilung an Skorzeny, über die Schwierigkeiten beim Aufbau und der Ausbildung der ‚Panzerbrigade 150’ bis hin zum erfolglosen Einsatz der Kräfte dieser Truppenformation vor Malmedy am 20./21.12.1944 – wird über die Ereignisse in diesem Buch berichtet.

Breiter Raum wird dabei auch den Aktivitäten von Skorzenys Kommandokompanie gewidmet, denn gerade diese Spezialeinheit gab in bisherigen Veröffentlichungen vielfach Anlaß zu Spekulationen und Falschdarstellungen.

Als Abschluß der Schilderung der Ereignisse ist der Teil über den 1947 stattgefundenen Kriegsverbrecherprozess gegen Skorzeny und neun weitere Angeklagte des ‚Kommandounternehmens Greif’ zu sehen. Auf der Basis der bisher unveröffentlichten fast 800 Seiten der Prozessunterlagen werden die in dem Buch gemachten Aussagen nochmals untersucht, es wird gewertet und Bilanz gezogen.

Großformat, 23x28 cm, 220 Seiten, 252 Fotos, Abb, Karten, ISBN 978-3-938208-48-9

EUR 34,00